自由と
秩序の
tetsuo taka
高 哲男 ── 編
経済思想史

名古屋大学出版会

自由と秩序の経済思想史

目　次

序　章　経済思想の累積的構造……………………………………………… 1

第1章　市民社会から文明社会へ：ロックとヒューム ……………… 13
1　ロックにおける自由・所有・貨幣　15
2　市民政府の確立と政治的・経済的秩序の実現　18
3　ヒュームにおける所有・貨幣と市場経済　22
4　市民社会から文明社会へ　25
5　文明社会における政治的自由と経済的自由　29

第2章　再生産秩序と自由：F. ケネー ………………………………… 34
1　自由の体制　35
2　再生産秩序と消費　41
3　ケネーと18世紀フランス経済学　48

　コラム1　重商主義の思想とJ. ステュアート　52

第3章　自然的自由の経済思想：A. スミス …………………………… 54
1　スミスにおける自然　55
2　経済発展のメカニズム：分業と自然価格　58
3　「見えない手」と国際経済秩序　65
4　国家と国民教育　69

第4章　市場経済の構造と発展モデル：D. リカードウ ……………… 74
1　労働価値論とそのモデル　75
2　現実的資本モデルのもとでの価値規定論の「修正」　79
3　地代の発生と労働価値論　81
4　自然価格と市場価格　83
5　自然価格体系下の分配論　84
6　外国貿易の経済効果　88
7　租税論　90

第5章　市場社会における貧困と過剰：T.R.マルサス……………94

1　人口論　95
2　平等社会構想の批判　98
3　救貧法批判　100
4　農業主義から農工併存主義へ　106
5　一般的供給過剰の理論　108
6　貧困問題の探究としてのマルサスの経済思想　113

コラム2　保護主義の思想：F.リストを中心に　115

第6章　功利主義的統治と経済的自由主義：ベンサムとJ.S.ミル……………117

1　功利主義の統治論　119
2　ベンサムの人間観，統治論，経済論　121
3　J.S.ミルの進歩的ヴィジョンと経済論　127

第7章　自由時間とアソシアシオン：K.マルクス……………138

1　「自由」のドイツ的概念　140
2　「個人の全面的発展」と「自由な時間」　142
3　資本主義による「文明の横領」　146
4　アソシアシオン的生産様式　150
5　世界システムとしての資本主義　153

第8章　社会政策の経済思想：G.シュモラー……………157

1　社会問題と社会政策　159
2　文化としての経済現象：歴史的・倫理的方法　163
3　配分的正義　166
4　重商主義の再評価　169
5　シュモラーとその後の歴史学派　171

第9章　絶対的自由競争と国家：L.ワルラス……………176

1　純粋経済学の課題　177
2　純粋経済学の世界　180

3　純粋経済学の非現実性　185
　　4　国家の役割　186

　コラム3　新古典派経済学　192

第10章　市場と組織の経済学：A. マーシャル……195
　　1　マーシャルの課題　196
　　2　マーシャルの経済学　201
　　3　有機的成長の理論　208
　　4　市場と組織の経済学　211

第11章　制度進化の経済思想：T. B. ヴェブレン……215
　　1　制度の累積的発展と進化論的経済学　217
　　2　ビッグ・ビジネスと株式会社　222
　　3　技術進歩と慢性的不況　226
　　4　国家と国際秩序：民族自決とモノ作り本能　228

　コラム4　経済学と経済社会学：M. ヴェーバー　233

第12章　動態的市場経済の思想：J. A. シュンペーター……235
　　1　動態的市場経済の原理(1)：均衡から新結合へ　237
　　2　動態的市場経済の原理(2)：新結合から景気循環へ　241
　　3　動態的市場経済の原理(3)：信用機構の役割, そして再び企業者へ　245
　　4　動態的市場経済の「末路」　248
　　5　動態的市場経済の本性　252

第13章　確率革命の経済学：J. M. ケインズ……255
　　1　確率革命とは何か　256
　　2　マクロ経済学の誕生　259
　　3　現在と将来を繋ぐ架け橋：利子の理論　262
　　4　マクロ経済の理論　265
　　5　セーの法則, 経済成長と技術革新, 貨幣数量説　267
　　6　貨幣経済とマクロ経済の平行性　269

7　非自発的失業と総需要管理の誕生　272

第14章　経済的自由と自生的秩序：F. A. ハイエク……………………276
　　　1　貨幣経済理論と自由主義　278
　　　2　自生的秩序と自由　283
　　　3　社会化された個人　288
　　　4　社会科学者ハイエクと自由主義者ハイエク　289

　コラム5　慣習的な英知とリベラル：J. K. ガルブレイス　294

第15章　現代経済学の潮流：マーシャルからサムエルソン，そしてスティグリッツへ‥296
　　　1　「見えない手」の起源と変遷：「政治経済学」から「経済学」へ　298
　　　2　「経済学」から「経済分析」へ：「経済理論」の誕生　302
　　　3　「見えない手」の形式化：新古典派総合と競争均衡の存在証明　305
　　　4　情報の経済学：「見えない手」の再検討　307
　　　5　「市場」と「国家」：21世紀の経済と経済学への展望　313

　あとがき　319
　引用・参照文献一覧　321
　人名索引　329

序章

経済思想の累積的構造

　経済学の歴史あるいは経済思想史というものを，学説や思想の系譜としてではなく，20人弱の経済学者が創りだした，自由と社会秩序をめぐる思想の断層写真として再構成し，現代の経済学や経済思想それ自体の立体構造を透視すること，これが本書の基本的なねらいである。もちろん，輪切りにした思想や理論の体系が，編者の問題関心に従って歴史的な時代と無関係に再構成されるわけではない。まったく時系列を無視することは歴史の捏造になりかねず，およそ支持しがたい。

　だが，「思想」や「理論」の歴史はたんなる歴史ではない。特定の時と場所で時系列的に変化・発展するものとはいえ，思想も理論も，時間と空間の壁をいとも簡単に飛び越える力を秘めている。明治維新の激動期に，時代を切り拓く新しい思想や知識を求めた若者たちが，遠く離れたイギリス，フランス，アメリカの思想や経済学に注目し，理解を試みながら日本の将来を構想していったように，思想や理論というものは，ほんらい時間・空間を飛び越えるものである。そしていったん形を与えられた思想や理論は，読者の関心次第で切り取られ，理解され，さらに展開されていく。偉大な思想であればあるほど，著者独自の人生と時代を超えてひとり歩きを始め，世界を駆けめぐり，やがて人類共通の知識の中に組み込まれていくのである。

　もちろん，思想や理論はあくまでも個人的なものである。すべて固有名詞を持つとさえ言えるのだが，個人的であるという特徴そのものが，じつは思想や

理論というものが究極的に社会的で歴史的な存在でしかない，という事実の裏返しであることを忘れてはならない。人間の思考や行為というものは，特定の時代と場所で形作られて社会的に受け継がれ，蓄積されてきた知識体系を基礎になされる。人間が土地の上で生活し続けるように，思想もまたつねに「土着の思想」を基礎として，異質の思想を外から取り込みながら，独自の展開を遂げていくのである。

こう見てくると，もともと思想や理論というものは，系譜を辿ることが極めて困難であり，時に突然変異的に，また時には先祖返りでもあるかのような現れ方をする，という事実も容易に了解できるだろう。ある時，ある社会でどのような思想や理論が生みだされ，受け入れられて発展するか，これはひとえにその社会の問題状況に応じて決まる。したがって思想の系譜や類型化が可能になるのは，あくまでも社会の歴史的構造との関連性に着目するときに限られるのであり，しかも思想や理論の飛躍的発展は，究極的に個人的で主体的なものなのである。思想における三側面，つまり主体的・個人的側面，社会的側面，歴史的側面のそれぞれを明確に理解するために過去の偉大な思想を輪切りにして透視し，現代の思想状況を見据えながら大胆に再構成することが，有力であるばかりか不可欠な方法として浮上してくる理由はここにある。

このような見地に立ったとき，経済思想史の全体はいったいどのように見えてくるか。本書ではそれぞれの章が自由と秩序をめぐる思想の「断層写真」になっているから，あらかじめ全体に関するパースペクティヴを持てば，いっそう理解しやすくなろう。おおよそ次のようである。

経済思想の歴史は，厳密に言えば人類史と共にあるが，本書ではそこまで遡ることはできない。古典古代ギリシャのアリストテレス（Aristotelēs, 384-332 B. C.）も，中世のトマス・アクィナス（Thomas Aquinas, 1225?-74）も割愛する。本書で直接考察の対象とする経済思想は，現代経済学の成立と直接関わるものに限定せざるを得ない。人間が生活するために必要な「財」の生産と消費の関係が，生産者と消費者の私的な意図や理解を超えて，あたかも客観的・社会的なメカニズムの一環であるかのように見え始める時代——ここから考察を始めることにしよう。人間の活動が織りなす全体が，まるで外的で客観的な対象

であるかのように見え始めたとき，その動きを観察し，論理的に捉えようという科学的思考が開始されたからである。一言でいえば，宗教からの解放である。

　経済社会が自然の秩序＝自然の理法を持つのではないかと問いかけ，それぞれ独自に「自然の秩序」を解明したのが F. ケネー（第 2 章参照）と A. スミス（第 3 章参照）である。18 世紀半ば以降のことだが，もちろんそれ以前にも強力な経済思想が存在した。国際的な覇権を争う絶対主義国家の軍資金を国内にため込むための政策に始まり，次第に輸出を増やしながら輸入を減らして貿易差額を増加させる政策，さらには国内産業育成のための政策へと展開していく「重商主義」（コラム 1 参照）の時代があったからである。一攫千金的な外国貿易から，産業主義と呼ばれるような国内経済発展の思想が次第に醸成されることになる。いわゆる「啓蒙」期と重なっており，一般的な富裕の追求・実現こそ文明化の必然的なプロセスにほかならないのだ，と理解されはじめるのである。経済社会形成の思想としてみると，プロテスタンティズムと自然法思想を基礎に，平和な「自然状態」を想定した上で相互の「所有権」を維持・保障するところに市民社会の正当性を見た J. ロック（第 1 章参照）の理念的な主張から，すでに生命財産の安全を保障しうる社会システムが歴史的にも現実的にも確立しつつある状況の下で，市民生活の洗練・発展の見地から世界史的な視野で自由が確立して行くプロセスを展望した D. ヒューム（第 1 章参照）にいたる，ダイナミックな展開があった。

　この状況は，ケネーとスミスの登場によって新しい次元に突入する。二人の「自然」理解はそれぞれ異なるが，「自然の秩序＝自然が持つ理法」を知り，それを地上で実現することが人間を「自由」にすることなのだ，という主張である点で共通していた。前者では土地を基礎にした自然が，後者ではさらに人間労働の創造的側面まで含めた行動・行為の自然が理念的に捉えられ，定式化される。政府・為政者・国家による経済政策は，あくまでも自然の秩序＝理法としての「自然的自由」に従い，それを実現するようなものでなければならない，という主張であった。

　しかし，経済学の生誕を告げる書であるスミスの『国富論』は，自然が持つさまざまな要素や力の「自然な」バランスを説いたものであり，その後の経済

論議の出発点にはなりえても，あらゆる経済論争に決着をもたらしたわけでも，当面の政策選択の具体的な論拠を提供したわけでもなかった。「自然的自由」という概念はあくまで理念的なものに過ぎなかったから，当然それを支える理論も，部分に注目するかぎり，まるで反対のものに分裂しかねない要因を抱え込んでいた。リカードウ（第4章参照）もマルサス（第5章参照）も，共に『国富論』の一面を受け継ぎ，純化し，拡充しながら自らの経済学を構築していく。前者は，投下労働が価値を規定するという意味での投下労働価値説と長期均衡価格である自然価格論の上に，後者は，支配・購買しうる労働量が交換価値を決定するという意味での労働価値説と短期均衡価格である需要・供給説の上に，それぞれの経済学をうち立てる。もちろん，思想的基盤は個人主義的な自由主義に置かれており，ベンサム（第6章参照）によって定式化される功利主義がすでにある程度織り込まれていた。

　10年周期で襲い始める最初の激しい不況＝恐慌の発生は1825年のことで，マルサスの人口論がかもしだす貧困の必然性に関する深い懐疑とリカードウの賃金利潤相反論によって撹乱されたとはいえ，当時の支配的な思想が，産業革命に代表される急速な技術進歩にもとづいて富裕が漸次的に進展するという，啓蒙期に起源を持つ進歩思想に裏打ちされたものであったことは，基本的に否定できない。資本主義の発展は，極論すれば，資本の利潤がゼロになるまで，つまりもうどこに投資してもプラスの利潤がえられないほど社会に資本が溢れる——技術的条件が許す限りのもっとも豊かな——世界＝「社会の定常状態」に到達するまで無限に続くのだ，という楽観主義さえ彼らの思想から引き出せたのである。

　「古典派経済学」あるいは「古典派」とは，基本的にスミス・マルサス・リカードウの経済学を指す言葉であるが，その中身は，上の説明から窺えるように必ずしも明確ではない。おおまかに言えば，労働価値説と功利主義的個人主義，私有財産制度擁護と経済的自由主義を共通の要素にもつ経済思想であり，18世紀末から19世紀前半のイギリスで有力となった，という程度のものである。多面的な思想のどこを重視するかで変わってくる多義的な概念だが，しかし，広範に流布した社会的な思想というものは，本来そのようなものである。

社会は多くの人間や組織の集合体であるばかりか，さまざまな慣習や思考習慣，さらには法といった制度の複合体であって，決して一様な個人のまとまりではないからである。だが，国家や政府の政策というものは，国内的にはいかなる場合も一様であり一元的でしかあり得ない——法の下での平等ということであり，これなくして国家の存続はあり得ない——から，一産業の利益でしかないものでも，いったん「国益」という言葉に置き換えられると，それはまるで「国民の利益」と同義語であるかのように語られ，理解されはじめる。たとえそれが，経済的にはまったく無関係で，ただ同じ土地の上に住んでいるという事実がもたらす共同意識・連帯意識の産物でしかないにしても，同じことである。

したがって国際的に見ると，「古典派経済学」も結局は「国民経済学」以外でありえず，ドイツやフランス，さらにはアメリカでも実際そのように理解された。スミス・マルサス・リカードウの経済学が先進国の自由主義経済学と理解され始めるということは，当然，後進国の経済学としての保護主義経済学（コラム 2 参照）の台頭があったことを意味する。もちろん，単純な重商主義の復活ではない。古典派経済学に対抗する思想と理論に転成しているからである。他方，イギリス国内でも，資本主義的発展がもたらす一般的富裕から取り残された一群の人々とくに労働者の貧困が，資本主義＝市場経済システムそのものの構造的な問題ではないか，という疑念を生みだす。システムの正当性や正義を立証するだけでなく，その欠陥と不正義を理論的・実証的に解明するという役割が，経済学者の仕事として以前にもまして重要なものになってくる。社会改良主義の立場からこの仕事を遂行したのが J. S. ミル（第 6 章参照）であり，市場主義的個人主義に代わるアソシアシオンの思想に基づく K. マルクス（第 7 章参照）の「経済学批判」は，根源的かつ革命的な変革の思想であった。

19 世紀の後半とくに第 4 四半期は，国際的には，先進諸国における急激な資本主義的発展の結果もたらされた多くの生産物が市場を求めて世界に溢れでた時代であり，国内的には，社会改良運動が本格化した時代である。言い換えれば，モノ＝財の生産量は急激に増えたが，農業社会から工業社会へという大きな産業構造転換の過程で，都市に失業者が溢れ，労働者の賃金が構造的に低

く押さえられてきたという歴史的事実に対し，先進国でほぼ同時期に社会改良運動が広がり始めた時代である。絶対王政を打倒する際のスローガンであった「自由・平等・友愛」の思想や理念が地上で十分に実現されている，と言うには程遠い現実があった。一部の富豪と多数の中産階級と，見逃しえない多数の貧困階級が同居する社会でしかなかったからである。一般労働者の貧困を市場社会特有の社会問題と捉え，政府や国家の力を利用して改善しようとする「社会政策」の経済学が台頭する（第8章参照）。だが議会政治下における「立法」を通じた社会改良が，たんに経済領域に留まりうるはずはない。それはむしろ政治改革，つまり自由を広く社会的に実現するために伝統的な「自由」を制限しようとする「新自由主義」的な社会改良運動の一環なのである。ドイツ歴史学派，イギリスのフェビアン社会主義，アメリカの「新学派」＝革新主義がこれである。一般労働者にも市民的自由と安全と高賃金を保障するような社会システムを提供しよう，という思想であった。

　だが，分配問題とは，究極的に「正義」や「公平」をめぐる伝統的な社会倫理と新しいそれとの間の衝突であり，経済社会におけるゲームのルールの変更をめぐる問題である。労働市場における自由競争的な賃金決定ではなく，取引団体としての労働組合を通じた集団的な交渉による賃金決定方式や疾病・失業保険制度を私有財産制度のもとで創設することなどは，伝統的な個人主義に基づくゲームのルールに従う限り，にわかに容認し難いものであった。もちろん伝統的な倫理感を支えてきたキリスト教の側でも，たとえばキリスト教社会主義の運動が始まるが，長い目で見れば，時代は脱宗教つまり科学の時代に突入していた。倫理もまた「科学」で置き換えられなければならなくなる。M. ヴェーバー（コラム4参照）は，広い意味で言えば，このような潮流の中で，新しい社会科学としての経済社会学を構想したといえるだろう。

　「最大多数の最大幸福」というスローガンに託してベンサムが提起した立法の原理としての功利主義は，効用の加算性や比較可能性に関する問題をはらんでいたが，個人における効用＝満足の極大化が人間行動の基本原理であると前提しさえすれば，個人間の違いを考えずに済ますことができるから，人間の「平等」を実現しようとする人々にとって実に分かりやすい思想であった。こ

の思想に基づいてさまざまな社会改良の理念が「制定法」として社会に組み込まれはじめると，社会は均一で平等な個人の集合体にほかならないのだから，個人間の均一性と平等性は原理的に保たれている，という理解がますます非常識とは思えなくなる。やがてこれが暗黙の「常識」になると，個人における効用の極大化が達成されたとき，当然社会全体の効用極大化も達成されているという結論が常識的に導出可能になる。残る課題は，個人主義の社会，つまり商品交換によってあらゆる生活必需品を入手する分業社会＝市場社会における商品交換の原理を，功利や満足の極大化原理として厳密なロジックで説明することだけになるのである。

　個人が財やサーヴィスの消費からえられる満足や効用の大きさ・程度は，財やサーヴィス 1 単位の増加によって確保される効用の増加分，つまりその「限界効用」の大きさによって計られる。一時に 5 個のリンゴを食べるとすると，最初の一個を食べたときがもっとも効用や満足が大きく，段々小さくなるのが普通であるから，一般に限界効用は逓減するものと考えてよい。あらゆる財とサーヴィスは，その限界効用が等しいときに相互に交換されると考えれば，個人の効用や満足は，社会的な効用や満足と論理的にまったく区別しえないものになる。いわゆる「限界革命」とは，生産と消費からなりたつ人間の経済行動から，古典派の「使用価値」や「労働」概念に含まれていた個別的で歴史的な要素を完全に払拭し，人間の経済行動を一様で無差別な「効用極大化」行動であると一般的に捉えたうえで，その極大化の条件を論理的に確かめようとする「経済学」の幕開けのことなのである。一般均衡理論を定式化したワルラス（第 9 章参照）の『純粋経済学』もその代表であるが，彼自身はフランス革命の理想を受け継ぐ社会主義者であり，土地の国有化を提唱した『社会経済学』や『応用経済学』という独自の構想を持っていたことを忘れてはならない。

　現代経済学の直接の創設者マーシャル（第 10 章参照）もまた，広くいえば限界革命を推進した一人である。だが，「自然は飛躍せず」という彼のスローガンから分かるように，彼は古典派経済学との連続性・共通性を強く意識していた。彼の経済学が「新古典派経済学」（コラム 3 参照）と呼ばれ始めたのには理由があるのである。「新古典派経済学」という概念も曖昧なものだが，多少強

引に整理すれば，方法論的個人主義＝原子論的世界観，経済主体に関する最適化仮説＝限界主義，経済に関する均衡の理論＝自然法思想という三つの特徴を兼ね備えた経済学であると言えよう。しかしマーシャルは，必ずしも典型的な「新古典派」に収まりきれない顔を持っていた。ダーウィン（C. R. Darwin, 1809-82）やスペンサー（H. Spencer, 1820-1903）の社会進化論に強い影響を受け，「有機的成長」という見地から経済社会つまり「市場と組織」の発展を解釈し，定式化しようと試み続けるからである。だがこれはきわめて困難な目標であったから，『経済学原理』は基礎理論をまとめた第一巻で終わらざるを得なかった。経済発展や進化プロセスの本格的な分析はマーシャル以降の世代に託されたのである。

　きわめて大雑把な特徴づけではあるが，マーシャルの中に包み込まれていた「進化論」的な要素を独自に拡張して行ったのがアメリカのヴェブレン（第11章参照）であり，マーシャルではまだスローガンにとどまっていた「有機的成長の理論」を資本主義的ダイナミズムを解き明かす「経済発展の理論」に定式化したのがシュンペーター（第12章参照）であり，長期的な視点から市場経済の発展過程を「有機的成長」として描きだそうとしたマーシャルに対し，短期的な視点から市場経済が抱え込んでいる不安定さを是正する方法を提示したのが J. M. ケインズ（第13章参照）である，と言うことができる。

　ヴェブレンはスペンサー的な，つまり功利主義に基づく「適応と淘汰」の社会進化論を批判し，人間行動を規定する人間性は不変のものではなく，古いものに新しいものが追加されていくことにより，遺伝子と同じような「累積的」な構造を歴史的・社会的に造り上げつつ無限に進化し続ける，という制度進化の理論を提唱した。「モノ作り本能」である旺盛な「知的好奇心」の働きにより，科学技術的知識は自律的に発展しつづけるが，これがどこまで，どのように展開され実現されるかは社会制度＝人間の思考習慣次第で決まるという理解である。無限に続く技術進歩が消費量を拡大し続けるから，マーシャルが期待したように「生活水準」を高め続けるが，顕示的消費が動機である限り，決して誰も満足は得られない。この理解によれば，富とはその起源が古いものほど価値があることになり，新しい技術的知識＝革新はすべて「適応を余儀なくさ

れる階層の特徴である」から，むしろ「卑しい行為」であることが宣言される。社会秩序とは，観念上の上下関係に他ならないのだ。

　逆にシュンペーターは，倫理的要素が強い「経済騎士道」精神を提唱したマーシャルと違って，資本主義的発展をずっとロマンティックに捉え，「革新 innovation」の実現こそ発展の核心なのだと主張した。生産と消費の単純な繰り返し＝循環をまったく新しい地平に飛躍させること，すなわち，経済構造を再編成し，より高い生産性を実現する「革新」の遂行は企業者が行う偉大な英雄的事業であり，そのために必要な資本は銀行の信用創造によってまかなわれる。景気循環の過程は，長期的に見ればこのような「革新」が歴史的に実現されるプロセスの一部にほかならず，大量失業を伴う不況もまた，次のダイナミックな「革新」を準備する必然的なプロセスなのである。したがってシュンペーターの場合，独占的な巨大株式会社結成によって実現されるような「創業利得」であっても，それを泥棒貴族の合法的な詐欺とみなしたヴェブレンと違って，「革新」を実現した創造的破壊の成果に他ならないと賞賛することになる。

　「長期的に見ると，人はみんな死んでしまう」と述べ，経済分析の世界をひとまず長期と切り離し，短期的なそれへと導いたのがケインズである。市場メカニズムがもつ長期的な自動調節作用を頼りにするだけでは，目の前にある大量失業という事実に対処できない。短期という想定（人口・技術水準・資本設備が所与という想定）のもとでは，一国の産出量（国民所得）は全体としての有効需要（外国貿易や政府活動がない閉鎖体系では，消費需要と投資需要から構成される）によって決定される。だから，失業が大量発生しているときには，消費需要と投資需要を増加させるような金融政策と財政政策が採用されなければならない。古典的な「自由放任の終焉」を宣言し，政府による積極的な経済活動への関与を主張したケインズの思想は，社会を同質的な個人の集合と捉えたうえで，自由競争こそが長期的な社会の調和をもたらすという均衡論的発想からとうに離脱していたのである。人間をマクロ的なまとまり＝集団として捉え直した上で，人間と社会の変動は合理的な予測を超える蓋然性・不確実性に属することなのだ，という確率論的な世界観へ向けてすでにケインズは離陸していた。通貨供給量を機械的に保有金量に縛り付けようとした金本位制度からの脱皮は，

政府による金融政策や財政政策の範囲を飛躍的に拡大したが，通貨価値を安定・維持させながら国内経済の繁栄を図るという終わることのない仕事を作り出した。ケインズは真正面からこの仕事に取り組み続けた最初の経済学者なのである。

　第二次世界大戦後，経済学の世界はケインズ経済学一色に塗りつぶされたような外観を呈する。戦後復興の過程では，政府による有効需要政策の実施が欠かせなかったからである。さらに第二次大戦後のアメリカ経済が，世界経済のなかで圧倒的な比重を占めるようになり，結果的に経済学の中心も，イギリスからアメリカに移りはじめた。

　当のアメリカでは，戦後三つの大きな経済思想上の変化が生じていた。第一に，1930年代の世界大恐慌の経験（ニューディール）は，労働組合を合法化し，国民の雇用を守る義務を連邦政府に負わせ，政府による有効需要政策や金融政策の積極的な採用を歓迎する機運を国民の間に定着させた。第二に，冷戦の始まりとともに，政治思想における保守化，原理主義的自由主義への回帰・退行現象があった。ソヴィエト共産主義の世界戦略に対する過剰な危機意識を基盤にマッカーシズムの嵐が吹き荒れる。プログレッシヴ（革新主義）からニューディールへ至る社会改良運動を支えてきた新自由主義――自由を守るための野放図な自由の規制――という思想が，原理主義的で保守的な自由主義の台頭によって大きく後退させられる。だが第三に，人種差別の現実的な撤廃をめざす公民権運動を担い，ひろくアメリカ国民に豊かさと自由――新しいチャレンジの機会を与えるという意味でのニューフロンティア――を与えようとしてJ. F. ケネディー政権を支えたリベラルの思想が，再び息を吹き返す。1960年代のことである。経済学もまた，すべての社会科学と同様に，この三つの思想のどれかを代表し，促進するという役割を担うほかなかった。もちろん，アメリカでも，ヨーロッパ諸国や日本と比べれば格段に少ないとはいえ，マルクスの思想に触発されたラディカルな批判的経済学を展開するという第四の思想潮流もあったが。

　思想つまり「思考習慣」の累積的な構造という見地から見ると，40年前は，もう「現代」に属している。およそ経済学者の思想的・理論的基礎というもの

は「大学院時代に固まる」というJ.K.ガルブレイス（コラム5参照）の指摘を待つまでもなく，普通の市民のそれも，おそらく20歳台前半には出来上がると考えてよいだろう。この事実に注目すれば，「現代社会」とは，少なくとも40年前から今までの社会のことなのだ。現代社会で指導的な地位にある人々のうち，60歳台の人の数は決して少なくないし，70歳台の人でさえ稀ではない。ハイエク（第14章参照）のように，原理主義的な自由主義を突き詰めていって，結局は「自生的秩序」というロジックの存在に気付くという場合もある。社会とは社会秩序のことであり，さまざまな思考習慣＝制度の多層的複合体であるという事実が，ここによく現れている。現代社会を理解しようと場合には，10年や20年という単位では短すぎるのだ。

だが，このような理解と，「世の中の変化が早すぎて，とても付いていけない」という日常感覚とは，あまりにも大きな落差がある。経済理論という狭い分野に限ってみても，過去40年という短い「現代」のなかで，新古典派総合，マネタリズム，合理的期待仮説，実物的景気循環論，進化ゲーム論などなど，実にさまざまな考え方が登場してきたという事実がある（第15章参照）。しかし，逆に言えば，最新理論の活動寿命は，せいぜい10年程度のものなのだ。

要するに，「現代社会」もまた社会進化という大きな歴史＝人類史の流れの中にあるということである。進化論的に考えれば，社会の発展とは，決してある真理への収束過程などではなく，多様化し変化し続けるプロセス——すなわち，人間の自由が拡大し続けるプロセス——そのものになる。したがって，経済学の発展もまた同様に，思想や理論が多様化し続けるプロセス——すなわち，自由な思考が拡大し続けるプロセス——である。それはまた，経済社会とはどのようなものか，どのようなものであり得るかという問題——どのような社会秩序がより大きな自由を実現しうるかという問題——を構想する人間の思考が，社会的に受け継がれ，知識体系として累積して行くプロセスに他ならない。人間の遺伝子構造をすべて解読し尽くしても，なお「人間とは何か」という問題は残り続けるように，現代の経済社会の遺伝子構造＝制度（思考習慣）構造を解明し尽くしても，なお「社会秩序とは何か，人間とは何か」という問題——すなわち，自由と秩序はどのように結びつき，バランスを保

つのかという問題——は残り続ける。そもそも社会の秩序とは，人と人との関係つまりネットワークに他ならず，したがって社会の発展とは，このネットワークがますます多様に張りめぐらされて行くプロセスのことなのである。だから，現代の経済問題に立ち向かうためには，まず現代の経済社会がどのように成り立っているかを正確に理解しなければならない。そのためにこそ，経済学の遺伝子構造＝経済思想の多層構造を理解することが不可欠になるのである。本書のテーマが「自由と秩序」に定められたゆえんはここにある。

（高　哲男）

第1章

市民社会から文明社会へ
ロックとヒューム

　ジョン・ロック（John Locke, 1632-1704）とデイヴィッド・ヒューム（David Hume, 1711-76）は，アダム・スミス（第3章参照）以前のイギリスを代表する，17世紀と18世紀の最も重要な思想家である。彼らはともに，哲学，道徳，宗教，政治，経済といった諸分野で卓越した業績を残し，後世への影響も巨大であった。それぞれの時代を代表する哲学者として，彼らは「自由と秩序」という共通のテーマに，独創的な視点から取り組んだ。とくに二人の経済論は，同じ時期に現れた無数の経済論説とは一線を画し，特定の利害関係や短期的な視野の下に書かれる評論や時論ではなく，時代の根本問題に学問的な分析眼をもって迫る，哲学者の経済論であった。

　しかし，こうした共通性とともに，二人が生きた時代は大きく異なっていた。ロックが生まれ育ったのは，名誉革命（1688年）以前の絶対王政の時代であり，「ピューリタン革命」（1642年）から「王政復古」（1660年）にかけての政治的な激動と混乱の時代であった。彼は，篤実なピューリタンの両親のもとにイングランド南西部で生まれ，1653年にオックスフォードのクライスト・チャーチ学寮（college）に入学するが，通常の聖職への道を歩まず，学寮に残って哲学，医学などの研究を15年近く続ける。その後，当代随一の政治家アシュレイ卿（後の初代シャフツベリ伯）の秘書として政治活動に深く関与し，1683年から6年間，王位継承問題をめぐって失脚した卿とともに，オランダでの亡命生活を余儀なくされた。名誉革命の成功とともに帰国した彼は，1689年から

翌年にかけて,『寛容書簡』,『統治論』,『人間知性論』という主要著作を次々に出版,それまで一般には無名に近かった彼は,50歳代半ばにして一躍時代の寵児となった。新設された政府の通商貿易委員会にも参加し,その主要メンバーとして,時の通商政策に大きな役割をはたした。『利子・貨幣論』(1692,95年)はこの時期に出版された。

他方,ヒュームは名誉革命体制の安定期に,スコットランドはエディンバラ郊外の法律家の家に生まれた。1723年にエディンバラ大学に入学,周囲から期待された法曹への道に進むことを拒否し,哲学・文学・思想などの学問全般に没頭する。フランスでの3年間の研究をへて,『人間本性論』(1739-40年)によって思想界に衝撃をあたえた後,大学教授などの定職には就かず,自由な「文人」として『道徳・政治論集』(1741-42年),『政治論集』(1752年)などを出版,全6巻の大著『イングランド史』(1754-61年)の完結によって,ヨーロッパを代表する思想家・歴史家のひとりとなった。とりわけ,1707年にイングランドと統一されて大ブリテンの一部となった,スコットランド社会の全面的な近代化運動(スコットランド啓蒙)の中心人物のひとりであった。パリ駐在代理大使,国務次官などの要職も歴任し,スミスの『国富論』が出版され,アメリカ植民地が独立を宣言した,1776年という歴史の節目の年に,この世を去った。

経済思想史の通常の説明では,ロックは貿易差額説を主張した「重商主義」の理論家,ヒュームはこれらを全面的に批判した自由貿易主義の先駆者,として対比的に説明される場合が多い。こうした位置づけは,完全に誤りというわけではないが,この見方では,二人が異なる歴史状況のなかで,同じ哲学的経済思想家として,いくつかの基本問題を共有していたことの意味が見落とされてしまう。そこで以下では,二人の経済思想の概説を試みるのではなく,彼らに共通する,「所有」「貨幣」「市場」という3つの基本概念を取り上げ,「自由と秩序」という本書の主題に迫ってみよう。

1　ロックにおける自由・所有・貨幣

『統治論』に表れたロック市民社会論の原点は，社会があって国家（＝政府）があるのであり，その逆ではない，という考え方であった。そこには，社会は国家に先行して存在したという歴史的意味と，国家が必要かつ正当である根拠は社会それ自体の中にあるという論理的な意味との，二つの意味が含まれている。歴史の初めに存在する人間社会の在り方は「自然状態」と呼ばれ，国家が生まれてから後のそれは「市民社会 civil society」と呼ばれる。「社会契約説」の名で知られる彼の政治理論は，自然状態が市民社会へと発展していく必然性の解明を主題としていた。

同時に，ロック思想の全体は，17世紀という時代を背景として，キリスト教（プロテスタンティズム）の世界観によっても貫かれていた。「人間はすべて，唯ひとりの全知全能なる創造主の作品であり，すべて，唯ひとりの主なる神の僕であって，その命令によって，またその事業のために，この世に送られた者である」(Locke [1690], 271)。神は自然法をつうじて，人間に二つのことを命じている。第一に，すべての人は，自己の「生命・自由・財産」すなわち「所有権 property」を自由に用いて，自己および人類の保存と繁栄を追求する権利と義務を持つ。所有権は，生まれながらに神が万人に与えた「自然権」であるから，何人もこれを犯してはならない。第二に，それにもかかわらず，所有権の侵害が生じたときは，すべての人々がこの加害者を処罰する「執行権」をもち，これもまた自然権である。ロックは，各人がお互いの所有権を尊重し合い，それが犯された場合には執行権を発動し合うという二種の自然権を行使している限り，人類の自然状態は，国家なしにも，自由かつ平等，平和かつ理性的な状態として存続できたと考える。

ロックはさらに，こうした自然状態の平和をより確実なものとするため，所有権の根拠と範囲を「労働 labour」によって説明する。これが有名な「労働所有権論」である。各人の身体は生まれながらに，その人の固有（proper）の財産（property）である。身体の働きとしての労働もまた，各個人に固有であるから，労働生産物も同じくその人固有の財産であり，他の人々はそれを侵害

してはならない。労働の形態も対象も時の経過とともに変化・拡大するため、原始的な狩猟・採集から始まった人間の生産活動は、必然的に農業段階に進む。「この神の命令に従って、大地のどの部分でも征服し、耕作し、種をまいた者は、これによって彼の所有物であったもの、他人が何らの権利を有せず、彼から奪えば不法を犯すことになるものを、土地に付け加えたのである」(Locke [1690], 291)。土地の私有が成立しても、広大な自然にはなお十分な土地が残されているので、財産をめぐる人々の対立は起こり得ず、自然状態の平和と秩序は確実に守られる。

以上のような労働所有権論は、自然権論の一環として、ロックの政治思想の基礎をなすことはもちろん、その経済思想の根底を支える考え方を示している。「労働所有権論」は「労働価値論」と同じではない。後者は、商品価値の決定を、その生産に要した労働量で説明する理論であるが、ロック自身はこの論点にふれつつも、掘り下げた言及はない。労働所有権論と経済思想との関連は、むしろ、彼が描き出す自然の人間が、自然法を理解する理性的人間であるだけでなく、自らの労働によって生産し所有する、「勤勉な」人間でもある点にある。社会全体の経済的発展と富の増大は、理性的かつ勤勉な生産者たちの労働によるものである。「労働による改良が、価値の大部分を作るものであることが分かるだろう。人間の生存に有用な土地の産物のうち、十分の九は労働の結果である」(Locke [1690], 296)。

こうした説明から、ロックの思想全体を、資本主義経済とブルジョワジーの弁護論と見る伝統的な解釈も生まれたが、彼の議論には、そうした解釈だけでは捉えきれない別の側面がある。それは、ロックが労働所有権論に付した、正当な所有権の限界という問題である。彼によれば、自然法が自己労働による財産の正当性を保証するのは、その生産物が腐敗せずに消費される限りにおいてである。神はすべての天然資源を、人類全体の繁栄のために共同の財産として与えたのだから、個人が自分で消費できる以上の生産物を蓄えることは、たとえそれが、自己の労働によるものであっても、他の多くの人々を養ったはずの資源を奪ったことと同じであり、自然法の侵犯にほかならない。

しかし、こうした所有権に対する制限が有効である限り、それは、生存の必

要を超えた生産活動の増大によってのみ出現可能な，市場経済社会の発展を説明できない。そこで，ロックは巧みな理論転回によって，この隘路を脱出する。それが「貨幣」の出現である。貨幣は，価値尺度や交換手段としての有用性から，人々の同意によって，歴史のある時点で導入されたが，これは，自然法が命ずる私有財産の制限を解除するという意味で，人類史の転換点であった。というのも，生産者自身は消費しなくても，社会的需要がある剰余生産物を市場で販売し，これを貨幣形態で蓄えることは，人類全体の保存のために天然資源を創造した，神の意図に反しないとされたからである。

ロックに特徴的なことは，貨幣の出現こそが，市場経済の生みの親だという基本認識である。貨幣のない市場経済のモデルも理論的には可能であり，スミスが後に用いた，鹿とビーバーの交換のような物々交換のモデルがその典型であるが，そうした考え方は，彼の説明にほとんど見られない。彼は，もしも貨幣がなければ，「自分の財産を，その家族が存分に使用消費しうる以上に——自分自身の労働で産出したにせよ，他人の同じように消滅しやすいが有用な物品と交換したにせよ——拡大する理由がそもそもあるであろうか」(Locke [1690], 301) と断言する。後の理論家たちが，貨幣の出現に先立ち，「技芸の洗練」(ヒューム) や「交換性向」(スミス) によって，自給自足経済の限界を突破する消費欲求の増大と技術，生産力の発展を説明するのに対し，ロックにとっては，貨幣こそが，市場経済出現の究極の原因なのである。

こうして，自然状態のあり方は貨幣の導入によって決定的に変化すると，ロックは考える。貨幣は生命の必要を上回る生産活動を可能とし，富の飛躍的な増大をもたらすが，それは同時に，富と財産の著しい不平等を生じざるを得ない。貨幣の導入は，能力，勤勉の程度，運不運の違いにより，人々が獲得し蓄えることのできる富の量に，重大な格差を生む。自由と平等，平和と豊かさとを特徴とした自然状態は，歴史の経過とともに，豊かではあるが不平等な社会となり，貧しい者は生きるために，富める者は貪欲に駆られて，他人の財産を侵すようになる。このようにして，自然法の命令に服従していた理性的で勤勉な人々は，利己的で盲目的な欲望の追求に駆られ，理性の命令に従えなくなるのである。

しかしロックは，どれほど富と財産の大きな不平等が生じようとも，こうした市場経済の一大発展それ自体を，道徳的に否認しようとはしなかった。「土地の不均等な所持に人々が同意したことは，明らか」(Locke [1690], 302) であり，労働所有と貨幣の導入が，いずれも自然法の違反ではない以上，社会全体の富の飛躍的増大と富の不平等という対照的な帰結それ自体もまた，神の意図した人類社会の繁栄に通じる唯一の道である。敬虔なるプロテスタントとしてのロックにとって，市場経済の発達は，富の不平等と社会的対立の激化，それにともなう道徳の腐敗という負の側面をもふくめて，神の法としての自然法の命じるところであり，彼はこれを最終的には受け入れたのであった。

2　市民政府の確立と政治的・経済的秩序の実現

　ロックは，富の不平等によって財産の侵害が日常化するこの事態を「戦争状態」と呼ぶ。そこでは，自然法を実定法として制定する立法権力，制定された法律を正しく執行し運用する行政権力，さらには，自然法に一致するように制定法を正しく解釈する司法権力が欠如している。生命・自由・財産が侵害されても，これを適正に裁き処罰する機関が存在しないので，人間の社会は，悲惨かつ不安定な耐え難い状態となる。

　この戦争状態を克服する唯一の道として，ロックが提示するのは，「市民政府 civil government」の確立による，上記の三機関の創設である。利己的欲望と貪欲に駆られた人々が市民政府の確立に向かうのは，「この状態においては，彼の所有権の享受ははなはだ不安かつ不安定」であり，「彼が彼らの生命，自由，財産，すなわち，総括的に私が所有権 property と呼ぼうとするものの相互的維持のために，すでに結合し，また結合しようと望んでいる他の人々と社会を組織することをもとめ，かつ欲する」(Locke [1690], 350) からである。

　同時に，こうした理性的根拠とは別に，より経験的で歴史的な理由によっても，人々は市民政府の確立を目指すとされる。すなわち，歴史上に現れた大部分の政府は，自由かつ対等な人々が結集した，文字通りの社会契約の行為の産物ではなく，部族社会の長（父親）が，対外戦争における指導者として軍事的

権力を握り，それが平時にも継続して，恒久的な部族社会の政治権力者となるという形で成立した。

　しかし，国家出現の理由をめぐる，理性的と歴史的というロックの二重の説明は，対等に並列しているのではない。彼は政府成立の究極の根拠を，歴史的状況にではなく，あくまでも，理性の法としての自然法にもとめていた。族長の権威と権力の源泉は，父の子に対する権利，すなわち家父長権である。しかし，市民社会の正当な支配者のそれは，被治者が支配者に与える「自由な同意」だけであり，その同意の目的はただ一つ，国民の生命・自由・財産の保護でなければならない。「こうして，人々は本来自由であり，自分の同意によってその父の支配に服するか，いくつかの家族と結合して，一つの政府を作ったのである」(Locke [1690], 343)。自由な同意によって設立された市民政府は，さらに，被治者の「信託」によって特定の統治形態を与えられ，人々は，自己保存権と執行権という二つの自然権を，支配者に譲り渡すとされる。

　同じ論理は，長期にわたって存続している政府の正当性の判定にも適用される。はじめは自由な同意によって成立した正当な政府も，長い間には賄賂や不正選挙などの権力の腐敗を免れず，為政者による国民の自由と財産の侵害が頻発するようになる。これは政府による国民の信託に対する裏切りであるから，国民は裁判その他の合法的手段を通じて，自己の所有権を守るか（抵抗権），それでも信託違反が続く場合には，国民は最後の手段として，実力を行使してでも，自然法に一致した政府を自らの手で作り直してよい（革命権）。「人民の全体，あるいはいずれか一人が，彼らの権利を奪われるか不正な権力を行使され，地上に訴えるべき場所がない場合，彼らは，その大義が十分の意義をもつと判断するときには，いつでも，天に訴える appeal to heaven 自由を持っている」(Locke [1690], 379)。

　それでは，こうして設立された市民社会の政治的秩序は，その経済的秩序とどのような関連に立つのであろうか。ロックはこの問題を，『利子・貨幣論』，とくにその利子論において，詳細に論じている。この著作は，当時，地価の下落を防ぐ意図をもって下院に上程されていた，法定利子率を引き下げる法案に反対する目的で書かれた，論争的なパンフレットであり，同時代のいわゆる

「重商主義」文献と同じスタイルで書かれている。しかし，それは『統治論』の著者による哲学的経済論であり，経済的現実を具体的に論じるこの書物にも，上に見てきたようなロック市民社会論の基本問題が，はっきりと影を落としている。

　『統治論』においては，貨幣導入による市場経済の出現と，市民政府成立の必然性と正当性が原理的に問題とされた。ここでは，貨幣の問題は，貨幣の価格としての利子率を決定する諸要因の問題として考察され，政府の正当性の問題は，法律による利子率の決定の可否の問題として捉えられている。ロックの議論の要点を列挙すれば，①貨幣は貴金属というひとつの商品であり，その価値は他の諸商品と同じように，需要供給の法則を中心とする，市場メカニズムによって決定される，②その系論として，貨幣の供給量が一般的な物価水準を決定する（貨幣数量説），③貨幣の賃貸価格としての利子率もまた，貨幣に対する需給によって自然に決まるから，これを法律によって規制することはできない（自然利子論），④国民経済の安定した発展には，その規模に対応した貨幣の流通必要量が存在する，⑤流通必要量にあたる貴金属を確保するために，貿易差額（貿易収支）の黒字を維持し，そのための保護貿易政策を行わなければならない，となる。

　このうち，①，②，③の主張は，市場経済の秩序にも自然界と同様の法則性が存在するという，ロックの基本的な考え方を表している。国家のない自然状態においても，労働による所有を命じる自然法が機能したように，貨幣の価値や利子率もまた，政府の規制や政策とは独立に，また，それらに先立って，需給法則を中心とする市場の法則によって決定される。したがって，これらを人為的に操作したり，法律によって固定的な水準に維持することはできないと，彼は主張する。「物品に対する貨幣の価値は，それらの物品に比しての貨幣の多少にのみ依存し，必要性や法律や契約にもとづいて，どのような利子が貨幣の借用時に課されるかには依存しない」のであり，「貨幣はこうして，売買において他の商品と完全に同じ条件の下にあり，まったく同じ，価値の法則に従っている」(Locke [1696], 46 ; 55)。

　この考え方には，『統治論』からの基本的発想の連続性が明らかに見られる

ばかりでなく，ヒューム，スミスらのより進んだ商業社会の経済分析への基礎が，すでに現れている。後に見るように，ヒューム自身は，上の①〜③を継承し，④と⑤を全面的に批判することになる。そもそも，市民政府を設立した究極の目的が国民の所有権の保護であるという，『統治論』の中心テーマには，政府は国民の自由な経済活動を守り，私有財産を保護する以外の政策的介入をするべきではないという，経済的自由主義の主張が，少なくとも潜在的には孕まれていた。

　ところが，上の④と⑤の主張には，①〜③とは異質の視点が見られ，貨幣評価におけるロックの独自性が明瞭に示されている。彼が①〜③で主張するように，貨幣の価値や価格が市場の需給法則によって決定されるとすれば，貨幣価値の決定と貨幣流通量＝貨幣供給量の決定とは同じ事態の二側面にすぎず，あえて④の流通必要量の確保を主張する必要はない。それにもかかわらず，ロックは，貨幣の流通必要量を，あたかも独立変数であるかのように扱っている。「ある大きさの商工業 trade を動かすには一定の割合の貨幣が必要であり，その一部の貨幣の動きが止まると，それだけ商工業が減少する。」「金と銀とはほとんど生活の役に立たないが，それはあらゆる生活便宜品を支配する。したがって富は貨幣の豊富さに存するのである」（Locke [1696], 14）。一定量の貨幣が安定的に市場に流通していない限り，国民各層における経済活動はただちに停滞と混乱をきたし，国民経済の順調な成長は望めないと，ロックは考えているのである。

　すなわち，貨幣の導入によってのみ市場経済の発達があり得たとする，『統治論』での議論は，『利子・貨幣論』では，流通必要量の主張にその姿を変え，政策とは独立した経済法則の貫徹という①〜③の方向性とは矛盾しつつ，⑤にある保護貿易主義の根拠づけとして，彼の経済思想の基調となるのである。両著作のいずれにおいても，市場経済における貨幣の決定的役割が強調され，その反対に，貨幣を理論的に捨象したような分業・交換の市場経済モデルは，ほとんど見られない。現実の経済問題を詳細かつ具体的に論じる『利子・貨幣論』には，地主，農業者，商人，製造業者，労働者，農民といった諸階層への言及が繰り返し現れるが，それはどこまでも議論の素材にとどまり，後のスミ

スにおけるような，社会的分業の体系としての市場経済の認識へと論理化されることはないのである。

3　ヒュームにおける所有・貨幣と市場経済

　ロックとヒュームとは，ともに，ベイコン（F. Bacon, 1561-1626）以来のイギリス経験主義の思想伝統に深く関与し，近代社会における自由と秩序の根本的な関係についての透徹した洞察を示した。そればかりか，ヒュームは自己の哲学・思想を形成する上での，ロックに対する特別の恩義を，著作のなかで繰り返し表明した。彼らは名誉革命を挟んだ，基本的に異なる歴史状況を生きながら，名誉革命体制の政治的・経済的・道徳的基礎について，いくつかの根本的な見方を共有していた。とりわけ，ロックの言う「所有権」，すなわち，自由な社会の根本条件としての国民の生命・自由・財産の法律的保証，その実現のための，議会主権と立憲君主体制の確立，思想・信教・言論の最大限の尊重，宗教的寛容，などの諸点において，二人は同一の見解と価値観とを共有していた。

　しかし，同じく経験主義の方法に立ちながらも，上の共通の諸見解を合理化する論理において，両者のあいだには，大きな相違が存在した。なかでも最大の相違は，自然法の根拠づけをめぐる問題である。繰り返し強調したように，ロックの自然法思想は，彼の社会観の根底を支える論理であるが，それは根本的に，キリスト教（プロテスタンティズム）の世界観によって貫かれていた。これに対して，当時，懐疑論者，無神論者と言われたヒュームでは，「自然法 the laws of nature」（Hume [1739-40], 311）という言葉は使われるものの，そこに一切の宗教的・神学的な根拠づけは見られない。ヒュームの言う「自然法」とは，神の法でも理性の法でもなく，「人間本性」の諸原理から生じる，高度に蓋然的な規則性のことに過ぎない。

　こうした相違は，ヒュームがロックと同じく人間社会の根幹と考える，私有財産の正当化論において，明瞭に現れる。『人間本性論』の第三編において彼が，「正義の根本諸法」と呼ぶ所有の諸規則は，「所有権の確立」「所有権の移

転」「契約」の三種からなるが,彼は決してそれを理性の命令とは考えない。それらは,人類史のある時点で,平和で豊かな社会生活を実現するための所有権の絶対的な必要性と有用性とを洞察した人々が,「社会的取り決め convention」によって導入した,人為的規則にすぎないのである。ロックにおけるような,神と人間とのいわば垂直的関係のなかで,自然法に従う理性的人間ではなく,情念,欲求,共感などの水平的な感情の交流のなかで,「社会的取り決め」をつうじて所有権の規則を生み出す,社会的人間の実践的合理性の論理が,ヒュームの議論全体を貫徹していることがわかる。

　ひとたび所有権と契約が確立すれば,人間社会は市場経済に向けての自律的発展を開始する。ここで問題になるのは,貨幣の起源である。それについてヒュームは,『人間本性論』と『政治論集』との両方で,所有権の規則と同じく,「社会的取り決め」の産物として説明する。たしかに,この問題についてはロックも「同意」で説明していたので,両者は類似しているように見えるが,これは,金銀などの貴金属が,貨幣に適した素材として採用され,共通の単位,呼称が与えられることについての一致にすぎない。市場経済の発達全体における貨幣の役割という,より根本的な問題においては,二人の考えは大きく隔たっている。

　『政治論集』のヒュームによれば,市場経済の自律的成長は,人々の欲求の増大と技術の洗練によるのであり,貨幣の導入を決定的な契機とするのではない。ヒュームは人間社会の経済的発展を,①狩猟・採集の段階,②土地所有の成立による農業社会の段階,③商工業段階という諸段階として考えている。これは一見すると,ロックのモデルと似ているが,ヒュームでは,これら一連の発展過程において,貨幣は何ら本質的な役割をはたしてはいない。貨幣は,社会的分業と交換の範囲と程度を,より拡大・深化させるために,交換手段および価値尺度として導入されるのであり,経済発展に対しては,二次的・従属的な役割しか認められていないのである。

　ヒュームが考える根源的な経済発展の原動力とは,「技芸の洗練」がもたらす「生活様式 manners」の変革である。それは消費欲求の洗練と,それに対応する広範な大衆的基礎をもった生産活動の展開であり,「奢侈」と「勤労」の

キーワードによって表される。いずれも，生存の必要を上回る消費欲求と生産活動を意味するが，ヒュームはこれを明確に，貨幣の導入とは独立の，それに先立つ現象と捉えている。「最初のまだ未開な時代において，気まぐれな欲望と自然の欲望とが混同される以前には，人々は自分の畑の産物や，彼らが自分で作ることのできる粗野な加工品に満足しているので，交換する機会や，あるいは少なくとも，貨幣を使う機会はほとんどない……」(Hume [1752], 291)。

すなわち，貨幣の出現とは独立の，「気まぐれ」の働きによる想像上の消費欲求の成長こそが，経済発展への原動力なのである。この消費欲求の起点は，外国貿易による奢侈品の導入にあるとされ，初めは，一部の王侯貴族のあいだで消費され始めた外国産の高級奢侈品が，しだいに，一般大衆の消費欲望を刺激するようになることが，その歴史的契機と考えられた。ヒュームが近代的市場経済の発展経路を，都市の商業が導入した奢侈が，農村の商工業を連鎖的に起動する，という形において捉えたのは，そのためであった。

しかし，他面において，ひとたび技芸の洗練（奢侈）による生活様式の変化が始まるや否や，ただちに貨幣が導入されると，ヒュームが考えていることも，また事実である。貨幣は，誰もが喜んで自分の生産物と引き替えに受け取る，一般的交換手段であるから，技芸と消費欲求の洗練が起こるとすぐに，市場全体に流通するようになる。「人々がこうしたすべての享楽に洗練を加えはじめ，必ずしも故郷で生活せず，近隣で生産できる物に満足しなくなった後には，あらゆる種類の交換と商業とが増大し，より多くの貨幣が，その交換に入り込んでくる」(Hume [1752], 291)。ひとたび奢侈と貨幣とが相互促進的関係に入れば，市場経済は文字通りの貨幣経済となる。こうした欲求の洗練と貨幣との密接不離な関係を，ヒュームとは反対の視点から見れば，そこに貨幣を市場経済発展の原動力とする，ロックの見方が生まれるのであるが，ロックでは，貨幣あっての市場経済であったものが，ヒュームでは，市場経済あっての貨幣という位置づけに逆転するのである。

ロックにとっては，生存の必要を上回る欲望を刺激し，それを満たす生産活動を促すものは，貨幣をおいて他になかった。市場経済は，貨幣経済としての本質をもつことによって，国富の飛躍的増大と富の著しい不平等という両極を

生み出し，利己的欲望と貪欲に起因する，道徳的堕落の始まりともなった。自然状態においては，「彼らすべてに共通な，この自然法によって，彼と他の人類全部とは単一の共同体を形成し，他のあらゆる生物から区別された一社会を作るのである。堕落した人間の腐敗と悪徳さえなければ，これ以外の，別の社会を作る必要はなかったのである」(Locke [1690], 352) と断言するロックには，市場経済に対する道徳的懐疑が底流としてあり，だからこそ，それがもたらす戦争状態という矛盾を，自然法の原点に立ち返った，市民政府の確立によって救済するという行為の，思想的な意味もあったのである。

これに対して，ヒュームでは，人間の消費欲求の洗練がほぼ全面的に肯定され，自然の欲求と人為的欲求との区別の消失も，道徳的腐敗ではなく，知識と道徳的洗練の向上への起点であるとされる。ロックによれば，自然法の命令に素直に耳を傾ける健全な理性を曇らせた貨幣経済の発展こそが，ヒュームにおいては，文明社会における人々の人間性，社交性，道徳性の洗練・向上をもたらす。「こうして，勤労，知識，人間性は解きほぐすことのできない連鎖で結ばれており，理性によっても経験によっても，より洗練された，そして普通の名づけ方で言えば，より奢侈的な諸時代に特有のものであることが，見いだされるのである」(Hume [1752], 271)。

4 市民社会から文明社会へ

私有財産と「技芸の洗練」の出現をもって離陸を開始したヒュームの市場社会は，その不可欠の対応物として，国家（政府）の成立を要求する。ここで彼は，ロックの議論を明らかに意識した，有名な社会契約説の批判を展開する。

ロックによれば，正当なる市民政府が成立する唯一の論理的根拠は，被治者による自由な同意であった。しかし，事実問題として言えば，歴史上の大部分の国家は，契約や自由な同意にもとづいては成立しなかったと，ヒュームは考える。彼が指摘する国家の実際の起源は，①他民族による制服，②対外戦争を契機とする族長への服従，③自由で平等な諸個人による盟約，である。以上のうち，文字通りの社会契約と言えるのは③だけで，②はロックが重視した部族

社会内的起源であるが，その際，被治者による自由な同意の必要が要請されていた。ヒューム自身は，②の場合も，自由な同意は存在しないことを指摘しつつ，①の征服起源説を強調する。

　征服あるいは簒奪は力による支配に過ぎず，ロックに従えば，正当な支配の基礎とはなり得ない。しかし，ヒュームは，「正当」なる政府の起源は，必ずしも「正当」である必要はないという，大胆な発想から出発する。長く存続し，現在は十二分の正当性を国民から認められている政府も，その通常の起源は力による征服であったが，その後の統治の歴史と実績を基礎に，「力と合意」の混交する慣習的プロセスのなかから，その政府の正当性が漸進的に作り出されてくるというのである。事実，「最も広大な民主制」であったアテナイの共和国も，「女性，奴隷，および外国人を必要なだけ割り引くならば，それを最初に確立したり，投票したりしたのは，それへの服従を余儀なくされた人々の十分の一にも満たなかった」し，ウィッグ主義のイデオロギーが手放しで賞賛し神聖化していた，名誉革命の政治決着について見れば，「一千万人近くのためにその変革を決めたのは，わずか七百人の賛成多数であった」というのである (Hume [1748], 472-3)。

　むしろ，名誉革命体制のような，長期にわたって安定した統治を実現している政府の正当性の基礎は，その起源における自由な同意の存在ではなく，被治者たる国民一般の「世論 opinion」にあると，ヒュームは主張する。世論はさらに，王位継承の正統性や所有する財産の大きさなどにかんする「権利をめぐる世論」と，国民が享受している統治の諸利益にかんする「利益をめぐる世論」に分かれる。これら二種類の世論の組み合わせによって，現実の国家の正当性が決まるのであり，ここから，「政府が存立するのは世論の上にのみである。そして，この格率は，最も自由で民主的な政府に適用されるばかりでなく，最も専制的で軍事的な諸政府についても，適用されるのである」(Hume [1741-42], 32) という，彼の名高い政治的洞察が生まれる。

　このようなヒュームの議論は，長く存続している政府は，長期の存続という事実それ自体によって正当かつ合法だという，保守主義的な結論に導くであろう。これは，ロックの「自由な同意」論が，「天に訴える」という急進的な論

理によって，革命権を擁護したことと対照的である。ヒュームは，極端な圧制や暴政の場合にのみ，実力による支配者に対する抵抗を承認するが，これはあくまでも緊急避難的事例であり，現存する大部分の政府は，正義の諸法の遵守，すなわち，国民の生命・財産の確実な保証という基本条件さえ満たしていれば，長期の存続の事実それ自体のうちに，正当性の根拠をもつとされる。これらの政府については，国民の革命権は，実際上，否定されるのである。

　言い換えるなら，これこそが，ヒュームが社会契約説を執拗に批判しようとした，真のねらいであったと思われる。彼は，市場経済社会の道徳性についての潜在的な懐疑を根底にもつロック理論が，逆に現実政治の文脈では，後に，アメリカの植民地人やフランス革命の指導者たちが実践したように，急進的で革命的な政治的指向性を孕むことを洞察した。すなわちヒュームは，ロック理論が，同時代のウィッグ主義的な常識が信じていたほどには，真の意味での名誉革命体制の正当化論にはなり得ないという認識のもと，それに代わりうる正当化論を，「世論」の概念を鍵として展開したのであった。

　こうしたヒュームの権力論は，別の面から言えば，文明社会認識のための概念装置としての，ロック「市民社会」概念の，ある意味での限界を明らかにするものであった。ロックは「絶対王政は，これを世界の唯一の統治形態と見る人もいるが，実際は市民社会とは両立せず，市民政府の形態ではあり得ないことは明白である」(Locke [1690], 208) と断言したが，現実の歴史では，名誉革命までのイギリスの政治体制，十八世紀当時におけるフランスその他のヨーロッパ大陸の政治体制は，その大部分が絶対王政であり，ロックの言う「市民社会」とは両立し得ない体制のはずであった。その意味では，名誉革命体制下のイギリスはむしろ例外的事例であり，数度にわたる深い大陸経験をもつヒュームの観察からすれば，ヨーロッパの絶対君主制が統治する社会の多くは，明らかに高度に発達した文明社会であり，国民の「世論」によって相当程度に支持された体制であった。

　すなわち，ヒュームの観察では，絶対王政が統治する社会こそが，十七世紀までのイングランドであれ，十八世紀のフランスであれ，「文明社会 civilized society」の揺籃地だったのである。彼はこれを「開明君主制 civilized　monarchy」と呼ぶ。「近代においては，あらゆる種類の政府が改善されたが，君主制の政府は完全性に向けて，最大の前進を遂げたように思われる。いまや，開明的な君主制政府については，以前は共和国のみを賞賛するために言われたこと，つまり，それは人にもとづく支配ではなく，法にもとづく支配である，と断言してよい。それは驚くべき程度に秩序，方法，一貫性を達成していることがわかる。所有権はそこでは安全であり，勤労は奨励され，技芸は繁栄し，君主は子供たちに囲まれた父親のように，臣民のなかで安心して暮らしている」(Hume [1741-42], 94)。

「市民社会」と「文明社会」とのこうした概念上のズレに，ヒュームはするどく着目したが，もとより，両者のあいだに連続性がないわけではない。それら二つに共通するのは，自由な社会の根幹が「法の支配 the rule of law」の原理にあるという認識である。それはロック的に言えば，自然法に合致した政府のあり方であり，ヒューム的に言えば，正義の根本諸法を適切に運用する政府のあり方である。いずれにおいても，国民の生命・財産の保証，それを基盤とする市場経済原理の擁護が行われている。市民社会と文明社会の相違は，「法の支配」原理の存否というよりも，その原理の法律的・制度的な保証の程度や具体的・実際的な運用の仕方にこそあった。

ロックの場合にも，現実の絶対王政の評価に，そうした認識が見られ，「博学な王」である絶対君主のジェームズ一世が，君主制と専制との差異を，法による支配の有無によって区別した点を評価している (Locke [1690], 399)。反対に，名誉革命体制下のイギリスが，ヨーロッパ随一の文明社会であり，かつ，最良の市民社会でもあることに，ヒュームは少しの疑いも抱かなかった。しかし，両者の決定的差異が，より端的に現れる問題局面が存在する。それは国際的な政治と経済の文脈であり，現代的に言えば，十八世紀において日々グローバル化しつつあった，国際政治と国際経済の秩序を，彼らが考察する場合であった。

5 文明社会における政治的自由と経済的自由

　通常の教科書的記述では，ヒュームは，スミスが完成したとされる自由貿易主義と経済的自由主義の，最も重要な先駆者のひとりとされている。この位置づけは決して誤りではないが，それだけでは十分ではない。問われるべき問題は，市民社会の自由の諸原理を明確に定式化し，政治的リベラリズムの原点として，いまなお高く評価されるロックが，なぜ経済理論や経済政策論の場面になると，保護貿易主義や北米・アイルランドの植民地体制を支持したのか，反対に，絶対王政の近代性と文明性を評価したヒュームの方が，そうした理論的・政策論的限界を，大筋において打破することができた理由は何か，という問題である。原理的な政治的自由主義一般と，経済思想上の自由主義思想とは，同じではない。この違いをもたらすものは何であろうか。

　ヒュームのいわゆる「重商主義」批判の理論上の武器は，貨幣数量説と，貨幣流出入の自動調節作用の理論であった。前者は，既述のように，流通する貨幣の価値と数量を，他の諸商品の場合と同じく，貨幣に対する需要と供給の割合によって決まるものと見なし，一般的物価水準の変動を，この貨幣の価値と数量の変動によって説明する。後者は，それを外国貿易の場面に応用したもので，貿易差額の黒字の獲得と，その結果としての国内流通貨幣量の増大とは，貨幣価値の下落による名目的な物価水準の上昇と対外的競争力の低下，ひいては，輸出の減少と輸入の増大をもたらすが，これは輸出促進・輸入抑制という保護貿易政策の基本原理と矛盾するという主張である。

　ヒュームは，後のスミスのように，この論理的矛盾が現実にはどのような形で様々な社会的矛盾として現れるかについて，経験的考察と事実の収集は行わず，「一夜にして，大ブリテンの貨幣の五分四が消失したと仮定せよ」(Hume [1752], 311) という言葉で始まる，有名な仮説的説明において，この矛盾を流体のモデルを用いて，機械論的に説明する。そのためにかえって，そうした機械論的モデルの示す結果が，現実の経済過程において，いかにして生じるかを具体的に示す場面では，増大した貨幣量が流通し，全般的物価水準を比例的に上昇させるまでの「間隙」に，実質所得や実質購買力の上昇が起こり，これが

生産活動を一時的にではあれ刺激するという，いわゆる「連続的影響説」（ハイエク：第14章参照）の提示がなされるのである。

　これら二つの理論は，矛盾的関係で捉えられることが多いが，実際には，分析命題としての貨幣数量説とその実証的説明としての連続的影響説という形で統一されており，しかも，両者に共通する大前提は，生産者・消費者たちの自由で活発な経済活動（生活様式）にほかならないから，それらは決して，矛盾的な関係にあるわけではない。

　ロックは，国の経済活動に必要な貨幣量の維持のために，保護貿易によるプラスの貿易差額の確保が必要だと考えたが，流通必要量説と貿易差額説とのあいだには，必ずしも必然的な連関はない。もし彼自身が言うように，貨幣の価値と数量が市場の需要・供給法則によって決まるのならば，同じ論理を，国際的な市場メカニズムに適用すれば，多少の部分的な需給ギャップや時間的ズレはあったとしても，最終的には，商品，貨幣，労働に対する国際的な需給関係をつうじて，各国の経済活動水準が必要とする貴金属が，適正に配分されるはずである。「いまや明らかなように，これらの途方もない貨幣量の不均等が，かりに奇跡的にも起こったとしても，自然の通常の成り行き the common course of nature においては，それが起こることを阻止するに違いなく，あらゆる近隣諸国民において，貨幣を各国民の技芸と勤勉 the art and industry にほぼ比例するように，維持するに違いない」（Hume［1752］, 312）。経済の自然法則による，経済活動の水準と規模に比例した貴金属貨幣の各国民への自動的配分，十八世紀の国際政治的現実にてらして，これがどれほどユートピア的な展望であったとしても，それがすなわちヒュームの展望であった。

　これに対して，ロックが，貿易差額説と流通必要量説との関連を，何か必然的なものとして説明したとすれば，それは，彼が国民経済の秩序を，ヒュームのように，諸国民間の自由な交通と交換の枠組みのなかで捉えずに，イギリス一国の立場に無意識にではあれ分析の視点を固定し，その前提の下で，流通必要量を論じたからである。自国の経済を，自己完結的な閉鎖的システムとして前提した上で，貨幣の流通必要量を確保しようとする限り，それは輸入を抑制して輸出を促進する保護主義政策によって，他国から獲得するほかはないであ

ろう。しかし，このような保護主義政策は，スミス的な見方からすれば，自分の労働や資本を好きなように処分する，本源的な自由に対する国家による侵害であり，ロック自身の本来的出発点からの，大きな逸脱にほかならない。

　このような矛盾は，名誉革命体制が体現した市民社会の普遍的政治原理と，その同じ体制が体系的に推進した，「重商主義」の原理との矛盾の表れであった。ロックの市民社会論および政治的自由主義が，自らの歴史的根拠として暗黙のうちにも前提した，植民地体制と一体の自国中心主義が，本来は国境の壁を乗り越える論理的指向性をもつ，彼の自然法思想および市場メカニズムの認識と，深刻な軋轢を生じている。しかもその場合，「ロックの政治理論のうちで，イギリスと大陸の絶対王政との，そうした自己満足的で郷党的な偏狭さにみちた対比ほど，ヒュームの感情を害した要素はなかった」（Dunn 1984, 訳97）と言われるように，ロックにおけるイングランド立憲主義（ウィッグ主義）の思想伝統が，名誉革命体制がもつそれら異質の二側面をイデオロギー的に統一したため，その同じ思想伝統が，国際的分業体制の端緒的形成とともに，政治体制の相違を乗り越えつつ成長しつつあった，新しいヨーロッパ文明社会の歴史的地位を認識する上で，重大な阻害要因となったのである。

　たしかに，一国の政府の起源と正統性の根拠を問題とする，ロックの『統治論』において，分析の視野が一国に限られたことは，ある意味では，避けられない論理的な必然であった。しかし，市場のメカニズムをつうじた，流通必要量の確保の問題を考察する場合には，諸国民の富の増大と流通を，自由で開放的な体制のなかで捉える道が残っていたはずである。これに対してヒュームは，ロックの自然法思想を脱神学化し経験化することによって，これを「自然の通常の成り行き」の論理として継承しつつも，名誉革命体制それ自体の歴史的地位を，ヨーロッパ的視野のなかで相対化し，諸国民の富の，自由かつ対等な相互促進的発展の可能性を論じることのできる，新しい思想的枠組み，すなわち，文明社会論の枠組みを，世論と開明君主制の概念を鍵として，あらたに提起したのである。

　「そこで私は，次のことを思い切って認める。ひとりの人間としてのみならず，ブリテンの一臣民として，ドイツ，スペイン，イタリア，そしてフランス

それじたいの商業の繁栄を，私は願っている，と。少なくとも私は，大ブリテンとそれらの諸国民のすべては，その主権者や大臣たちが相互に，広大かつ博愛的な感情を採用するならば，より一層繁栄するであろうことを確信している」(Hume [1752], 331)。

こうした，およそ250年後に実現する，EU諸国の通貨統合を先取りするかのような，ヒュームの斬新で独創的な発想や視点が，彼の文明社会思想の基本を形成した。彼は，ウィッグ主義の偏狭で愛国主義的な歴史観とイデオロギーが支配する時代状況のなか，「トーリー（王党派）」の汚名を着ることをも辞さず，ヨーロッパ近代の文明社会の母胎としての絶対王政の積極的評価を行った。それら異なる政体の内部から，全ヨーロッパ的に出現した市場経済社会の基本原理を解明しようとするヒュームの方法こそが，自由かつ対等な国際的分業と交換を基盤とする，文明社会の普遍的ヴィジョンを創出したのである。

読書案内

ロックの著作としては，鵜飼信成訳『市民政府論』（岩波文庫，1968年），田中正司・竹本洋訳『利子・貨幣論』（東京大学出版会，1978年）。ヒュームの著作としては，小松茂夫訳『市民の国について』（岩波文庫，上下巻，1952，1982年）。ロックとヒュームの入門書，とくに研究書は多数にのぼる。ロックの生涯と思想の概観としては，浜林正夫『ロック』（研究社出版，1996年），ジョン・ダン著／加藤節訳『ジョン・ロック』（岩波書店，1987年）が，日英の大家によるロック観を対照的な視点から集約している。ヒュームには，残念ながら推薦できる入門書はないが，坂本達哉『ヒュームの文明社会』（創文社，1995年）は，初学者にも分かるように書かれた研究書である。ロックの市民社会論の歴史的意義をより本格的に学ぶには，これも対極的といってよい視点から書かれた2冊，田中正司『市民社会理論の原型』（御茶の水書房，1979年）と加藤節『ジョン・ロックの思想世界』（東京大学出版会，1987年）を読み比べてみることを勧めたい。経済思想については，生越利昭『ジョン・ロックの経済思想』（晃洋書房，1991年）がある。ヒューム研究の専門書も数がふえてきたが，前記の拙著のほか，哲学と思想の両方にバランスよく配慮した，神野慧一郎『モラル・サイエンスの形成』（名古屋大学出版会，1996年）をあげておく。経済思想では，羽鳥卓也『市民革命思想の展開・増補版』（御茶の水書房，1976年），田中敏弘『社会科学者としてのヒューム』（未来社，1971年）の両著が，いまなお示唆に富む。

理解を深めるために

1. ロックとヒュームの経済思想の差は，何に由来するか。歴史的背景の違いと思想の違いの両方から整理してみよう。

2．ロックとヒュームにおける政治思想と経済思想とは，どのように関連しているか。
3．ロックの「市民社会」概念とヒュームの「文明社会」概念の，共通性と異質性を整理してみよう。
4．現代のグローバル経済を考える上で，ロックとヒュームの経済思想がどのようなヒントをあたえるかを考えてみよう。

（坂本達哉）

第 2 章

再生産秩序と自由
F. ケネー

　18世紀も半ばを過ぎると，フランス絶対王政は次第に体制的危機に直面するようになる。とりわけ，封建的圧制と，外貨の獲得のために輸出産業を優遇するコルベール的産業政策（コルベール主義）とによるフランス農業の衰退は，誰の目にも明らかであった。ケネー（François Quesnay, 1694-1774）は，このような現実を直視し，農村を荒廃から救うことで，疲弊した王国経済を立て直そうとした。富の唯一の源泉は農業であり，農業の復興こそが，王国経済の再建の鍵を握ると考えたからである。

　ケネーは外科医として令名をはせたのち，ルイ15世とその愛人ポンパドール夫人の侍医として，ヴェルサイユ宮殿の中二階に住居をかまえた。そして医学者の視線で王国経済の現状を解剖し，その立て直しのための処方箋を示そうとした。宮殿の中二階の一室には内外の多くの知識人が集い（「中二階のサロン」と呼ばれた），やがて彼を師とするひとつの学派が経済学の歴史上はじめて形成されることになる。彼らは，みずからの理論・政策体系を「フィジオクラシー」（自然的統治）の体系と捉えたが，それは農業を中心とする再生産秩序であったから，その意を汲んで，フィジオクラシーは「重農主義」と訳され，この学派は「重農学派」と呼ばれる。

　ケネーは，ディドロ（D. Diderot, 1713-84）とダランベール（J. L. R. d'Alambert, 1717-83）の編纂した『百科全書』のために，「借地農」（1756年），「穀物」（1757年）などのいくつかの項目を執筆するとともに，ほぼ同時期に，富の再

生産秩序を1枚の図表によって示した「経済表」(「原表」, 1758年) を著した。これは貨幣と生産物の流れを, 単純化された1年間の経済循環として表したものであり, 医学者ケネーの天才が生み出した経済社会のいわば解剖図である。しかし, その表の意味するところはなかなか理解されなかったし, それは社会全体の再生産過程を表示するものとしては十分ではなかったから, 彼は刻苦してこれを修正し, やがて「範式」(1766年) と彼が呼ぶ新たな表を提示した。ここに彼の考えた再生産秩序は最終的な形を与えられたといえる。彼はこの再生産秩序を, 人間の意志の及ばない神の手になる不変の自然的秩序であると考えたが, その一方で, この秩序へと至り, それを維持するためには経済活動の自由, いいかえれば, 利益を求める人々の利己的な主体的自由に任せることが必要であると説いた。超越的な自然的秩序は, しかし彼なりの「自由の体制」によって支えられていたのである。

以下本章では, ケネーの哲学・政治思想と経済学とを一体的に理解し, 重農主義の体系の論理に基づく彼の特異な再生産秩序と, これを支える「自由の体制」とがどのようなものであったか, その概要を明らかにしよう。

1　自由の体制

人間の本性は何であり, この本性に合致することで得られる人間の幸福とはどのようなものだろうか。ケネーは感覚論の立場から, 感覚的存在としての人間の本性は, 快楽の感覚を求め, 不快の感覚を避けるところにあり, 人間の幸不幸の原因もまた快不快の感覚にあると考えた。快楽の感覚をもたらすものは幸福を増進し, 不快の感覚をもたらすものは不幸を増すのである。そしてこの快楽の感覚あるいは幸福は, 人間の欲求を具体的に満たすことのできる財の獲得によって実現されるから, 人間はしばしば動物的な意志あるいは情念に身をゆだねて, 財の獲得に邁進する。しかしそのような「動物的自由」あるいは「情念の自由」は必ずしも首尾よくみずからを成就することができない, と彼はいう。なぜなら, 将来の真の利益を顧みずに目先の快楽を追い求めるそのような感覚的な意志は, しばしば欺かれるからである。なにより感覚は人によっ

て異なるし，また同じ人が異なる感覚によって相対立する意志を形成することさえありうる。

　ケネーによれば，結局，人間は感覚による知識だけでは必ずしも最良の選択をなしうるとはかぎらない。むしろ，自己利益を求める感覚的な意志は，知性の働きに導かれてはじめてみずからを実現することができる。動物的自由や感情的感覚（本能）に身をゆだねて過ちに陥ることを人が免れることができるのも，そのような知性の働きのおかげであった。ケネーにとって，自由とは，このように目先の利益にとらわれる情動的な利己的情念を抑制し，真の利益がどこにあるかを理解したうえでその実現をめざす「知性の自由」にほかならない(Quesnay [1756])。

　では，この真の利益は何によって実現されるのだろうか。調和的世界の一般的体系，すなわち自然的秩序を正しく認識し，これに従うことによってである。そしてケネーにとって，この自然的秩序は無謬の神が定めた不変の秩序であった。

> 万物はその不変の本質と，その本質と不可分の特性をもつ。……神が定めた諸法則は，神の意図した秩序と目的とに一致するとき，神の一般的計画において正しく完全なのである。(Quesnay [1765], 訳 69)

　真の利益はこの秩序を遵守することによってのみもたらされるから，もっとも有利な選択を求めて合理的に行動しようとするかぎり，それに背くことは自己矛盾をおかすに等しい。この自然的秩序あるいはそれを指示する自然法は，人為の及ばない自然法則と同義であり，あたかも貿易商人が航海を誤らないために天体運動の法則を熟知し，それに導かれねばならないのと同じであるとされる。したがって，各人の自由意志も，またそれを導く実定法も自然法に背くことを許されない。人間の定める実定法がそれに背けば，「ただちに人間の生存に必要な財の欠乏あるいは減少によって罰せられる」(Quesnay [1767], 928)ことになるであろう。

　したがって，問題は無謬の神が人間にもっとも有利なように創造した自然的秩序を，理性の光によって正しく認識することである。すべてがこれにかかっ

ているといっても過言ではない。この「人間にもっとも有利な秩序」についての研究手段こそ，経済科学であった。ケネーはいう。経済科学は，「人間の生活，保存，便宜に必要な財の永続的な再生産にかかわる物理的な法」を科学的に認識する学問として，「社会の合法的な制度および秩序の……不可欠の条件」である。これによって「幾何学的かつ算術的に」物理的な法が解明されねばならない。このように，彼は歴史上はじめて自覚的に経済科学の創設を宣言するとともに，この新興科学の成果を教育によって国民の間に普及させる必要性を強調し，このための学校の創設こそ主権者の最初の政治的任務であるとさえ述べている。自然的秩序にかかわる経済学教育が普及すれば，自然法から逸脱した実定法が制定されることも，また恣意的専制君主の手に統治をゆだねることもなくなる，というのである (Quesnay [1767])。

　それでは，経済科学という新たな手段によって解明し得たと彼が考えた自然的秩序とは，どのようなものであろうか。それこそ富の再生産秩序であり，これを「幾何学的かつ算術的」に示したものが「経済表」にほかならない。

　ケネーは，このように感覚論哲学の立場から功利主義の快苦原理を導き出し，さらに快楽の増大は欲求を満たしうる財の獲得によってもたらされるとして，幸福をめざす人間の諸活動の目的を所有の保全と拡大に求める（この意味で，ケネーにとって自由の本質は「所有の自由」にある）。そしてこの所有の保全と拡大は，彼が神の定めた至上の規律であると確信していた富の再生産秩序に従うことによってのみ可能であり，人々の自由意志と立法はこれに従わねばならない。すなわち，真の自己利益に覚醒した「知性の自由」の行使が求められるとともに，いかなる排他的特権をも許さずに，自然法に合致した統治を行いうる強力な一元的政治支配が求められるのである。後者の側面は，弟子のミラボー (V. R. M. de Mirabeau, 1715-89) たちによって「合法的専制主義」という表現を与えられ，このことによって，ケネーおよび重農主義の集権主義的なイメージがおおいに流布することになる。

　ここでは，人々は強力な主権を行使する開明的な君主に導かれて，自然的秩序への絶対的な一致を求められ，情念の自由がおのずから秩序へ向かう可能性はあらかじめ排除されているかのようである。事実，これまでのケネー研究の

多くは，ケネーの自然的秩序の超越性と絶対性に目を奪われて，アダム・スミス（第3章参照）のそれとの違いをことさらに強調してきた。しかしながら，この自然的秩序あるいは再生産秩序は，それを構成する諸要素の自然的運動によって導かれるのであって，秩序を維持するために主権者の「見える手」の不断の介入を必要としているわけではない。

　世界はみずから歩むとイタリア人はいう，これは重要な意味を持っている。行政の秩序と誠実さを再建し，事物のそれぞれにその自然的過程をたどらせてみよう。そうすれば，ただちにわれわれの全原理が事物本来の秩序の力によって実現されるのをみるであろう。(Quesnay [1763]，訳120)

　このように，「事物の歩みを規制する」人為的諸制度が除かれれば，再生産秩序は自然的過程をたどって回復していくと考えられている。彼は，王国経済の疲弊の原因をもっぱら農業の荒廃に求めたから，荒廃をもたらした諸要因を除けば，「事物本来の秩序の力」によって，王国経済は再建されていくことになる。すなわち，農民への恣意的課税，農民の子弟の民軍への徴用，賦役などの農業への重荷が除かれれば，「大都市に逃避することを余儀なくされた」労働と資本はおのずと農村に復帰するであろう。なぜなら「利益は正当で有利な投資先を求めるが，農業が保護されるならば，農業ほど利得が確実で申し分のないものはけっしてない」(Quesnay [1757a]，訳194) からである。ここでいう「農業の保護」とは，たんに農業に対する束縛を解くことであるにすぎない。ケネーは利得の大きさと確実性の点で，もともと農業がもっとも有利な産業部門であるから，束縛が解かれれば，無為に都市に遊ぶ地主や，やむを得ず都市に逃れて小売商人や家僕となった人々が，利益に誘われて農村に復帰するものと考えたのである。

　「事物本来の秩序の力」の源泉は「利益」であり，自由にみずからの利益を追い求めることができる体制が整えられれば，人々の利己的行動はおのずから自然的秩序に一致しうる。

　みずからの能力に応じて，またそこからもっとも有利な生産物を引き出そう

とする土地の場所やその所有者に応じて，自己にもっとも多くの利益をもたらすことのできる生産物のために労働と支出の管理をみずから行うのは，個々人の問題である。彼が過ちを犯しても，彼の利益が，長くは彼を誤ったままに放置しないであろう。(Quesnay [1757b], 訳305)

　生産者は真の自己利益がどこにあるかを容易に知ることができるから，たとえ目先の利益にとらわれた「動物的自由」あるいは「情念の自由」の行使によって過ちを犯したとしても，過ちはただちに修正される。このように利益を求める生産者の情念は，その目的を遂げるために容易に合理的な利害計算の立脚点に立ち戻ることができるであろう。ケネーが，再生産秩序を神の手になる不変の自然的秩序であるとして，その絶対性を強調したことは確かである。しかしこの秩序それ自体は，自然現象と同じく，諸要素の自由な自然的運動（情念の自由）を内的な原動力とするものであり，それへの理性的な適合的行動を不可欠の前提とするものではなかったのである。

　こうして，ケネーは「耕作の自由」を求め，「商業の完全な自由」あるいは「競争の完全な自由」を求める。これによって利益を求める利己的情念はおのずと再生産秩序を再建し維持するであろう。まさに「国家を活気づけるのは，自由と個々人の利益とである」(Quesnay [1757b], 訳331)。それゆえ，政治社会は，各経済主体が自由にみずからの利益を追求することのできるようなものでなければならない。しかし一方で，特定の人々に他の経済主体を抑圧することのできる力が与えられるならば，彼らの情念は，排他的利益を求めて秩序を攪乱しうる。そこでケネーは，個別的利益にとらわれて独占の自由を求める諸階級・諸団体にいかなる権力をも与えてはならないとして，強力な主権者の指導力に期待するのである。強力な主権者による一元的政治支配は，ここではいわば「自由と利益による秩序」を維持するための制度的保障であり，むしろ封建的王政に寄生する特権階級の既得権を排除するための変革の手段であったとさえいえよう。

　ただし，以上の「自由と利益による秩序」は，全体的秩序の一半を形作るものにすぎない。なぜなら，ケネーの体系において中心的役割を担う地主は，基

本的に有閑階級であり、与えられた収入を支出するにすぎないから、生産者のようには真の自己利益がどこにあるかを容易には知ることができないからである。与えられた収入を支出するにすぎない地主の情念は、ときとして彼を欺き、過ちを過ちのままにとどまらせて自己利益を損なうとともに、全体の利益を損ないかねないからである。

　ケネーの体系では、自然法に合致した統治を行う主権者の責務が重大であることはいうまでもないが、地主もまた再生産秩序を維持する重要な役割を与えられている。たとえば、地主が過度の奢侈に身を任せたままであれば、奢侈的産業を肥大させて資本と労働はいつまでも都市に集中し続けるであろうし、また王国経済の再建のために、地主は消費支出を削減して農業投資を増やすという、投資者としての役割を期待されている。しかし地主をそのような方向に駆り立てるインセンティブ（誘因）は、地主自身の利己的情念からただちに生じるものではない。したがって、利益が地主の自己愛を秩序の方向に導くためには、真の自己利益に関する理性的な覚醒が必要である。それはどのようにして可能であろうか。それを可能にするものこそ、再生産秩序に関する経済科学の研究とその成果の教育であり、地主（と主権者）は、これによって真の自己利益がどこにあるかを学ばなければならない。こうして「知性の自由」は、彼らにこそ求められるのである。

　地主はこの自由の行使によって私有財産の使途を制約されることになるが、このことはケネーにとっては自由の制限ではありえない。なぜなら、既に述べたように、再生産秩序に背く動物的自由の行使によって自己利益の実現が阻まれるとすれば、そのような自由の行使は自由の目的に反し、いわば自己矛盾に陥るに等しいからである。

　ケネーが神の手になる不変の再生産秩序とするものの実態は、生産者などの営業に従事する人々の情念の自由と、地主の知性の自由とによって維持される「自由の体制」であり、全体的利益の観点から国家が不断に所有権に干渉せざるをえない体制ではなかった。そのような人為の介入は秩序を損なうばかりであり、人為に許されているのは、樹木（自然的秩序）を害する苔を取り除くことだけであって、樹液をもたらす樹皮を傷つけてはならない、というのである。

このように，ケネーの「自由の体制」においては，地主の立場の特異性が際立っている。ケネーは，「(安定した永続的な) 帝国の基礎を形作り，その統治の秩序を規定し，構成するのは農業それ自体である」(Quesnay [1767], 925) として，農業社会を構想し，さらにこの農業社会の中心的な担い手を地主に求めて，地主社会のヴィジョンを描いた。ここでは，地主と主権者はともに王国の領土の共同所有者であり，地主は土地の管理業務の一方で，行政官として農業社会の統治機構それ自体を担う役割をも期待されているのである。このような地主の責務が，ひたすら再生産秩序の実現と維持とを目的としていることはいうまでもない。地主社会の成立要件は，地主たちが，このようなみずからの責務を自覚して「知性の自由」を発揮することである。この意味で，「統治の科学」として経済科学の創設を宣言したケネーの経済学的な全著作は，地主（と君主）の覚醒を促すために書かれたといっても過言ではないのである。

それでは，ケネーが自然的秩序を「幾何学的かつ算術的に」解明することができたと確信する富の再生産秩序とは，どのようなものであっただろうか。

2　再生産秩序と消費

自然主義的富観と体系の論理：支出の秩序　ケネーの経済学体系は，再生産秩序を示した「経済表」の世界と，現実の疲弊した王国経済の復興のための処方箋を示した動態論の二重のレベルによって構成されている。また「経済表」についても，「原表」と，のちの「範式」とでは表式の展開の仕方が異なるばかりか，その意味するところも大きく異なっている。ケネーは晩年に近い10年余りの短い年月の間に数多くの著作を残したが，そこに印された体系化への試行錯誤のプロセスは，「範式」の論理世界に収斂していくと見てよい。以下これに基づいて，彼の体系の二重構造を明らかにしよう。

ケネー経済学の体系的基礎は自然主義的な富の観念にあり，これが彼のあらゆる議論を根底から規定している。すなわち，小麦などの土地生産物は有機的生命体としての再生力を備えているから，消費されてもみずからを再生し，しかもこの土地の再生力に人間の労働と資本が加わることで余剰（純生産物）が

生み出される。このような「自然の恵み」の得られる土地生産物のみが「真の富」である。一方，消費によって消尽するのみで，みずからを再生できない加工品は「不妊の富」であり，土地の再生力の協働が期待できない加工部門では，労働と資本を投じても経費を上回る余剰は発生しない。加工品の生産はそのために用いた土地生産物（原料と食料）を加工品に転形するだけであるし，加工品の販売は，経費の価値（原料と食料の価値）を回収するにすぎない。加工品の価格が経費を上回ることによって一時的に利潤が発生したとしても，加工業者間の競争によって，やがてこの利潤は消滅してしまう。

　これに対して，再生的富を生産する農業部門は，原料と食料の供給によって加工部門の存立を素材の面で規定するばかりか，加工品に向けられる国民の購買力の水準を規定することによって，需要の側面からも加工部門のあり方や規模を左右する。というのは，ケネーによれば，みずからの欲求を満たすために加工品に向けられる消費需要は，社会的に唯一の「自由処分可能な富」であり，また基本的にそのすべてが地主の収入となる純生産物の価値実現額によって規定されているからである。これに加工品に対する農業生産者の投資需要（農機具などへの需要）を加えて考えれば，加工業者は地主の収入からの消費支出と，農業生産者の投資支出を通じて，みずからの生産のための経費（原料と食料の購入代金）を回収することができるだけの購買力を与えられ，それをふたたび農業部門に返すにすぎないのである。

　要するに，国民生産物の価値総額は土地生産物の価値総額に等しく，それゆえ国民の購買力ないし国民の総支出もまた土地生産物の価値総額に等しいから，国民生産物の年生産が維持されるためには，国民の購買力はそのすべてが最終的に土地生産物に向かい，ふたたび土地生産物の価値を実現しなければならない。こうしてケネーの体系においては，余剰（純生産物）を生み出さない加工部門は農業部門に完全に従属的である。この意味で，余剰を生み出す農業者が生産階級であるのに対して，加工業者や商人などは不生産階級にすぎなかった。彼はいう，「われわれがここで問題にしている規則的秩序においては，地主と不生産階級とによって年々行われる購入の総額は，年々生産階級に回帰する」(Quesnay [1766a]，訳149)。

以上の基礎的認識に基づいて，ケネーは地主階級，生産階級，不生産階級の3階級間における貨幣と生産物の循環的流通の図式によって，富の再生産秩序を示した。以下の図は，「範式」についてのケネー自身の説明に基づいて再構成されたその修正表である。ただし，以下の「経済表」の世界は，現実のフランス経済そのものを写したものではなく，農業が最高度に発達し，内外商業の自由化によって，穀物の価格が安定的に資本（前払い）を回収することができるのに十分な価格（良価）が実現された理想的な一大農業王国（耕地面積約1億3千万アルパン，人口約3千万人）をモデルにしたものである。

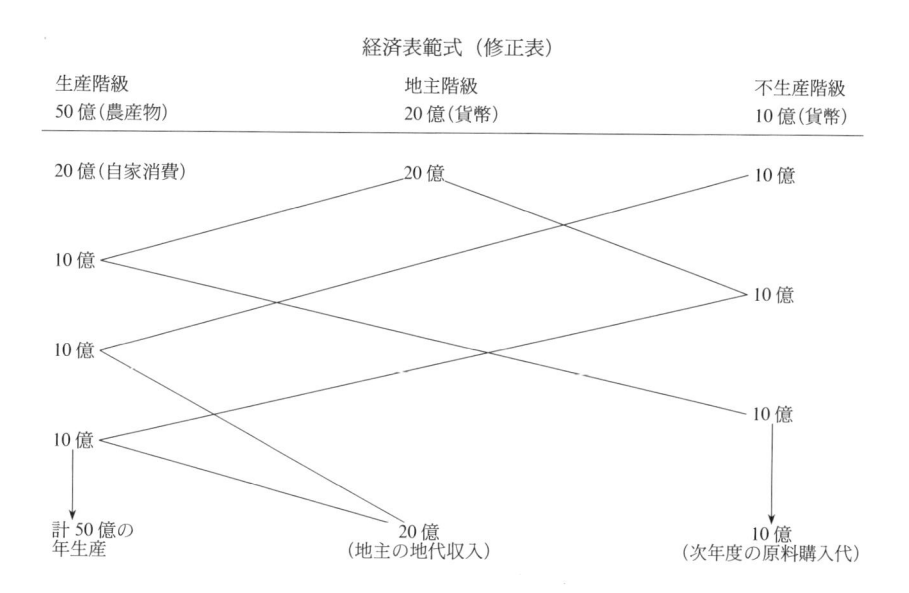

経済表範式（修正表）

生産階級	地主階級	不生産階級
50億(農産物)	20億(貨幣)	10億(貨幣)

20億(自家消費)　　20億　　　　　　　　　10億

10億　　　　　　　　　　　　　　　　　　10億

10億　　　　　　　　　　　　　　　　　　10億

10億

計50億の年生産　　20億(地主の地代収入)　10億(次年度の原料購入代)

年度当初に，生産階級は50億（単位：リーブル）の農産物，地主階級は地代収入として得た20億の貨幣，不生産階級は原料を購入するための10億の貨幣をそれぞれ所有している。生産階級は50億のうち20億を今年度の年前払い（年間に必要な種子や農業者の食料などの流動資本）として用いる。残りの30億のうち，まず地主が10億を食料として購入する。次に不生産階級が10億を原料として購入し，これを用いて計20億の工芸品を生産する。このうち10億を地主に販売し，その代金で最後の10億の農産物を食料として購入する（結局，

彼らは20億の農産物で20億の工芸品を生産したにすぎない）。残った10億の工芸品は生産階級が固定資本の減耗分の補塡のために購入する。要するに壊れた農機具などの買い換えであるが，これをケネーは「原前払いの利子」の支出とみなしている。「原前払い」とは，生産階級が農業生産を始めるにあたって必要とした100億の創設資本のことであり，「原前払いの利子」とはそれが生み出す利潤とみなすことができる。創設資本は年々10パーセント減価するから，その分を補塡しなければならないが，この補塡に原前払いの利子があてられるという構成になっているのである。ちなみに，このような資本財取引が「経済表」に組み込まれたのは「範式」の段階に至ってからであり，これにより「経済表」は，はじめて完結した社会的再生産過程を表示することができるようになったといえよう。

　さて生産階級の手元に残った20億の貨幣は地主の収入となり，不生産階級の手元には次年度の原料購入費として10億の貨幣が残された。また生産階級は20億の年前払いと10億の減価償却費（計30億の「年回収」）を投じて，50億の年生産を完了している。これらに基づいて，次年度にも同じ規模の再生産（単純再生産）が繰り返される。

　以上が，ケネーが「幾何学的かつ算術的」に明らかにした富の再生産秩序の概要である。ここには，地主の収入20億の，他の2階級への支出を起点とする貨幣の循環的フローが表示されると同時に，両階級の生産資本（前払い）の回収過程が示されている。われわれは，資本の回収こそが再生産の前提条件であるとして，資本の働きに本格的に着目したところに，経済循環の構想と並ぶケネーの大きな貢献をみることができる。「農業国民の繁栄を左右するのは，富を年々再生する前払いの維持または増加である」（Quesnay [1763]，訳56）。この観点から，彼は，当時の有力な思潮であった富の原因を（就労）人口に求める多人口主義の考えを批判し，「富の豊富は人間の豊富以上に富の増加に貢献する」（Quesnay [1757b]，訳336）と述べている。ただし，ケネーの資本理論は特異なものであって，資本の維持は上にみたような流通過程における「支出の秩序」にもっぱら依存している。

国民の振る舞いの良し悪しの結果は，支出分配の秩序によってもっぱら算定することができる。すなわち，支出が生産階級に回帰するか奪われるか，支出がこの階級の前払いを増やすか減らすか，支出が生産物の価格を維持するか低下させるかに応じてである。(Quesnay [1766a], 訳 150)

ここに，われわれは再生産論の視点と循環的流通論の視点とが結びついた，特異な構想をみいだすことができるのである。

しかしこのような論理それ自体は，堂々巡りの循環論法にすぎないことに十分に注意する必要がある。この「支出の秩序」は，地主の支出が国民の購買力を規定し，この購買力が土地生産物への需要となって土地生産物の価格を維持し，このように土地生産物の価格が維持されてはじめて資本の回収が可能となり，この回収された資本によって純生産物の生産が維持されて，地主の収入が回復されるという構造になっている。しかし，ここで価格を維持することで地主の収入を回復すべき国民の購買力それ自体は，あらかじめ地主の収入あるいは純生産物の価値実現額に規定されている。したがって，このような円環的な因果連鎖は，単純再生産の姿を映し出すことはできても，資本の増大による拡大再生産のどのような展望をも開くことはできないであろう。

これに対して，アダム・スミスの「自然的自由の体制」においては，資本家は長期平均価格としての自然価格にあらかじめ組み込まれた資本利潤を節約によって蓄積し，これを追加的投資に用いることで生産力は自己増殖を遂げていく（資本蓄積論）。しかし「支出の秩序」の視点に立つケネーにとっては，このような節約＝蓄積は，貨幣が源泉に還流するのを妨げる行為にほかならなかった。

このように，「範式」に示されたケネーの再生産秩序は，発展なき循環運動の世界である。一方，われわれはケネー経済学における拡大再生産の展望を，単純再生産のシステムの外部に，すなわちフランス経済の再建過程を明らかにした彼の動態論の側面にみいだすことができる。フランス農業を過小生産に陥れている制度的要因が取り除かれれば，穀物に対する内外の需要は増大し，この需要の増大に牽引されて，上にみた因果連鎖は拡大軌道に乗って上方への螺

旋運動へと導かれていく。こうして，そこでは，むしろ消費の主導的役割が強調されることになるであろう。

消費と利潤　フランス農業を過小生産に陥れたおもな元凶は，税制の欠陥と低穀価政策にあるとケネーはみる。恣意的税制は農業生産者の前払い資金を奪い，飲料消費税は価格を高めて消費を減退させている。また輸出向けの奢侈品製造業に有利なように穀物価格を低く抑えるために，穀物の内外取引の規制が行われたが，これによって穀物価格は不安定かつ低水準となったため，前払いの回収や増大は困難となった。「王国において3千万アルパンの可耕地が荒蕪地となっており，その残りの耕作は不良である。というのは，穀物の耕作が低価ゆえに支出を償わないからである」(Quesnay［1757b］, 訳 297)。

こうして，ケネーは税制改革と内外商業の自由，とくに穀物輸出の自由化を唱える。税制改革については，農業生産者の前払い資金には手を触れず，唯一の自由処分可能な収入である地主の収入部分にのみ課税すべきであるとして，「土地単一税」の構想を示した。これは税源に関してはじめて合理的説明を与えたものとして，税理論史上にその貢献が刻まれることになる。一方，内外商業の自由については，彼はおよそ次のような自由化の論理を展開した。

穀物の内外商業の自由化によって，規制に乗じて独占的な利益を得ていた穀物商人の商業利潤が排除される。また外国への穀物の販売によって穀物需要が増大すれば，穀物価格は上昇し，農業生産者にとっての固定的経費（耕作費用と地代と直接税）を上回る。こうして商業利潤の排除と穀物価格の上昇とによる二重の源泉から，農業生産者の手元に利潤が発生する。彼らはこの利潤を投資に向けて耕作を再建し，拡大するから，地主の収入（純生産物）は増大する。さらにこの収入の支出によって国内の就労者の利得が増大するとともに，就労機会の拡大によって人口が増加するから，国内での穀物需要が増大する。こうして，自由化を契機に国内外の穀物需要が増大し，これに応じて農業生産が拡大し，純生産物の増大につれて経済規模が拡大していく。

借地農は，彼らの（土地の）賃貸借の更新時まで，その間に生じる生産物（価格）の絶えざる騰貴から利益を得る。そしてこの利得は，農業を拡張し

改良する必要のある国民にとっては，もっとも実り多く，もっとも有益であり，もっとも必要なものである。(Quesnay [1766b], 訳241)

フランス農業の再建と発展の鍵は，農業生産者の手元に利潤が確保されることであるが，このことは，土地生産物とりわけ穀物に対する国内外の需要の増加によって，価格が固定的経費を上回ることによって可能となるのである。それゆえ農業生産者が確保する利潤とは，価格と固定的経費との差額であり，この意味で，需要と価格に応じて流通過程で実現される譲渡利潤であったといえよう（ただし，流通過程以外にも，河川の改良や運河の開発などによる経費の節減によってもこの差額を生じさせ，増大させることができる。これもまたケネーの力説するところであった）。この点でわれわれは，自然価格にあらかじめ組み込まれているため，需要や価格の一時的変動に左右されることのないスミスの利潤とは異なっていることに，注意する必要がある。

このように固定的経費を上回って利潤を生じさせる価格を，ケネーは「良価」と呼んだ。自由化によって国内市場が国際市場にリンクすることで国内価格は国際価格とリンクし，「互いに通じ合う湖や海の水位と同じように」(Quesnay [1757b], 訳272)，国内価格は国際的平均価格に向かう。この消費の増大に導かれた価格の上昇過程，いいかえれば「良価」の実現過程で利潤が発生し，この利潤を追加的投資の原資として用いることで，再生産の拡大が導かれていく。そしてやがて理想的な再生産秩序，すなわち発展なき循環運動としての「経済表」の世界に至るとされるのである。

以上のように，ケネーの動態論では，穀物価格の上昇によって譲渡利潤を生じさせるための購買力は，「支出の秩序」の外部から，つまり国産穀物に対する内外の過少消費を解消することによって与えられる。したがって，穀物価格が国際的平均価格に一致して，もはや価格の上昇がありえなくなるとともに，譲渡利潤は地代に組み込まれて消滅し，追加的投資の原資もまた消滅してしまう。あとは地主の手に渡った純生産物の価値が，「支出の秩序」を通じて農業生産者の手元に還流し，単純再生産を維持するために前払いが回復されることだけが期待されることになる。

このように流通過程に立脚するケネーの利潤論は，自己閉塞的な成り行きをたどる。ただ，一方でケネーが，商業利潤を繰り入れることによるのでもなく，また経費を上回る価格の上昇によって譲渡利潤を得るのでもなく，「前払いの支出に対する利潤」として恒常的に農業利潤が発生しうることを明確に認識していたことを，指摘しておかねばならない。彼は，「彼らは前払いから……少なくとも10パーセントの利子を引き出すのである。そうでなければ，彼らはなにも利益を得られない，これほど経費のかかる耕作の支出を負担するよりは，いっそ彼らの土地を利付きで葡萄栽培業者に貸し出すことを選ぶであろう」（Quesnay [1763], 訳81）と明言しているからである。ただしこの資本利潤は動態論のレベルではなく，「経済表」の単純再生産の世界を前提に論じられたから，もはや追加的投資の原資としてではなく，農機具などの固定資本の減価の補塡に使途が限定されて，単純再生産の循環過程のなかに内部化されてしまうのである。すでに述べた「原前払いの利子」の支出がこれである。

ケネーの資本理論さらに利潤論は，経済循環論と並んで富の再生産秩序を示す理論的礎石であったが，以上のように，農業のみを生産的であるとみる特異な論理に強く制約されていた。このような特異性を打破して，ケネーの資本理論や利潤論を資本蓄積論のレベルにまで敷衍しようとしたのが，ケネーに連なるフランスのチュルゴ (A. R. J. Turgot, 1727-81) と，スコットランドのアダム・スミスであった。

3　ケネーと18世紀フランス経済学

ケネーのいう富の再生産秩序について，もうひとつの重要な特徴を指摘しておかねばならない。それは，彼の体系がある意味で国民的富裕の観念を自己閉塞させていることである。彼は「絶えず再生するこれらの年々の富は，われわれにあらゆる種類の製造品や勤労の製品を手に入れさせるであろう。なぜなら富裕は芸術と奢侈との母だからである」（Quesnay [1757b], 訳313）として，農業生産力の拡大とともに，国民の消費水準が質的にも量的にも充実していくという展望を述べている。しかし，彼の体系では，製造業者たちの支出は「純粋

に経費的な支出」にとどまり，労働者たちの賃金は生存水準に固定されている。また農業生産者についても，彼らの利潤はもっぱら投資に用いられ，これが彼らの消費水準の向上のために加工品の購入に用いられる可能性は考慮されていない。地主のみが収入をみずからの欲求を満たすために洗練された加工品の購入に用いることができるが，これをケネーは「装飾の奢侈」と呼んで，地主たちがそれに浸ることを強く戒めた。

「経済表」に示された彼の体系は，単純化されたひとつのモデルにすぎないとはいえ，しかし国民的富裕のあかしが一般的消費水準の向上にあるとすれば，体系的な論理の構成上，ここではそのための加工部門の独自の展開はおよそ不可能である。農業という幹が育てば枝葉はおのずから繁るとケネーはいうが，そのような全般的な消費財の質的充実（必要品→便益品→奢侈品）を展望しうる文明化論の視点は，彼の体系には組み込まれていなかったといわざるをえないのである。彼の著述からは，ときとして消費社会としての文明の現況への批判的なまなざしさえも感じ取ることができる。こうして，彼の再生産秩序が指し示す農業社会の内実は，濃厚に復古的色彩を帯びていたといえよう。

これに対して，18世紀フランスの多くの経済思想家は，人間の世俗的幸福を，物質的富の享受によってみずからの欲求を充足するところにみいだして，むしろ消費社会としての文明の現況を肯定的に捉えている。17世紀から18世紀への転換点にあって，ボワギルベール（Pierre de Boisguilbert, 1646-1714）は，いち早く，「欲求の体系」としての文明社会の高度化を導く要因は人々の「豊かさへの願望」であり，しかもこのような情念の自由あるいは「自然のなすがままに任せ」れば，おのずから秩序と発展が可能である，と主張していた。なぜなら自然的秩序には，人間の利己的情念の対立を調整することのできる市場の強制力という安定化装置が内在しているからである。ここでは秩序のために，政治的な強制力ばかりか，道徳的な自己抑制でさえも必ずしも必要とされない。

これ以降，多くの経済思想家が，富の享受によって生活状態を改善しようとする人間の主体的努力が社会の繁栄の原動力であるとして，情念の効用に着目し，情念の自由あるいは「消費の自由」をも主張するようになる。ただ，グラスラン（J. J. Louis Graslin, 1727-90）は，同じく人間を欲求の主体と捉えながら，

たとえ消費物資が増加することによって選択の自由が増えたとしても，人間の幸福が増進するとはかぎらないと考えた。欲求を感受する人間の能力の全体は常に一定であるから，新たな欲求の対象物が現れて新たな欲求が満たされたとしても，その分，以前の対象物が欲求を満たさなくなるだけで，欲求充足の総量が増加するわけではないからである。人は誰でも必要品が満たされれば，次には有用品や便宜品を望むようになるが，彼によれば，それらが満たされるようになったとしても，欲求充足の総量が，したがって人間の幸福が増すとはかぎらないことになる。

このような，知られざる，特異な思想も現れたが，しかしこの時代のフランス経済学のメインストリームは，人々を貧困から解放し，あるいは生活水準を高めるために，欲求を満たすことのできる富をどのようにして増大するか，これを課題にしていた。

ケネーもまた功利主義の人間観に立って，富の再生産秩序を構想し，功利的人間の情念を秩序の原動力と捉えた。ただしケネーが想定していたのは，彼に独自の再生産秩序に従うことを予定された情念であったし，また地主は，知性の自由によって情念を自己制御することを求められた。ケネーの再生産秩序は人々に最大限の利益をもたらすから，利益を求める自由の目的をもっともよく実現できる。またこの秩序は集権的な管理システムによって維持されるようなものではなかったが，しかし彼の「自由の体制」は，重農主義の論理によって屈折した特異な体制であったといえよう。彼の体系が文明化論としての構成を持つことができなかったのも，同じ理由による。

ケネー以後の重農学派が「地主社会」の構想へと政治的側面を強めていく一方で，時代の流れは革命を経て，むしろ産業一般の発展によって国民的富裕の増進をめざす「産業社会」の構想へと向かう。この流れが，上で述べた18世紀フランス経済学のメインストリームの延長上にあったことはいうまでもない。それは，土地の再生力に着目したケネーの自然主義を葬り去ることで，19世紀以降の「産業主義」の時代の幕開けを告げるものであった。いいかえれば，これによって，無限でかつ多様な人間の欲求を満たすために，結果として生産力の無限の拡大をめざす「産業文明」の新たなシステムが，本格的に成立する

こととなったのである。

読書案内

　ケネーの著作のおもな翻訳には次のものがある。①平田清明・井上泰夫訳『ケネー経済表原表第3版所収版』(岩波書店，1990年)，②坂田太郎訳『ケネー「経済表」以前の諸論稿』(春秋社，1950年)，③坂田太郎訳『ケネー「経済表」』(春秋社，1956年)，④島津亮二・菱山泉訳『ケネー全集』(全3巻，有斐閣，1951年)。

　研究書については，これまでのケネー研究の対象がおもに「経済表」に向けられてきたこともあって，ケネーの哲学・政治思想と経済学とを一体的に捉えて，ケネーの思想世界の全体像を明らかにしたものは意外に少ないし，またその全体像についての解釈も研究者によってかなり異なっている。ここでは，河野健二『フランス革命の思想と行動』(岩波書店，1995年)の第2章「フィジオクラート運動の歴史的役割」と，木崎喜代治『フランス政治経済学の生成』(未来社，1976年)の第2章「ケネー」とをあげておくが，本章の内容との違いにも注目してほしい。なお本章のケネー経済学の解説部分について，また18世紀フランス経済学の展開におけるケネーの位置づけについて，より詳しくは，筆者の「18世紀フランス経済学の展開——ボワギルベール，カンティロン，ケネーを中心に」Study Series (一橋大学社会科学古典資料センター) No. 46 を参照のこと。また「経済表」の謎に，さらには錯綜するケネー研究史の迷宮に挑もうとする意欲的な読者のために，初学者には難解だが，『渡辺輝雄経済学史著作集』(日本経済評論社，2000年)の第2巻と第3巻の「ケネー経済学研究 (1) (2)」，小池基之『ケネー「経済表」再考』(みすず書房，1986年)，平田清明『経済科学の創造』(岩波書店，1965年)，菱山泉『重農学説と「経済表」の研究』(有信堂，1962年)をあげておきたい。

理解を深めるために
1．ケネーの「自由の体制」の特徴がどこにあるか，本章に基づいて整理してみよう。
2．本章で述べたケネーの「自由の体制」と，次章のアダム・スミスの「自然的自由の体制」との違いを考えてみよう。
3．ケネー「経済表」の「原表」の構成を調べ，本章で述べた「範式」の構成と比較して，両者がどの点で，どのように異なるのか考えてみよう。
4．ケネーの自然主義は，克服されるべき対象にすぎなかったのかどうか。今日にまでいたる産業主義の流れと対比しながら，考えてみよう。

(米田昇平)

Column 1

重商主義の思想と J. ステュアート

　A. スミス（第3章参照）が『国富論』で批判した「商業の体制 mercantile system」は後に「重商主義 mercantilism」と呼ばれるようになるが、これは「国」を富ませるために国家が遂行する政策体系を意味するにすぎなかったから、国により、また時代に応じて内容はさまざまである。しかし、近代的な国家形成のための経費、特に軍事力強化のために金銀、つまり貨幣を国内に蓄えるという重金主義的発想が根底にあることは否定できない。それが時とともに貴金属の輸出禁止、貴金属増加のための個別的な貿易統制から全般的な貿易収支の黒字化を目指すという意味での国民経済全体の再編強化政策へと発展し、戦略的な輸出産業の育成・保護だけでなく、国民の雇用を守るという意味での国内産業保護政策まで含むようになるのである。

　商業社会はあくまでも商品の交換によって成り立つ体制であり、戦争と違って、相互的な利益を永続化しうる可能性を秘めている。だが、貿易収支の黒字をめざす国内産業振興政策は、たとえ国家により遂行されたにしても、産業活動が個人の「利己心」に基づくものであるかぎり、国内政治を利用する私的利益の追求でしかない。したがって、このような産業政策の遂行に際してつねに強調されることは、およそ国家・政府というものは、「私的な利益」を超越した公平で普遍的なものでなければならないということである。この意味で国家・政府がなすべきこと、つまり国民経済 (political economy) を指導する「為政者 statesman」——清廉潔白で、社会を愛し、あらゆる階級を分け隔てなく扱い、社会の繁栄を最優先する執事——が知っておくべきことを、ひとつの「政策科学」として体系的に提示したのが、「最後の重商主義者」ジェームズ・ステュアート (James Steuart, 1713-80) であった。

　ステュアートの『国民経済の原理』(1767年) は、「人口と農業」、「交易と勤労」、「貨幣と鋳貨」、「信用と債務」、「租税」の五編から成り立つ大著である。第一編では、人類の増加に影響を与える一般的で抽象的な原理つまり「勤労の原理」が、つづく第二編では、近代（現代）に固有な国民経済の推進力である「有効需要」の原理を座標軸にして、交易と勤労、需要と競争、価格、費用と利潤、商品流通と貨幣流通といった問題が、根底に外国貿易の発展と衰退という問題意識をひめつつ、それぞれ解明されていく。財の価格は、市場で流通している貨幣の量（需要の量）に応じて決まるという事実から、社会に存在する貨幣（正貨）の量に応じて価格が決まるとする貨幣ベール観＝貨幣数量説の見地から自由貿易論を提唱した D. ヒューム（第1章参照）が、厳しく批判されることになる。実物的な経済理論に対して貨幣的な経済理論を対置するステュアートは、さらに「貨幣」の問題をつづく第三編で、外国貿易を展開する場合とそれが衰退した場合にそれぞれ国内経済を牽引すべき信用制度を第四編で、最後

に国民経済の発展段階に応じた租税のあり方を第五編で詳細に分析した。まさに壮大な「政策体系」だが，ここではその基礎にある一般的な原理にしぼって紹介しておこう。

　自然がひとりでに生み出す果実（食料）を超える人口増加は，奴隷制度の下でも自由な統治の下でも可能である。前者では主人が農業労働を強制し，後者では欲望の奴隷となった自分自身が労働を強制するからである。自由で商業的な近代社会とは，自由民（free men）である農業者が，製造業に従事する自由な労働者（free hands）の生産物（奢侈財）を手に入れるために「剰余」を生産する社会のことである。ここでは，いったん製造業が進展しはじめればフリー・ハンズの数が増加し，食料価格の高騰がフリー・ハンズを苦しめはじめるが，新たな刺激を受けた農業が再び生産物を増加させる。この社会では，二つの階級の間の均衡はつねに揺れ動き続けるのである。だから幼年期にある商業社会の「為政者」の役割は，欲望つまり需要を喚起し，財の供給を増加させて人々に「仕事」を与えることであり，そのために外国製品の輸入を排除しなければならない。やがて奢侈が怠惰を追い払うであろう。だが，国民が勤労の精神を身につけて技能を向上させる壮年期に達すると，為政者は自らの計画の結果でもある「物価高」という障害を除去しない限り，「外国市場」への供給を増やせない。国内の競争を激化させ，物価高を抑制するために国内での奢侈品消費を削減しなければならない。「外国貿易が終息する」老年期では，貿易業者の資本が土地所有者に貸し付けられて贅沢品の消費を増加させるから，製造業者の手中で需要が増加し，彼らの境遇は安楽になる。だが，充足と安楽の気風そのものが，実は衰微の原因になる。再度活性化するために「固定資産の貨幣への溶解」つまり，土地担保の銀行券発行によって有効需要を追加する必要がでてくる。要するに「自由 free で独立している人々を，利己心という直接の動機を利用することによって丁重に指導する」こと，これが為政者の義務なのである。

　なるほどステュアートは，近代社会が自由な商業社会であり，奴隷ではなく自由な人々の勤労に支えられて成り立つという事実だけでなく，自由な労働者の勤労の進展は奢侈つまり有効需要の先駆的増加・拡大を必要条件とする，というロジックも明瞭に把握している。だが，彼の場合，「自由」と「利己心」の働きはつねに為政者の「丁重な指導」がなければ必ず「浪費 abuse」をもたらす，と理解されている点に注意が必要だ。このような自由と利己心の理解では，経済社会発展の自律性を理念的にも解き明かすことはできないからである。むしろ「自由な商業社会」における自律的発展の欠如，これをステュアートは強調したかったのであろう。

（高　哲男）

第3章

自然的自由の経済思想
A. スミス

　アダム・スミス（Adam Smith, 1723-90）の『国富論』（1776年）は，歴史上初めて経済社会の自立的・自律的発展の可能性を解明した経済学体系である。生命・財産の安全が保障され，一人一人が自分自身の幸福を追求する自由が保障されさえすれば，社会的富裕という「意図せざる結果」が自ずともたらされる，という経済的自由主義が定式化されたからである。

　後に，「かなり長い年月，オックスフォード大学では，正教授の大部分は教える振りさえ放棄している」（Smith［1776］, 761）と批判したスミスは，14歳でグラスゴー大学に入学し，3年学んだ後スネル奨学金を得てオックスフォード大学に進む。「懐疑主義者」として知られていたヒューム（第1章参照）の『人間本性論』（1739-40年）に読みふけっているのを発見され，大学当局から厳しく叱責されたエピソードが残っている。彼の大学生活は，図書館の膨大な蔵書を中心とした自学自習に明け暮れたようで，勉学が過ぎ，心身のバランスを壊すほどであった。文学士の学位取得後聖職につく大部分のスネル奨学生と違って，スミスは文筆で身を立てようと故郷スコットランドに帰る。1746年のことである。

　1748年の冬以降，エディンバラで修辞学，哲学史，法学に関する公開講義を3回行い，1751年にグラスゴー大学論理学教授，翌年同大学道徳哲学教授になる。1759年のデビュー作『道徳感情の理論』は，個人の行為の妥当性や感情の適宜性，つまり行為規範や思考習慣の束としてみた社会形成の一般原理

を，当事者個人と直接の利害関係を持たない観察者との間の観念上の立場の転換による同感の形成を軸に説明したものである。1764-66 年にバックルー公爵のグランド・ツアー（当時，若い貴族の教育と称してフランスやイタリアに遊学させる習慣があった）に家庭教師として随伴するためグラスゴー大学教授を辞任し，フランスでケネー（第 2 章参照）やチュルゴ（A. R. J. Turgot, 1727-81）などのフィジオクラット＝重農主義者と交流し，帰国後に故郷で『国富論』の執筆に専念する。過度の精神集中が原因の心気症（神経症）に悩まされながら，6 年後におおよそ完成するが，アメリカ植民地独立運動の大動乱に遭遇し，完成はさらに遅れる。1778 年にスコットランドの関税委員に任命され，最晩年まで『道徳感情の理論』と『国富論』の改訂・増補作業を続けた。

　スミスは哲学から経済学へと研究を広げていった。その意味で，彼の経済学体系は『道徳感情の理論』を基礎に理解される必要がある。だが限られた紙幅であるから，ここでは二つの著作を貫くスミス独自の「自然」認識を手掛かりに，「自然の秩序」＝「自然の理法」として展開された経済学体系の骨格を浮き彫りにすることにしよう。

1　スミスにおける自然

　スミスの「自然」認識は，物理学的というよりはむしろ「生物学的」なものである。近代的な物理科学が産業革命期に形成・発展し始めたことも確かだが，18 世紀は何よりも生物学革命の時期である。多様な自然を体系的に理解しようとする努力が始まったからだ。

> 人間は，自ずと社会の繁栄と存続を望むような資質を与えられている。だが，自然の創造主がそのような資質を人間に授けた理由は，一定の刑罰を用意する事が，社会の繁栄と存続という所期の目的を達成させる適切な手段なのだ，と理性を働かせて理解させるためではない。逆であって，所期の目的を最も上手く達成するような努力を，あるがまま本能的に賞賛させるということによってである。……要するに，自己保存すなわち種の増殖は，自然があらゆ

る動物を育む際に企ててきた偉大な目的であった，と思われるのだ。(Smith [1759], 77)

人間には，自己保存つまり種の増殖に役立つような努力を「本能的に賞賛するような資質」が自然によって鋳込まれている，という理解である。これは自然の中で生きるすべての動物がもつ資質だが，ほぼ同じことは，植物にとっても妥当するだろう。理性によって罰を回避するという類の合理的行動は，決して人間の本能的なものではない。それは，むしろ不自然なものなのである。

このような自然と人間本能の理解は，「エディンバラ・レヴュー同人への手紙」におけるマンデヴィル（B. Mandeville, 1670-1733）とルソー（J. J. Rousseau, 1712-78）に対する言及のなかに，早くも現れていた。医師マンデヴィルは，人間の自然状態を「想像しうる限りもっとも悲惨で貧しいもの」として描き，反対にルソーは，「もっとも幸福で人間本性に適したもの」として描いた，と指摘した後でスミスは次のように批判していたからである。

> 両者は共に，人間は自らの利益のために絶えず交友を求めるように促す強力な本能を持っていない，と想定している。したがって前者は，原始状態が悲惨であるからこそ，人間は他の場合なら決して同意し得ないような矯正手段の採用を強いられると説明するし，後者は，何らかの不運な出来事が，それまで人間がまったく知らなかった不自然極まりない功名心という欲望や虚栄心に基づく優越への願望を生みだし，結果的に同様の致命的な事態が生じた，と説明するのである。……両者の考えによれば，現在人類の間に存在する不平等を擁護している正義の法律というものは，もともと集団構成員に対する不自然で不当な優越性を獲得し維持するための発明であった，ということになる。(Smith [1755-56], 250-1)

マンデヴィルやルソーと違って，スミスの特徴は，人間を他の動物と比較し，人間本来の性質や資質を「本能」とか「性向」と認識したうえで，独自の社会理論を組み立てていくところにある。生産性を向上させる基本原理である分業＝労働の細分化は，分業がもたらす一般的富裕を予見するような人間の英知

の産物ではなく，そのような有用性など思いつきもしないような人間の性向の必然的な帰結である，という『国富論』第1編第2章冒頭の「交換性向」論も，「交換する犬など見たことがない」という視角から展開されていたからである。もちろんスミスが「同人への手紙」であえてマンデヴィルとルソーを取り上げた理由は，決して両者の社会理論の全体を否定するためではなかろう。むしろ，両者が真反対の「自然状態」を想定しておきながら，結局二人が引き出した共通の結論，いわゆる「正義の法」というものは，不平等を擁護し，不自然で不当な優越性を獲得・維持するための発明であったという主張が，一面の真理でしかないことを指摘したかったからに違いない。スミスの「自然」は，たとえ政府による不自然な統治がなされても，それを乗り越えていくように作用する内生的な原理・原動力のことであって，「正義」とは直接関連づけられていないのである。

> あらゆる人間がもっている自分自身の経済状態を改善しようという一様で持続的で，しかも妨げられようのない努力――すなわち，個人的な富裕だけでなく，社会と国民の富裕も，そもそもそこから引き出される――この原動力が十分に強力だったからこそ，政府による乱費や統治上の大失敗の両方が生じたにもかかわらず，自然な進歩が持続可能になったのだ。それは，動物がもっている未知の原動力と同様に，病気はおろか医者が処方を間違えた場合でさえ，しばしば肉体に健康と活力を回復させるものなのである。(Smith［1776］, 342-3)

人間が生まれつきもっている「経済状態を改善しようとする欲求」は，人間を節約に駆り立てる原動力として働く。したがって，『国富論』第2編で掲げられるスローガン「勤勉と節約」は，自己保存＝種の増殖という「大目的を達成するのに最適な努力を直接本能的に賞賛するような資質」の具体的発現の一つと見てよいだろう。しかし，それが「政府による乱費や統治上の大失敗」という社会全体の放蕩を償い，「自然の進歩」の原動力として働き続けるという主張は，決して単純な無政府主義や手放しの観念的自由主義＝リバタリアニズムを意味しない。別の所で「国家という英知」(Smith［1776］, 697) という捉え方

をしていることから分かるように，スミスには，国家や政府を英知の産物として積極的に捉える視角がある。スミスの言う自由つまり「自然」とは，政府の乱費や統治政策上の失敗が無ければ，「自然な進歩」がもっと速くかつ広範に達成されていたはずだ，という厳しい現実批判の武器として使われており，決して政府が小さければ小さいほどよいとか，なくて済めばそれに越したことはない，という類のものではない。スミスは，本能的資質に基づく持続的な経済総体の改善，つまり自然の秩序＝自然の理法にしたがった自立的な経済発展を説く一方で，生産性の発展を担う分業の展開そのものがもたらす弊害を是正・緩和するために政府の活動は不可欠だ，と主張するからである。

もっとも，「節約と勤勉」は生産性が一定であっても働き続ける進歩の推進力であるとはいえ，まず『国富論』でスミスが注目するのは，人間だけが持つ「交換性向」に基づく「分業による労働生産性の発展」であった。

2　経済発展のメカニズム：分業と自然価格

『国富論』は五編構成であり，第1・2編が自然の秩序を解明した経済理論，第3編と第4編はそれに基づく歴史の批判的分析と政策批判，最後の第5編がスミス独自の政策を提唱した国家・財政論である。第1編では，分業＝労働の細分化をつうじて労働生産性が向上し続ける根拠，さらに生産資源の効率的配分を達成する労働生産物の分配メカニズムが解明される。第2編「資本の性質，蓄積，用途について」では，生産性不変の条件下で，資本(ストック)の性質，勤勉と節約を通じた蓄積(ストック)の役割や意義が解明される。『国富論』は，その起点に分業の進展＝技術進歩を組み込んだ発展の理論体系である点で，現在主流になっている新古典派経済学とは構成が逆である。それは本質的に技術進歩に基づく発展の理論として構築されている。

分業＝労働の細分化は，第一に熟練の増加，第二に移動に要する無駄な時間の短縮，第三に多くの機械の発明を通じて労働生産性を高める。さらにスミスの分業論には，職業の専門化がすすんで機械の発明が学者に固有の仕事になることや，科学的知識の量が増加しつづけるのも分業の結果なのだ，という認

識が織り込まれている。さらに，自然史，自然哲学，抽象的な科学における進歩，つまり個々の学者による観察や考察は「社会的に蓄積される共有の財産」になっていく（Smith［1755-6］, 249-50）という主張から分かるように，分業によって高度化し続ける生産性そのものが社会に「共有の財産」である，とスミスは捉えていた。「教育，研究，修練によって身につけられる」技能は機械・建物・改良された土地と並んで第四の「固定資本」であるばかりか，個人の財産であると同時に社会の財産でもある，と主張していたからである（Smith［1776］, 282）。スミスは，まさに最初の「知識資本」論者であり，「人的資本」論者であった。

くわえて，「ひどく異なった特徴と思われるもの，たとえば，ありふれた路上荷担ぎ人夫と学者との間の相違は，生まれつきというより，習慣，慣習や教育によるところが大きいと思われる」（Smith［1776］, 28-9）という指摘から分かるように，分業をになう人間資質の具体的な中身は，習慣や慣習，さらに教育によって決まると理解されている。スミスの人間性把握は，本能的な世界と慣習＝教育的世界との両面から成り立っている。その意味で，スミスはおよそ「予定調和」の思想にとどまり得ない思想の持ち主なのである。

もちろん，分業は交換性向だけで発展するわけではない。分業＝労働の細分化は，労働生産物に対する需要があって初めて成り立つ。需要のないもの，あっても量がごく限られたものの生産なら，分業＝労働の細分化などまったく必要ない。分業とは他人が必要とするものの生産に専念することだから，分業社会では，さまざまな生活必需品を入手するために，自己の生産物を他人のそれと交換する必要がある。「人はだれでも交換することによって生きる，つまりある程度まで商人になり，結果的に，社会それ自体もまさに商業社会というものになってくる」（Smith［1776］, 37）のだ。ところで，商業社会における交換は，何を基準に行われるか。労働である，とスミスは言う。

　自ら使用したり消費したりせず，もっぱら他の商品と交換するために所有する人にとっては，あらゆる商品の価値は，彼がそれで購買または支配できる労働量に等しい。それゆえ労働が，あらゆる商品の交換価値の本当の尺度で

ある。(Smith［1776］, 47)

　この主張の背後には，当然「あらゆる物」は労働の生産物である，という前提がある。加えて，分業が存在しない場合，人はすべて自らの必要物を自己労働によって獲得しなければならない，という想定もある。そうでなければ，「あらゆるものの真実価格，つまりどんなものであれ，その入手を望む人が実際に要する費用は，それを獲得する苦労と手数(トイル・アンド・トラブル)である。獲得した後で，処分するなり他の何かと交換しようとする人にとって，あらゆるものが実際にもつ価値とは，それを所有するが故に自身は手を下さずに済み，他人に負わせることができる苦労と手数なのだ」(Smith［1776］, 47)，という主張は成り立たない。

　だが，さらに考慮すべき点がある。スミスは，分業の発展＝技術進歩を前提している。技術が連続的に進歩しつづければ，「他人に負わせることができる苦労と手数」つまり一定量の財を生産するために必要な労働の量も連続的に減少するはずである。変化し続けるように見える基準が，はたして尺度になりうるかという問題が浮上する。もちろんスミスは，「いったん時間を止めて考える」とか，「1日，1週間，1カ月という短期であれば，技術一定という想定は合理的である」などという現代風の論理操作を持ち込んだりしない。

　　等しい量の労働は，何時いかなる所においても，労働者にとって等しい価値を持つと言うことができよう。健康，体力，気力の点で普通の状態にあり，技能や器用さの点でも普通の水準にある場合，労働者というものは，自分自身の安息，自由および幸福の全体からつねに等しい部分(ポーション)を犠牲にしなければならない。彼が支払う代償は，つねに等しいはずであって，労働と引き換えに受け取る財の量の多少に左右されるわけではない。労働が購入しうる他財の量は，確かに多かったり少なかったりするが，変化するのは財の価値であり，それを購入する労働の価値ではない。時間と場所の如何にかかわらず，入手が困難なもの，つまり獲得するのに多大な労働を要するものは高価であり，ごくわずかな労働で，つまり容易に入手できるものは安価である。(Smith［1776］, 50)

「等しい量の労働」とは，人間である以上，いつの時代でも何処においても絶対的に大きさが一定である「自分自身の安息，自由および幸福の全体」のうち，犠牲にせざるを得ない「一部分」つまり割合が「労働者にとってもつ価値」の「等しさ」だ，ということが指摘されている。その限り，スミスの労働価値説は，財の価値の大きさを財の生産に要した労働量＝「財に体化した労働の量」＝「投下労働量」に求めたリカードウ（第4章参照）やマルクス（第7章参照）のそれとは明らかに異なる。ここは初版から第二版にかけてスミスが大幅に表現を変更し，説明に苦慮したところであり，理解が困難なところではあるが，主張は二つの命題から成り立つと考えられる。

　第一に，人間＝労働者の「安息，自由および幸福の全体」は，時と所の異同にかかわらず，つねに一定のおおきさである。このような認識は，明らかに人生に関する「抽象的で哲学的な見方」＝ストア哲学に起源を持つ。人間が生命を維持し，種を維持していくために必要なエネルギー量は，いつの時代でも，それほど大きく変わらない。この命題は，人間はすべて平等であるという思想の表明でもあると理解できる。

　第二に，労働の量とは，つねに一定の大きさであるこの「安息，自由および幸福の全体」のうち，労働することにより「犠牲」にした「一部分」＝割合のことであって，絶対量よりも割合としての大きさに比重が置かれている。たとえて言えば，普通の人間の「安息，自由および幸福の全体」を1とすると，個々の労働量は0.1とか0.2と表され，それが等しいときに「労働量が等しい」ことになる。要するに「労働量」とは，何時間の労働というような具体的な大きさを表すと同時に，人間の生命活動に占める割合＝比率を表す概念なのである。

　したがってスミスの場合，技術進歩は労働の価値を低下させるのではなく，労働「技能」の価値を低下させるのだ，と理解される。生産性が高い新機械の登場は古い機械の価値を低下させていくが，スミスの場合には「技能」は第四の「固定資本」と理解されているため，当然その価値は，技術進歩（分業の進展）とともに低下していくことになる。こう理解すると，労働の価値はいつでも何処でも不変であるというスミス独自の主張と，分業＝技術進歩にもとづく

経済発展とはまったく矛盾するところはなくなる。

　「技能」の向上自体，すなわち産業技術という固定資本の蓄積は，労働者の主体的な努力や社会的な教育＝「公共の財産」の相続と応用・発展によって実現される。きわめて逆説的なことだが，科学技術的知識つまり「観察に基づく情報という公共的財産」が労働者にどれだけ理解され，彼らの血となり肉となるか次第で，彼らが従来身につけていた自己の「財産」である「技能」の価値がどれだけ低下していくかが決まることになる。もちろん「等しい労働量」，つまり「安息，自由および幸福の全体」のうちの一定部分＝一定割合しか占めない労働であっても，労働生産性の向上＝産業技術の発展＝「固定資本」の価値低下は，生産物の価値を低下させることになる。要するに「抽象的で哲学的な」目で経済発展の過程を眺めると，同一量＝同一割合の「安楽と自由および幸福の全体」と交換される財の量が，科学技術を通じる「技能の価値低下」によって増加しつづけ，物質的な「安楽と幸福」の全体を増加させる過程である，ということが分かるのである。

　理論的には，分業社会がつねに私有財産社会である必要はない。だが商業社会は，私有財産の所有者がそれぞれ生命維持に必要な財のすべてを財産の交換をつうじて手に入れる社会である。したがって，ここでは生命と財産の安全が社会存続にとって必須の要件になる。

> あらゆる人が自分自身の労働という形で持っている財産は，他のすべての財産のそもそもの基礎であり，もっとも神聖かつ不可侵の財産である。貧しい人の世襲財産は彼の両手が持つ強さと器用さであるから，何ら隣人を侵害せず，適切だと判断せざるを得ないような仕方でこの強さと器用さを発揮するのを妨害したりすれば，それはこの最も神聖な財産の明白な侵害になる。それは，労働者と労働者を雇おうとする人が持っている正当な自由の侵犯である。(Smith [1776], 138)

労働だけを所有していれば労働者，さらに資本を所有していれば資本家，土地を所有していれば地主である。スミスは，実質的に労働者・資本家・地主の三階級から構成される資本主義社会（もちろん，スミスにこのような表現はない）

を想定し，自然の秩序の下であれば実現するはずの均衡価格——労働者・資本家・地主がさらに有利な利用を求めてそれぞれの所有財産の用途を探しても，賃金も利潤も地代もそれぞれ等しくなってしまっている状態の価格——である自然価格論を以下のように定式化する。

　市場に供給される商品の量が有効需要を超過した場合——供給過剰の場合——には，過度の供給が売り手側の競争を激化させて市場価格が低下する。したがって賃金・利潤・地代という価格構成要素の少なくとも一つが他の分野のそれよりも低くなるだろう。地主・資本家・労働者は，それぞれより高い地代・利潤・賃金を実現できそうな他の商品を生産するために，所有財産の利用分野・方法を変更するだろう。その結果，市場に過剰にもたらされていた商品の量が減少して，有効需要に釣り合うようになるが，その時には市場価格が自然価格にまで上昇したことになる。逆に，市場に供給される商品の量が有効需要に満たない場合には，有効需要の所有者間で商品を手に入れようとする競争が始まり，市場価格が自然価格以上に上昇するだろう。それを生産するために以前より多くの資本・労働・土地が転用されることになるから，結果的に，市場に供給される商品は有効需要を満たす十分な量まで増加するであろう。この時，市場価格は自然価格に一致するまで低下しており，賃金・利潤・地代もそれぞれすべて等しい大きさ＝率になっているはずである。一商品について成立することは，当然，すべての商品についても成立するはずである。

　スミスが「有効需要」と呼ぶのは，自然価格を支払おうとする人々の需要のことで，貨幣に裏打ちされた需要を表すケインズ（第13章参照）の有効需要概念とは異なる。労働者・資本家・地主が私有財産の所有者としてみずからの利益を追求しつつ取引する商業社会＝市場社会では，市場に存在する有効需要をすべて過不足なく満たし，賃金・利潤・地代の大きさをそれぞれ社会全体で均等化するような競争的価格メカニズムが存在する，という事実を簡潔に描きだした点で，『国富論』はまさに経済学の生誕を告げる書であったと言ってよいのである。

　したがって自然価格体系つまり「自然の秩序」下における経済発展の具体的なプロセスを価格の変動を中心に叙述すれば，次のようになる。未発展の社会

段階では，猟師や猟師が提供する食肉が「多く存在する」＝低価格である。食肉が維持・扶養しうる労働量は小さいが，食肉を入手するために必要な労働の量もまた小さい。人口密度が極めて希薄な未開社会段階である。しかし，改良と耕作の進展によって穀物生産が増えると，穀物が維持・扶養しうる労働量は食肉のそれよりも大きいから，社会全体としてみれば，食料が維持しうる労働量つまり人口は加速度的に増加する。だが，やがて維持しうる労働量の劣る食料である食肉に対する需要が増加し，高価格になる。食肉が「贅沢品」になるからである。この穀物と食肉との間に成り立つ関係は，土地利用に代替性をもつ他のすべての土地生産物について成立する。必需品の生産性が向上した分だけ贅沢品や奢侈品の生産が増加することになる。人間は，穀物だけを食べても十分に肉体と健康を維持できる。この生き方を選択すれば，労働のために犠牲にする部分が占める「自分自身の安息，自由および幸福の全体」に対する割合は低下しつづける。労働は限りなく短縮されるか，すくなくとも「犠牲」ではなくなるだろうが，人間は物質的な幸福の追求を止めない。農業よりも製造業の方が分業の導入が容易であり，生産性向上のスピードが速いから，製造業の生産物価格は急速に低下しつづけ，以前は贅沢品であったものが次々と必需品に組み込まれていくことになろう。

　実質つまり財の量で見れば，賃金・利潤・地代は経済発展の過程ですべて増加しつづける。賃金が増えれば，生産物に対する有効需要が増え，資本が増えれば，労働者を雇用する元本が増えた分だけ，労働の雇用量が増える。だが地代はいくら増えても，さらに地代を増加させたり，賃金や資本の量を増加させるような直接の作用をもたない。人口増加か，贅沢品需要増加の「結果」として生じる土地利用に対する需要増加がない限り，決して独立的・自律的な経済発展の原動力にはなり得ない。「地代は価格の原因ではない」とスミスが強調した理由である。地代を需要と読み替えればはっきりするが，J. ステュアート（コラム１参照），マルサス（第５章参照），ケインズと異なって，スミスは需要の役割を「需要のないところには，分業が発展しない」という生産性向上のための必要条件として捉えている。発展の原動力・起動力はあくまでも分業であり，技術進歩に求められているのである。

こうして，スミスは断言する。地主の利益は，賃金と利潤が増加して土地の有効利用が増加し，結果的に地代が増えるように政治を行う＝法や制度を整えることだが，不労所得が自動的に懐に流れ込む地主は，不勉強になり易い。商人や製造業者は，己の利益が何かを熟知しているだけに，分業の結果である生産性上昇の成果を独り占めしようと，「独占」＝既得権の確立を目指しやすい。労働者は，理解力がないため，己の本当の利益が何であるかさえ見分けられない。

　このような冷徹な現実認識の上に展開されているスミスの「自由主義」が，さらに国際経済政策をめぐる議論でどのように生かされていくかを確かめることにしよう。

3　「見えない手」と国際経済秩序

　もっともよく知られたスミスのキャッチ・フレーズは「見えない手」である。私的な利益だけを追求しても，人間は神の「見えない手」に導かれて，結果的に社会の生産物を極大化できる（社会の幸福をもっともよく増進する）から，政府による貿易規制や産業活動の規制は一切不要である，という「規制解除」の経済政策思想と理解されることが多い。だが，よく考えてみる必要がある。

> あらゆる個人ができるだけ国内産業を養うように資本を使用し，その産業生産物の価値を最大にしようと努めて管理すれば，必然的に，社会の全員は可能な限り社会の年間収入を最大にするために働いたことになる。実際には，通常一人一人は公共の利益を促進しようなどとは考えておらず，どれだけそれを促進しているか，まったく知らない。外国産業より国内産業を養う方を選ぶことによって彼が意図しているのは，彼自身の安全だけである。生産物の価値が最大になるように産業を管理することによって彼が意図しているのは，彼自身の金儲けであり，結果的に，この場合も他の多くの場合と同様に，見えない手に導かれて，彼の意図にはまったく含まれていなかった目的を促進することになるのだ。そのような意図をまったく含まなかったということ

が，社会にとってつねに悪いわけではない。自分自身の利益を追求することが，意図したときよりずっと効果的に社会の利益を促進することがしばしばある。公益のためと称して交易に影響力を発揮した人物が達成した大きな成果など，聞いたことがない。(Smith [1776], 455-6)

スミスは，公共の利益を標榜する経済政策＝規制の効果に否定的であり，私的な利益の追求が意図せざる結果としての公共の利益＝神が人間に与えた「目的」の達成を促進する，という事実を強調している。だが，『国富論』で一度しか登場しない「見えない手」の比喩が，国内取引と国際取引の関係をめぐって使われていることには重要な含意がある。

資本を国内産業を養うように投下するか，それとも外国産業を養うように投下するかという問題は，愛国心に由来する問題ではない。外国よりも国内に投資する方が「安全である」（現代流に言えばカントリー・リスクがゼロ）という投資家の私的利益にすぎない。しかし国内産業に投資すれば，外国貿易に投資するよりもより多くの人間を養う――より多くの雇用をもたらす。農業では賃金・利潤に加え土地の生産力に応じた地代相当分の生産物がもたらされるし，製造業であれば，賃金と利潤がもたらされる。しかし，外国貿易のような大規模商業がもたらすのは，利潤の増加だけである。だからこそ，「事物の自然の成り行きの命じるところによれば，成長し続ける社会の大部分の資本は，まず農業に，ついで製造業に，最後に外国貿易に振り向けられる」(Smith [1776], 380) という「自然の秩序」が『国富論』で力説されたのである。安全な国内から資本が外国に出ていくのは，耕作と改良の進展によって増加した資本の有利な投資先が国内に少なくなった結果であるから，外国貿易に用いられる資本の利潤が国内産業に投下されるそれより低いのは理にかなったことなのに，現実には逆であって，外国貿易ほど短期間で巨額の利益を上げる事業はない。これはスミス独自の国際秩序形成論であるから，多少敷衍しておこう。

労働，資本，土地という私有財産の利用が所有者の自由に委ねられていれば，人間はまず自らを維持・再生産するために食料，とくに栄養的にみて効率的な作物である穀物の生産に向かう。穀物生産における生産性の向上を基礎として，

生活の楽しみを増す果物や野菜の生産が始まる。さらにヒュームが指摘したように，都市の生活がもたらす「文化的洗練」が手工業生産物を消費する生活の楽しみを大衆に教え，分業に基づく生産性向上が享受の機会を拡大しつづける。外国貿易は，このような国内市場の発展を基礎とし，外国にまで生活の楽しみを求める結果生じるはずのものだ，というのが「自然的自由の体制」における国際化の基本的ロジックである。私的利益の自由な追求が，神の見えない手に導かれて，結果的に公共の利益つまり年国民総生産物を極大化するように作用するというスミスの主張は，あくまでも彼独自の「自然の成り行き」や「自然の秩序」という理念的な世界に支えられていたのである。

　こう見てくると，スミスが「国富論」第4編で，重商主義的規制を「商人や製造業者による独占の追求である」と繰り返し批判しつづけた理由が，良く理解できる。幼稚産業の保護や育成という目的であれ，世界貨幣である金・銀を獲得するという目的であれ，さらには世界的な海上覇権の確立という国家的目標に基づくものであれ，およそ産業や取引の「規制」は，規制によってもたらされる高利潤を目指して，規制がない場合よりも多くの労働と資本を引きつけ，結果的に他部門で供給不足を引き起こすはずである。それは，規制がなければ達成されていたはずの最適資源配分を壊す。政治権力，国家権力に基づく「規制」は，商人や製造業者が消費者の利益を犠牲にして私的利益を追求しつづける手段であり，卑劣な独占欲に基づく行為にほかならず，社会の年間総生産物を減少させずにはおかない，という理論的観点からの批判である。スミスが強調した「自由」は，このように理念的なものであって，「独占」を追求するような自由は明確に否定されている。輸入規制，輸出規制あるいは熟練工の海外移住禁止などに対するスミスの厳しい政策批判は，産業独占つまり既得権批判なのだ。以下のスミスの処方箋は，「植民地貿易」を「国内市場規制＝独占＝既得権」と読み替えれば，そのまま現代の日本にも当てはまる。

　大幅な自由化が達成されるまで，グレート・ブリテンに植民地との排他的交易を与える法律を漸次緩やかに緩和することが，［アメリカの独立による植民地の喪失がイギリスの産業循環を崩壊させる］危険性から，永久に我が国を救

うことができる唯一の方法だと思われる。こうすれば，過剰投資された資本の一部を引き上げるか，引き上げざるを得なくしうるから，我が国の利潤は減少するが，資本を他の用途に向けさせることができるようになる。こうして初めて，我が国の一産業部門を漸次縮小し，他の部門すべてを漸次拡大することによって，完全な自由が存在する場合に必ず達成され，完全な自由だけが維持できるような自然で，健全で，しかも適切な釣り合いを保つ全体として，さまざまな産業分野全体を徐々に再建することが可能になる。植民地貿易を一気に世界に解放することは，一時的で過渡的な不都合を引き起こすばかりか，現在それに従事している人々の勤労や資本の大部分を永久に失わせかねない。グレート・ブリテンの消費量をはるかに上回る大樽詰め 82,000 樽のタバコを輸入する船舶の仕事が突如消滅するだけでも，過敏に受けとめられかねない。重商主義体制によるあらゆる規制がもつ不幸な結果とは，このような事態のことである。それは政治体制のなかに極めて危険な混乱を持ち込むだけでなく，少なくともしばらくの間，さらに大きな無秩序を引き起こさずには済まないような解決不可能な混乱を持ち込むのだ。(Smith [1776], 606)

当時のイギリス全体の産業循環，つまり国民総生産のなかで見れば，タバコの輸入に従事する労働者の数や資本の量がごく僅かな比率しか占めていないという事実は，もちろんスミスのよく知るところである。それほど重要ではない産業でも，政治体制それ自体のなかに解決不可能な混乱と無秩序を累積させうる理由は，大衆政治体制そのものが抱え込まざるをえないまったく別の問題なのだ，という認識がここには含まれている。資本主義社会では，経済つまり私人の個人的な利益と政治とが，それほど密接不可分に結びつくのである。

このような独占によって製造業者の特別集団が著しく増加した結果，それは肥大化した常備軍のように，政府に対しておそるべき存在となり，しばしば立法府を脅迫する。かかる独占の強化に役立つ提案ならなんでも支持する国会議員なら，経済活動をよく理解しているという評判ばかりか，国会議員という重要な地位を与えるだけの数と富をもつ階層の人々に対して，人気と影

響力を確保していることも確かである。逆に，国会議員が彼らに対立した場合には，たとえ彼らの目的を頓挫させる十分な権威を保持している場合でも，誰もが知っている彼の誠実さ，最高の地位や彼しか提供できない最高の公共サーヴィスでさえ，猛り狂った失意の独占主義者たちの横柄極まりない非道に由来する恥辱にまみれた虐待や誹謗，人身攻撃，さらには時として生じる実際の身の危険から，身を守るのに役立たない。(Smith［1776］, 471)

加えてスミスは，「人がある程度まで商人になる」ような市場社会では，資本の所有者は有利に事業を営みうる他の国へいつでも資本を移動できる「世界市民」だから (Smith［1776］, 848-9)，自然な秩序の実現をめざす意識的な努力がなされないと，戦争などを通じて歴史的に育まれてきた国民的憎悪や偏見がさらに増幅されるばかりか，資本の所有者に安全性を確信させることができなくなり，国民の利益＝公共の利益の達成が困難になることも見抜いていた。国家つまり政府の果たすべき役割は，「社会全体の安全性」という見地から考察されるのである。

4 国家と国民教育

スミスによれば，自然的自由のシステムと一致し，主権者・政府が留意すべき義務は3つしかない。①社会を他の社会からの暴力や侵略から守る。②社会構成員を他の構成員の不正義から守り，正義にかなう厳格な統治を確立する。③収益が支出を賄う見通しはないが，社会全体としてみた貢献度が高い一定の公共事業や公共の制度をつくりだし，維持する，という義務である。

この主張は，ときに夜警国家観とか，安上がりの政府論と言われてきた。国防や司法は，利己心の自由な追求にもとづいて自律的に拡大しつづける分業体系のなかで，「自然に」発生する職業ではない。国防は，「国家という英知」によって遂行されるほかになく，市場を守り維持するための前提条件であるとはいえ，本質的に市場原理から独立している。収入をもたらさない義務的経費であるから，スミスの主張が夜警国家観であるとか，小さな政府論であるという

解釈が施されても当然ではあるが，三番目の義務としてスミスが挙げた公共事業や公共の制度が市場や分業体系に対してもつ意義は，少し違っている。

　公共事業や公共の制度には，軍事施設や司法・行政機関などがある。だが，スミスが公共事業や公共の制度と指摘したものは，道路や運河建設といった産業基盤整備事業だけではない。「ソフトな」事業，つまり私的な営利事業を拡大する株式会社などの法的な「制度」にくわえて，「青少年の教育」や「あらゆる年代の大衆の啓発」も含まれている。自然の秩序と適合するように法制度を整えることが社会全体の産業活動を助長することは，容易に分かる。しかし，「青少年の教育」や「あらゆる年代の大衆の啓発」は，どのような意味で社会の安全を高める「公共の制度」であり，国家の義務なのであろうか。

　「学位が持つ特権は徒弟規則のそれと同一であって，それが教育の改善に貢献する程度は，他の徒弟規則が技能や製造業の改善に貢献する程度と少しも違わない」(Smith [1776], 762) とか，「有用と認められた科学でも，すでに時代遅れになった学説や，まったく役に立たない衒学的な詭弁や戯言の堆積物に過ぎないと広く信じられている科学」は，「法人化された教育機関の繁栄と収入が，その評価や努力とまったく関係を持たないようなところでしか，存在しえない」(Smith [1776], 780-1) というスミスの辛辣な主張を聞く限り，教育という事業も，既得権を維持・擁護するための制度に堕落しないためには，広い意味で市場原理の導入が必要である，とスミスが考えていることは明らかだろう。だがスミスは，市場原理で言えば需要側に起因する「実用性，有用性」の観点を組み込むべきだ，という主張に留まりはしない。むしろ，その逆に近いことさえ主張するのである。

　広い意味で国家財政に支えられた教育制度は，市場原理の基礎を担う分業＝労働の細分化＝専門化が生みだす弊害を矯正する不可欠の手段だ，というのがスミスの基本的な考え方である。分業の進展とともに，労働者の仕事はごく少数の単純な作業に限定されてくる。人間の理解力は日常的な職業に従事するなかで形成される。しかし，従事する職業が単純化・単一化の度を深めると，人間は以前から身につけていた多面的な理解力や想像力を発揮する習慣を失い，一面的という意味で，無知で愚かな存在になる。これは，分業による高い生産

性が生み出す一般的な豊かさを享受している文明国の労働貧民に不可避の傾向であるから、これを阻止するため政府は労を惜しんではならない、と言うのである。

　繰り返し指摘してきたように、分業の推進を担うような資質は「本能的なもの」であり、人間が自然に身につけたものである。その限りで言えば、スミスの言う「自然的自由の体制」は、極めて逆説的に聞こえはするが、「自然に任せておけばいい」というような「自然」に属する概念装置ではない。人間は「自然」によってそのような資質を付与されているからこそ、医者が処方を間違えても自然に病が治癒するように、政治家が誤っても種として存続してきたわけで、誤りを犯すのもまた人間特有の「自然」だ、という二重の「自然」把握をスミスが持っていたと理解すべきであろう。

　したがってスミスは、分業の進展が必然的にもたらす労働者の理解力・社会性・尚武という多面的な徳目の喪失を補うため、大衆向けの公教育制度を創出・維持する必要性を強調するが、これは、公的な教育制度・機関の整備こそ文明社会の安全性や安定性の確保にとって最も重要なことだ、という積極的な主張と理解できる。スミスにおける「自然」観は、それを貧しい競争状態と捉えるマンデヴィルとも、愛と安逸に満ちた理想状態と捉えるルソーとも異なって、種の存続を喜ぶような本能的な資質を持ちつつ、生産性の上昇に応じて生活の楽しみを増やしていくばかりか、「観察・情報という公共の財産」を蓄えてさらに生産性を引き上げていく、という独自の理解に支えられている。公共の財産、公共の安全、公共の秩序を守り維持するということの重要さが、「私的利益」の果たす役割を高調するスミスによって強調されざるを得なかった理由は、まさにここにある。一部の豊かな「経済人」に率いられたデモクラシーが、如何に不安定な秩序であるかを熟知するスミスだからこそ見通し得た、独自の問題と言ってよい。「政治家と立法者の科学」である政治経済学は、本当は大衆の科学でなければならないのである。

　国家は、大衆の教育から少なからぬ利益を受ける。教育を受ければ受けるほど、大衆は、しばしば無知な国民の間で危険きわまりない混乱を引き起こす

熱狂や迷信に惑わされにくくなる。さらに，教育を受けて理解力を深めた人間は，無知蒙昧な人に比べてつねにずっと礼儀正しく，秩序も守る。彼らはますます自己の尊厳を自覚し始め，法律上正当な彼らの上役の目に留まりやすくなると思うから，結果的に，上役に敬意を払うことになる。党派的な争いや煽動をめぐる片寄った不平をよく吟味し，事の本質を見抜くようになるからこそ，彼らは政府の諸政策にたいする不当で不必要な反対に巻き込まれ難くなるのだ。政治体制の安全が，その施策に対する大衆の好意的な判断次第で決まる自由な国では，政治体制に対する無分別で気まぐれな判断を大衆に下させないようにすることが，もっとも重要なことは確かである。(Smith [1776], 788)

読書案内
スミスの著作は，そのほとんどすべてが翻訳されているが，重要なものだけ上げておく。①水田洋ほか訳『アダム・スミス哲学論文集』(名古屋大学出版会，1993年)，②水田洋訳『道徳感情論』(筑摩書房，1973年)，③大河内一男監訳『国富論』(中公文庫，1978年)。

バランスのとれた初学者向けの入門書は，最近ほとんど書かれていない。高島善哉『アダム・スミス』(岩波新書，1968年)は市民社会思想が中心で経済理論が手薄になっているとはいえ，今も有益である。しかし研究書には水準の高いものが数多くある。スミスの思想を中心としたものには，新村聡『経済学の成立』(御茶の水書房，1994年)や田中正司『アダム・スミスの倫理学』(御茶の水書房，1997年)がある。前者は『国富論』成立までのスミスの社会認識の発展を自然法思想を中心とするヨーロッパ的背景のなかで跡づけており，後者はスコットランド啓蒙思想の水脈のなかで，『道徳感情の理論』を中心にスミスの独自性を捉えようとしている。経済理論に関心がある場合には，投下労働価値説と支配労働価値説との矛盾・併存を強調してきたマルクス的なスミスの労働価値論解釈に対し，価値の源泉と価値を規定するものとの二元的把握こそスミスの特徴なのだと主張する羽鳥卓也『『国富論』研究』(未来社，1990年)や，新古典派経済学の立場からスミスの議論を縦横に切り取り，再編成を試みたサミュエル・ホランダー著／小林昇監訳『アダム・スミスの経済学』(東洋経済新報社，1976年)が欠かせないだろう。伝記的な総括的研究としてはイアン・ロス著／篠原・只腰・松原訳『アダム・スミス伝』(シュプリンガー・フェアラーク東京，2000年)をお薦めしたい。かなり大部の著作だが，スミスが生きた当時の状況がよく分かるだけでなく，あらゆる著作の要点が要領よくまとめられているから，少し時間がかかることをいとわなければ，初学者にも大いに役立つであろう。筆者による『国富論』の理論解釈について関心を抱いた読者は，『広島大学経済論叢』や九州大学『経済学研究』に掲載された「アダム・スミスの地代論」をめぐる一連の論文を参照願いたい。

第3章　自然的自由の経済思想：A. スミス　73

理解を深めるために
1．「分業」と「自然価格」という概念を使って，経済のダイナミックな発展を説明してみよう。
2．スミスは従来「自由主義思想のチャンピオン」と目されてきた。これは，どのような意味で正しいといえるだろうか。「重商主義的規制」にはどのようなものがあるかを調べ，スミスの言う「自然の秩序」や「自然の成り行き」と自由主義思想との関連性に注目しながら，考えてみよう。
3．スミス流の「本能」や「自然」理解に立つと，人類史の発展は「自由」が拡大する進化プロセスである，と理解できることになる。「進化とは何か」「自由とは何か」と問いかけながら，大胆に発想し，説明してみよう。
4．「選択の自由」が増加することは，どのような意味で「豊かになる」ことであろうか。人間にとって「豊かさ」とは何を意味するかを考えながら，説明してみよう。
5．スミスのいう自然的自由の立場から見ると，現代の日本の政治的・経済的混乱はどのように見えてくるだろうか。とくに，受験対策中心の教育制度や「護送船団方式」による産業政策といった日本の現状を見据えながら，あるべき改革の基本線や方向性を整理してみよう。

（高　哲男）

第4章

市場経済の構造と発展モデル
D.リカードウ

　自由と秩序は，人間社会では二律背反(アンチノミー)の関係にあるのではないか。各人が自由に行動すれば社会は混乱と無秩序に陥り，社会自体を崩壊させかねない。だが，この有史以来の通念は，市場社会の生成と発展の現実によって次第に打破されていく。自由こそが社会，とりわけ経済社会における「自然秩序」形成の要件であることが，ケネーとスミス，特に後者によって思想的・理論的に明示された。19世紀初頭に後者の遺業を受け継ぎ，理論体系としてこれを示したのがデイヴィッド・リカードウ（David Ricardo, 1772-1823）である。

　リカードウが理論経済学の祖と目される所以は，モデルを構築し，そのもとで法則を開示することに努めたからである。それに基づいて彼は，政策の批判や提言を行い，政治家としてその実現に取り組む。彼は経済的自由主義者にとどまらず，時流から抜きんでた自由の徹底的信奉者だった。宗教的差別（例えば国教徒だけが官吏になれる「宣誓令」）に反対し，宗教的「寛容」を，無神論を含む宗教的思想・出版・集会等の自由にまで押し広げた（Ricardo, Ⅷ, 278. Ⅴ, 278-80；324-31）。自由が社会秩序を乱すのではなく，自由のもとでこそ社会が自然に発展するという信念である。もちろん，その基盤に経済的自由への確信がある。そのもとに市場経済が自律的に営まれ（自由な価格機構を介して資源が効率的に配分され），市場経済内の諸要因の作用だけで自立的，つまり内生的に発展することを証明したからである。本章では，これを彼の経済学に即して示すことにしよう。

1　労働価値論とそのモデル

リカードウの経済学事始め　ユダヤ系証券仲買人（stock-broker）の子に生まれたリカードウは，中等教育を受けただけで 14 歳から家業を手伝うが，結婚問題で両親に絶縁され，弱冠 21 歳で証券業者（stock-jobber）として自立し，数年のうちにひとかどの成功を収める。彼は早くから自然科学に強い関心をもったが，経済学への関心は遅く，1799 年，保養先のバースでスミスの『国富論』を手にしてから，と伝えられる。約 10 年後の 1809 年 8 月，「金の価格」と題する一文を『モーニング・クロニクル』紙に投じ，1797 年 2 月のイングランド銀行兌換停止後始まり，いったん下火になっていた地金論争を再開させ，論壇へデヴューする。以降彼は，早期兌換再開を主張する地金主義の旗手として奮闘し，生涯の親友で論敵となるマルサス（第 5 章参照）と知り合う。

リカードウ経済学を醸成したのは，地金論争に続く時期の穀物法論争（1815 年）である。これはナポレオン戦争終結に伴う戦後不況，特に農業不況対策として，国内農業保護（外国穀物輸入制限や禁止）政策（代表・マルサス）を採るべきか，穀物輸入自由政策（代表・リカードウ）を採るべきかという論争だが，リカードウ経済学の生成に焦点を合わせると，むしろ利潤率規定法則論争だったといえる（中村 1975，第 2 章）。

発端は，穀物法論争前・地金論争末期（1813 年夏）の両者の書信を通じた論争にある。そこでリカードウは，農業利潤が社会の一般的利潤を規制する（regulate）と主張し，これを『利潤論』（Ricardo [1815], IV, 9-41）にまとめる。

まず彼は農業部門の投入・産出双方の価値尺度に穀物をとり，その利潤率を規定しようとする。「富と人口の増進」につれて最肥沃の第一級地だけでなく，第二級地の耕作が必要になると，所与の投入で収穫が減少するから，利潤は減少し，利潤率は低落する。この不利な条件下に生産される穀物が，増加した人口を養うのに不可欠である限り，ここへ投下された資本も一般的利潤を得なければならない。そうでなければ，この資本は一般的利潤が得られる他の分野に移動するからである。あるいは，第一級地と第二級地に各々投下された資本の利潤の平均化が考えられるかもしれない。しかしそのためには，等しい投下資

本による第一級地と第二級地における収穫の平均を，各々の収穫量とする（つまり，前者の収穫の一部を後者に無償で譲渡する）何らかの経済メカニズムが欠かせないが，私有財産制度下にそのような機構はありえない。したがってリカードウは，第二級地の低い利潤率が農業部門の利潤率を規定し，第一級地の収穫中，第二級地の収穫を超える部分（超過利潤部分）は第一級地の耕作に用いられた資本の利潤にならず，その土地の「地代」になる，と説く。

　しかし，この解決には難点がある。かりに不利な条件下にある農業資本の利潤率が農業利潤率を規定するとしても，他の諸部門の利潤率がそれと一致する理由が，わからないからである。彼は農業利潤率が一般的利潤率を規制すると論断するが，諸資本間の競争は，一般的利潤率を成立させはするが，その水準を規定しないからである。不利な農業資本の利潤率がこれを規制するというのは，独断的だろう。スラッファ（P. Sraffa, 1898-1983）の「穀物比率」論（Ricardo, I , xxxi）はこれに「合理的」解釈を与えるが，リカードウによる後の理論的展開を説明しえない。むしろここでリカードウは，一つの理論的基礎を発見しつつあったと理解すべきである。

　リカードウは，諸商品の交換価値は「生産の難易」により規制されるという交換価値論を示した上で，穀物生産の困難化が進展すれば，その交換価値（価格）が上昇する，と主張する。工業諸部門では，農業部門での土地肥沃度のような生産条件の相違がなく，しかも技術革新等を考慮外とすると「生産の難易」は変わらず，それらの交換価値（価格）も変わらない。工産物価格不変のもとで人口増加に伴って劣等地耕作が進展するために穀物価格が上昇し，生産コストとしての労働賃金が上昇する。工業部門の利潤も減少し，利潤率も低下する。だが，不利な条件下にある農業資本の利潤率が社会全体の一般的利潤率を規制すると主張するためには，諸工業部門の利潤が低下することを示すだけでは不十分である。農工両部門における利潤率水準の必然的一致が証明されねばならない。ここになお未解決の問題が残っている。

　労働価値論への途　リカードウは「生産の難易」という定性的指標と交換価値（価格）という数量指標との相関を定量化するため，紆余曲折の末，前者の量的指標を，商品の生産に要する労働量に見いだす。「生産の難易」を交換価

値(価格)の規定因とするかぎり,スミスの賃金・価格連動論(これは賃金・利潤を価格の構成要素とする彼の構成価格論の系)が疑問となる。それが正しければ,上述の諸工業部門で利潤率が一義的に低下するとはいえない。諸工業部門で「生産の難易」が不変でも,労働賃金(コスト)が上昇するだけで,部門の生産物の価格も上昇するからである。「生産の難易」論をとるかぎり,連動論は斥けられねばならない。

彼はついにその論理を発見する。「価格」とは,商品価値を貨幣価値で測ったものである。それゆえ連動論が真ならば,貨幣も金という労働生産物が素材だから,貨幣=金価値にもそれが妥当する。したがって,商品1単位=2グラムの金(2円[金1グラム=1円]と仮定する。この呼称は各国の貨幣法による)の両辺とも,賃金上昇の影響を受ける。その影響を均等と仮定すると,交換価値(価格)は変わらず,連動論は妥当しない。とすれば,この場合,なにが交換価値を規定するのだろうか。あらゆる商品の生産には資本と労働が必要だが,資本はすべて流動可変資本(労働雇用基金)からなると仮定すれば,労働だけが投入要素になり,「生産の難易」は,この投入量の大小で表せる。この強い仮定のもとに,彼はスミスの労働価値論を再発見し,これを理論構築の基礎に据える(羽鳥 1982, 1-3章. 中村 1966, 1章)。そして,以上のきびしい仮定を緩和して現実に近づける過程で,彼は理論的に苦闘することになる。以下彼の主著『経済学および課税の原理』(Ricardo [1817], I)に即して,その次第を考察していこう。

ベイシック・モデルAとB 「価値」には「使用価値」(効用)と「交換価値」の二つの意味があり,両者間に「価値のパラドックス」(水とダイアモンド)がある。リカードウの場合,使用価値は交換価値が存在する不可欠の要件であり(I, 11),使用価値は交換価値の担い手であってその「尺度」ではなく,交換価値の規定には関与しない。

少数の「稀少」商品群を除き,労働投入により数量を増加できる商品が,市場で圧倒的大多数をしめる。それらの交換価値は,各々の生産に必要な労働量によって規定される(I, 12)。このスミスの「初期・未開の社会状態」,つまり独立小商品生産者の社会が,ベイシック・モデルAである。私有財産制と

社会的分業が自明の前提で，当面，労働以外の投入はなく，他の生産条件（商品の完成期間など）はどの分野も等しく，どの商品の生産でも自由に競争が行われる，と想定される (Ibid.)。投下される労働量に比例して商品の「交換価値」の大きさが定まるというのが，ベイシック・モデル A のもと説かれる労働価値論である。もちろん，労働には猟師，漁夫等の様々な種類がある。しかし，使用価値を価値の規定から排除することにより，事実上，各労働の異なる有用性も排除され，熟練・未熟練（複雑・単純）の違いだけが残る。その相違を計るためには，賃金格差をスケールにして投下労働量の換算が行われる（Ⅰ, 20-21)。

スミスは，「資本蓄積」と「土地占有」が行われる社会，つまり資本主義経済になると投下労働価値論が「必ずしも」妥当せず，支配労働を尺度に，「構成価格」により価格が規定される，と説いた (Smith [1776], 65-6)。それが正しければ，ベイシック・モデル A も，そこで定式化された労働価値論も無用になる。こうして，ベイシック・モデル A は，それに資本蓄積を組み込んだ同モデル B へ組み替えられることになる。

どの生産部門でも，資本は流動資本と固定資本として用いられる。さらにモデル B では，両資本の構成，固定資本の耐久性（および流動資本の還流期間——第二版以降）がどの部門も同じ，と仮定される。リカードウは（スミスと同様に）流動資本を，事実上，流動可変資本（賃金前貸）に限る（原料などへの前貸＝流動不変資本をほとんど無視する）から，流動資本は雇用労働量＝（現在の）投下労働量で表されることになる。

固定資本使用量は「社会の改善」につれて一般に増大するが，原始的社会でも，弓矢のような何らかの生産用具（労働手段）が用いられる。リカードウは，これを即「固定資本」と規定する。したがって彼の場合，スミスのいう「初期段階」と「資本蓄積」段階との質的相違（労働者が労働の成果をすべて入手するか否か）は消え去り，たんに「固定資本」量の多寡に解消される。さらに固定資本はすべて労働の所産だから，現在の生産に使用される固定資本は「過去」の労働であり，これが現在の労働を「援助」して諸商品が生産される，と考える。したがって，商品価値は，その生産に要する〈現在の労働＋援助する過去

の労働〉という拡充された投下労働量によって規定される（Ⅰ, 22）。つまり労働価値論は，モデルBのもとでは，この拡充された形態で妥当するのである。

賃金・利潤相反論　資本が蓄積されるようになると，資本は一階級に属し，労働は別の一階級が提供する（資本主義的生産関係の導入）。資本の前貸（投資）は，生産された商品を販売して，前貸資本を回収するだけでなく，利潤を獲得するためになされる。この取得が投資の動機であり，その目的であるから，商品価値のうち現在の労働に比例する付加価値部分は，労働者に前貸された賃金回収分と利潤部分とに分かれる（価値分解論）。現在の労働量＝雇用労働量が一定であれば，付加価値量も一定である。それが賃金と利潤に分かれる（＝労働者と資本家に分配される）のだから，一定の雇用労働量に支払われる賃金部分の増減は，必然的に残余としての利潤を減増させる。これが賃金・利潤相反論である。

利潤の増減も，同様に賃金を減増させるといえそうだが，そうではない。資本家からすると，労働者に賃金として前貸した流動可変資本部分を回収しないことには，利潤の獲得はおろか，既存資本の維持さえ不可能である。労働賃金は，ある水準で労働者の生活を維持し，労働（者）が不可欠の生産要素として再び市場に現れるための要件である。したがって，賃金が最初に控除されねばならない。つまり，その回収は，資本・賃労働関係の再生産に必要・不可欠なのである。利潤は，これを控除した後の残余・剰余にほかならない。労働価値論の系としてのこの賃金・利潤相反関係が，リカードウ分配論の基礎をなす。と同時に，当然，労働価値論に基づいて賃金・価格連動論が斥けられる。すなわち，賃金の騰落は諸商品の交換価値（価格）に影響しない，というのである。

2　現実的資本モデルのもとでの価値規定論の「修正」

しかし，ここからリカードウを悩ませた問題が始まる。資本蓄積を組み込んだモデルBでは固定・流動両資本の構成等がどの部門も同じと仮定されたが，現実には，部門ごとに異なる。これをモデルに組み入れて理論を現実に近づけた場合，はたして，なお労働価値論が価値規定「原理」として妥当するか。こ

れに答えるのが，現実的資本モデル下の価値規定論の「修正」である。

価値規定論の「修正」 彼が労働価値論を構想した出発点は，賃金・価格連動論を批判することにあった。モデル B では，資本構成等がどの生産部門も等しいという「強い」仮定が設けられたから，賃金が騰落しても相反論によって利潤（利潤率）に影響するだけで，商品の交換価値または「相対価値」を変化させず，労働価値論が妥当した。

今，例えば資本構成だけ，つまり資本集約度または労働集約度だけが部門によって異なるとしよう（A 表）。何らかの理由（労働の需給，生活資料価格の騰落等）で賃金水準が騰落すると，当然，労働集約部門ほどその（コスト増減の）影響が大きくなる。それに応じて投下資本量も増減し，利潤および利潤率を大幅に減増させる（B 表）。より高い利潤率を求める資本移動を介して，均等な一般的利潤率が再形成されたとき，諸商品価格は，賃金騰落により利潤率がもっとも大きく落騰する労働集約部門ほど大きく騰落し，資本集約部門ほど逆に大きく落騰して均等利潤率が再形成されるが，一般利潤率は一義的に落騰する（C 表）。しかし総価格または価格水準は不変に留まる。換言すれば，労働価値論はミクロ的には妥当しないが，マクロ的には保持される。リカードウはこの最後の帰結を明示しなかったが，それに気づいていた節がある（Ricardo [1820], II, 288）。彼は，これによる価格変化は「軽微」で，やはり投下労働量の変化が価格変化を説明する主因であると強調（強弁）したが（I, 36），これは労働価値論の「破綻」を示すものだとマルサスはじめ同時代の人々から批判された（Malthus 1820, II 章IV節）。

A 表　初期状態(均等利潤率=30%)　　B 表　賃金10パーセント上昇(相異なる利潤率)

 I $80C+20V+30P=130$ I $80C+22V+28P=130$ $(28/102)$

 II $60C+40V+30P=130$ II $60C+44V+26P=130$ $(26/104)$

 III $40C+60V+30P=130$ III $40C+66V+24P=130$ $(24/106)$

C 表　均等利潤率再形成の結果（均等利潤率＝78/312＝25%)

 I $80C+22V+25.5P=127.5$

 II $60C+44V+26P=130$

III　$40C+66V+26.5P=132.5$

3　地代の発生と労働価値論

　さらにもう一つ，地代の発生が投下労働価値論の妥当性を損なうか否か，という問題が残っている（I, 67）。リカードウのモデルは，土地所有は地代収得権をもたらすだけで，地代発生の原因ではないことを主張している。

　地代発生の根拠　まず，最初の「定住」（植民），つまり未占有の広い土地があって，随意にそれを利用できる状態にある（無土地所有モデル）と仮定する。人々は，最も好都合な位置にあり，最も肥沃な土地を耕して彼らの必要を満たす。ここでは地代は存在しえない。土地はあり余っているから。つまりリカードウは，地代を自明の存在とは考えず，その発生の経緯を解明することにより，その本質を明示しようとするのである（利潤，しかも一般的利潤率の存在を自明とするアプローチとは対照的に）。

　最初の耕作（開墾費，農場としての整備費等は考慮の外におく）に穀物100クォーターを投資して200クォーターを収穫し，「純収入」100クォーターが得られるとしよう（利潤率100パーセント）。さらに，この有利な条件のもとに人口増加と資本蓄積が進むと仮定しよう。増加した人口を養うために耕作が拡張されるが，同等に有利な土地が見いだされる間は，事態に変化はない。しかし最利便・最肥沃な第一級地の存在量は有限だから，それが利用し尽くされた後もなお人口が増え続ければ，それより劣る土地が耕作されざるをえない。その結果，第二級地に資本が投下されざるを得ず，同じ100クォーターの投資で180クォーターの収穫しか得られなくなって，「純収入」は80クォーターに減少する（利潤率80パーセント）。この不利な耕作も現存人口の扶養に不可欠だから，その耕作が継続されなければならない。そのためには，そこへの投下資本にも，第一級地を耕作する資本と同等の利潤率が保証される必要がある。両者（同部門内）の利潤率平均化機構が存在しないことは，すでに述べた。残る解決は，劣等地を耕作する資本の利潤率が優等地を耕作する資本の利潤率を規制し，後者の超過利潤部分20クォーターが，利潤以外の所得に転化されるほ

かはない。これが第一級地に発生する「地代」（差額地代）である。必然的に，最劣等地に地代発生の余地はなく，富と人口の増進につれて優等地の地代は増大し続けることになる（もちろん，これに反作用する要因，例えば，農業技術の改善・土地改良等はあるが）。

以上から，地代の本質が明らかになる。それは，元来，利潤だったものの一部が転化した形態だから，新たな実質的「収入」の「創造」ではない。それは，資本間の特殊な利潤率均等化機構の所産にほかならない。それが「特殊」なのは，人間にとっては所与の土地という自然が，量において有限であるばかりか，質において不均一であるという，人為によって解消できない制約による，という点にある。もちろん，工業でも，現実には同部門内の諸企業にさまざまな生産性格差があるし，利潤率にも違いがある。しかしそれは人為の産物だから，模倣などにより，早晩，解消される。この種の超過利潤は一時的なものでしかない（Ⅰ, 187）。

しかし，地代は土地という自然の働きの産物（恩恵）であるという考えは，経済学の通念だった。リカードウは断固これを否定する。農業に限らず，自然力はさまざまの部門で生産に寄与する。太陽の光・熱，大気，水等々。しかし，それはどれも「無償」で利用される。それらは量的に無限で，質的に差がないからである。同様に土地の働きも本来は無償だったが，その量が有限で質が不均一であるため，その利用が有償になった，というわけである（Ⅰ, 69-70；75-7）。

土地生産物価値論　地代の発生により，労働価値論は影響を受けるのではないか。これが問題の核心である。土地生産物，特に穀物の価値は，現存の人口＝食糧需要を充たすために欠かせない土地のうち，最も不利な土地で耕作する資本のもとでの「最大投下労働量」によって規定される，とリカードウはいう。この意味で，商品の価値を規定する労働価値論は，妥当性を失わない。したがって地代は，価格の「原因」として穀物を高価にするのではない。穀物が高価だから，その「結果」として地代が生じるのである（Ⅰ, 74）。

だが，リカードウのこの主張にも問題が残る。最劣等地で穀物の生産に要する最大投下労働量が当該地で生産された穀物の価値だけでなく，穀物全体の価

値を規制するようになる限り，最劣等地より優良な土地で生産されるすべての穀物は，その生産に要した実際の労働量に対応するより，もっと大きな価値を持つことになる。彼は，この価値超過分＝地代を「名目的な価値の創造」という。つまり地代は，使用価値としての「富」の創造ではなく，これまで生産されてきたその一部の分離・転移にすぎないが，価値はその分だけ増加するから，「名目的」な価値の「創造」だ，というのである（Ⅰ, 399-400）。しかしこれは，労働価値論にとって言葉だけで片付く問題ではない。それを意識してか否か定かでないが，彼は，あらゆる産業で生産物の価値は最大投下労働量によって律される，とこの価値規定を一般化するからである（Ⅰ, 73）。これを根拠に，彼を限界分析の祖とする見解も現れるが，土地という自然の制約による特殊な価値規定，つまり，もう一つの価値規定の「修正」，と解するのが自然であろう（Ⅰ, 250）。

4　自然価格と市場価格

　商品価値を貨幣（金）価値で測ると，ある金量（xg）で表される。金の単位量に付された貨幣名称（例えば，1g＝1円）でこの金量を表したのが自然価格である。もちろん，商品の現実の価格，つまり市場価格がこの自然価格に一致するとは限らず，時々の需給関係によって絶えず自然価格の上下に乖離する。しかし同時に市場価格は，その変動の重心としての自然価格に絶えず引きつけられる。というのは，市場価格＞自然価格ならば，その商品の生産によって得られる利潤は一般的利潤率より高く，そこに多くの資本が吸引されて生産量が増え，市場価格を自然価格に引き下げる傾向が生じるし，反対ならば反対の傾向が必然的に生じるからである。つまり，価格機構の自由な作動を通じて資本移動が誘導され，資本（および労働）の最適配分，つまりは最も効率的な生産が実現される。市場価格が自然価格に一致するのは偶然だが，それに向かう傾向は必然的なのだ。したがって，諸商品価格＝自然価格と仮定して分析を進める方法に，根拠が与えられる。リカードウの分配論（賃金・利潤論）は，これを仮定（＝需給関係などの一般的な価格変化要因を排除）した上で（Ⅰ, 91-2），さ

らに貨幣価値の変化から生じる価格変化も除くため，貨幣価値を不変であると仮定して（Ⅰ，87；111 fn.)，要するにすべての商品価格の変化は，当該商品の価値変化だけに起因するものとして，説明されることになる。

5　自然価格体系下の分配論

賃金の動態と労働者の境遇　賃金は，「労働」（力）という商品の価格である。しかしそれは，これまでの労働の生産物としての商品と異なるが，それと同様に，長期的にみるとその「数量」を増減できるという共通の性質をもつため，「稀少商品」群に属さず，自然価格と市場価格とをもつ普通の商品の一つとされる（Ⅰ，93）。次いで，その「価格」がいかに規定されるか，が問われる。つまり労働商品の価値は，その「自然価格」規定を介して，労働（力）再生産に要する賃金財の価値として，すなわち労働生産物の生産物として，間接的に規定されるのである。

リカードウにおける労働の「自然価格」は，労働供給を不変に保つために必要な賃金財価格総額として与えられる。なぜなら労働は，第一に，それを提供する労働者の存続・再生産によってのみ継続的に供給されるからであり，第二に，労働者は賃金を得て初めて存続できる境遇にあるため，彼は賃金を支払う労働需要に応じてのみ存続できるからである。したがって，厳密には，ある時・ある所で一定の労働需要に応じる労働供給だけが賃金を得，その限りで労働者は存続するが，それを超える労働供給（＝労働者数）の増加は保障されていない。人口の大多数は労働者だから，近似的には，労働供給は人口の動向に依存する。それゆえ，労働の「自然価格」（以下，「自然賃金」という）は，一定の労働需要に応じる一定の労働供給＝人口を維持する価格，と規定される。つまりこのリカードウ・モデルでは，事実上，人口は内生変数化され（Ⅰ，78），独自に決まる外生変数，あるいは独立変数ではない。一見，奇異に見える彼の自然賃金規定は，労働供給も，労働需要という経済システム内の変数に規定される従属変数とされた結果である。この限りでは，彼の理論が，人口＝労働供給を独立変数的にとらえるマルサスの「人口法則」を前提にする，と説く「通

説」は必ずしも正しくない。

　労働の市場価格（以下，「市場賃金」という）は，労働市場での需給関係によって決まり，自然賃金の上下に乖離する。とはいえ，労働供給＝人口は，他の商品のように市場価格が自然価格に速やかに回帰する，つまりその供給を需要に短期間に適合させることはできない。労働供給の増減は 10〜15 年の長期間を要するが，その間に労働需要はしばしば増減する。したがって，いったん市場賃金が自然賃金から乖離すると，後者に帰一するまでに長い時間かかることになる。

　それでは，労働需要はなにが規定するのか。労働者を雇って行う生産により一般的利潤率を達成する期待が充たされると前提すると，労働需要は資本量の大小に依存して決まる。つまり資本量を所与とすれば，労働需給に変化なく，市場賃金は自然賃金に一致し，経済も人口もゼロ成長状態が続く。しかし一般的利潤が達成される以上，利潤の一部は必然的に資本に追加され，労働需要が増大するはずである（モデルへの資本蓄積の導入）。当面，労働供給は一定だから，必然的に市場賃金が自然賃金を上回る（Ⅰ, 94-5）。高い賃金を得る労働者が，それをもっぱら彼の生活水準の向上（賃金財の豊富・多様化，または高品質化）に向ければ，高賃金による利潤減少・利潤率低下が生じ，早晩，投資意欲が減退・消滅して，ゼロ成長に戻るが，当面，賃金は高どまり，労働者の生活水準の向上に応じて，この高賃金がやがて自然賃金に転化するだろう。しかし，一般的に高賃金は，労働者の結婚，あるいは子女数の増加を誘導する蓋然性が高い（Ⅰ, 163）。そうなると，やがて労働供給の増加が労働需要に追いつき，市場賃金の低下が導かれる一方で，増加した人口扶養のため劣等地耕作に頼らざるをえない場合には，穀物の自然価格が上昇する結果，自然賃金が上昇するから，両賃金の一致が早まることになる。

　しかし，経済成長，つまり新投資が続けば，労働供給が増加する前に労働需要が増え続けるから，市場賃金はさらに上昇し，自然賃金との乖離が広がる。これだけを見ると，労働については自然・市場両価格一致のメカニズムが作動しないかのようだが，この上方乖離が大きいほど，一般的には労働供給を増加させる刺激が強まるから，逆説的だが，むしろ一致のメカニズムの作動が促進

されていると見ることができる。リカードウによると，このもとでは市場賃金の上方乖離状態が「不確定の期間」続く。彼は，この高賃金状態を望ましいという。それが過剰人口を防ぐ最良の「保障」だからである（Ⅰ, 100）。

とはいえ，いったん増加に弾みがついた人口は，やがて労働需要の増加に追いつき，追い越してしまいがちである。その限りでは，人口＝労働供給は独立変数的に変化する傾向がある。他方，労働需要が増加するのは，資本の利潤動機がみたされ，またいっそう大きな利潤量がえられる限りでのことだから，長期的に前者の傾向が勝り，実質賃金は低下する傾向がある（Ⅰ, 101-3）。もちろん，農工部門での技術革新などによる賃金財価値・価格の低下は，これに反作用を及ぼす。

一般的利潤率の規定とその趨勢　工業利潤と利潤率はその大きさの規定も利潤率の趨勢も，賃金・利潤相反論によって直接に示すことができる。というのは，その生産性などの生産諸事情を所与とすると，諸商品生産に要する労働量は不変だから，それらの価値は変わらず，（貨幣価値を所与として）それらの価格も変化しない。賃金が変化しなければ，残余としての利潤が確定され，利潤率も定まる（Ⅰ, 110-2）。

ここにおいて資本蓄積が進み，富と人口の増加に伴って，賃金財中の穀物の価値・価格が劣等地耕作の進展に応じて上昇するため，それに応じて自然賃金が上昇する。その結果，利潤が減少し利潤率は低落する。とはいえ，不変と仮定した工業での生産の事情が変われば，例えば，資本蓄積に伴って生産性が向上すれば，当該商品の価値・価格が低落する。それが穀物を含む賃金財生産に直接・間接に関わっているか，またはそれ自体が賃金財であるような場合には，賃金財の価値・価格に影響して自然賃金の低下に寄与し，利潤率低落の傾向に反作用する（Ⅰ, 120）。

しかし農業部門の場合は，事情が異なる。資本蓄積のもとでは，穀物生産の困難化に応じてその価値・価格が上昇するため，これによる自然賃金の上昇にも拘わらず，残余としての利潤が減少し，利潤率も低落すると一義的に言うことはできない。リカードウの利潤論は，まさにこの問題を，投下労働価値論に基づいて解明するのである。

初期状態で一定の労働者数10人で一定の収穫量180クォーターが得られ，その時の穀物価格がクォーター当たり4ポンドとすると，総収益は720ポンドになる。より劣等な土地の耕作に頼らざるをえなくなり，同じ労働投入で170クォーターの収穫しか得られないとしよう。単位当たり投下労働量が増加して穀物価格が上昇するが，その上昇は恣意的ではない。なぜなら，投下総労働量は同じだから，この170クォーターも720ポンドに値する。つまり穀物価格はクォーター当たり4ポンドから4ポンド4シリング6ペンスに上昇する（$x:4=180:170$ より）。そうして，これが穀物全体の価格を規制する。要するに，穀物価格の上昇により自然賃金は上昇するが，総収益は変わらないから，最劣等地に関する限り，工業部門と全く同等に，利潤の減少と利潤率の下落が生じることになる。確かに優等地の穀物は，いまや760ポンド10シリングの総収益をもたらすが，720ポンドとの差額40ポンド10シリングは地代に転化するから，この土地を耕作する資本の利潤も劣等地を耕作する資本のそれと変わりはない。こうして農業利潤は，工業利潤と同等に減少し，利潤率も同一水準に低下する（Ⅰ，113-5）。つまり，賃金・利潤相反関係は工・農の部門を問わず同等に妥当し，一般的利潤，したがって一般的利潤率を規制するのである。農業部門における技術革新や土地改良（土壌改良を含む）は，もちろん，利潤の減少・利潤率の低落に反作用するから，一般的利潤率の低落は「傾向的」である。

　定常状態　このように一般的利潤率が傾向的に低落するとすれば，やがて資本蓄積の動機が弱まり，ついには蓄積自体が停止するだろう。「定常状態」または「富源の終焉」の到来である。もちろん，資本量の増大が利潤率低落を補って利潤総量が増加する限り，資本蓄積は続く（Ⅰ，123）。利潤量最大点を越えると，追加投資はマイナスの利潤しかもたらさないから，ここでようやく成長は停止し，以降，ゼロ成長が続く。それは，すべての資源が効率的に完全に利用し尽くされた状態だから，「最も活力ある」状態にほかならない（Ⅰ，265．羽鳥1963，189-97）。実際問題としては，資本家に生活の資を与える程度の利潤（利子率相当の利潤率）まで低下すると蓄積は止み，経済は「定常状態」になる，と考えられている（Ⅰ，120-2）。もちろん，これはあくまでも理論に

忠実に，その極限状況を示したまでであって，現実的には遠い将来の事態にすぎなかったが（Ⅰ, 109），この理論的予想のゆえに，彼の真意からほど遠いものだが，後に彼の経済学は「陰鬱な科学」という烙印を押されることになった。

6　外国貿易の経済効果

　リカードウ外国貿易論の主題は，貿易と一般的利潤率との関連性を明確にすることにあった。一般に貿易は「富」＝諸商品量を豊富・廉価にし，人々を実質的に豊かにするが，一般的利潤率を引き上げることはない。それが賃金財を豊富・安価にする場合に限り，一般的利潤率を引き上げるにすぎない。これが彼の答えである。有名な「比較生産費」命題は，貿易が諸商品を豊富・安価にする次第を論証するものである。その限りでこれは，外国貿易が存在する場合でもなお，賃金・利潤相反論が一般的利潤を規制する「原理」であることを論証していることになる。

　貿易の利益　まず，「価値量不変」の命題が示される。つまり，貿易の前後で一国の総価値量は不変である，という。さしあたり貿易を，ある量の国産品（輸出）と外国商品（輸入）との直接交換であると想定しよう。資本（と労働）の国際間移動は自由でないから，国際的均等利潤率は成立しえず，商品の国際的「自然価格」も存在しえない。その結果，これを基本的に規定する労働価値論は，国際間に妥当しえない（Ⅰ, 133）。輸入商品の価値は，それと交換に輸出された国産品の価値と等価であると評価されるから，一国の総価値量は貿易の前後で不変である。輸出が大いに伸びて，輸出関連資本の利潤率がその国の一般的利潤率を上回ることが確かにある。しかしそれは一時的にすぎず，それらの部門への資本移動を介して，やがて，一般的利潤率水準に戻る（Ⅰ, 128-31）。

　このように総価値量は不変だが，貿易により諸商品は豊富・低廉になり，これによって実質所得が増える分だけ，人々の消費がいっそう潤沢になるし，実質的消費が不変であれば，その分だけ資本蓄積元本が増え，資本蓄積に寄与する。これが貿易のもたらす一般的利益である。しかし，それにより賃金財が豊

富・安価になれば,実質賃金が不変のまま労働の名目価格の低下が可能となり,貿易は,一般的利潤率の上昇にも貢献して,資本蓄積をいっそう推進する(Ⅰ, 132-3)。

とすれば貿易は,どのように諸商品を豊富・廉価にするかのだろうか。貿易の流れ（輸出・輸入）は「比較優位」に基づいて定まり,その交換比率は「比較生産費」に従う。ここでもリカードウは,独創的なモデル（しばしば「魔術的数字」といわれる）を示す。

	英　国	ポルトガル
（一定量の）毛織物	年間100人の労働の生産物	年間90人の労働の生産物
（一定量の）ワイン	年間120人の労働の生産物	年間80人の労働の生産物

両商品とも,ポルトガルから英国に輸出されそうに見える。絶対的（労働）生産性は,両商品とも前者が後者を凌駕しているからである。もし労働価値論が国際的にも妥当するなら,そうなるだろう。しかし,「比較優位」が貿易の流れを決める。明らかに英国は毛織物の生産,ポルトガルはワインの生産で,それぞれ「比較優位」にある。だから英国から毛織物,ポルトガルからワインが輸出される,というのである。

輸出入に伴う輸送費・保険料等を無視すると,英国内で交換が行われた場合,一定の毛織物で一定のワインの5/6倍しか得られないが,それをポルトガルに輸出すると,そこではワイン一定量の9/8倍が得られる。ポルトガルも,ワイン一定量を国産毛織物と交換すれば,その一定量の8/9倍しか取得できないが,英国に輸出すれば,その6/5倍を入手できる。だから英国は,毛織物一定量がワイン一定量の5/6倍を超え,9/8倍までの範囲で交換されれば,この貿易で豊富・安価にワインを取得できる。ポルトガルもワイン一定量で毛織物一定量の8/9倍を超え,6/5倍までの範囲で交換されれば,同様に有利である(Ⅰ, 135-6)。こうして両国が自由に交易し,それぞれ「比較優位」産業に「特化」すれば,双方とも利益を得る。つまり自由貿易は,国際分業のもとに交易して,関係各国に互恵をもたらし,効率的生産と消費の潤沢,さらには資本蓄積に寄与する。諸国は自由貿易のもとに,共同の利益に結ばれた一つの「普遍

的社会」を形成することになる（Ⅰ, 133-4）。

　明らかに，この理論の実践的含意は，穀物法のような比較劣位産業の保護が，みずから生産の効率を損ない，この互恵を放棄し，しかも穀物と労働を高価にして一般的利潤率まで人為的に引き下げて，英国経済の繁栄と発展を妨げる，ということにある。

　もちろん，リカードウ貿易論にも幾つかの問題（貿易を輸出品と輸入品との交換と考えること，交換比率が確定されず，相互に有利な範囲が示されるにとどまること，生産条件，特に技術等の資本蓄積に伴う変化が考慮されていないこと等）があるが，自由貿易論の根本問題は，それが先進国相互間の「水平貿易」には基本的に妥当するが，先進国・発展途上国間の「垂直貿易」の場合は，互恵の名のもとに後者にモノカルチュア的な偏った発展の押しつけを正当化する惧れがあることである。南北問題が今日もなお重要な問題の一つをなす以上，この点にとりわけ留意する必要がある。

7　租税論

　租税論が『経済学および課税の原理』の一半の課題をなすことは，書名からしてすでに明らかだが，ここでは彼の考えの核心だけを紹介しておく。彼の理論は，国家を捨象して構築された，まさに自律的で自立的な体系である（「外国貿易」の章は，事実としての国家＝国境を前提するだけ）。租税論ではじめて国家が正面から導入される。スミスのいわゆる国家の三大義務（国防，司法・警察，および公共事業）を果たすには，当然，経費がかかる。その経費は租税で賄われる。租税は商品経済の自由・対等な関係とは異なる強制として国民に課されるから，それは，自由放任のもとでの資源の最適配分と資本蓄積を妨げる（Ⅷ, 101；132-3）。つまり租税は，いわば必要悪である。だからあらゆる租税は，必要最小限の額に限定されるべきである。租税は，その分だけ蓄積元本を減少させて経済発展を阻害するし，資本元本まで蚕食するほど重ければ，経済をマイナス成長に陥れるからである（Ⅰ, 152）。さらに，自由な価格機構の作動を介して実現される一般的利潤率の撹乱をつうじて，資源の最適配分を妨げたり

しないように課税される必要がある。つまり，諸資本間に「公平」に（利潤量に比例して）課税する限り，租税は，資源の適正な配分を撹乱せず，諸商品価格にも影響しない。しかし，現実には租税に軽重の差があるから，重課された資本の生産する商品の価格だけが上昇して，利潤率の均等がはかられることになる。

物品税が賃金財に課されると，直接には労働賃金から支払われるが，賃金が自然賃金水準にあれば，その分だけ賃金が上昇するから，労働生産物の消費者，結局は，利潤と地代の負担に転嫁される。

土地または土地生産物への課税は，地代を生まない土地，またはそこで生産された農産物にも一律に課されるから，その土地を利用する農業資本の利潤に転嫁されて利潤率の均等を損なう。それを回復するため，その分だけ農産物価格を引き上げ，消費者の負担となる。消費者が労働者の場合は，結局，利潤に転嫁される。これに反して（純粋な）地代所得に課される租税はもっぱら地主の負担になる。利潤・地代間の租税負担も「公平」であるべきだが，これを実現する経済メカニズムは存在しない。したがって，その方策は立法府に委ねられるほかはない。要するにリカードウは，彼の理論に即して，租税総額の必要最小限と負担の公平を課税の「原理」として主張するわけである。

リカードウはまだ完全には自由でなく，幾つもの歪みというより，名誉革命体制下になお残存する様々な制度を批判し続けた。晩年の庶民院議員としては，とくに積極的に。宗教上の不寛容，議会・選挙制度，貿易上の諸制限，税制等々。これを通じて彼は，真に自由な社会の招来を希求した。そのもとではじめて，国内的にも国際的にも資源の最も効率的な配分が実現され，資本蓄積が進展し，人々の生活の安定と向上が招来される，と確信していたからである。つまり彼は，自由の不徹底と不十分な資本蓄積こそが問題だと考えていたのである。しかし，現実の進展は，自由な経済活動自体も，逆にさまざまの問題を生み出すことを示した。経済不況，失業等々である。つまり，経済効率の追求は必ずしも人々，特に労働者の境遇の安泰を保障しなかった。それを率直に認めたのが，『原理』第三版につけ加えられた「機械」の章である。彼の論敵マ

ルサスは，工業偏重の経済成長を批判して一定の政策的干渉（農業保護）を主張したし，オウエン（R. Owen, 1771-1858）らは労働者の自立を求めて組織的運動（消費組合・労働運動等）に取り組み，また，リカードウの労働価値論を根源にして社会主義思想（リカードウ派社会主義）も唱えられた。自由主義の経済は必ずしも万全の自己回復力をもたないし，仮にもつとしても，現実的な実効性を失うほど長い時間がかかるのである。

とはいえ，経済効率が自由な経済活動によって保障されることは確かである。その限りでリカードウの思想は現代も生きている。しかしそれには，自由競争状態とはほど遠い独占や寡占等，さまざまの問題を是正するための制度的補正（例えば，社会保障，競争制限排除等）を不可欠とするし，タイムリーな政策的対応（金融，財政政策）を必要とする。しかもそれは，一国内だけでなく，国際的にもそうである（通貨調整の国際的協力，発展途上国への援助等）。加えて，今日では例えば，もはや大気さえ完全な自由財とは見なせない。化石エネルギーに頼る経済活動と生活行動（車社会のような）が，自然の自浄力の限界を超えて，それを破壊しているからだ。したがって，現代のわれわれは，とうてい自由放任に安住しえず，はるかに調整困難な諸問題を抱えて生き抜くことを迫られているのである。

読書案内

リカードウの著作は，そのすべてが翻訳されているが，最も重要なものとして羽鳥・吉澤訳『経済学および課税の原理』（上・下巻，岩波文庫，1987年）がある。

真実一男『リカード経済学入門』（新評論，1975年，増補版1983年）は，第1編でリカードウの時代と生涯を概説し，第2編で彼の主著『経済学および課税の原理』を中心に，彼の通貨・銀行論も含む「理論体系」を呈示している。第3編はその理論の「継承」（特に，マルクス，スラッファ）を通じて，その現代的意義に迫る。なお，わが国へのリカードウ導入の歴史を整理した「付録1」および戦後のリカードウ機械論に関する海外の研究を紹介した「付録3, 4」も有益な手引きである。菱山泉『リカード（経済学者と現代②）』（日本経済新聞社，1979年）は，現代経済学の立場から主流派（新古典派）によるリカードウの「虚像」を粉砕して，生産・再生産を重視したその実像に迫り，彼の現代理論への「復権」を目指すユニークな入門書である。その内容は高度であるが，理論的にも経済学史的にもきわめて有益である。M. ブローグ著／久保・真実訳『新版・経済理論の歴史Ⅰ』（東洋経済新報社，1982年）第4章「リカードの体系」は，新古典派的観点からの整理と批判的評価を

示している。『原理』各章の要約を含み，これだけでも一読に値する。

理解を深めるために
1．スミスとリカードウの価値論を比較対照し，リカードウが批判的に継承した内容をまとめてみよう。
2．スミスと対比してリカードウ地代論の特徴をまとめてみよう。
3．リカードウは「セー法則」を認めているが，その理論的根拠は何だろうか。ケインズの「セー法則」批判（第13章を参照のこと）を参考にして考えてみよう。
4．マルサスの人口論とリカードウ経済学との関連についてまとめてみよう。
5．自由貿易論を含め，現在，盛んに唱えられている「規制緩和」等の経済的自由主義の主張について，そのメリットだけでなく，デメリットについても考えよう。

（中村廣治）

第5章

市場社会における貧困と過剰
T.R. マルサス

　18世紀後半から19世紀前半にかけて，イギリス社会は大きな変化を経験した。その大きな変化とは，産業革命である。産業革命によって経済は急速に発展し，人口も増加した。経済の発展によって社会全体としては豊かになったけれども，他方で皮肉なことに貧困も増大し大きな社会問題となったのである。18世紀末に最初の著作『人口論』を出版し，経済学の世界に登場したマルサス (Thomas Robert Malthus, 1766-1834) は，貧困問題を生涯の課題として探究した。この探究の中でマルサスは，リカードウ（第4章参照）と同様に『国富論』を出発点とし，独自の経済学を形成したのである。

　マルサスは，ロンドン近郊のウットンに生まれた。父ダニエル・マルサスは，若い頃，大陸旅行をしてルソーを崇拝するようになった風変わりな田舎紳士であった。その父の教育方針よって，マルサスは14歳の頃R. グレイブスの私塾とG. ウェイクフィールドの私塾で兄とともに教育を受ける。そして18歳のとき，ウェイクフィールドの推薦によってケンブリッジ大学のジーザス・カレッジに入学する。1788年に数学で卒業試験を受け，第9番目という上位の成績で卒業したマルサスは，卒業後イギリス国教会の聖職者となる資格を得て，1796年にサリー州のオールベリー，オークウッドの小さな教会の副牧師となる。その後1803年には，リンカーン州のウェルズビーの教会の主任牧師の地位に着き，以後生涯この地位を保持する。そして1805年に，設立されたばかりの東インド・カレッジ（東インド会社の上級職員養成のための大学レヴェルの学

校）の近代史および経済学の教授に就任したが、これはイギリスで最初の、経済学というタイトルのついた教授ポストであったといわれる。1834年にバースで急逝するまで、マルサスはこの地位にあった。

マルサスは、その生涯に二つの主要な著作を著した。第一の主著は、いうまでもなく『人口論』(1798年初版)であり、第二の主著はリカードウの『経済学および課税の原理』(1817年初版)に対抗して独自の経済学を展開した『経済学原理』(1820年初版)である。このほかマルサスは、穀物法の改訂をめぐるパンフレット、救貧法改正案に関するパンフレットなど、いくつかの短い著作を刊行した（これらはMalthus 1986に収められている）。以下本章では、二つの主著を中心にマルサスの経済思想を再構成することにするが、あらかじめマルサス経済学の背景について述べておこう。

マルサスが『人口論』(1798, 1803, 06, 07, 17, 26年)を書き、改訂を重ねつつリカードウと論争し、『経済学原理』(1820年)を書いたのは、産業革命が本格的に進行し、それにフランスとの戦争が加わって、イギリスの経済と社会が大きく変化した時代である。この間に人口は1750年の約600万人から1800年には900万人を越え、1821年には1,200万人、1831年には1,400万人近くへと急速に成長した。また農業の不作にナポレオンの大陸封鎖の影響が重なって、未曾有の食料不足と食料価格の高騰が起こり、ナポレオン戦争終了（1815年）後には深刻な不況に陥ったのである。

さて、マルサスの経済思想の基礎になったのは、その人口論であるから、まずその解明から始めよう。

1 人口論

マルサスは、次の二つの基本前提から出発する。すなわち、

第一に、食物は人間の生存にとって必要である。
第二に、両性間の情欲は必然で、ほとんど現在の状態のままであろう。
(Malthus 1798, 11)

第一の基本前提は，だれも否定できないであろう。第二の基本前提も，人間の性質になんらかの根本的な変化が生じない限り，否定できないであろう。このようにマルサスは，誰もが認めざるを得ないような前提から議論を出発させる。

　そしてこれらの前提の下に，マルサスは，人口の増加力は人間の生存資料を生産する大地の力を上回ると考える。すなわち，「人口は，制限を受けない場合，幾何級数的に増加する。生存資料は，算術級数的にしか増加しない」(Ibid., 14)。しかし，第一の前提から，人口は生存資料が許す範囲内に限定されざるを得ない。したがって，人口の増加を食料の増加が可能とする限度に制限する抑制が，必然的に作用することになる。

　人口の増加力は食料の増加力を上回るが，現実の人口増加は食料の増加が許す範囲内に押えられざるを得ないということからさらに進んで，マルサスは以下のような帰結を主張する。すなわち，人口は生存手段が増加しなければ増加し得ず，人口は生存手段が存在する場合には必ず増加するのであって，人口の優勢な増加力は，貧困あるいは悪徳を生み出さずには制限され得ない，というのである (Ibid., 37)。

　マルサスは，この制限を予防的制限と絶対的制限の二つに分類した。予防的制限は，「家族を扶養することにともなう諸困難を予見」(Ibid., 62) して結婚を延期するか，あるいは結婚しないことによって，生まれる子供の数を制限することである。これに対して絶対的制限は，人が生まれてから作用する抑制であって，実際の困窮により，十分な食物と注意が足りないために，子供が大人にまで成長できないで死亡することである (Ibid., 62-3)。

　予防的制限は，社会のすべての階層に作用すると考えられる。マルサスによれば，社会の最上層に属する男であっても，家族をもつことによって自分の楽しみを削減しなければならなくなると考え，結婚を抑制することがあるという。ジェントルマン階層の場合，結婚することによってより低い社会階層に転落することを恐れて，結婚を抑制する。商人や借地農の場合，事業が確立するまで結婚を延期する傾向がある。労働者の場合にも，家族の扶養が困難ではないかという恐れに起因する結婚の抑制は，それを弱める人為的な要因が存在しない

限り作用する。ジェントルマンの家庭で働く使用人は，労働者よりも恵まれた状態にあるが，しかし彼らは商売や農業をはじめる知識や資本をもっていないから，使用人として働けなくなった場合には，エールハウスで働くのが唯一の残された道となってしまう。彼らはこのことをよく知っているので，独身を続けようとする (Ibid., 67-9)。

　予防的制限は，それに対する障害がない場合，すべての階層を通じて作用して悪徳を生み出す，とマルサスは主張する。「結婚に対するこれらの制限は，実際，結果として世界のほとんどあらゆるところで悪徳を生み出す点で，きわめて顕著である」(Ibid., 69-70)。他方，絶対的制限は困窮から生ずるものであって，主として社会の下層の人々のあいだで作用する，とマルサスは考える。

> 年々死亡する子供の数のうちで余りにも大きな割合の子供が，子孫に適切な食料と注意を与えられないと思われる人々に属している。彼らは，実際，ときにきびしい困窮にさらされ，おそらくは不健康な住居と過酷な労働に縛り付けられているのである。貧民の子供の間でのこの死亡率の高さは，すべての都市でつねに注目されてきたものである。確かにそれは，農村では同じ程度では見られない。しかし，この問題はこれまで十分な注意を受けたことがなく，農村においても，中流およびそれ以上の階級の子供たちの間よりも貧民の子供の間で死亡の割合は高くないと，誰も言うことができないのである。実際，6人の子供をもち，ときにパンの絶対的な不足に直面する労働者の妻が，生命の維持に必要な食料と注意をつねに子供に与えられると想定することは，困難であるように思われる。(Ibid., 72)

　予防的制限と絶対的制限が人口増加に対する二大抑制であるが，マルサスはさらに別の制限要因として，女性に対する悪い習慣，大都市，不健康な製造業，奢侈，疫病，戦争を指摘している。結局のところ，このような制限要因は，現実には貧困と悪徳として現れるのである (Ibid., 99-100)。しかし，『人口論』第二版 (1803年) では，この悪徳と貧困以外にも，人々が将来の生活困難を予見して結婚を延期あるいは回避しながら，悪徳に走ることなく道徳的な生活を送る可能性が存在することを認め，それを道徳的抑制 (moral restraint) と呼んだ

(Malthus 1803, 11)。これは，人間は理性的な存在であって理性的に人口増加を抑制することができるというゴドウィン（W. Godwin, 1756-1836）からの反論に対して，ある程度譲歩したものといえる。『人口論』初版の主題は，このゴドウィンの楽観的な平等社会の構想に対する批判であったが，後に見るように，この譲歩によって彼のゴドウィン批判が崩れたわけではない。

2　平等社会構想の批判

『人口論』初版の第一の目的は，ゴドウィンやコンドルセ（M. J. A. N. de C. Condorcet, 1743-94）が展開していた楽観的な平等社会の構想を批判することであった。そのことは，初版のタイトル An Essay on the Principle of Population, as it Affects the Future Improvement of Society, with Remarks on the Speculations of Mr. Godwin, M. Condorcet, and Other Writiers の副題部分「[人口の原理が] 社会の将来の改善に影響する，ゴドウィン氏，コンドルセ氏，その他の著作家たちの議論に対する論評を付して」から，明らかである。イギリスではゴドウィンの議論が大きな影響を与えていたのである。

ゴドウィンによれば，人間は本来的には理性的な存在であって，現実の人間の性格や行動は環境によって影響されたものである。ここで人間にとっての環境とは，社会制度や政治であり，現実には悪人が存在するし，犯罪や貧困もある。これらは，私有財産制度や専制政治によって生じている。したがって，私有財産制度と専制政治を廃止して平等な社会になりさえすれば，人間は本来の理性を発揮できるようになり，人間も社会も進歩し，貧困も犯罪もない完全な状態に至るであろう，というのがゴドウィンの考えである。ただしゴドウィンは，私有財産制度や専制政治の廃止は，暴力による必要はなく，理性によって行われるべきであると考えていた（Godwin 1798）。

このようなゴドウィンの平等社会の構想は，社会制度を変えさえすれば貧困や犯罪をなくすことができると考えている点で，非常に楽観的である。マルサスは，貧困や犯罪の原因はもっと根深いものであるという立場から，この平等社会の構想を「人口の原理」によって批判するのである。

マルサスの論法はこうである。すなわち，まず私有財産制が廃止され平等社会が実現したとしよう。このような社会では，人々は将来生活に困り家族を扶養できなくなる恐れがなくなるので，マルサスのいう予防的制限が作用しなくなる。したがって，この社会では人口増加が進むのであって，「私には，全体としてこれほど人口増加に好都合な社会形態を考えることができない」(Malthus 1798, 184)。平等社会になっても食料生産が増加する可能性はあるが，こような急激な人口の増加には追いつくはずがない。その結果，この社会は短期間のうちに食料不足に陥ることにならざるを得ない。食料が不足するようになると，人々は僅かな食料をめぐって互いに争いはじめる。人々は，僅かなものを守るために，私有財産制度を復活させることになろう。不平等も復活し，貧困や犯罪も生まれるであろう。

> ゴドウィン氏の社会制度がもっとも完全に確立されたとしても，幾万世紀ではなく30年もたたないうちに，単純な人口原理によってそれは完全に崩壊するであろう，と確実にいってよいであろう。(Ibid., 208)

平等社会は，人口の原理によって，それ自身のうちに自らを崩壊させる原因を含んでいる，というのがマルサスの批判の要点である。マルサスの考えでは，貧困や犯罪の根源は社会制度よりももっと根深く，人口の原理という自然的原因に根ざすものであった。「人間の制度は，人類にとっておおくの害悪の明白で顕著な原因であるように思われるが，それでも実際にはそれらは人間の生命の泉を腐敗させ，その流れ全体を混濁させる不純な，もっと根深い諸原因にくらべるならば，表面にうかぶ羽毛にすぎないのである」(Ibid., 177)。

すでに指摘したようにマルサスは，ゴドウィンの批判に答えて，人口の増加を現実に制限するものとして，貧困と悪徳以外に道徳的抑制の可能性があることを認めたが，このことによってゴドウィンの平等社会の構想に対する批判は，弱められなかったのである。なぜなら，道徳的抑制は私有財産制度の下でのみ作用する，とマルサスは考えたからである (Malthus 1803, 385)。

3 救貧法批判

　平等社会の構想に対する批判は，フランス革命の影響による高揚した雰囲気のなかでゴドウィンの議論が広範な影響力を持っていたため，社会的な注目を浴びた。しかし，平等社会は現実に実現されたものではなく，その意味で現実的な意義はそれほど大きくなかったというべきであろう。これに対して，もう一つマルサスが批判していた救貧法は，イングランドにおいて現実に長い間実施され，社会に深い影響を持つものであった。

　イングランドでは，16世紀の頃から，「救貧法 Poor Laws」と通常呼ばれる法律がつくられ，貧困者の救済が公的な形で行われてきた。救貧法は1601年にまとまった形をとり（エリザベス救貧法），以後1834年の大改正に至るまで，これが基本法となって救貧活動が各地で実施されたのである。

　エリザベス救貧法は，両親が扶養し得ない児童の徒弟就業，労働能力をもつすべての貧困者の就業，そのための道具や原材料の提供，労働能力をもたない貧困者の救済を主要な内容としていた。救貧は，教区という小さな地域単位——人口規模でいうと，小さなものでは200人から大きなものでも2000人程度——で行われ，各教区において救貧税が徴収され，その教区に属する貧民に対する救済が行われた。こうした救済を行うため，治安判事は貧民監督官 (overseers of the poor) を各教区の世帯主の中から選任し，貧民監督官は救貧税の課税権をもつことが定められた。教区単位で救貧が行われていたため，各教区で救済を受ける資格のある者を確定する必要があり，有名な居住法 (Law of Settlement and Removal) が1662年に制定された。これは，家賃が年10ポンド以下の借家に住む外来者については，それぞれ居住権のある教区に強制送還を命じることができる権限を治安判事に与える，という規定を含んでいた。産業革命が進行する中で，人口の増加と食料価格の高騰が生じたため，救貧税と救貧支出は急激に増加する。救貧支出は，1776年には約152万ポンドであったが，1802-03年には約407万ポンド，そして1812-13年には約667万ポンド，1818年には約800万ポンドに達した。

　マルサスは，『人口論』によってこの救貧法を批判し，市場社会における貧

困問題に対する対策について探究する。貧困問題は，『人口論』初版においてすでに平等社会の構想に対する批判に次ぐ第二の主題であったが，第二版以降ではこれが第一の主題となる。このことは，『人口論』第二版（1803 年）でのタイトル変更からも，窺われる。『人口論』第二版のタイトルは，*An Essay on the Principle of Population ; or, A View of its Past and Present Effects on Human Happiness ; with an Inquiry into our Prospects Respecting the Future Removal or Mitigation of the Evils which it Occasions* となっており，副題が「その［人口原理の］人間の幸福に対する過去および現在の影響についての一見解，それ［人口原理］が生み出す害悪の将来の除去あるいは緩和に関する我々の見通しの研究を付す」に変わったからである。このタイトルは，最終の第六版まで変更されなかった。

マルサスは，イングランドの救貧法は二つの仕方で貧民の状態を抑圧するように作用するという。第一には，救貧法は食料を増加させることなしに人口を増加させる。第二には，救貧法は受給貧民の食料消費を増加させる一方で，非受給労働者の生活状態を悪化させ，貧民を増加させる（Malthus 1798, 83）。

第一の効果に関しては，二つのことが主張されている。その一つは，救貧法は人口を増加させるということ，もう一つは救貧法は食料生産を増加させないということである。人口を増加させる傾向については，マルサスは次のように説明している。すなわち，救貧法は労働者の独立心を弱め，家族を扶養する上での不安を除去することによって，家族を自力で扶養する見通しのない状態での結婚を増加させてしまう，というのである。

上に見たように，それに対する障害がない場合，予防的制限はあらゆる階層において作用するが，救貧法は，下層階級においてはこの予防的制限の作用を弱めるように作用するという。すなわち，「独立を愛する心は，誰も人間の胸中から消されるのをけっして望まない感情である。イングランドの教区法は，この感情を次第に弱め，そして最終的にはそれを完全に除去してしまうように，すべての制度のうちでもっともよく計算された制度であることが，認められなければならない」(Ibid, 67-8)。独立心が弱められる結果，「貧民は，独立に家族を扶養する見込みがほとんどないか，あるいはまったくないのに結婚するか

もしれない。したがって，救貧法は，ある程度，それが維持する貧民を創り出すといってもよいであろう」(Ibid., 83)。

　もう一つは，救貧法は食料を増加させないということであるが，これは次のように説明される。救貧法は富者から貧者へ所得移転を行うが，この所得の移転は（人口の増加に対する予防的制限の作用を弱め，人口を増加させる方向に作用するけれども），生存資料を増加させるようには作用しないという。マルサスは，1日当たり18ペンス（1シリング6ペンス）を稼いでいる労働者が所得の移転を受けて，1日当たり5シリングを得るようになった例を取り上げる。このことは，一方では，労働者に実質所得が増加したという錯覚を抱かせ，人口増加への刺激となる。しかしながら，実際には，この所得の移転は生存資料を増加させるわけではなく，生存資料の価格を上昇させるだけなのである (Ibid., 75-6)。

　しかしながら，富者から貧者への所得の移転があれば，食料に対する需要は増加し，この需要の増加に応じて生産が増加する可能性がある。このような批判はマルサスの予測していたところで，生産の増加があるにしても，人口の増加がそれを上回ると答える。すなわち，「このような空想上の富が人口に与えるであろう刺激はそれ［生産の増加］を上回るであろうし，増加した生産物は，それに比例する以上に増加した数の人々の間で分けられなければならないであろう」(Ibid., 77)。マルサスは，このように，たとえ生産の増加があったとしても，その増加率は人口の増加率に及ばないと判断する一方で，生産は増加するどころか減少する可能性さえある，と指摘する。所得の移転によって労働者が豊かになったと錯覚し，勤労意欲が低下し怠惰になる可能性があるからである (Ibid., 77-8)。

　マルサスは食料と製造品を区別し，製造品は需要が増加すれば生産も増加するのに対して，食料は需要が増加しても生産は容易には増加しないという。

　つねに次のことが想起されるべきである。すなわち，食料とその原料が豊富に存在する加工品との間には，本質的な相違があるということである。後者に対する需要は，必要とされるだけの大きさの量を必ず生み出すであろう。

食料に対する需要は，けっしてこれと同じ創造力をもたない。肥沃な土地がすべて所有されてしまっている国においては，農業者が数年間は利益のあがる収穫を期待できないような土地に肥料をやるようにさせるためには，高い価格が必要である。そして利益の見込みが十分に大きくなってこの種の農業事業が奨励されるようになるまで，すなわち新しい生産物が増加してくるまでの間は，生産物の不足から大きな困窮に耐えなければならないかもしれない。生存資料の量の増加に対する需要は，ほとんど例外なく，どこでもつねにあるのであるが，人が長く居住してきたすべての国においては，いかにゆっくりとしか応えられないものであるか，わかるであろう。(Ibid., 90-1)

食料については，需要が増加しても供給は容易に増加し得ないというのは，マルサスの強い確信であったようで，だから救貧法批判のなかで繰り返して述べているのであろう。

第二の救貧法の作用については，マルサスは次のように説明する。すなわち，救貧法による所得の移転によって受給貧民が購買力をもつようになる結果，食料に対する需要が増加するのに対して，上で見たように，食料の供給が増加しないため食料価格の上昇が生ずる。この結果，非受給労働者の実質賃金率が低下し，彼らは貧困化する (Ibid., 84)。また，食料に対する需要は，「食料を増加させずに人口だけを増加させる」という救貧法の第一の作用による人口増加によっても生ずるので，非受給労働者の実質賃金率の低下と貧困化がますます進むことになる。だからマルサスはいう。「イングランドの教区法が食料の価格を引き上げ，労働の実質価格を引き下げるのに貢献したことについて，私は何の疑いも感じない。したがって教区法は唯一の所有物が労働であるような階級の人々を貧困化させるのに貢献したのである」(Ibid., 86)。

以上は，労働者が困窮に陥った場合の教区による救済がもたらす影響についての分析である。だが，教区による救済以外に，労働の移動を制限する居住法があった。居住法は労働の移動を阻害することによって，労働が需要のあるところに移動するのを妨げ，賃金率の上昇を抑え，労働者の困窮を増している，とマルサスは指摘する (Ibid., 35；92)。要するに，救貧法と居住法は，このよ

うに一緒になって，労働の賃金を押し下げ，労働者の困窮を増すように作用するというのである。

マルサスは，社会の下層の人々の貧困の原因は人口の原理に基づく根深いものであって，容易に解決できるものではない——貧困問題は根本的には解決不可能——と考えていたわけだが，しかし現行の貧困を軽減させるために，以下のような軽減策を提示する。

対策の第一は，現行の救貧法と居住法の廃止である。救貧法は労働者の独立心をなくして予防的制限の作用を弱め，教区扶助に頼る貧民を増加させるばかりでなく，労働者全体の生活水準を低下させている。居住法も労働者の移動の自由を奪い，労働需要のあるところへの移動を阻止することによって，教区扶助への依存を余儀なくさせ，独立している労働者の賃金を低く押さえる役割を果たしているからである (Ibid., 95-6)。第二は，新しい土地の開墾に報奨金を与え，製造業よりも農業，そして牧畜よりも耕作を促進するよう奨励することである。そしてさらに，製造業を有利にし，農業賃金を製造業の賃金よりも低くしている諸制度が撤廃されるべきであるという。というのは，製造業を有利にするような制度が残っている間は，十分な量の食料を生産することはできないからである (Ibid., 96-7)。この農業の奨励は，社会の労働維持ファンド（後述）が食料のみからなるという考えから来ている (Ibid., 205)。第三は，極端な困窮の場合に備える州（county）のワークハウスの設立である。ワークハウスは，王国全体から徴収される税によって維持され，すべての州の人々が無料で利用でき，またすべての国の人々にも開放される。しかし，そこでの待遇は安楽であってはならず，労働能力のある者は働かなければならない。このワークハウスは困窮時の快適な避難所ではなく，過酷な困窮に陥ったときそれをある程度軽減する場所とみなされるべきものなのである (Ibid., 97-8)。

マルサスは，特別な窮迫の一時的な救済を除いて，公的な救貧には基本的に反対であった。マルサスの救貧についての考え方からすれば，私的な慈善による救済も，生産を増加させずに人口を増加させる傾向をもつ点では同一であり，したがって当然批判の対象となる。そのうえ『人口論』初版では，ゴドウィンの平等社会の構想に対する批判の中で，私的な慈善は貧民の従属を生むとして

いた。マルサスの考えでは，富裕階級が自らの持てるものを貧民に分け与えるとしても，全体を救うことはできない。したがって私的な慈善は，その対象を選んで行われざるを得ないが，それによって，救済を与えた者に対する与えられた側の従属関係が生み出されるのである（Ibid., 291-2）。

　『人口論』第二版になると，マルサスは救貧法廃止のための具体的な提案を行い，最終的には公的な救済の全面的な停止を主張し始める。マルサスの提案は，ある時点以降に生まれた子供に対する公的な救済を一切停止するというものである（Malthus 1803, 538）。公的な救済を停止した後でも生ずる貧困は，私的な慈善によって救済するしかないことをマルサスも認めはするが，しかしこの場合でも，私的な慈善は人々がこれに依存心をもってしまうようなものであってはならないという（Ibid., 564）。さらに第二版では，貧困の長期的に有効な唯一の解決策として，道徳的抑制の普及を指摘した。もしこの道徳的抑制が社会に広く行きわたれば，市場における労働の供給が制限され，実質賃金率が上昇し，労働者は家族を自分で十分に扶養することができるようになり，貧困はほとんど存在しなくなるであろう（Ibid., 495）。政府が貧困を直接救済することはできないが，この道徳的抑制を普及するという点で，庶民への初等教育の確立，財産権の確立，労働者の政治へのある程度の参加の実現などの側面で，なお政府が貢献できることがあるとマルサスは考えた（Malthus 1806, II, 388-90 ; 414-6 ; 423 ; 474）。

　道徳的抑制の普及は労働力の供給を制限することによって実質賃金率を引き上げるというが，同じことは労働者の団結によっても可能なはずである。しかしマルサスは，団結は有効な解決策とはならないという。労働者が団結して人為的に賃金を高い水準に維持すれば，雇用が減少し失業が発生する。この場合，発生した失業者を扶養する費用と人為的に高められた賃金によって得られる利得とが相殺されてしまい，全体としては労働者階級の利益にならないからである（Malthus 1817, II, 370-1）。

　またマルサスは，『人口論』初版以来，社会の労働維持ファンドが食料のみからなると考え，農業の発展のみが労働者階級の幸福の増大をもたらすという，非常に強い農業重視と製造業に対する否定的な評価を表明していた。しかし

『人口論』第五版（1817年）にいたると，従来の強い農業重視の考えを変更し，製造品の消費も労働者の幸福の増大に貢献するという見方に転じ，農業と製造業が半々くらい存在するような経済が労働者階級の幸福の増大をもっともよく促進する，という農工併存主義を提唱するようになる。さらに『人口論』第五版では，過剰な貯蓄すなわち投資によってすべての生産物が同時に過剰になり失業が発生するという一般的供給過剰の考えをマルサスが抱きはじめ，そのような不況下での短期的な貧困対策（特に失業対策）としての公共事業の有効性を認めるようになっていたことも（ただし，一般的供給過剰の理論は『経済学原理』〔1820年〕においてはじめて展開される），あわせて指摘しておかなければなるまい。

4　農業主義から農工併存主義へ

　マルサスは，社会にはそれぞれの時点で労働の維持に当てることのできる一定のファンドが存在し，このファンドは土地保有者や資本家の消費分を除いた食料から構成されており，労働者階級の生活状態は基本的にこのファンドと労働力人口の比率によって決まる，という考えを持っていた（Malthus 1798, 205-6）。『経済学原理』（1820年初版）では，この労働維持ファンドに食料以外に製造品も含めるようになるが，初期（『人口論』第四版，1807年頃まで）のマルサスは，労働維持ファンドが食料のみからなるという点を強調していた。『人口論』初版におけるマルサスは，人間の幸福を構成する二大要素を，健康，さらには生活の必需品と便宜品の支配量と考えており（Malthus 1798, 304），労働者階級の幸福は労働維持ファンドの増加に依存すると考えていたのである（Ibid., 305）。

　このような考え方にたって，マルサスは，農業と製造業の発展が労働者階級の幸福にもたらす影響の相違を考察する。そもそもスミス（第3章参照）は，一国の富をその土地と労働の年々の生産物と定義していた。この定義に従えば，富は農産物だけでなく製造品も含むので，製造品の生産だけが増加した場合にも富が増大したということになる。しかしマルサスによれば，これは労働者階

級の幸福の増大にはつながらない。製造品が増加しても，それは食料を増加させず，労働維持のファンドの増加をもたらさないからである。

　マルサスによれば，名誉革命以来のイングランドの経済発展は，このような発展パターンをたどった。肥沃な土地の多くが牧場に使われたこと，農業用具の進歩，大農場の増加，農夫小屋の減少などの結果，名誉革命期ほど農業従事者は多くなく，人口増加分のほとんとすべては製造業で雇用されたという。この間救貧税の増加があったが，このことは逆に労働者たちが必需品と便宜品のより大きな支配力をもたなかったことを意味している。つまりこれは，この間実質賃金率の上昇がなかったこと，労働者階級の幸福が増大しなかったということの証拠である（Ibid., 319-21）。

　以上のように，『人口論』初版のマルサスは，労働維持のファンドの中身が食料だけから構成されると考えており，実質賃金率は，この意味でのファンドと労働力人口の比率で決まり，労働者の幸福はこのファンドに依存する，という単純化された説明を与えていた。製造業の発展は労働者階級の幸福の増大に貢献せず，農業の発展だけが労働者階級の幸福を増進する，という考えを明確に持っていたのである。

　この考え方は『人口論』第四版（1807年）までは，変わらない。『人口論』第五版でも，労働維持のファンドが食料のみからなるという説明は変更しなかった（Malthus 1817, II, 267）。しかし，労働者階級の状態がもっぱらこのファンドの増加に依存しているわけではないという点が，指摘され始める。マルサスは，労働者階級の幸福は，食料だけでなく製造品の消費にも依存する，と強調するのである。

　しかし，社会の下層階級の状態は，確かに，労働維持のためのファンドの増加，あるいはより多くの労働者を維持する手段に，もっぱら依存しているわけではない。これらの手段がつねに貧民の状態の非常に強力な決定要因であり，また人口増加の主要な決定要因であることには，疑いがない。しかし第一に，社会の下層階級の安楽は食料だけに依存するのではなく，また厳密な意味での必需品だけに依存するのでもない。そして若干の便宜品，そして奢

侈品さえも入手できるのでなければ，彼らがよい状態にあると考えることはできないであろう。(Ibid., III, 10-1)

労働者の状態が食料だけでなく便宜品や快適品にも依存するという認識が強調されるようになった結果，製造業に対する需要が変化しやすい点がなお指摘され続けるとはいえ (Ibid., II, 402-19)，製造業に対する評価は以前よりも肯定的なものに変化した。すなわちマルサスは，「製造業や商業の導入だけが大衆を奴隷状態から解放し，勤勉や蓄積に必要な刺激を与える」と述べ，さらに「商業と製造業は農業にとって必要である」(Ibid., 396-7) という。こうしてもっとも望ましい経済のあり方として，農業と製造業・商業が適当な割合で存在する経済を推挙するわけだが，マルサスがここで考える経済は，「土地の資源と，商業と製造業に投下された資本が，両方ともかなり存在し，しかもいずれか一方が他よりも大きくまさっていない」ような経済のことである (Ibid., 420)。こうした経済を実現するために，マルサスは国内農業の保護を主張した (Ibid., 475)。

5　一般的供給過剰の理論

すべての生産物が同時に供給過剰になりうるかどうかという問題，すなわち一般的供給過剰の可能性をめぐって，書簡ではすでに1814年にマルサスとリカードウとの間で論争点になっていた。先に指摘しておいたことだが，マルサスはすでに『人口論』第五版（1817年）で，一般的供給過剰という着想のもとに，公共事業への失業者の吸収を不況期の一時的な貧困対策として認めるようになっていた。しかし，彼独自の経済学の理論である一般的供給過剰の理論が展開されるのは，『経済学原理』（1820年初版，1836年第二版）においてである。

『経済学原理』におけるマルサスの最も特徴的な考えは，大きな生産力を持つ社会がその生産力を発揮させるためには，ある程度ではあれ，アダム・スミスの意味での不生産的労働者——市場向けの物的な生産物を生産しない労働者，つまり使用人，軍隊，公務員など——の存在が不可欠である，というも

のである（Malthus 1820, 478）。さらにマルサスは，富の継続的増加にとって最大の誘因を与える（最適な）不生産的労働者と生産的労働者の割合が存在する，と考えた。そしてその最適な不生産的労働者と生産的労働者の割合は，社会の生産力，生産者の消費欲求などに依存するという（Ibid., 464）。そしてマルサスは，不生産的労働者と生産的労働者の割合が，富すなわち物的生産物の増加だけでなく労働者の雇用をも左右する重要な意味をもつから，その割合の相違がもたらす影響こそ研究すべき重要課題だと強調するのである（Malthus 1836, 42n）。

さてマルサスは，一般的供給過剰の意味と発生を次のように説明する。

> 仮定されたケースにおいては，資本の蓄積によって不生産的労働者が生産的労働者に転化しているのだから，市場に異常な量のあらゆる種類の生産物が存在することは明らかであろう。他方，労働者数は全体として同一であり，地主と資本家の間の消費のための購買能力と意志は仮定によって減少しているのであるから，労働と比較した生産物の価値は，利潤率を非常に大きく低下させ，ある期間それより大きな生産を停止させてしまうほど，必然的に低下するであろう。しかし，これこそが供給過剰 glut という言葉がまさに意味するものであり，そしてこれは，このケースにおいては，明らかに部分的ではなく一般的 general である。（Malthus 1820, 354）

ここで「仮定されたケース」とは，資本家と地主がそれまで慣習になっていた水準よりも節約的となり，貯蓄を増加する場合である。「現在の経済学者はだれも，貯蓄によって単なる保蔵 hoarding を意味するはずがない」（Ibid., 32），あるいは「貯蓄――近代では資本の蓄積を意味する。なぜならば今日，自分の貨幣を金庫にしまい込むひとはほとんどいないから」（Malthus 1827, 238）という指摘から分かるように，マルサスは，貯蓄と投資は常に等しいと考えていたので，貯蓄の増加はすなわち投資の増加であった。ここで投資というとき，それは生産的労働者――市場での販売を目的とする物的生産物を生産する労働――への賃金支払い額の増加を意味する。マルサスは資本財をまったく無視していたわけではないが，一般的供給過剰の理論の説明では，そ

の存在を捨象して議論している。さらに賃金は貨幣で労働者に前払いされると考えていたので，この賃金の支払いに当てる資金を，資本家は生産の開始に先立って資本として用意しなければならない。この意味での資本の増加を，ここでは投資の増加と理解するのである。

　このように理解した場合，上の引用文でマルサスが述べていることは，次のようなことである。すなわち，貯蓄つまり投資が増加した場合，いままで不生産的労働者として雇用されていた労働者の生産的労働者への転化が生じるが，労働者全体としてみれば雇用量と賃金に変化はなく，したがって労働者の消費にも変化が生じないのに対して，資本家と地主はより節約的となっているから，彼らの消費支出を減少させる。一方，どの生産物についても，生産量は生産的労働者の雇用の増大によって増加する。この結果，生産物の価格は大きく低下し，利潤率も生産拡大を停止させてしまうほどにまで低下する。こうした事態を，マルサスは一般的供給過剰（general glut）と呼ぶのである。

　ここで注意すべきことがある。マルサスが「有効需要」という用語を用いたばかりか，失業の発生を問題としたため，読み方次第で，マルサスの説明の中にケインズ（第13章参照）の有効需要の理論を読みとってしまう危険性がある，ということである。次の文は，とくにそのような解釈が施されやすい説明の一つである。

> もし貯蓄 saving の過程において，資本家が失うものすべてを労働者が得るならば，富の増加の停止は，リカードウ氏が述べるように，一時的なものでしかないであろう。そして，その結果について心配する必要はない。しかし，もしある点を越えて押し進められた収入 revenue の資本への転化が，生産物に対する有効需要 effectual demand を減少させることにより，労働者階級を雇用から投げ出すにちがいないとするならば，ある点を越える節約の習慣の採用には最初は最も抑圧的な効果が，そしてその後は富と人口の顕著な停滞 depression が伴うことは，明らかである。(Malthus 1820, 369)

　貯蓄の増加を貯蓄性向の上昇と理解すれば，上の主張は，ケインズの意味での有効需要の減少による失業の発生を述べているものと理解することができる

かもしれない。しかしマルサスは，貯蓄と投資を常に等しいとしていたし，ここで問題にしていることは，「ある点を越えて押し進められた収入の資本への転化」である。マルサスは，投資の増加が「有効需要を減少させる」と述べているのであって，これはケインズの有効需要理論ではまったく理解できない主張であり，マルサスがケインズと異なる理論を考えていたことは明白である。

　アダム・スミスは「有効需要 effectual demand」を自然価格のもとで需要される生産物量と定義したが，ケインズのいう有効需要（efective demand）とは，企業家が生産量と雇用量を決定する際に予想する売上金額であり，その雇用量で企業が要求する売上金額に等しいものを指している。マルサスが一般的供給過剰を説明する場合に使う「有効需要 effectual demand（あるいは effective demand）」概念は，これらのいずれとも異なる彼に独特のものであって，「需要の強度 intensity of demand」を意味しているし（Ibid., 64-6），事実「有効需要の強度 intensity of effectual demand」という言葉も使われている（Malthus 1836, 361）。さらにマルサスは，このような意味での「有効需要」概念であれば，貨幣の価値が変化する場合にも測り得る尺度として，支配労働が採用しうると考えた（Ibid., 82）。つまりマルサスによれば，「有効需要」は支配労働で測った価格の高さによって表されるのである。一般的供給過剰の説明において貯蓄（＝投資）の増加が「有効需要を減少させる」というとき，彼が意味したのは，支配労働で測った生産物価格の低下なのである。

　マルサスの意味での「有効需要」が減少すれば，利潤率は低下する。マルサスの場合，生産的労働の需要の増加率は利潤率の増加関数であると考えられているから（Malthus 1820, 516），利潤率が低下すれば，資本家は生産的労働の需要の増加率を低下させようとする。だが，注意しなければならないのは，労働の雇用には生産的労働者の需要だけでなく不生産的労働者の需要もある，ということである。利潤率（したがって利子率）が高ければ高いほど資本家と地主の貯蓄性向が高くなると考えられるから，不生産的労働者としての需要の増加率は，逆に低くなると見ることができる。しかし，雇用全体に占める不生産的労働者の雇用の割合は小さいので，雇用全体の増加率の動向を左右するのは生産的労働の需要の増加率であるとみなすことができる。さらに労働力人口の増

加率は，実質賃金率に依存するとされている（Ibid., 374）。つまり実質賃金率が高ければ高いほど，労働力人口増加率は高くなるとされるのである。そして，この実質賃金率は貨幣賃金率を必需品価格で除したものであり，「有効需要」の逆数になる。

　マルサスの一般的供給過剰の理論を，ごく簡単にまとめれば，次のようになる。すなわち，過剰な貯蓄（投資）が行われると，いままで不生産的労働者として雇用されていた労働者が生産的労働者に転化し，生産が増加する一方で需要は増加しないから，費用（特に貨幣賃金）で測った価格が低下──「有効需要」が減少──して，利潤率が低下し，労働雇用増加率が低下する。「有効需要」の減少は同時に実質賃金率の上昇を意味するので，労働力人口の増加率は上昇する。ここで労働力人口増加率が雇用増加率を上回れば，失業が発生し，雇用増加率がゼロになってしまう状態が生じるが，これをマルサスは一般的供給過剰と呼ぶのである。

　マルサスが提起した一般的供給過剰の理論の適用例は，ナポレオン戦争後のイギリス経済の不況であった。マルサスによれば，戦争と戦争の終結が経済に与える影響を解明する場合には，生産力の大きな国と生産力の小さな国を区別して考える必要がある。生産力の小さな国の場合，戦争のための大きな支出は経済の発展を阻害し，戦争の終結は資本の蓄積を促進するように作用する。逆に，生産力の大きな国の場合，戦争のための支出は生産力に見合った需要を維持し，資本の蓄積を促進するように作用する（Ibid., 500-1）。戦争の終結により戦争支出を賄うための重税が廃止されたとしても，戦時中の重税の下で形成された人々の消費習慣は直ちに変わるわけではないから，人々は増加した可処分所得の少なくとも一部を貯蓄し，投資するだろう。その結果，生産力に見合った需要を維持するのに適合した不生産的労働と生産的労働の割合が崩れ，低下する。こうして「有効需要」の減少と利潤率の低下が生じ，経済は不況に陥る（Ibid., 503）。マルサスの見解では，ヒューム（第1章参照）やスミスの時代以降機械の導入が進み，生産力が大いに増大していたので，イギリスはもちろん生産力の大きな国ということになる（Ibid., 501）。

　マルサスによれば，戦争支出の減少とそれに伴う貯蓄（＝投資）の増大によ

り生じた不況を克服するには,「有効需要」の回復がまず必要であった。「有効需要」を回復する効果を持つものとして理論的に考えられるのは,土地財産の分割,国内商業と外国貿易の拡大,不生産的労働者の維持である (Ibid., 505-6)。しかし,短期的に実行可能なのは,不生産的労働者の維持であり,具体的には政府が公共事業に労働者を雇用することであった。もっとも,不況の解決策として公共事業を主張するとき,マルサスはケインズが批判した「大蔵省見解」——不生産的労働者への賃金支払いの減少分だけ生産的労働者への賃金支払いが増加する——と同じロジックを採用していたことに注意する必要があるが (Ibid., 511)。

マルサスは,政府支出の増大に一般的に賛成したわけではない。できるだけ過大な支出は避けるべきである,というのがマルサスの考えであった。そしていったん政府支出が拡大してしまった場合には,急激にそれを減少させてはならない,と主張しただけなのである (Ibid., 519)。貿易の制限にしても,国民の安全,健康等の特別の理由に基づく場合にのみ認めた (Ibid., 508)。政府の役割に関して,「[医者も政治家も] ときどき干渉する必要に迫られる」と述べて政府が介入すべき例外的なケースをかなり強調したが,マルサスは,基本的にスミスの考えに従っていたのである (Malthus 1836, 14-6)。

6　貧困問題の探究としてのマルサスの経済思想

一般的供給過剰の理論を展開することによって,貧困問題を中心とするマルサスの経済思想は一応のまとまりを見せることになった。すなわち,長期的には,人口論に基づいて救貧法の廃止を主張し,市場社会における貧困問題の唯一の解決策として道徳的抑制の普及を説いた。また不況期における短期的な貧困対策としては,公共事業を指摘し,その理論的基礎として,ケインズの有効需要の理論とは異なる独自の一般的供給過剰の理論を展開したのである。

マルサスの経済思想の展開を全体としてみるならば,彼の最大の関心が,市場社会における貧困の問題にあったことは明らかであろう。確かにマルサスは,経験主義的で急激な変革を望まなかったし,階級の存在を前提とした上で問題

の解決を考えようとした点で保守的であった。しかし彼は形成途上にあった市場社会を問題としたのであって，労働者階級が自らの幸福を増進するために自分で実行できる解決策として道徳的抑制の普及を考えた——市場社会の中で幸福を達成することのできる労働者の形成を追求した——と言えよう。

　人口論を基礎とするマルサスの救貧法廃止論は，論争を刺激し，救貧法をめぐる議論に大きな影響を与えた。これに対して，マルサス独自の経済理論である一般的供給過剰の理論は，マルサス自身の説明が難解であったことから広く理解されず，ケインズが『一般理論』(1936年) で述べたように，その後の経済学への影響も小さかったといわなければならない。

読書案内

　マルサス『人口論』初版 (1798年) の日本語訳としては，永井義雄訳『人口論』(中公文庫，1973年)，大内兵衛訳『初版人口の原理』(岩波文庫，1935年) がある。最終第六版の翻訳としては，大淵寛・森岡仁・吉田忠雄・水野朝夫訳『マルサス　人口の原理［第6版］(人口名著選集1)』(中央大学出版会，1985年) がある。『経済学原理』初版の翻訳としては，小林時三郎訳『経済学原理』(上・下，岩波文庫，1968年) がある。

　マルサスの経済思想の入門的解説書としては，D. ウィンチ著／久保芳和・橋本比登志訳『マルサス』(日本経済評論社，1992年) および J. プレン著／溝川喜一・橋本比登志訳『マルサスを語る』(ミネルヴァ書房，1994年) がある。マルサスの伝記については多少古いが南亮三郎『マルサス評伝』(千倉書房，1966年) が参考になる。筆者によるマルサスの経済思想の解釈についてより詳しく知りたい人は，平井俊顕・深貝保則編『市場社会の検証』(ミネルヴァ書房，1993年) 所収の拙稿「マルサスの経済理論——一般的供給過剰の理論を中心として」(111-41頁) および一橋大学社会科学古典資料センター・スタディー・シリーズ No. 38「マルサスの経済思想における貧困問題」(1997年) を参照していただきたい。

理解を深めるために
1．マルサスの人口論の今日的な意義を考えてみよう。
2．平等社会の構想に対するマルサスの批判は，20世紀の社会主義に当てはまるであろうか，考えてみよう。
3．市場社会における貧困救済についてのマルサスの議論は，今日の社会福祉のあり方に対して何を示唆するか，考えてみよう。
4．マルサスの一般的供給過剰の理論とケインズの有効需要の理論を比較してみよう。
5．市場社会における政府の役割について，マルサスの議論を参考に考えてみよう。

(渡会勝義)

Column 2

保護主義の思想：F. リストを中心に

　世界に先駆けて産業革命を達成したイギリスの工業生産力は，ナポレオン戦争の終結とともに安価な工業製品を世界に向けて送り出しはじめた。大陸封鎖中に国内市場を独占し，ようやく自立の道を歩みはじめていたドイツ・フランス・アメリカなどの未熟な製造業は，このイギリスからの洪水的な製品輸入によって壊滅的打撃を受ける。先進国イギリスが「自由貿易主義」を唱えたのに対し，それよりも遅れた国々は「保護貿易主義」を採用することになる。政策の内容だけで判断すれば明らかに「重商主義」の復活だが，スミスの『国富論』ばかりかリカードウの『経済学原理』さえ，すでにフランス・ドイツ・アメリカで「標準」としての地位を確立しつつあったから，この時期の「保護主義」は，スミス（第3章参照）を超えるための理論武装が不可欠になる。それを提供したのがリスト（Friedrich List, 1789-1846）である。

　南ドイツの領邦ヴュルテンベルクで急進主義的な立場から憲法論争に参加し，ドイツ商工業同盟の設立に尽力したリストは，反動的なメッテルニヒ体制に受け入れられず，亡命・投獄の後，1825年に追放の形でアメリカに移住する。すでに体感されていた保護主義の理論的根拠は，急速に発展しつつあったアメリカ経済のつぶさな観察をつうじて，『アメリカ経済学要綱』（1827年）の中で明確に定式化されるのである。折しもリストの移住先ペンシルヴェニア州の製造業は，石炭や鉄鉱石の埋蔵に恵まれてはいたが，未熟な製造技術と資本不足ゆえ，イギリスからの安価な製品輸入によってその前途が一段と危ぶまれていた。当時のアメリカは連邦政府の経費を輸入関税でまかなっていたが，これは本来「保護関税」として導入されたものではない。ボストンの商業資本家も南部の農業資本家もともに「自由貿易」を唱え，スミスに起源を持つ安直な「自由放任」思想を支持していたからである。だが，アメリカでも製造業を発展させ，連邦全体の――農業と工業との――調和的発展を実現しようという「アメリカ体制」のヴィジョンが，すでにレイモンド（D. Raymond, 1786-1849）やケアリー（M. Carey, 1760-1839）等の「ペンシルヴェニアの保護主義者」によって提唱され始めていた。その意味では，リストの経済学はたんにドイツの思想であるだけでなく，アメリカの思想でもあったのだ。

　リストは，スミスの経済学は「個人経済学」であるとともに「人類経済学」ないし「世界経済学」にすぎず，その中間項に位置する「国民経済学」こそが真の「政治経済学」である，と主張した。もっとも，「いかなる国民もその生産力を発展させるにあたっては，それぞれ独自の経路をたどるはずだ」という主張からわかるように，リストは，スミスが理念的に定式化した「自然的自由の体制」それ自体を批判しているわけでも，保護主義の普遍的妥当性を主張したわけでもない。「保護政策の得失につ

いて言えば，それが有効であるかどうかはひとえに国民の状態しだいで決まる。スペイン，メキシコなどにはまったく無効で，産業発展には逆に作用する」というからである。そしてこの主張を支えたのは，経済発展段階論と国民的生産力の理論であった。

リストが「アメリカ経済の現実から読み取った」という経済発展段階論は，国民経済というものはすべて，未開→牧畜→農業→農・工業→農・工・商業という順番で発展するというものであり，したがって現実の政策は，国民経済がどの段階にあるかに依存するところが大きい，という主張であった。リストは，最後の段階に到達しているのは自由貿易という名のもとに世界市場の制覇をもくろんでいるイギリスだけであり，ようやく最後の発展段階に手が届こうとしているフランスやドイツ，さらに遅れたアメリカでは，イギリスの優越性から国民経済を守るために「保護主義」の採用が不可欠だ，というのである。

「国民的生産力」という概念をかいつまんで言えば，生産力というものは，個人の勤勉・道徳・知識や物質的な資本の量に規定されているだけでなく，社会的・政治的・市民的な制度や法律にも制約されており，さらに「国民国家の存続・独立・勢力」によって大きく規定されている，というものである。スミスとの決定的な違いが「国民国家の存続・独立・勢力」の強調にあること，したがってここにリストの「国民経済学」存立の理論的根拠があることは，明らかであろう。リストの念頭にある「国民国家」とは，すでに重商主義期のそれではなく，おおよそ資本主義体制が確立した世界経済体制の中で世界市場の制覇をめぐって戦い始めた「国家」なのである。

そうである限り，リストが提唱した「保護主義」の経済学つまり「国民経済学」が，現実の政治過程で採用され，重要な歴史的意義を持ったことは否定できない。だが同時に，きわめて重大な問題を抱えていたことにも注意する必要がある。「保護主義」つまり「国民経済学」が必要とされるのは，国民的生産力が先進国に追いつくまでのことで，それ以降は「人類経済学」の世界になるとリストは述べたが，当の「保護主義」によって製造業が国際競争力のキャッチアップに成功したとき，物的な資本や技術の水準はともかく，はたして旧来からの「法や制度」も先進国のそれと同じものになっているかどうか，これがまったく説明されていない。国民的生産力の理論は，法や制度の改革が生産力向上の有力な手段であることを教えるが，保護主義はあくまでも制度的な「既得権」をつくり出し，維持するように作用するのであり，両者の両立は至難のわざなのだ。「保護主義」は国民生産力の全体，つまり「幼稚産業」段階で支配的な「法と制度」や国民的精神をも同時に「保護」し続けるように作用する。経済的な発展と制度的な発展の不統一，これはまさに国民生産力の観点から保護主義を採用し，戦後の高度成長を成功させた日本がいま抱え込んでいる問題である。

(高　哲男)

第6章

功利主義的統治と経済的自由主義
ベンサムとJ.S.ミル

　しばしば，19世紀のイギリスは「自由放任 lessez-faire」の標語を実行に移した経済的自由主義の時代だといわれる。実際，1846年の穀物法の廃止による自由貿易体制の確立は，綿工業の原料調達と販路確保を安定的に求めるマンチェスター派の運動の成果であるし，リカードウ（第4章参照）が比較生産費説で示した構造と事実上一致している。また，18世紀の重商主義的な政策や，管理通貨制のもとで有効需要創出を進める20世紀の積極財政政策とは異なり，19世紀半ばにはグラッドストン（W. E. Gladstone, 1809-98）の均衡財政政策に体現される「安価な政府」が登場した。さらに，金融的な混乱に陥る危険を避けるうえで，金本位制の自動調整メカニズムこそが指針になると考えられた。このようなイギリス側の動向は，自由放任的なスミス（第3章参照）と演繹的なリカードウの経済学をあたかも普遍的な真理であるかのように語り，それに基づく自由貿易を他国にも押し付けるものだという反撥を国際的に呼び起こした。

　「経済的自由主義」は自由放任と自由貿易により象徴的にイメージされがちではあるが，その意味内容に関しては，慎重に検討する必要がある。スミスはたしかに，『国富論』第1編で価格を指標として資源と人材が適正に配分される市場メカニズムを描き出したし，第4編では重商主義を批判する一文のなかで「見えない手」という表現を用いた。だが，スミスにとって，自然的自由の体制を支える正義や自由というものは，立法者によって整えられるべきもので

あった。スミスに限らずおよそ交換的正義を重視する経済的言説では，私的な利益をもとに行動する自由な諸経済主体が，市場がもつ本来のメリットを引き出すためには，生命・私有財産の安全や自由を保障する法律が立法者によって整備されることが前提にされている。

19世紀後半になると，市場の条件を立法により整えることの重要性は，いっそう踏み込んで検討された。たとえば，19世紀後半の功利主義的な傾向もつ倫理学者シジウィク（H. Sidgwick, 1838-1900）は，ケンブリッジ大学での経済学講義にもとづく『経済学原理』（1883年）などにおいて，自由放任と自由競争との異質性に焦点を当てながらこの問題を一層明確にした。自由放任のもとでは独占が生じて価格規制力を持ってしまい，他者への参入障壁を築くことが可能になり，自由競争を損なうと指摘したのである。独占の成立を防ぐことによってこそ自由競争のメリットが維持できるというこの認識は，19世紀末のアメリカにおけるシャーマン・トラスト法や第2次大戦後の日本における独占禁止法に通じる発想を，基礎的に提示したものといえる。また，とくに雇用関係をめぐって，諸個人が平等な関係のなかで法的な契約を交わすという枠組みだけでは不充分である，という認識が1870年前後から台頭した。生活の貯えを持たない労働者は，個別的な賃金交渉では不利な条件でも受け入れざるを得なくなるため，労働組合に法的人格を与えて雇用主側との対等な賃金交渉を可能にすべきだ，というものである。ちなみに後者は，工場の作業環境を整える工場法や，法外な長時間労働を規制する10時間労働法などに引き続いて出された論点であった。

経済過程で政府が果たす役割をめぐっては，「自由放任」と「政府干渉 state intervention」という二項対立的なものの間をどうバランスさせるのか，という形で論じられることが多い。この問題の立て方は，諸経済主体によって担われる自律的な領域があらかじめ存在するものと見なしたうえで，政府が外在的に関わることの功罪を問う，という設定に留まる。しかし，19世紀半ばのイギリスで公務員制度改革などという一連の「行政革命」に至る経緯は，市場を軸にした社会的な枠組みが統治機構の編成替えをも含めてアレンジされていく過程であった。上述の19世紀後半における二つの事例が示すように，諸経済

主体の自由な意思決定が実質的に意味を持ったうえで，統治，立法レヴェルでの相応の環境整備が密接に関わるのである。以下ではこれらの広がりのもとで「経済的自由主義」を捉え，ベンサム（Jeremy Bentham, 1748-1832）やJ. S. ミル（John Stuart Mill, 1806-1873）の功利主義の統治思想と経済的自由主義との関係について検討しよう。

1　功利主義の統治論

　功利主義という発想は個々人の幸福に着目し，「最大多数の最大幸福」という標語に象徴的に表現される一般的功利（general utility）の実現を目指すものである。それは，個人にとって望ましいこととは何か，個人の能力とはどのようなものか，という人間性把握のレヴェル，ある個人の幸福追求が他者の幸福追求を妨害することがないようにするためにどのような方策があるのかという立法論のレヴェル，そして，社会的に幸福（望ましいこと）を達成するためにどのような社会的プログラムがありうるのかという統治の役割論のレヴェルで，一貫性を持った議論を備えている。

　現代の倫理学，社会哲学の議論ではしばしば，功利主義は全体の幸福のために少数者を犠牲にすることを厭わない，という批判がなされる。〈全体－最大多数＝少数者〉という計算式に基づいて，「最大多数の最大幸福」は少数者を抑圧するものだ，というのである。だが，ベンサムは，生存，富裕，安全と並んで平等を経済社会の第四の目標に掲げたし，マイノリティーの権利についても当時の言説のなかでは例外的に注意を払っていた。18世紀末から19世紀前半の諸潮流のなかでベンサムの議論がどのような体系的特徴を持っていたのか，という点の理解がここでは重要なポイントになる。そこで，あらかじめ功利主義的統治論の特徴を社会契約説の議論と対照させながら調べておこう。

　ホッブズ（T. Hobbes, 1588-1679）やロック（第1章参照）の場合，自然状態のもとでいかに自己保存を適えるのかが議論の出発点に置かれる。ホッブズによれば，稀少な資源制約のもとで各人は生存条件の確保をめざして争いごとに陥ることになる。このような戦争状態は，目的としての自己保存そのものを否

定しかねない。そこで各人は，利害対立を戦闘によって決着させることをやめ，利害調停のためのルール作りを国民全体の福祉や権利を守るための国家，つまりコモンウェルスに委ねる。ホッブズの議論では，コモンウェルスをつかさどる為政者はこのルールを授ける能力を備えており，人々はルールを絶対的なものとして受け入れるべきだとされる。

ロックは第一に，人間は自然状態のもとでも，神から授けられた理性と身体とを用いて資源制約の条件を改善する努力をすると捉える点で，第二に，ルールを作り運用する側も自己偏愛に陥りがちなので絶対的な存在ではありえないと見なす点で，ホッブズの議論を修正している。第一におけるロックの主張は，自然状態が戦争状態に陥るというホッブズ的な議論とは対照的に，労働による所有の成立を原理的に根拠づけるものである。第二におけるそれは，立法と行政とを別の母体に委ねて均衡を図るという名誉革命体制の権力分散論を根拠づけるものであった。

これに対して功利主義は，諸個人の幸福がよりよく達成され，しかも各人の間でできる限りあまねく幸福が達成された状態が社会全体にとっても望ましい状態であるとし，この目標を「功利 utility」と呼んだ。功利主義に基づく統治論は，社会契約論と対比すると以下のような特徴を持っている。

第一に，ベンサムは個人にとっての幸福を「快の増大，苦の回避」として定義した。自己保存を出発点におくホッブズやロックの場合，生存の維持にとって譲りがたく，いわば絶対的に下回ることができない水準を権利として設定する組み立てである。これに対して，快楽の増加，および苦痛の減少として幸福を捉えるベンサムは，改善の度合いを量的に比較勘案して便宜（expediency）を重視する組み立てになっている。

第二に，ベンサムは慣習法の伝統を批判し，明文的で一義的な制定法が必要だと考えた。社会契約論においては，生存に関わる自己保存を個々人に帰属する権利として解き明かし，権利間の対立を調整するルールを決める場としての統治主体を同意（契約）により根拠づけた。その際，為政者のルール制定能力を絶対的なものと考えるホッブズは別として，ロックの場合，立法を担う議会（貴族）と行政を担う宮廷（王権）との相互牽制のなかで，均衡を通じて相応し

い法の制定と運用とが結果的に得られるものと考えられた。この点で，ロックの議論はイングランドの慣習法の系譜に馴染むものであった。これに対してベンサムは，快苦をもとに幸福を推し測る認識をもとに，諸個人の行為が当事者以外の他者の幸福を損なうことがないように予防するという目的に沿って法と刑罰が整えられるべきだと論じた。つまり，ベンサムはロックとは対照的に，快苦による幸福の定義から論理整合的に立法の原理を導き出しているのである。

第三に，ルール制定の主体が問題となる。ホッブズやロックの議論では，諸個人が争いあうことを放棄するという同意に基づいて，ルール制定の権限を統治者に委ねるという枠組みである。これに対して，ベンサムは当初，ロック的な議論と通じる名誉革命体制の既存の統治者が，功利主義に基づく新たなる立法の原理を採用することを期待した。しかしベンサムのこの期待は適えられず，後半生においては議会改革を主張するに至る。また，ミルも代議制をめぐって，労働者の政治的な能力はまだ十分に備わっていないとして，普通選挙の導入には留保を付していた。

2　ベンサムの人間観，統治論，経済論

さて，ベンサムは12歳でオックスフォードに入学した際，国教会の信仰箇条により宣誓することに抵抗を感じ，それ以降宗教に批判的になった。卒業後は父親から法曹界に入ることを期待されたが，むしろ立法改革をめざしていく。匿名で出された最初の著作，『統治論断片』(1776年)はイングランドにおける伝統的な慣習法の体系をまとめた当時の権威者，ブラックストン (W. Blackstone, 1723-80) を批判したものであった。判例と慣習の累積に対して批判的なこの著作の論調は，ベンサムのその後の著作を通じて貫かれている。

ベンサムの主著『道徳と立法の諸原理序説』(1780年印刷，1789年刊行)はもともと，当時の刑罰制度を改革しようという意図のもとで書かれた。ベンサムの見るところ，しばしば一貫性を欠く判例が公衆のうちに混乱を招き，刑務所の過酷な処遇は犯罪者の更生に役立っていなかった。そこで彼は『序説』のなかで，法と刑罰を定めるための基礎原理として，快苦を基準に幸福を捉える人

間観に依拠した議論を提示した。また，1780年代後半のロシア滞在中に構想したパノプティコンという刑務所改革プランを，90年代初頭からイギリスのピット内閣やフランスの革命政府に働きかけた。当時のベンサムは，統治者たちが功利主義的な原理に基づく立法を行なうよう望んでいたのである。

　しかし1808年頃を転機に，ベンサムは既存の統治体制に対する批判的態度を鮮明にしていく。15年以上にわたって財政難などを理由にパノプティコン構想を棚上げにしていた統治者たちは，自分たちの既存権益を確保するという「邪悪な利害 sinister interest」に取り付かれている，と批判するのである。ベンサムは1790年ごろから議会改革の必要を感じていたのだが，この時期からはその主張を先鋭化させ，ジェームズ・ミル（James Mill, 1773-1836）らがその主張をジャーナリズムのレヴェルでも普及させていく。リカードウが議会に登場するのも，この流れのなかにおいてであった。ベンサムを取り巻く一群の人々は，功利の原理に基づいて人間論から立法論，統治論に至る一貫した議論を展開したので，「哲学的急進派 philosophic radicals」と呼ばれた。1820年代には哲学的急進派は，ナポレオン戦後の不況のなかで金本位制に復帰したことが不況を一層深刻化したと告発するトマス・アトウッド（T. Attwood, 1783-1856）らバーミンガム政治同盟と並んで，既存議会に対する批判の急先鋒であった。モンテスキュー（C. L. de S. de Montesquieu, 1689-1755）の『法の精神』刊行の年に生まれたベンサムは，フランス革命の自然権的な思想やロック，モンテスキュー的な三権分立論を批判し，名誉革命体制以来の均衡を旨としながら実際には「邪悪な利害」に取り付かれた議会のあり方を告発し続け，1832年の議会改革直前にその生涯を閉じた。ベンサムにとって，統治とは，功利の原理に沿って，社会成員の幸福実現のためにこそなされるべきものであったのである。以下，ベンサムの人間観，統治論，経済論を順に見ていこう。

　人間観　ベンサムは「幸福」を，快（pleasure）の増大，苦痛（pain）の回避として定義する。また社会は個人から構成される「擬制的な団体」であるという。そして，快の増大，あるいは苦痛の減少により幸福の状態が改善されることが個人の利益であるばかりか，それに伴って他者の利益が損なわれない限り，社会の利益であるとみなされる。個人の快苦の状態にしたがって社会状態を診

断するという点でベンサムの社会把握は原子論的であるが，この議論を具体化する過程でベンサムが組み立てたロジックには，ほかにもいくつかの特徴がある。

　第一に，ベンサムは快苦を計算可能なものとして取り扱う。個人レヴェルで見た場合，ある行為もしくは刺激に伴う快（もしくは苦痛）の程度は，まず，強さ，持続性，確実性もしくは不確実性，遠近性，という四つの条件により計算可能である。さらに，当該の行為もしくは刺激がある快（苦痛）に加えて複合的な快（苦痛）を伴うかどうかという多産性，および，ある快（苦痛）を打ち消すような苦痛（快）を伴うことがないかどうかという純粋性も計算対象に入るという。社会レヴェルで考えると，ある人の快楽追求は他者の苦痛を呼び起こすというケースの存在にも注意しなければならない。個人レヴェルの上記六条件に沿って集計するばかりでなく，さらに七番目の条件，つまりある行為や刺激の影響が及ぶ範囲も重要になるのである。

　第二に，ベンサムは快苦の多様性を認める。快にも感覚，富，熟練，親睦，名声などさまざまな快楽があり，苦痛にも欠乏，感覚，不器用，連想などさまざまな苦痛がある。そして各人間には，これら快苦の感じ方についての著しい違いがある。たしかに，ベンサムの議論に対しては，要素ごとに得られる状態を単純集計すれば社会的な状態のよしあしが診断できるという意味で要素還元主義に他ならないとの批判がある。しかし，ベンサムは快苦の多様性を認めたからこそ，立法の原理を組み立てる上でそれらを一元的に取り扱うための措置として計算可能性を設定したのである。

　第三に，ベンサムは快苦の量的な大きさだけではなく，各人間への配分にも配慮している。少数者が極めて幸福で残りの人々がある程度不幸であるよりも，可能な限り多くの人に幸福がいきわたるほうが望ましい。ベンサムは『道徳および立法の諸原理序説』の初版（1789年）では「功利の原理」という表現を用いたが，第二版（1823年）では若い頃に用いた表現を復活させて，「最大多数の最大幸福 the greatest happiness of the greatest number」という形でこのことを説明した。

　第四に，諸個人が快苦に沿って意思決定する場合に方向づけをするものにつ

いて，ベンサムは「サンクション sanction」という造語で表現した。しばしば「制裁」と訳されるが，たとえばよい評判や名誉を求めて行動する場合も含んでいるので，適切とはいえない。ここでは片仮名で「サンクション」と表現しておこう。ベンサムはサンクションに，物理的，政治的，道徳的，宗教的の四種類を挙げている。

　第五に，快苦ないしは幸福の判断能力についてである。ベンサムは『序説』の最終章で，自分の利益について最もよく判断できるのは自分自身であると述べた。人は時間的にまもなく結果を伴うことについてであれ，ある程度時間的に隔たった将来のことについてであれ，何がしかの判断に沿って意思決定をしなければならない。この場合，さまざまな条件を勘案して結果を予測するという「期待 expectation」に基づいて，与件のなかで最も望ましいことを当事者自身が選ぶことができる，というわけである。ただし，ここには重要な留保がある。上記の第一点の七番目の条件にあるように，ある人の行為は他者に影響を及ぼすが，行為者自身にはこの影響についての十分な判断能力が備わっていない，という問題である。ベンサムにとって，他者の利益を侵害する行為が抑制されるようにすること，したがってまた犯罪を未然に防ぐことが，立法と刑罰の役割であった。

　統治論　ベンサムの統治論については，19世紀末から20世紀初頭にかけて，それは個人主義的，自由主義的なものだという解釈が標準的であったが，20世紀半ばになると，全体主義的なものと捉える見解が台頭した。ハイエク（第14章参照）は『科学による反革命』（1952年）などで，科学の名において社会を設計するサン・シモン（C. H. de R., C. de Saint-Simon, 1760-1825）の議論と並んでベンサムを設計主義の典型として捉えたし，フーコー（M. Foucault, 1926-84）は『監獄の誕生』（1966年）において，ベンサムのパノプティコンという刑務所改革プランを，監視という手段により囚人の人格を作りかえるものとみなし，現代にいたる管理型社会のさきがけをなすものとして扱った。

　だが，ディンウィディ（J. R. Dinwiddy, 1939-90）による『ベンサム』（1989年）などの最近のベンサム研究を参考にしつつ，「期待」と「安全」をキー・ワードにして考えれば，ベンサムの特質は次のように解釈することができるだ

ろう。──ベンサムが『道徳と立法の諸原理序説』以降，とりわけ1820年前後からの『憲法典』構想などで重視して取り組んだのは，「安全」を確保しそこなうという意味でのミス・ルールを如何に防止するか，ということである。判例の解釈が恣意的に変わったり，既存勢力の邪悪な利害に基づく立法がなされたりすると，諸個人が自らの利益を配慮して選択を行なう際の障害になる（つまり，期待が損なわれる）。そこでベンサムは，『序説』初版の時期には主として刑法改革を念頭に，快楽─苦痛という原理に基づいて犯罪発生を予防するような法の制定を構想しはじめた。また，既存の議会に失望したのちには，三権分立の発想に替わるべき代議制民主主義の可能性を探るとともに，そのもとで「適切な知性」を活かすような立法的，行政的な機構（執行権力）の構想を練ったのである。

初期においては判例・裁判レヴェルでの，後期においては立法レヴェルでのミス・ルールを避けるというベンサムの構想では，「最大多数の最大幸福」はいわば結果的に達成されるものである。ある人の行動が他人の幸福を損なうことがないようにルール（法と刑罰の基準）が明示されるという「安全」のもとで，個々人が「期待」に沿って行動するならば，結果的に，ある水準の幸福が社会的に達成されるはずである。ハイエクやフーコーらはベンサムの統治構想を全体主義的なものと捉えたが，ベンサム自身の統治構想は，あたかも中央功利計画局であるかのように社会的幸福計算を行なう統治者が，幸福最大化という目標達成のための最適なルールで人々を誘導・監視するといった集権的なプランではないのである。

経済論　さて，ベンサムの経済論のなかでよく知られているのは『高利の擁護』（1787年）である。スミスに宛てた13本の公開書簡の形で出されたこの書物のなかで，ベンサムは利子制限法を容認するスミスの議論は間違っている，と批判した。ベンサムによると，経済的な発展の原動力になりうるのは，新たな技術などを試してみようとするプロジェクター（起業者 projector）の営みである。ベンチャー的な試みはたしかな成功の見通しを常に持っているわけではないから，通例以上の高い利子率でしか資金調達できない。だが，高率の利子を法で禁止してしまうと，プロジェクターは資金調達のチャンスを失い，闇金

融の高利子を負担せざるを得なくなる。つまり，利子制限法はプロジェクターの試みを抑止するように作用し，経済を停滞させてしまうというのがベンサムの主張である。この見方は，事業を行なったり，事業に資金供与したりする者は自らの利益判断を自分の責任で行ないうるという人間観に対応している。

　1790年代半ば以降，飢餓の深刻化やイングランド銀行の兌換停止，対仏戦争に伴う公債発行といった事態の変化を受けて，ベンサムの関心は変化する。なかでも人間観，統治論と深くかかわる二点が注目される。第一に，ベンサムは飢餓の進展のなかで救貧制度の改革を構想した。犯罪人に勤労の習慣をつけさせるパノプティコンを応用した救貧パノプティコンのプランを作り，1797年には国民慈善会社（National Charity Company）のアイデアを提供した。『道徳と立法の諸原理序説』では自己利益の判断をできる諸個人を想定したが，現実には判断能力に欠けるさまざまな人がいることをベンサムは熟知していて，貧民の詳細な分類をしている。その分類は，怪我，障害，老齢などのほか，勤労意欲の欠如，アルコール依存など，多岐にわたっている。ベンサムにとって，救貧行政の改革や教育の整備を進め，貧民それぞれの実情にあったさまざまな訓練機会を設けることにより，自己利益を判断でき，しかも勤労意欲を持つ人々の数を増やしていくことこそ，国民的富裕の増進にとって不可欠な処方箋になるのであった。

　第二に，ベンサムは『真の警鐘』（1801年）において，紙券通貨の価値変動が経済にどのような撹乱をもたらすのかを分析した。古典派経済学が確立しつつあったこの時期としては例外に属する一種の貨幣的分析を提示したものだが，ここでのベンサムの意図は，いかに貨幣の安定性を回復してミス・ルールを防止するかという点にあった。通貨の安定性が欠けると，債権者と債務者との間で不均等な効果を持つことをはじめとして，諸個人が経済行為を決断する上での「期待」を揺るがすことになることを示したのである。

　このように，ベンサムは一種の企業者論的な観点から利子制限法を批判したのであるが，そこに見られる徹底した自由放任の主張だけに着目してベンサムの経済論を特徴づけるのは早急である。1790年代以降の救貧改革や通貨の安定性をめぐる議論のように，ベンサムはむしろ，市場的な経済を整えるうえで

の統治の役割の重要性を真剣に考察していた。1801 年から 04 年に掛けて書かれながら公刊されるには至らなかった草稿，『経済学綱要 Institute of Political Economy』のなかで，ベンサムは，経済にとって重要な目標として，生存，安全，富裕，平等の四点を指摘している。生存を支える物的な財は富裕増進によって提供され，その財はある程度は平等に配分されたほうが好ましい。しかし，社会的安定性が欠けて生命や財産が脅かされる状態や，努力の成果が没収されるような悪平等は，富裕を増進させる動機自体を損なうことになってしまうので，安全こそがもっとも大切だという。そこでベンサムは，経済の領域をサイエンス（科学）とアート（術）とに分け，後者に関しては富，人口，財政のそれぞれについて「自然の赴くままに委ねること sponte acta」，「統治がなすべきこと agenda」，「統治がなすべきではないこと non-agenda」の区別のもとで検討した。ベンサムにとって経済学的な考察は，社会的な幸福の実現のために統治がどのように経済をお膳立てするのかという意味で，アートにこそウェイトがおかれていたのである。

3　J. S. ミルの進歩的ヴィジョンと経済論

　J. S. ミルは『経済学原理』(1848 年) 第 5 編の冒頭で，統治が経済にどの程度関わるのかという問題をめぐって見られる両極端の潮流を批判した。一方では「公衆の知性や意向を掌握するよりも政府を把握する方がたやすく手っ取り早いと考える」傾向が，とくに大陸に見られる。他方，「単なる政府の干渉そのものに反対」する傾向はとくにイギリスで目に付くが，それは公共的利益を踏みにじるような支配者の干渉や，性急な改革などへの反撥によって促されたものだ，と。集権主義と放任主義とを両面批判したミルの立場は，しかし，「自由放任」と「政府干渉」とのバランスをとるなどという単純な立場ではない。『経済学原理』に付けられた副題が示唆するように，人間性の状況を踏まえて，社会哲学的な観点から経済面での統治の役割を探り当てていこうとするものである。つまり，ミルは「公衆の知性や意向」，「世論と討論とによって達成されるはずの諸目的」などを重視し，進歩への配慮をすべきだという基準を

備えているのである (Mill 1848, 訳 5, 13-4)。

　ジョン・ステュアート・ミルは，エディンバラで学びロンドンで文筆で身を立てたジェームズ・ミルの長男として生まれた。父ミルはベンサムの思想に共鳴し，よい習慣からよい性格を培うことができるという連想心理学の教えにしたがって，息子に同世代の子供と遊ぶことを禁じ，英才教育を施した。ベンサム主義の使徒として育ったジョンは，しかし，20歳に差し掛かったとき精神的なスランプに陥る。ロマン主義の思想に触れ，詩に盛り込まれた情感の豊かさを初めて知り，ロンドンの商人ジョン・テーラーの妻ハリエットとの精神的な交流を通じて，一辺倒なベンサム主義は人間観として狭すぎると考えるに至った。1830年代半ばには，ロマン主義の影響のもとで市場社会における商業精神の過剰を描いたし，トクヴィル（A. C. H. M. C. de Tocqueville, 1805-59）の『アメリカの民主主義』（1835, 40年）から学んで，「多数の専制」の問題を考察した。後者は，20世紀半ばに「大衆社会論」が提起することになる大衆社会特有の病理現象に関する先駆的取り組みである。そして東インド会社に勤務しながら，『論理学体系』（1843年），『経済学原理』（1848年），『自由論』（1859年），『功利主義』（1863年）などの膨大な著作を残し，晩年には下院議員となってアイルランドの土地保有改革問題に取り組むなど，実践的な問題にも関わった。

　以下では，J. S. ミル自身がベンサムとの異同をどのように示していたのかを確認しつつ，ミルの功利主義的な思想の特徴を概観したうえで，文明論的な観点を備えたミルの経済論を検討してみよう。

　進歩的功利主義　ミルは『自由論』のなかで，「功利とは，すべての倫理的問題の究極的な判断基準」であるが，「進歩する存在としての人間の恒久的利害に基礎をおく，もっとも広い意味での功利である」と述べている（Mill [1859], 訳 226）。ミルは「功利」を倫理的な問題の基準におくという意味で典型的な功利主義者だが，人間性そのものの「進歩」を重視している点で，快苦の量に着目するベンサムとは異なる。とくに，良心の役割に着目していること，および，快楽の質的な差異を論じているところに，ミルの独自性がある。

　まず，ミルは「ベンサム論」（1838年）において，ベンサムのいう物理的，

政治的，宗教的，道徳的な四つのサンクションを検討した。政治的，宗教的，道徳的サンクションはいずれも，法・宗教・世論を介した希望と恐怖をバネに人々の行動を方向づけていく。つまり，それぞれ，法の定める報償と刑罰，宇宙の統治者（神）が与えるはずの報いと罰，および人々の示す好意や反感から生じる快楽や苦痛によって作用する（Mill [1838]，訳261）。ベンサムの議論をこのように整理するミルは，のちの『功利主義』（1861年）で，これら三つの外的サンクションに加えて，内的サンクションの重要性を指摘した。義務に反したときに感じる強弱さまざまな苦痛という心中の感情，つまり「良心」がそれである。人々が「一般的幸福」を実現するように行動することができるのは，ベンサムによれば，法，宗教，世論の回路で罰せられると困るからであった。だがミルによれば，仲間と一体化したいという欲求の成熟，つまり社会的感情（共感）の発展とともに，「一般的幸福」こそ倫理的に目指すべき基準なのだという「功利主義的道徳」が，内的サンクションとして育ちうるということになる（Mill [1861]，訳488-96）。

次に，快楽－苦痛原理による量的な集計というベンサムの議論に対して，ミルは『功利主義』において，快楽の質的な差異という問題を提起した。ある種の快楽は他の快楽よりも望ましく，異種の快楽の質的な序列づけは，両方を知った者のあいだでの一種の多数決によるとされる。ミルにとって，高級な快楽が生み出されることは「功利」の観点から重要である。「高貴な人」がいると，かりにその人自身は自分の「高貴さ」によって何らの恩恵を受けないような場合でも，「高貴さ」が他の人々の幸福を増大させ，世間に恩恵をもたらすからである。こうして，人は自分自身の利益の最善の判断者だとするベンサムの議論が否定される。低級の快楽に染まって習慣化してしまうと，たとえより高級な快楽の存在を知っていたにせよ，なお低級快楽へ流されて行動する傾向が生じるからである（Mill [1861]，訳470-1）。

さて，ある社会環境のなかで人間性の変化の可能性を探るというミルの設定にとって重要な意味を持つのは，個性である。『自由論』のなかでミルは，「個性は人間の幸福，個人的社会的進歩の第一の構成要素」だといっている。ミルは個性をそれ自体として，「崇高さ」の観点から評価する。「人間が崇高で美し

い観照の対象となるのは，彼ら自身のなかにある個性的なものすべてを磨り減らして一様にしてしまうことによってではなく，他人の権利と利害とによって課せられた制限の範囲内でそれらを育成し引きたたせることによってである」と。この点は，特異な存在や個性的なものを異端視して抑えつけようとする世論の傾向への異議申立てでもある（Mill [1859]，訳 279；287）。

　ミルが個性を重視するのは，個人と社会の双方にとって活力をもたらすという効果があるからでもあった。まず，個人のレベルについて。人の感情や性格は，たんに習慣に沿って行為するだけでは不活発で鈍いものになるが，さまざまな願望や衝動が発揮され，個性の開花が保証されるときには，その人自身の「知覚・判断・識別感情・精神活動・倫理的好悪を含む人間の諸能力」が訓練され，活力に溢れた性格（energetic nature）が養われる。ミルは，願望や衝動に富んだ人のほうが人間性の素材をより多く持っており，活力に溢れた性格は，怠惰で無感覚な性格よりも常に多くの善を生み出し得る，と考えていた（Mill [1859]，訳 279-83）。次に，個性発揮の社会的効果は，以下のように説明される。個性の発揮によって少数の独創的な天才の出現も可能になるが，独創性は新しい習慣や啓発された行為・趣味などを生み出し，因習の定着を阻止する。また，異なる人々の間ではそれぞれの精神的発展にふさわしい生活様式のあり方も異なるから，人々の精神的能力が発揮されるためには，生活様式の多様性が認められなければならない。したがって，習慣の固定化により社会が沈殿しないことと個性の発揮とは，相互補完的である。ミルにとり社会が進歩的であるためには，個性の尊重が不可欠の要件であった。ミルの立場からすると，「進歩ないし改善の精神」とふつう呼ばれるものは，「自由の精神」とは同一ではない。「改善の精神」なるものはしばしば上からの設計のプランに他ならず，気の進まない人々に改善を強いたり，画一化をもたらしたりしてしまうかも知れないからである。この点でミルは，コンドルセ（M. J. A. N. de C. de Condorcet, 1743-94）やサン・シモン派，コントらとは一線を画している（Mill [1859]，訳 288-93；296-29）。

　文明論　個性や自由を重視するミルは「多数の専制」への警鐘を鳴らしたわけだが，この見方は，トクヴィル『アメリカの民主主義』から学んだもので

あった。社会の一般的な傾向は，大衆（つまり凡庸な人々の集団）による支配へと向かいつつあるが，大衆の意見というものは容易に「世論の専制」，「多数の専制」に転化しやすく，個性の発揮に対して不寛容になりやすい。ひとたび凡庸の支配が確立すると天才の独創性が発揮される余地はなくなって，凡庸であるという習慣が固定化し，このような習慣にもとづく専制が進歩を妨害してしまう。ヨーロッパ社会では凡庸化傾向が強まり，「自由と境遇の多様性のメリット」が失われつつあって，専制国家である中国に類似した状態に向かいつつある，というのがミルの状況認識であった（Mill [1859]，訳 290-9）。

　もっともミルは，トクヴィルの影響を初めて受けた 1830 年代半ばには，商業活動を両義的に見ていた。文明の進展のもとでは，商業活動こそ活力が発揮される場である。しかし，金儲けに活力が注がれる状況のもとでは，道徳は腐敗する。「よい品には看板は不要だ」という形で経済行為と美徳とが結びつく状態は，「すべての人々がおたがいに知りあっている小さな社会のなかで」しか成立しないというわけである。「文明論」（1836 年）など 1830 年代後半の著作で典型的に提示されたこの見解は，基本的には『自由論』（1859 年）などにも引き継がれているが，『経済学原理』（1848 年）や『自由論』で提示されたミルの解決方向は，次のような特徴を持っている。第一に，上からの一方的な改革を嫌うミルにとって，一挙に社会環境自体を変えることができない以上は，市場社会という与件のもとで活力をよりよく引き出すことが，まず求められる。金儲けがほとんど唯一の活力を発揮する場だという状況のもとで，いたずらに平等原理を持ち込めば，人々を無気力にしてしまうだけに終わる恐れがあるからである。そこで，極端な財産の集中を排除して多くの人々に機会を開くこと，競争の刺激が人々の勤労意欲にうまく作用するようにすること，このような意味での経済的自由主義の実現が重視されている。第二に，道徳が腐敗しており人間性の進歩の程度が低いとの状況認識に基づいて，人間性の進歩を可能にする回路を設けておくことが求められた。多数つまり大衆による専制という危機意識のもとで，個性の発揮が保証されて独創の成果が人々に受容されることによって，新しい「功利主義的な道徳」が成立することが期待されたのである。ここでミルが考えているプランは，上からの設計・誘導により，急激に人々の

意識を変革しようとする構想からは程遠い。国民の既存の習慣や感情には衝撃を与えないという配慮のもとで,「ありのままの人々, または彼らがすみやかになりうるものに応じて作られる」べきだ, というのである。

　人間性の実情を踏まえて手段を示していくというミルの議論を方法的に支えるのが, サイエンスとアートについての考察である。上述のようにベンサムも経済学のサイエンスとアートとの関係について論じたが, 草稿にとどまっていた。これに対してミルは, 社会科学を方法的に基礎づけた『論理学体系』第6編において, この問題の検討を行なった。ミルは当為と事実との関連づけというカント (I. Kant, 1724-1804) らの哲学的な議論を踏まえ, サイエンス (〜である) とアート (〜すべし) とを区別し,「倫理や道徳 morality は人間性や人間社会に関するサイエンスに対応したアートの一部だ」とする。ミルの考えるアートには二つのレヴェルがあり, アート(i)→サイエンス→アート(ii)の順で, 一種の三段論法のような関係にある。つまり, アート(i)は達成すべき目的を提出・規定する。次にサイエンスは, この目的に関する原因と結果を調べ, 法則化したうえで, その目的を生み出せるような事情の組み合わせ（諸手段）を示す。アート(ii)は, サイエンスが示した諸手段のうちで可能なものを選択し, 規則や指令に変える。このような議論におけるアート(i)とアート(ii)を, それぞれ目的論的アート, 実践的アートと呼ぶことができる。

　経済論　ミルは『経済学原理』において,「社会哲学的な応用」, つまり「原理と応用の結合」を図った。経済社会にとっての目標, 経済社会の状況の善し悪しを判断する評価基準として意味を持つ経済倫理学的な目的論的アート(i)は,「広義の功利」(『自由論』) あるいは社会的便宜 (『功利主義』) という究極原理や, 自由・個性・多様性などの社会的諸価値 (『自由論』) および正義 (『功利主義』) のような二次的原理によって提供される。経済理論 (サイエンス) は, 現実の市場社会の状況を踏まえて帰納的な手続きに基礎づけられた命題を前提に, 演繹的に法則を提供することにより, ある与件（条件設定）のもとではどのような結果が期待されるかという傾向を示すものとされた。ミルはリカードウを中心に当時の経済理論の総合を図っているのである。そして, 同時代の状況という与件のもとで, 目的論的アートの達成のために望ましい手段を選択す

るのが，経済政策的あるいは応用経済学的な実践的アート (ii) である。ミルが『経済学原理』の中で示したこの実践的アートを，人間性のあり方についての二段構えの観点から整理することができる。第一に人間性の実状を前提にしたうえで社会的便宜の改善を図るための政府の役割を示し（おもに『原理』第5編），第二に比較社会論的な分析視角を活かして，人間性の進歩や淘冶が導かれるような経済社会の可能性を試論的に示すというものである（おもに『原理』第4編後半）。

ここでは，市場社会のもとに置かれた人間性のばらつきを前提に，ミルが示した実践的なアートを整理しておこう。スミスあたりからミルあたりまでの「古典派」は概して，地主，資本家，労働者の三階級から構成される社会モデルを描いている。だが，たとえばスミスが扱う人間の範囲と，マルサスやミルが扱う範囲とは同等ではない。ポイントは，あたかも社会が「自活能力保有者」だけで成り立つと想定しているのか，それともそうでない範囲までも含めているのかという問題である。

スミスは『国富論』第1編で，文明国では富裕の増進に伴ってその効果は社会の最下層にまで行き渡る，と分業の生産力の効果を称揚した。そこで描かれている社会階層は，自然条件，資本，労働のいずれかを提供しうるという意味での「自活能力保有者」たちであった。これに対してマルサスの場合，捉える人間像の範囲が異なる。マルサスにとっては，必ずしも働く意欲を持つとは限らない人口（貧民）が増大すること自体，社会の安定性を損なう深刻な問題であった。ミルがカバーする範囲は，スミスよりもマルサスの側にある。

ここで次のように分類をして，ミルの実践的アートの要素をいくつか見ておこう。①働かなくても生きていける（資産や地位がある，という意味での「自活能力保有者」），②資産を提供し，仕事を行なう（資本家），③働く（労働者，労働貧民），④働くことを知らない（怠惰な貧民），⑤働くに働けない（ハンディキャップ，老齢）。このうちで①〜③が「自活能力保有者」，④〜⑤が「非自活能力保有者」ということになる。

たとえばアイルランドの貧農（『経済学原理』第2編第9章，第10章）については，農業労働者が地主と直接に耕作の契約を結ぶ入札小作制のもとで，人口

増加と所与の土地との需給バランスにより名目地代が高くなるという。このもとでは農業労働者は，仮に勤勉に働いても成果が地代に吸収されてしまうので，③でありながら④のような状態に留まってしまう。そこでミルは，自作農創設（さらに不在地主制の克服）という手段により，能動的に働くという③に相応しい意欲を育成する，という方向を提示した。また，婦人労働については，児童を育てるためにも家庭にいるべきだという形で⑤に含めるのを当然視する風潮に対してミルは批判的であり，工場法が児童と婦人とを合わせて保護規定のもとにおいていることを不適切とした（第5編第11章第9節）。

　所得課税については，上記の「自活能力保有者」の努力が適正に評価されるかどうか，ということが基準になる。最低限の生活水準部分を除いての比例課税にすべきだ，というのがミルの主張であるが，これは，第一に⑤の人々の生存を脅かさないようにする必要があり，第二に累進課税は②や③の努力へのペナルティーとなってしまうから反対だ，という発想に基づく。遺贈の自由を認めつつも，遺贈・相続により獲得できる金額を制限するという方策は，①があまりに過大になるのは好ましくない，との判断による（第5編第2章）。直接税と間接税との検討は，課税転嫁や一国経済の動向に及ぼす影響といった，リカードウ課税論と同様な手法に基づいて進められているが（第3～第6章），そこでも，①～③の貢献や③，⑤の生存が圧迫されないか，ということがしばしば勘案されている。

　このような分類は，行為者に自己利益の判断能力が備わっているのかどうか，という問題とも関わっている。ミルの場合，いくつかのケースがある。第一は，借り手の保護などの論拠で利子制限法を支持する意見に対して，ミルは，当事者の判断能力に委ねるべきだとしている。上記①のように資産を他者の運用に委ねたり，②のように事業のために資金を借り入れようとするほどの人であるならば，貸借契約のもたらす結果については自ら判断する能力をもっているべきだ，ということである。この点では，ミルはスミスよりもベンサムの側にあった。第二は，自己利益についての判断能力が伴わないケースである。児童の保護がこれに当たる。自己利益について判断できない児童が親の命令により労働を強制されないようにするためには，児童労働の禁止が必要である。また，

親が教育の必要性を理解していないことが多いから，むしろ統治の責任において教育が保証されなければならない。なお，教育によって(3)の労働貧民の状態を改善していこうとの発想は（自覚的に行なわれれば，サミュエル・スマイルズ〔S. Smiles, 1812-1904〕流のセルフ・ヘルプと呼応しうるものではあるが），やがてマーシャル（第 10 章参照）が有機的進歩に連なる課題として重視することになる。第三に，自己利益の判断を集合するだけでは実現できないような社会的便宜は，統治によって提供される必要がある，というケースである。ミルによる植民の根拠は，国内の過剰人口の緩和と労働のチャンスの付与といった理由づけよりも，むしろこの点に求められる。つまり，植民地建設を通じて世界の資源が有効に利用され国際分業のメリットが生じる，といった効果はすぐには生じないので，統治によって担われるべきだ，というのである。また，受益者に費用負担を求めることができない灯台の建設や，専門的な努力を要する科学的発見などは，自己利益にそった市場原理にそぐわないので統治が援助する領域に属する，とされる。第三点は，ベンサムでいえば sponte acta, agenda, non-agenda の分類のうちの二番目に対応したものである。

19 世紀半ばまでのイギリス統治体制は，第一に，戦争に備えた公債依存型負債国家からグラッドストンに代表される健全財政型国家に推移していく過程にあった。第二に，議会改革を通じての立法改革と，やがては競争試験型の公務員制度改革を含むことになる行政改革とを進めつつ，都市化社会への対応を迫られた「改革の時代」であった。捉えようによれば，団結禁止法の廃止，株式会社の漸次的な容認，穀物法廃止に見られるように自由放任と特徴づけできるような指標があったことは確かである。しかし他方で，カーライル（T. Carlyle, 1795-1881）が享楽主義と拝金主義として時代の風潮を描き出したように，議会改革にもかかわらず統治の担い手の欠陥を批判する論調もあり得た。このなかで，ベンサムやミルは「社会的功利」という便宜の観点で経済のあり方と統治との関わりを論じようとしていたのである。

ベンサムは人間性を快苦で捉える認識のもとで，一般的功利を改善するプログラムを立法の枠組みで与えた。刑務所改革や救貧パノプティコン，教育の整

備などの手段によって改善を促そうと試みたが，基本的な目標は，自己利益の判断能力を整えることにあった。ルールの安定性を含む「安全」を保障したうえで，自己利益の追求が他者に苦痛を及ぼさないようにするため，立法と刑罰という政治的サンクションを活用しようという構想である。

ベンサムと対比してミルは，文明論的な比較の観点を強く持つばかりか，個性の重視と結びついた快楽の質的差異に着目したなどの点で，独自性を持っている。さらにミルは，コウルリッジ（S. T. Coleridge, 1772-1834），カーライルらのロマン主義やコント（T. A. M. F. X. Comte, 1798-1857）らの実証主義から影響を受けて，社会制度の歴史的可変性を織り込んで進歩を検討した。統治の担うべき経済的な役割について，社会的便宜の実現を人間性の実情の二段階把握にかみ合う形で進める観点から判断するという，漸進的な功利主義のヴィジョンであった。

最後に，補足的ではあるが，ミルのアソシエーション論にも触れておこう。ミルは『論理学体系』第6編で，人間の性格は環境のなかで決まっていくというロバート・オウエン（R. Owen, 1771-1858）の議論がもつ一面性を指摘している。ミルによれば，人間の性格は環境のなかで形成されるが，人間は逆に環境を作りかえていくので，この相互作用のなかから循環や進歩が生じる，という。このミルの見方は，商業社会のなかで自分の利益にばかり捉われがちな人間が，いかに協同の精神に目覚めて社会を改善していくことができるのか，という『経済学原理』第4編後半のアソシエーションの議論との関係で重要な意味を持ってくる。ミルは，協同組合の構想の議論にあるように，利益追求を至上命令と見なす考え方が徐々に変化することと，新しい社会的な制度の登場とが相互補完的なプロセスでありうると考えていたのである。

読書案内

関嘉彦責任編集『ベンサム　J. S. ミル（世界の名著）』（中央公論社，1967年）には，ベンサムの『道徳と立法の諸原理序説』（山下重一訳，第11章以下は要約）と，J. S. ミルの『自由論』（早坂忠訳），『功利主義論』（井原吉之助訳）などが収められていて便利である。ただし，ベンサム『道徳と立法の諸原理序説』の第1章と第13章以下は西村克彦訳『近代

刑法の遺産』上（信山社，1998年）に収録されているので，第11章，第12章を除けば日本語で読むことができる。J. S. ミルの他の著作については，朱牟田夏雄訳『ミル自伝』（岩波文庫，1960年）や水田洋訳『代議制統治論』（岩波文庫，1997年）は容易に入手できるが，大関将一訳『論理学体系』（全6冊，春秋社，1949-59年）や末永茂喜訳『経済学原理』（全5冊，岩波文庫，1959-63年）は，残念ながら絶版である。『J. S. ミル初期著作集』（全4巻，御茶の水書房，1879年）は1844年までのミルの著作のうち重要なものを収めている。

　ベンサムの特徴をつかむためには，永井義雄『ベンサム』（講談社，1982年）と，ディンウィディ『ベンサム』（日本経済評論社，1993年）を手掛かりにするとよい。土屋恵一郎『ベンサムという男』（青土社，1993年）は評伝として読みやすい。ミルの経済思想は，杉原四郎『ミルとマルクス』（ミネルヴァ書房，増訂版，1967年）が象徴するように，日本ではマルクスとの対比という観点から検討されてきたが，19世紀イギリス知性史の文脈で位置づけることが求められている。馬渡尚憲『J. S. ミルの経済学』（御茶の水書房，1997年）は，おもに経済理論的な特徴をおさえている。杉原四郎・山下重一・小泉仰編『J. S. ミル研究』（御茶の水書房，1992年）がミルの諸領域をカバーしている。19世紀イギリスの文脈で「行政革命」と関連づけて経済的自由主義の特徴を考えるうえでは，岡田与好『経済的自由主義』（東京大学出版会，1987年）が有益である。筆者の議論としては，平井俊顕・深貝保則編『市場社会の検証』（ミネルヴァ書房，1993年）の序章で「統治と自由」の観点からイギリス経済思想を扱う切り口を設定し，第6章でミルを論じているものを参照してほしい。

理解を深めるために
1．ベンサムの『道徳と立法の諸原理序説』とJ. S. ミルの『功利主義論』とを読み比べて，両者の快楽の考え方，人間性の捉え方を比較検討しよう。
2．犯罪を未然に防ぎ，また犯罪者の更生を図るために，厳罰主義が必要だという議論がある。この考え方の是非を，パノプティコンというベンサムの考え方を参考にして検討してみよう。
3．ベンサムは経済社会の目標として，生存，富裕，安全，平等の四つを掲げた。諸個人間の経済的条件の格差是正を図ることと経済的な活力との関係を，現代の税制を参考に考察してみよう。
4．ミルの『自由論』を読んで，個人の内面的な自由と政治的な自由との関係，および表現の自由はどこまで許容されるのかを考察しよう。
5．急激な経済成長から停滞へと変容したり，低開発国に市場経済が浸透したりすると，人々の行動様式に影響が生じる。ミルによる「商業精神の過剰」についての批判や人間的進歩の考え方を参考にして，経済発展と人間性との関係を考察しよう。

（深貝保則）

第7章

自由時間とアソシアシオン
K. マルクス

　スミスが自然的自由を原理とする経済学を確立したのに対して，スミス自身の中に，分業と商品交換を通して「豊かさ」と「公正」が実現する社会というイメージと，それとは矛盾する資本・賃労働関係の不平等性についての認識がともに存在することを指摘し，それによって資本主義社会の存立構造そのものが矛盾を抱え込んでいることを明らかにしようとしたのが，カール・マルクス (Karl Marx, 1818-83) であった。彼は自分のライフワークを「経済学批判」と名付けたが，彼の言う「批判」とは，経済学の論理に内在したうえで，その内部の論理的不整合を発見し，その不整合を説明すると同時に解消する別の概念や見方を提起することによって，経済学を内側から作り変えていくことである。この作業を通して，分業と商品交換に基づく「豊かさ」の実現という経済社会認識の一面性が批判され，「自由・平等・公正」がいまだ理念にすぎないことが批判されることになる。

　マルクスは，ナポレオン体制崩壊後にフランスからプロイセン王国に再編入されたライン地方の古都トリーアに生まれた。父は弁護士で，父の希望に従ってマルクスもまずボン大学で法律学を，次いでベルリン大学で哲学を学んだ。卒業後は大学教員を志望したが，知人の大学講師が自由主義的思想を理由に免職される政治状況を目の当たりにして断念し，ジャーナリズムの道に進む。1842年以後『ライン新聞』をはじめとする新聞雑誌の編集者として生活していくが，翌年『ライン新聞』がプロイセン政府によって発行禁止処分を受ける

とパリに移り，1845年からはブリュッセル，そして1849年以後はロンドンが彼の生活と活動の場となった。19世紀の典型的な亡命知識人である。

　ジャーナリストとして活動を始めたマルクスが直面したのは，スミス自身が「人民の大多数の必然的に陥らざるをえない状態」と認めた「労働貧民」の問題，イギリスに遅れて資本主義形成の道にはいったドイツでは，1830年代には「大衆的貧困」，1840年代には「社会問題」と呼ばれた問題であった。

　当初マルクスがこの問題に対する答えを見いだそうとしたのは，共産主義である。それは，1840年前後にフランスで誕生し，まもなくドイツに波及した思想運動であり，共産主義者たちは社会の全面的な再組織こそ解決手段だと考えたが，その変革構想の中心は，私的所有の廃止による財産共有制の確立と，貨幣の廃止による直接的再分配制度の確立であった。つまり，貨幣経済こそ「社会問題」の根源だと見てそれを廃止し，貨幣経済以前の共同体的な再分配経済を復活させようとするのである。マルクスは，1846年ころから共産主義の政治運動に関わるようになり，在外ドイツ人の政治結社である共産主義者同盟の創立に参加して，1848年には同盟の綱領として『共産党宣言』を執筆する。1848年三月革命が勃発するとドイツに帰国して『新ライン新聞』を創刊し，活発な宣伝活動を展開するが，1849年に革命が敗北した後はロンドンに脱出し，そこを終生の亡命の地とすることになった。

　資本主義世界経済の中心に暮らしたことは，マルクスの理論形成にとって大きな意味をもつことになる。アジア・アフリカ諸国を植民地化し開国させながら進んでゆく「資本の偉大な文明化作用」（Marx［1857-58］，訳2, 18）の強靭さを冷静に見つめることが，それによって可能になったからである。彼は，ロンドン定住後の1850年ころから大英博物館の図書室で経済学の文献を次々に読破しながら膨大な抜き書きノートを作成しはじめ，1857-58年には『経済学批判要綱』，1861-63年には『経済学批判』と題された草稿を書きつづっているが，それらを見れば，彼がスミスをはじめとする膨大な経済学の文献に学びながらそれと格闘している様子がよくわかる。その成果こそ，「経済学批判」という副題をもつ1867年の主著『資本論』であった。

1 「自由」のドイツ的概念

　マルクスの経済学批判体系の内容に立ち入る前に，ここではまず彼における「自由」の概念を確認しておくことにしよう。

　マルクスが生まれ育った 19 世紀前半のドイツでは，自由主義は最新の輸入思想であり，政治的体制変革の理念であると同時に，経済政策の理念でもあった。この思想の輸入元は主としてイギリスであり，輸入窓口はハノーファー王国のゲッティンゲン大学である。ハノーファーは，1714 年以来 1837 年にいたるまでイギリスと同じ国王を戴く同君連合の関係にあり，ドイツにおけるイギリスとの文化的交流の中心だったからである。輸入品の中心は，スミス経済学とスコットランド啓蒙であった。

　しかしマルクスは，すでに 25 歳のときに，イギリス的な市民的自由の原理が「私的」な，つまり他者を排除する自己中心的なものであることを，次のように批判している。

> 自由とは，他の誰にも害にならないことはすべて，行ったり行わせたりできる権利である。……しかし，自由という人権は，人間と人間との結合に基づくものではなく，むしろ人間と人間との分離に基づいている。それは，このような分離の権利であり，局限された個人の権利，自己に局限された個人の権利である。／自由という人権の実際上の適用は，私的所有という人権である。(Marx [1844a], 訳 43-4)

　マルクスの念頭にあるのは，言うまでもなく，ホッブズ (T. Hobbes, 1588-1679) 以来の「自然的権利としての自由」であるが，それが「私的所有」と同一視されていることからすれば，彼が直接に批判対象としているのは，ロック (J. Locke, 1632-1704) の思想だと言った方がいい。ホッブズは，各個人が自分の生命を維持するために自分が最適だと考える手段を行使する「自由」を「自然の権利」だとみなした（『リヴァイアサン』1651 年）。ロックも同様に人間の「自然の権利」を出発点とするが，ホッブズとは異なって，ロックの自然権には最初から所有権，つまり自分の所有物に対する処分権が含まれている。「自

然状態」は，自分の思うままに自分の所有物と身体を処分することができる「完全な自由の状態」なのである（『統治二論』1689年）。

このように「自由という人権」を「私的所有という人権」に還元するイギリス的市民社会の思想を批判しながらも，マルクスは「自由」という原理そのものを否定しているわけではない。これから詳しく見ていくように，どのようにしたら自由が「人間と人間との結合に基づくもの」として実現できるのか，ということが，その後のマルクスの思想的テーマとなるからである。

それでは，そもそもマルクスにとって「自由」とは，原理的にはどのようなものとして理解されているのか。一言でいえば，それは，人間が他人に従属することなく，自分自身で目的を設定してそれを実現することができる，ということにある。つまり，「意識的活動の自由」であり「精神の自由」である。そして，彼によれば，それこそが人間という種の独自性をなすものなのである。

例えば，マルクスは1844年の『経済学・哲学草稿』で，次のように類的本質としての自由について述べている。

> 生産的生活は類的生活である。それは生活をつくりだす生活である。生命活動の様式のうちには，一種属の全性格が，その類的性格が横たわっている。そして自由な意識的活動が，人間の類的性格である。(Marx [1844b]，訳95)

だからこそ，現実の社会の中で，そのような意味での活動＝労働における自己決定という自由が実現できないでいることは，「疎外」として，「自分自身の喪失」として批判的にとらえられることになる。

> 労働者にとっての労働の外在性は，労働が彼自身のものではなくて他人のものであること，それが彼に属していないこと，彼が労働において自己自身にではなく他人に従属するということに現れる。……労働者の活動は他人に属しており，それは労働者自身の喪失なのである。(Marx [1844b]，訳92)

このように自由をすぐれて人間の本質としての「意識的活動の自由」と理解する点で，マルクスの自由概念は，ヘーゲル (G. W. F. Hegel, 1770-1831) のそ

れとほぼ等しい。ヘーゲルは自由をこう定義しているからである。

> 物質の実体が重さであるとすれば，精神の実体ないし本質は自由であると言わねばなりません。……精神とは内部に中心点をもつもののことです。精神の統一は外部にあるのではなく，内部に見いだされるので，精神は自分の内部で安定しています。物質の実体は物質の外部にあるが，精神は自分のもとで安定している。それこそがまさに自由です。わたしが何かに従属しているというとき，わたしは，自分でない何かと関係し，外部の何かなしには存在できない状態にあるのであって，自由であるのは，自分のもとにあるときです。(Hegel [1837], 訳上, 38-9)

このような自由観に基づいて，ヘーゲルは，「世界史とは自由の意識が前進していく過程である」(Hegel [1837], 訳上, 41) と想定している。つまり，彼にとっては，「なにものにも従属しない」自由こそが人間の本質であるのだが，同時にそれはいまだに十分自覚されていない本質なのであって，これから実現されるべきものなのである。言い換えれば，自由とは一つの理念なのである。このような自由という原理の概念的認識に関するかぎりでは，マルクスは，ひとまずはドイツ古典哲学の正統的後継者であると言うことができる。

2 「個人の全面的発展」と「自由な時間」

人間が他人に従属することなく，自分で目的を設定してそれを実現することができる，ということは，個々の人間の生活過程に即して言えば，誰でもが自分のもつ様々な素質を伸ばして，自分の可能性を発展させ，自分を豊かにすることができる，ということである。したがって，マルクスにとっては，自由とは人間の自己形成の自由であり，「諸個人の完全な，自由な発展」(Marx [1845-46], 訳 126) にほかならない。

そして，先に見たように「生産的生活」こそが人間の「類的生活」であるとするならば，諸個人のもつ様々な素質とはすぐれて「諸個人のもろもろの属性として現れる主体的な生産諸力」にほかならないのであり，それが発展すると

いうのは,「生産者たちが, 自分のなかから新たなる資質を開発し, 生産することによって自分自身を発達させ, 改造し, 新たな諸力と新たな諸観念を造りだし, 新たな交通諸様式, 新たな諸欲求, 新たな言語を生み出していく」(Marx [1857-58], 訳2, 147) ことにほかならない。

この生産諸力の発展は, それ自体としては主体の質的＝内面的な変化として現れるのだが, その量的な程度は「自由に使える時間の創出」(Marx [1857-58], 訳1, 518) において測られる。この「自由な時間」は, 生産諸力の発展の結果であると同時に, 生産諸力のさらなる発展, さらなる自己形成＝教養を促進する物質的基礎でもある。「全社会とのかかわりでいえば, 自由に使える時間の創出は, やがてまた科学, 芸術などの生産のための時間の創出ともなる」(Marx [1857-58], 訳1, 525) からである。こうして, 生産諸力の発展が自由な時間を増大させ, 自由な時間の増大がまた生産諸力の発展を加速する, というサイクルが想定されることになる。そのことを, マルクスは次のように表現している。

> 労働時間の節約は, 自由な時間の増大, つまり個人の完全な発展のための時間の増大に等しく, またこの発展はそれ自身がこれまた最大の生産力として, 労働の生産力に反作用を及ぼす。……余暇時間でもあれば高度な活動のための時間でもある, 自由な時間は, もちろんそれの持ち手を, これまでとは違った主体に転化してしまうのであって, それからは彼は直接的生産過程にも, このような新たな主体として入っていくのである。(Marx [1857-58], 訳2, 499-500)

生産諸力の発展とは, 別の面から見れば, 多様な欲求の発展であり, したがってまた享受の能力の発展でもある。生産は歴史的に前提された一定の欲求に基づいて行われるのだが, 社会的な諸欲求それ自体が社会的生産そのものによって生みだされるのだから,「富とは, 素材的に考察するならば, 欲求の多様性にほかならない」(Marx [1857-58], 訳2, 197)。生産力と享受の能力は, 実質的に同じことの両面なのである。

真実の経済——節約——は労働時間の節約……にある。だが，この節約は生産力の発展と一致している。だからそれは，享受を断念することではけっしてなく，生産のための力，能力を発展させること，だからまた享受の能力をもその手段をも発展させることである。享受の能力は享受のための条件，したがって享受の第一の条件であり，またこの能力は個人の素質の発展であり，生産力である。(Marx [1857-58]，訳2，499)

したがって，以上のことをふまえて言えば，マルクスにとって自由の実現とは，次のような事態にほかならない。

人間自身の一般的生産力の取得，自然に対する彼の理解，そして社会体としての彼の定在を通じての自然の支配，一言でいえば社会的個人の発展。……諸個人の自由な発展，だからまた，剰余労働を生み出すために必要労働時間を縮減することではなくて，そもそも社会の必要労働を最小限へと縮減すること。その場合，この縮減には，すべての個人のために自由になった時間と創造された手段とによる，諸個人の芸術的，科学的，等々の発展開花が対応する。(Marx [1857-58]，訳2，490)

自由とは，「自由な時間」の持ち手となることであり，その中で科学や芸術などの「高度な活動」の主体となることであり，そして自分自身の可能性を「発展開花」させることである。これが，マルクスにおける主体的自由の理念であった。しかし，それでは，このような自由はどのようにして実現されるのであろうか。

すでに見たように，ヘーゲルやマルクスにとっては，他人に従属しないことが自由の必要条件であった。しかしながら，歴史的に実在した社会はすべて階級社会（奴隷制，封建制，資本主義など）であり，そこでは「人格的自由は，支配階級の諸関係のうちで育成された諸個人にとってしか，それも彼らが支配階級の諸個人であるかぎりでしか，実存しなかった」(Marx [1845-46]，訳126)。

例えば，こころゆくまで哲学を探究し，あるいは音楽に親しむのに必要な「自由時間」も，創造的な活動を自分の思い通りに行う自由も，これまでの階

級社会においては，自らは額に汗することなしに他人の生産労働の成果を享受することができる支配階級（奴隷所有者，封建領主，資本家など）だけに保障されたものだった，ということである。それに対して，日々の生活に追われる被支配階級の圧倒的多数の人間にとっては，日々の生産労働は，自分の個性を発展させる「自由な意識的活動」であるどころか，自分が従属している他人（奴隷所有者，封建領主，資本家など）によって強制された他人のための活動だという意味で，「疎外」であり「自分自身の喪失」でしかなかった。

それだけではない。そもそも人間が社会的存在であるということは，人間は他人との相互依存関係の中で生きてきたし，そうするほかはない，ということである。だから，そもそも階級的支配従属関係を別としても，家族や水平的分業関係の内部においてさえ，各個人の発展はいつでも自分が直接・間接にかかわりをもっている他のすべての個人の発展によって制約されているのである。

とするならば，自由を実現するということは，自由の実現を可能にする社会秩序を構想し，実現するということにほかならない。実際に 1830-40 年代のフランスやドイツの社会主義者や共産主義者は，現実の資本主義社会を批判しつつ，それに取って代わる社会秩序を様々な形で構想していた。しかしながら，ほぼ同時代の彼らの思想とマルクスの思想との決定的な違いは，資本主義の歴史的位置づけにある。マルクスにとって資本主義は，労働者階級の自由を横領し阻害すると同時に，より大きな自由の実現の物質的基礎を準備するという，矛盾に満ちた過渡的存在だったからである。

マルクスは，「自由な時間」の創出に関する資本主義の役割を次のように述べている。

> 剰余労働すなわち自由に使える時間をつくりだすことが，資本の法則である。資本は，必要労働を働かせることによってだけ，すなわち労働者との交換を行うことによってだけ，このことをすることができるのである。したがって，できるだけ多くの労働をつくりだすことが資本の傾向であり，また必要労働を最小限に切り詰めることも，同じく資本の傾向である。(Marx [1857-58]，訳 2，521-2)

それでは、このような「資本の法則／資本の傾向」が作用する資本主義社会とは、どのような仕組みの経済社会なのか。『資本論』の叙述に従って確認していくことにしよう。

3　資本主義による「文明の横領」

　『資本論』は、現在の社会が分業と商品交換に基づく社会であることを確認することから始める。長い歴史的過程を通していったん商品交換が、したがって貨幣と市場が成立すると、「人々はただ互いに商品の代表者としてのみ、したがって商品所持者としてのみ存在する」（Marx［1867］, 訳113）。この商品交換の世界は、表面的に見るかぎり、スミスが描いたような「自由・平等・公正」の社会である。なぜなら、人々は「商品所持者」という資格において（自分の商品を誰に売ろうと、その金で何を買おうと）自由であり、（生まれや育ちにかかわりなく、同額の貨幣をもつかぎりで購買力は）平等だからである。

　マルクスの経済学批判の核心は、まさにそのような市民社会の表象を問い直すことにある。中心的問題は、人間の「労働力」が商品として売買されることの意味にある。一見すると、たしかにこの場合でも、市場における「自由と平等」は変わらない。

> 労働力の売買が、その限界の中で行われる流通または商品交換の部面は、実際、天賦の人権のほんとうの楽園だった。ここで支配しているのは、ただ自由、平等、所有、そしてベンサムである。自由！　なぜなら、ある一つの商品たとえば労働力の買い手も売り手も、ただ彼らの自由な意志によって規定されているだけだから。彼らは、自由な、法的に対等な人として契約する。……平等！　なぜなら、彼らはただ商品所持者として互いに関係しあい、等価物と等価物とを交換するのだから。所有！　なぜなら、どちらもただ自分のものを処分するだけだから。ベンサム！　なぜなら、両者のどちらにとっても、かかわるところはただ自分のことだけだから。（Marx［1867］, 訳230）

しかし，問題はその先にある。市場で買われた労働力は，資本家によって工場で使用され，消費される。この消費は，しかし，労働そのものであり，生産である。そして，市場の背後にある現実の生産の場，すなわち資本主義的生産様式こそ，実は商品経済を全社会的に成立させる根拠なのである。なぜなら，この生産様式がはじめて人間の労働能力そのものを「商品」に変え，人間自身を賃金労働者として「市場」に投げ込んだのだからであり，この瞬間からはじめて労働生産物の商品形態が一般化されるのだからである。

では，なぜ労働力は「商品」となり，何のために資本家は労働力を買い入れるのか。労働力が商品となるのは，封建制の下での農村共同体のような伝統的な社会組織が解体し，自給自足的な生活を営んできた農民たちが土地や道具などの生産手段を失って，自分の労働力を商品として売る以外には生活の道がなくなった，という歴史的発展の結果である。「たくさんの過去の社会的生産構成体の没落の産物」として「自由な労働者」が出現する。

> 自由というのは，二重の意味でそうなのであって，自由な人として自分の労働力を自分の商品として処分できるという意味と，他方では労働力のほかには商品として売る物をもっていなくて，自分の労働力の実現のために必要なすべての物から解き放たれており，すべての物から自由であるという意味で，自由なのである。(Marx [1867], 訳 221)

他方，資本家が労働者を雇う（労働力を買い入れる）のは，労働力の価値と，それの消費の結果として創造される価値との差異のためである。労働力の価値は，労働者の「生活維持のために必要な生活手段の価値」であるが，自分自身の価値以上の価値を創造しうるということが，労働力という「独特な商品」の使用価値であり，その商品の消費過程，つまり労働過程は，同時に「価値増殖過程」なのである。

労働力が自分自身の価値を超えて生み出すこの超過分を，マルクスは「剰余価値」と名付ける。それは，労働日（一日の総労働時間）のうち「必要労働時間」を超える「剰余労働時間」に形成された価値であり，総生産物のうちの「剰余生産物」部分に体現されている。この「剰余価値」こそ，利潤・利子・

地代といった経済学のカテゴリーを批判的に解析しながら，マルクスが独自に概念化した，経済学批判の中心的概念である。労働者が生み出した「剰余価値」は，労働者から取り上げられて資本家の利潤となる。なぜなら，労働者と資本家は，労働市場において形式上「自由な，法的に対等な人として」そのように契約したからである。

　この必要労働に対する剰余労働の割合，つまり労働者に支払われる部分と支払われずに資本家に領有される部分との割合が「剰余価値率」であり，これが資本家の労働者に対する「搾取」の度合いを表現する。自由で対等な契約に基づく「専制支配」，等価交換に基づく「搾取」，この二重構造が資本主義の歴史的特徴をなすのであり，剰余労働・剰余生産物を力ずくで直接に収奪する奴隷制や封建制から，資本主義を区別するのである。

　資本主義的生産様式のもう一つの特徴は，それが資本家を促して「労働の生産力の発展」を実現するということにある。個々の資本家の直接の目的は，自分自身の生き残りを賭けた競争の中で，他の資本家を出し抜いて「特別利潤」（自分の工場の生産物の個別的価値と社会的価値との違いから生じる差額としての特別剰余価値）を獲得することにある。そのために，彼は，生産方法の改良や技術革新によって，同じ時間で生産できる生産物の量を増大させるなどして，生産物一個当たりの生産に要する時間（個別的価値）を引き下げようとする。しかし，その意図せざる結果として，彼の工場の生産力上昇がその部門全体の生産力の増大をもたらし，商品の社会的価値そのものを低落させていくのである。

　このような社会的な生産力の発展が消費財生産部門に波及すれば，労働者の生活資料を生産するのに要する社会的必要労働時間（賃金として支払われる労働力の価値）も低下し，たとえ一日の総労働時間は変わらないとしても，必要労働時間が短縮された分だけ剰余労働時間を「相対的に」延長することが可能になり，したがってより多くの剰余価値が獲得される（それをマルクスは「相対的剰余価値の生産」と表現している）。こうして，社会的生産力の発展によって，一方では，より安くより豊富な生産物が生み出されていくのであるが，他方では，剰余価値率（＝搾取率）の強化がもたらされることになる。

　つまり，資本主義的生産様式はたえず必要労働時間を引き下げ，その結果と

して，可能態としての「自由な時間」を創出している，ということである。もちろんこの「自由な時間」は，労働者にとってみれば，剰余労働を強制される時間にほかならないのであって，その分はそのまま，資本家その他の非労働者にとっての「自由な時間」に転化されている。搾取とは，社会的に創出された「自由な時間」を支配階級が独占的に享受する（他方で，被支配階級には長時間労働を強制する），という時間の不公正な分配のことなのである。それをマルクスは，「文明の横領」と表現している。「自由な時間とは，すべて，自由な発展のための時間であるから，資本家は，労働者によって創りだされた，社会のための自由な時間，すなわち文明を，横領するのである」(Marx [1857-58], 訳2, 380)。

　しかし，横領されているということは，すべての人の自由時間となりうるだけのものがすでに現に生み出されているということである。言い換えれば，資本主義がもたらしているのは確かに労働者階級の「疎外」なのだが，それは途方もない「疎外」なのであって，しかも反転しさえすれば，途方もない豊かさをすべての人にもたらしうるような，そのような「疎外」なのである。したがって，問題は，この「まだ転倒した逆立ちさせられた形態」をどのようにしたら反転させることができるのか，ということにある。

　社会一般と社会のすべての構成員とにとっての必要労働時間以外の多くの自由に処分できる時間 disposable time（すなわち個々人の生産諸力を，それゆえにまた社会の生産諸力を十分に発展させるための余地）の創造，——こうした，非労働時間の創造は，資本の立場のうえでは，少数者にとっての非労働時間，自由時間として現れるのであって，それは以前のすべての段階の立場のうえでもそうであったのと同様である。……資本はこのように，図らずも，社会の自由に処分できる時間という手段を創造することに，すなわち，社会全体のための労働時間を，減少していく最小限に縮減し，こうして万人の時間を彼ら自身の発展のために解放するための手段を創造することに役立つのである。だが，資本の傾向はつねに，一方では，自由に処分できる時間を創造することであるが，他方では，それを剰余労働に転化することである。……労

働者大衆自身が自分たちの剰余労働を取得するということをやりとげたならば，——そしてそれとともに，自由に処分できる時間が対立的な存在をもつことをやめるならば——，一方では，必要労働時間が社会的個人の諸欲求をその尺度とすることになるであろうし，他方では，社会的生産力の発展がきわめて急速に増大し，その結果として，生産はいまや万人の富を考量したものであるにもかかわらず，万人の自由に処分できる時間が増大するであろう。というのも，現実の富とはすべての個人の発展した生産力だからである。そうなれば，富の尺度は，もはや労働時間ではけっしてなくて，自由に処分できる時間である。(Marx [1857-58]，訳2，494-5)

しかし，それでは，「労働者大衆自身が自分たちの剰余労働を取得するということをやりとげ，それとともに，自由に処分できる時間が対立的な存在をもつことをやめる」というのは，どういう状態なのだろうか。その場合，どのような社会秩序をマルクスは想定しているのだろうか。

4　アソシアシオン的生産様式

『資本論』第1巻の終わり近くで，マルクスは「資本主義的蓄積の歴史的傾向」を次のように描いている。資本の蓄積過程は，同時に諸資本間の競争であり，諸資本の集中による資本家同士の収奪の過程でもある。独占が進み，大資本家の数が絶えず減っていく。そして最後に「生産手段の集中も労働の社会化も，それがその資本主義的な外皮とは調和できなくなる一点に到達する。そこで外皮は爆破される」。つまり，資本主義は必然的に自己否定にいきつくのである。

資本主義的生産様式から生まれる資本主義的取得様式は，したがってまた資本主義的私的所有も，自分の労働に基づく個人的な私的所有の第一の否定である。しかし，資本主義的生産は，一つの自然過程の必然性をもって，それ自身の否定を生み出す。それは否定の否定である。それは個人的所有を再建するが，資本主義時代の成果を基礎としてである。すなわち，自由な労働者

の協業と,土地の共有と,労働そのものによって生産される生産手段の共有とを基礎として,個人的所有を再建するのである。(Marx［1867］,訳995)

では,この「否定の否定」によって新しく生み出される生産様式はいったいどのようなものなのか。ここで重要なのが,「アソシアシオン Association」という概念である。マルクスは早い時期から,「真実の共同社会においては,諸個人は彼らのアソシアシオンにおいて,かつアソシアシオンによって,同時に彼らの自由を手に入れる」(Marx［1845-46］,訳126)と述べているし,『共産党宣言』でも,「古い市民社会およびその諸階級と階級対立の代わりに,一つのアソシアシオンが現れるのであり,そこにおいては,各人の自由な発展が,すべての者の自由な発展の条件なのである」(Marx［1848］,訳64)と宣言しているからである。マルクスにとっては,「アソシアシオン」こそ,資本主義に取って代わって「個人の全面的で自由な発展」を実現するはずの来るべき生産様式なのである。

この言葉は,元来1830年代にフランスの社会主義者(サン・シモン主義者)によって広められたものであり,「利己主義・個人的利害・競争の原理」に取って代わって人間の「統一と調和」を実現する組織形態を意味する。「アソシアシオン」は社会主義の中心的理念という位置を占めるものであり,生産という場における自由で対等な諸個人の自発的な「社会形成」を表現する言葉であった(植村［2001］,第3章)。

1863-65年の『資本論』第3部草稿になると,マルクスは,「社会の資本主義的形態が廃棄され,社会が意識的で計画的なアソシアシオンとして組織される」過程について,もっと具体的に述べているが,その第一歩は,個々の資本主義的株式会社から「労働者自身の協同組合工場」への転化であった。「たとえはじめはただ,アソシアシオンとしての労働者たちが自分たち自身の資本家であり,すなわち生産手段を自分たち自身の労働の価値増殖のための手段として用いる,という形態においてでしかないとはいえ」,協同組合工場は「資本主義的生産様式からアソシアシオン的生産様式への過渡形態とみなしていい」(Marx［1863-65］,502-4)のである。

『資本論』には「アソシアシオン」という外来語は出てこないが，第1章で論じられている，「共同的生産手段でもって労働し，そして彼らの多数の個人的労働力を自分で意識して一つの社会的労働力として支出する，自由な人間の協同組織 Verein」がそれに対応していると見ていいだろう。そのような「協同組織」の仕組みについて，マルクスは次のように説明している。

　この協同組織の総生産物は，一つの社会的生産物である。この生産物の一部は再び生産手段として役立つ。それは相変わらず社会的である。しかし，もう一つの部分は協同組織の成員によって生活手段として消費される。したがって，それは彼らの間に分配されなければならない。……ここでは，各生産者の手に入る生活手段の分け前は各自の労働時間によって規定されているものと前提しよう。そうすれば，労働時間は二重の役割を演じることになるであろう。労働時間の社会的に計画的な配分は，いろいろな欲望に対するいろいろな労働機能の正しい割合を規制する。他面では，労働時間は，同時に，共同労働への生産者の個人的参加の尺度として役立ち，したがってまた共同生産物中の個人的に消費されうる部分における個人的な分け前の尺度として役立つ。人々が彼らの労働や労働生産物に対してもつ社会的関係は，ここでは生産においても分配においてもやはり透明で単純である。(Marx [1867]，訳 105)

　そこでは，販売予測でも利潤獲得見込みでもなく，「労働時間の社会的に計画された配分」が生産を規制するのであり，生産物の一部分は，投機的投資としてではなく，社会的計画に従って，再び生産手段に充用される。生活手段の分配は，直接に各自の労働時間によって規定される。つまり，労働実績に応じて生活手段の分け前が保障されるのであり，貨幣や市場という間接的な媒介は不要になる。そうなれば，労働力の商品化も階級的搾取も廃棄され，消滅するはずである。

　さらにマルクスは，1871年の『フランスの内乱』の中では，「諸協同組合の連合体が一つの共同的計画に基づいて全国の生産を調整し，こうしてそれを自分の統制の下におき，資本主義的生産の宿命である不断の無政府状態と周期的

第 7 章　自由時間とアソシアシオン：K. マルクス　153

痙攣とを終わらせるべき」(Marx [1871], 訳 319-20) ことを示唆している。つまり，社会が「一つの意識的で計画的なアソシアシオン」になるためには，まず労働者が自発的に資本主義的企業を自主管理的な協同組合企業に変革し，諸協同組合がさらに全国的な連合体を結成し，それが協議を通して全国的な共同的計画を作成し，それに応じて全国の生産を調整しなければならない。これが，マルクスの描いた，資本主義を超える経済社会の仕組みであった。

そして，このアソシアシオン的生産様式が歴史的にさらに発展した結果として，はじめて想定されるのが「共産主義社会」である。

共産主義社会のより高度の段階で，すなわち諸個人が分業に奴隷的に従属することがなくなり，それとともに精神労働と肉体労働との対立がなくなったのち，労働がたんに生活のための手段であるだけでなく，労働そのものが第一の生命欲求となったのち，諸個人の全面的な発展にともなって，またその生産諸力も増大し，協同組合的富のあらゆる泉がいっそう豊かに湧き出るようになったのち，そのときはじめて市民的権利の狭い視界を完全に踏み越えることができ，社会はその旗にこう書くことができる。各人はその能力に応じて，各人にはその必要に応じて！　(Marx [1875], 訳 21)

これが，マルクスにとって，自由を実現する社会の究極の姿であった。ただし，そもそもアソシアシオンにしても共産主義にしても，全社会的な合意形成と計画作成，生産調整の実施，労働時間に応じた分配の実施など，その具体的方法に関して論議されるべき点はあまりにも多い。これはあくまでも，現実の資本主義の現状を批判的に認識するのための仮説的理念であり，いわば一種の「ユートピア」的理念であると理解すべきであろう。

5　世界システムとしての資本主義

最後に，マルクスの国際関係認識がどのようなものだったのかを確認しておくことにしよう。彼は，初期から晩年まで一貫して，資本主義を世界システムとしてとらえており，例えば，自由貿易か保護貿易かという問題は，彼にとっ

ての問題ではなかった。

『共産党宣言』は，すでに同時代の資本主義的世界システムを，こう描いている。

> ブルジョアジーは，世界市場の開発によって，すべての国の生産と消費を世界市民的なものとした。反動家たちにとってたいへん嘆かわしいことに，ブルジョアジーは，産業の国民的な地盤をその足もとから取り去った。……古い地方的および国民的な自足性と閉鎖性に代わって，諸国民相互の全面的な交通と全面的な依存関係が現れる。……[他方では]ブルジョアジーは，しだいに，生産手段・所有・住民の分散を廃止する。彼らは，住民を集積させ，生産手段を集中させ，財産を少数の手に凝集させた。その必然的な結果は，政治的な中央集権であった。様々な利害・法律・政府・関税をもった，独立していてわずかに連合したにすぎない諸地方が，ひとつの国民，ひとつの政府，ひとつの法律，ひとつの国民的階級利害，ひとつの関税国境線の中に押し込められた。(Marx [1848]，訳 15-9)

ブルジョアジーが，一方で，世界市場を通して生産と消費を世界的規模のものにし，経済的な意味での「国民的な自足性」を廃棄しながらも，他方では，むしろ逆に政治的単位としての「ひとつの国民」を形成するのは，国内の封建的旧勢力や外国のブルジョアジーに対する闘争においてプロレタリアートを自らの側に動員するためである。

しかしながら，いったん既存の国民国家の枠内で「プロレタリアートの支配」が実現し，資本主義的生産様式が廃棄されれば，すでに世界市場の中で進行しつつある「諸民族の国民的な分離と対立」の消滅はいっそう加速されるし，「国民の内部での階級対立の消滅とともに，諸国民の敵対的な態度も消滅する」(Marx [1848]，訳 57) とマルクスは考えていた。資本主義が世界システムである以上，労働者の階級的利害も世界的に普遍的だからである。だからこそ彼は，「労働者は祖国をもたない」(Marx [1848]，訳 56)，「全世界のプロレタリア，団結せよ」(Marx [1848]，訳 97) と断言することができたのである。

このようなグローバルな視点こそ，マルクスの独自性をなすと言ってもいい

だろう。

　資本は一方では，交通すなわち交換のあらゆる場所的制限を取り払って，地球全体を自己の市場として獲得しようと努めないではいられず，他方では，時間によって空間を絶滅しようと，すなわちある場所から他の場所への移動に要する時間を最小限に引き下げようと努める。……資本は，それ自体はその本性からして局限されたものではあるが，生産諸力の普遍的な発展に努めるのであり，こうして新しい生産様式の前提となる。……この［資本の普遍的］傾向は，資本をそれに先行するいっさいの生産様式から区別すると同時に，資本はたんなる通過点として措定されているのだ，ということをうちに含んでいるのである。(Marx [1857-58]，訳 2, 216)

　場所と時間の制約を取り払って世界的＝地球的規模で展開する資本主義を必然的な通過点とし，それを前提として成立するグローバルな新しい生産様式。マルクスの言う「個人の全面的で自由な発展」が実現可能となるのは，そこにおいてである。

読書案内
　マルクスの著作は手紙やノート類も含めてそのほとんどすべてが翻訳されており，『マルクス・エンゲルス全集』（全49巻，大月書店，1959-91年）と『マルクス資本論草稿集』（全9巻，大月書店，1978-93年）に収められている。前者は現在ではCD-ROM版で手に入る。本文で引用した『経済学・哲学草稿』『共産党宣言』『資本論』『ゴータ綱領批判』などの主要な著作は，岩波文庫にも収められているので，入手しやすい。
　マルクスに関する研究書は膨大な量に上るが，マルクスの思想の全体像とその歴史的意義を簡潔に示したものとして，内田義彦『資本論の世界』（岩波新書，1966年）が今でも最良の入門書である。マルクスの時代や生涯，諸著作の内容，思想の現代的意味などを項目ごとに解説したものとしては，『アエラムック　マルクスがわかる。』（朝日新聞社，1999年）が確かにわかりやすい。「マルクスを知るためのブックガイド」も付いており，マニュアルとして便利である。自分でマルクスを読んでいて，よくわからない用語や知らない人名などにぶつかった場合には，『マルクス・カテゴリー事典』（青木書店，1998年）と『新マルクス学事典』（弘文堂，2000年）が役に立つ。マルクスの歴史観や社会変革構想をもっと詳しく知りたい場合は，植村邦彦『マルクスを読む』（青土社，2001年）を参照していただきたい。巻末にはマルクスの主要著作の読書案内や用語解説もあるので，参考になると思う。

理解を深めるために
1．モノに値段があり，貨幣で商品を買える，ということの前提となる社会の在り方はどのようなものかを説明しなさい。
2．「個人の自由な全面的発展」とは具体的にはどのようなことか，現在では何がそれを妨げているのか，考えてみよう。
3．「自由な時間」を生み出し，増大させる仕組みの中心的な推進力となるのは何だろうか。
4．資本主義的市場経済に取って代わる社会の在り方を，マルクスはどのように構想したか，またその構想にはどのような問題と限界があるかを考えなさい。

（植村邦彦）

第8章

社会政策の経済思想
G. シュモラー

19世紀前半にスミス経済学を母胎とするイギリス古典派経済学が形成され，とりわけリカードウ以降，抽象的な経済理論の探究こそが経済学の中心的課題だとする立場が強くなってくると，ドイツの地ではそれに反発するように，ロッシャー (W. Roscher, 1817-95) によって経済学の「歴史的方法」が提起され，この立場を主張する「歴史学派」が，ほぼ1930年代にいたるまで，ドイツの経済学の有力な潮流を形成した。歴史学派はシュモラー (Gustav von Schmoller, 1838-1917) が出ることによって一大学派となり，19世紀末にはドイツの大学を支配するようになった。一般に方法論的問題に関心を寄せたロッシャー，ヒルデブラント (B. Hildebrand, 1812-78)，クニース (K. Knies, 1821-98) を「旧歴史学派」，社会政策学会に結集し，特定の政策的テーマを対象として実証的歴史研究に取り組んだシュモラー，ブレンターノ (L. Brentano, 1844-1931)，クナップ (G. F. Knapp, 1842-1926)，ビューヒャー (K. Büher, 1847-1930) らの世代を「新歴史学派」と呼ぶことが慣例になっており，その後に続いて理論と歴史を総合しようとしたゾンバルト (W. Sombart, 1863-1941)，ヴェーバー (コラム4参照)，シュピートホフ (A. Spiethoff, 1873-1957) などを，シュンペーター (第12章参照) は「最新歴史学派」と呼んだ。「歴史的方法」の意味については論者によって異なるが，抽象的な経済理論の獲得を中心課題とするのではなく，理論命題を事実とつきあわせて相対化したり，歴史的・統計的資料から現実を支配する傾向や法則を引き出そうとし，経済学に健全な現実的・経験

的基礎を与えようとする意図は共通していた。

　なぜドイツで歴史学派が出現し，強い影響力を保持したかといえば，ドイツは17・18世紀以降ヨーロッパのなかで近代的国民国家の形成と経済発展の波に大きく乗り遅れたため，一定の経済発展を前提として形成され，「利己心」の仮説の上に築かれた自由主義的・個人主義的なイギリス古典派経済学はなかば現実味を欠いていたからである。19世紀になっても300以上の小領邦が割拠していたドイツは，ナポレオン軍の侵略に有効に対抗できなかったし，1815年に開催されたウィーン会議で誕生した「ドイツ連邦」も，38の主権国家のゆるやかな連合体にすぎなかった。当時のドイツの為政者にとって最大の関心は，イギリスやフランスに対抗できる統一された強力な国民国家の形成であり，かりに経済発展の原動力が，スミスの言うように，個人の自由な利己心の発揮にあるとしても，国家的・国民的利害と個人の自由との調和が追求されねばならなかったのである。こうした時代認識は，すでに歴史学派に先立ってリスト（コラム2参照）によって提示されていた。リストは，「富を創る力は富そのものより重要」であるという立場からスミスの「交換価値の理論」を批判し，「国民的生産力の理論」を樹立しようと試みた。「個々人がどれほど勤勉，節約，独創的，進取的，知的であっても，国民的統一がなく国民的分業および国民的結合がなくては，国民は決して高度の幸福と勢力とをかちえないであろうし，またその精神的・社会的・物質的諸財をしっかりと所有しつづけることがないであろう」（List［1841］，訳57）。同書でリストは，スミスが批判の対象とした「重商主義」が実は工業を保護する「重工主義 Industriesystem」にほかならず，イギリスのような経済大国になるためには自由貿易政策ではなく，保護関税政策が不可欠であることを示す一方，実践的にも——今日のヨーロッパ統合のモデルになった——ドイツ関税同盟の結成と政治的統一のために奮闘したのである。

　リストもロッシャーもイギリス古典派経済学の理論的達成を否定し，まったく別の理論体系を創り出そうとしたのではなかった。むしろ彼らは，「科学的」な経済学の名のもとに主張された大国の一方的な国家的・国民的利害を歴史的に相対化しようとしたのである。自由放任主義や自由貿易主義をそのまま採用

することは，ドイツ経済圏がイギリス工業製品の販路となり，農産物・原材料の供給地となることを意味した。それは現在の多くの開発途上国が置かれている状況でもある。リストやドイツ歴史学派の人々は，先進的な工業社会にいたるまでの「経済発展段階論」を構想し，ドイツがおかれている独自な状況と特殊な政策の必要性を正当化しようとした。さらに彼らは，経済社会の現実が「利己心」以外の多様な力の作用によって成立していることに注目し，むしろ経済学と他の社会諸科学との関連を重視した。ドイツ語圏では現在も経済学は，「国民経済学 Volkswirtschaftslehre」と表記されるが，この「国民経済学」は，第二次大戦にいたるまで，今日の「社会科学」という表現に相当する「国家科学 Staatswissenschaft」の一部門とされていたのである。「国家科学」という表現そのものが，逆にドイツの抱えた課題を表しているといえよう。経済学のこうしたドイツ的性格をもっともよく代表したのがシュモラーであり，本章は彼の経済思想の検討をつうじて，19世紀の経済学が到達したもうひとつの地平を明らかにしようとするものである。

1　社会問題と社会政策

　前述のように，ドイツ歴史学派はシュモラーにいたって大きな影響力をもつようになったのであるが，その最大の原因は，シュモラーが中心的指導者となって1872年に「社会政策学会」が結成され，これが学問的にも政治的にも重要な存在になったからであった。「社会政策 Sozialpolitik」とは，19世紀後半以降大きくクローズアップされた「社会問題」にたいする独自な処方箋を意味した。すなわち伝統的な経済形態の解体が進行するとともに，──ちょうど社会主義崩壊後のロシアや東欧で見られたように──一方では新しい市場経済に適応できない旧来の手工業者・小営業者の没落と，他方では株式投機を中心とした企業設立ブームにのった大企業家の急成長が見られ，こうした経済的格差の急速な拡大と社会的対立の増大に直面して，国家の介入と救済を要求する社会主義派と，自主的努力と自己責任（＝自助）を強調する自由放任主義派との社会的・イデオロギー的対立が激化した。社会政策学会に結集した人々

は，社会主義でも自由放任主義でもない第三の道として「社会政策」を要求したのであるが，その主な内容は，工場法の制定，私的・公的な住宅建設の促進，団結権の承認といった自由な市場経済を有効に作動させるための制度的前提条件——今日の言葉でいえばセーフティネット——の整備を国家に求めようとするものであった。彼らはこうした社会政策によって，1870年にようやく成立した統一国家「ドイツ帝国」の国民的分裂を回避しようとしたのである。

シュモラーの名を一躍有名にしたのは，このような社会政策の方向をはっきりと打ち出した主著『19世紀ドイツ小営業史』（1870年）の公刊によってである。彼は，技術革新が進展していく過程で，営業独占，徒弟制度，局地的な注文生産・販売によって特徴づけられる伝統的な手工業の基盤が解体していることを強調し，こうした過程に積極的に適応する手工業者と適応できない手工業者に分化していることに着目した。前者の企業活動について，シュモラーは次のように述べている。

> 有能な親方は，在庫めあてに仕事をしようとし，なによりも局地的販売以上のものを求めている。彼はあらゆる技術進歩を利用しようと試みる。彼は他の営業が提供する改善された部品を購入し，特定の専門品の製造に……自己を限定する。需要の変化に対応し，彼は往々にして全く新しい製品を完成させる……。彼は二～三人の労働者を雇用するが，これらの労働者は，……この部門が分離する以前の様々な営業に属していた人々である。こうして社会的には，小企業者という全く別の身分が成立し，それは事業規模・資本の大きさの点で……旧手工業者と異なったものではない。彼らはもともと有能な職人，単なる労働者，商人であり，こうした人々は皆，現在では好んで自らを工場主——たとえ一～二人の労働者しか雇用していないとしても——と称している。(Schmoller [1870], 198-9)

シュモラーによれば，多様な最終消費財を生産する金属加工業や皮革加工業などでは，このような小企業者が旺盛な企業活動を展開し，そのなかから企業規模を拡大させて「大工場の所有者にまで立身出世する人々」も出現していた。一般に彼らは自分を恃みとする「自力独行の人々 self made men」であり，経

済的・政治的自由主義の支持者であった。それにたいして，多くの手工業分野ではこうした過程に適応できない，あるいは適応を拒否する手工業者がおびただしく見られ，「手工業の窮状」や「手工業の過剰」が各地で社会問題となったのである。シュモラーはその現状を，ドイツの各地に寄せられた苦情を紹介して述べているが，それによれば，とりわけ小都市や農村では，大都市の工場と競合する部門でも技術の未熟な手工業者が借金してまで経営を開設し，彼らの数が過剰なために，日雇仕事によって生計を維持しているケースが多いという。

もともと手工業は厳格な徒弟制度に基づき，一定の技術的能力の証明（親方資格）によって営業の開設が許可されたのであるが，「営業の自由」の結果，一定の資金があればだれでも営業が可能となったのである。シュモラーは，大きな工場で働いていた職人が，そこでの信用を担保にして，「相応の資金も企業家にとって必要な営業・市場の知識ももたずに」独立して失敗した事例を挙げているが，こうした事実は，資本主義的市場経済が短期間に形成されたドイツでは，イギリスと異なって，多くの人々が伝統的な職業観を脱却することができず，経済的合理主義を身につける余裕もないままに，市場経済の荒波にほうり込まれてしまったことを意味した。シュモラーによれば，こうした人々は，新しい技術，マーケティングの知識，経営のノウハウに対する関心もそれらを修得する機会もなく，父祖伝来の職業を継いで安楽に暮らしたいとの願望から性急に独立しようとする。シュモラーにとって，彼らの存在は，「利己心の仮説」にたいする生きた反証にほかならなかった。

> ［これらの報告の事実は］国民経済の自由の心酔者によってしばしば看過される真理を示している。経済的階級を下降するにつれて，彼らの行為を規定するものは，もはや個々人にとって経済的に最善のものに対する認識ではなく，近視眼的な享楽欲，無為への刹那的傾向である。すなわち様々な種類の不道徳，それに附随する動機が，ここで国民経済学が考慮すべき心理学的要因をなしているのである。(Schmoller [1870], 117)

人々は，経済的自由が別の慣習，別の性質を，つまり別個の人間を創り出す

こと，最初は個々の人々だけが努力するとしても，そのほかの人々も競争によって彼らの後に従わざるをえなくなること，を期待した。……もし急進的な経済学者が，営業の自由によって前進しないすべての人々は没落すべきである，と進んで言明するとすれば，彼はその判断において生の事実に対して虚偽と思われる厳密な境界線を引くことになるし，また，少数の人々が所属する両極の中間に存在する多数の人々を見過ごすことになる。(Schmoller [1870], 155-6)

現実の経済社会では，経済的合理主義にしたがって行動する人々はまだ少数であり，いわば「伝統的心理」から行動する人々のほうが多数であった。シュモラーが自由主義的な急進的経済学者と異なって，自由競争の力を信頼しなかったのは，没落した人々がただちに社会主義運動に身を投じるであろうという予測だけではなかった。むしろドイツの輸出産業はこうした伝統的な手工業者によって支えられていたからである。たとえば有名なシュレージェンの麻織物業では，機械制綿工業に押されて販売が減少していったが，事業から撤退していく織物業者が存在する一方で，むしろ資金力のない業者の新たな参入と未熟な手織工の供給増加が生じ，価格下落にたいして工賃・賃金の切り下げと粗悪品の大量生産によって切り抜けようとした。機械制大経営によって脅かされていない分野でも，この時期には工賃・賃金の切り下げによって輸出産業を維持・拡大しようとする傾向がしばしば見られ，ドイツを横断して展開されている輸出工業の中核をなす「何千もの小企業」はこうして成り立っていたのである。つまり自由放任によって没落を放任することは，没落する人々の自己責任ですむことではなく，ドイツの産業構造を規定して，いわば「低賃金輸出国」としてしまうことになるのである。ドイツは一時的にはこうした輸出産業（その多くは奢侈産業）が繁栄し，企業の利潤も増大するだろうが，手工業者・労働者は低所得と劣悪な労働条件に苦しみ，経済的格差は拡大するであろう。

こうしてシュモラーは，人々の「伝統的心理」を改造し，近代的経済発展に適応できるように国家が積極的に介入すべきことを力説する。シュモラーはそのための手段として，①「下層階級の全体としての精神的水準を引き上げる」

ための学校教育の充実（義務教育制度の導入，初等教育の無償化，教育水準の向上），②小手工業者，家内工業の親方・労働者のための技術教育の整備（製図・実業補習学校の設立），を要求している。彼は，これをつうじて，「勤勉・努力・自主的責任という経済的徳性」を国民全体に植えつけ，「きちょうめんに帳簿をつけ，資金を節約し，貯蓄することを教え」，「企業精神 Unternehmungsgeist を賦与」しようとした。このような立場は，ある意味では「利己心」の経済学にもまして，前近代の伝統的な価値意識を厳しく断罪するものだったことに注意する必要がある。経済的合理主義を推進する観点から見れば，伝統的手工業者の行動は「刹那的」で「不道徳」に思われたのである。経済的先進国に追いつこうとする多くの国民にとって，学校教育は社会の伝統的部門から近代的部門への入り口であり，そこでは価値意識の転換が行われねばならなかった。学校教育のもとに働く社会的強制力は，こうした近代化の不可避性にあると考えられる。逆説的ではあるが，社会的富の飛躍的発展と個人の豊かさの実現は，「自由」という名のもとで，経済活動に大きな価値を認めない人々を排除ないし教育することによって成立するのである。後にこの「社会政策学会」を舞台として，科学としての経済学が価値判断とどのように関係するかを問題とする「価値判断論争」が起こるが，それは偶然ではない。

2　文化としての経済現象：歴史的・倫理的方法

さてシュモラーは，このような社会政策を実現すべき理念について，「われわれの理想は，わが国民のさらに大なる部分を，文化のもたらすあらゆる高度な財・教育・福祉に分かちあずからせること以外のなにものでもありません」(Schmoller [1872], 12)，と述べている。なぜ近代的経済発展を追求するかといえば，それが伝統的経済形態に比べて多くの富を実現し，社会の多数の人々がその富に参加できるからである。したがって社会政策は，経済的強者だけでなく，経済的弱者にも富と近代文化の恩恵に参加するチャンスを与えることを意味する。シュモラーはこれを——努力や勤勉が報われるべきである，という意味での——「配分的正義」の理念の実現と考えた。それは国民の多くが前述

の教育を通じて，さらにまた労働者の場合は団結権をつうじて高賃金を，小企業者の場合は協同組合をつうじて高い利潤を獲得することによって，社会的に所得の一定の平等化が実現するときに可能となる。もともとプロレタリアという言葉は，定職も資産ももたない貧民を意味したから，ヨーロッパの観念では，定職につき，住宅を所有し，貯金をもつ人々は「中産階級」なのである。その意味で社会政策は，「配分的正義」の理念によってプロレタリアから中産階級を作り出す政策であり，シュモラーが現代の先進諸国を見たら，自分の理想が基本的に実現されていると思うであろう。第二次大戦後の（西）ドイツでは，「社会的市場経済」といわれる経済・社会政策が遂行されたが，そこでは手工業者の技能訓練や住宅建設が重視されたり，特別な金利を適用する勤労者財産形成制度が新設されたが，そこに政策理念の連続性を容易に見て取ることができるだろう。

　こうした社会政策的立場を，シュモラーは，経済学に「心理学的基礎」を与えるべきであるとか，「経済学の倫理化」を要求するとか表現した。いわゆる「歴史的・倫理的方法」である。経済学がそもそも自然現象を扱う自然科学をモデルとすべきであるという考え方の根底には，経済学が人間のなかの「自然現象」，つまり本能である「利己心」を対象とするからだという想定が存在した。しかしシュモラーが指摘した事実は，経済を営む人間が多様な心理的原因に規定されていること，スミスのいう「利己心」と伝統的手工業者の——児童を酷使してまで儲けようとする——「営利欲」は異なっていること，経済的合理主義は「利己心」から必然的に生じるものではないこと，こうしたことを推測させたのである。シュモラーは，技術革新に敏感で，高賃金によって労働者の能率を最大限引き出そうとする「有能」で「合理的」な経営者こそが近代的な経済発展の推進者であり，彼らは長期的な視野から冷静に利潤追求を遂行するのであって，むしろ「無制限な利潤追求を抑制」する「適度な利己心」の持主であることを強調している。もしエゴイズムとしての「利己心」が人間の荒々しい自然に根差すものならば，経済的合理主義や「適度な利己心」は，そうした自然を抑制し，コントロールした結果にほかならない。したがって不変の「利己心」を前提として理論を構築しようとする従来の経済学は，事柄の重

要な側面を見失っていることになる。

> いかなる国民経済組織も，相互に相対的に自立した二つの系列の原因によって支配されている。一方は，旧来の経済学がもっぱら問題にした自然的・技術的原因であり，他方は，——従来時として言及されたが，国民経済にとってのその意義が体系的に研究されなかった——諸国民の心理学的・倫理的な生に由来する原因である。国民経済学は，前者の原因のみならず，後者の系列の原因も徹底的に究明されたときに，厳密な意味で科学となるであろう。(Schmoller [1874-75], 57)

ここで「倫理的」と訳した sittlich という言葉は，日本語に翻訳することが難しいのであるが，人間の共同生活を維持・発展させようとして働く心的な力を包括的に表す概念であり，個人を超えて人間を拘束する社会的，倫理的，慣習的，風習的といったニュアンスを含む多義的な表現である。シュモラーによれば，人が生きていくうえで不可欠の経済的配慮は本能から生じるとはいえ，経済行為は本能のままに行われる行為ではない。たとえば食欲をどのように満たしているかを考えればわかるが，われわれは他人を考慮しないでいつでも好き勝手に食欲を満たすのではなく，時間的にも空間的にも社会的約束事にしたがって，また礼儀作法にのっとって食欲を満たす。つまりさまざまな欲望の満足は，人間と社会が平和に存続できるように，利己的本能を修正し，コントロールし，儀式化することによって実現されるのである。そのような人間のあり方を文化と呼べば，地域や民族に応じた独自の文化が形成されるのであって，経済活動も文化的現象になるだろう。交換は「交換衝動」の産物だとするスミスを批判して，シュモラーは次のように主張している。

> いかにかんたんな交換取引といえども，規則的に交換を営むもののあいだに一定の倫理的な共同体が存立していなくては不可能である。すなわち人は明示的にせよ暗黙のうちにせよ，平和をまもることについて一致していなくてはならないし，交換を営むものは共通の価値観念を有し，共通の法を承認しなければならない。いかなる販売者も販売の瞬間には目の前にいる購買者と

ひとつの倫理的な信頼共同体を形成するのである。(Schmoller 1881, 38)

もし利己心だけが経済の原動力として動いているとすれば，経済社会は個人の寄せ集めにすぎず，国民を基盤とするひとつのまとまりとして「国民経済」を想定する必要はない。しかし現実には，自由放任の社会を考えても，最低限のモラルと必要最小限の国家的・法的制限が要求されるのであって，国民経済は個人相互の利害の調整や社会集団の対立を調停する共同社会を基盤として現われるのである。

国民ないし国家の個別経済を結びつける共同的なものは，単なる国家ではなく，もっと深いもの，すなわち言語，歴史，記憶，慣習，理念の共同性である。それは，共同の感情・理念界であり，共同の観念の支配であり，あらゆる心理学的衝動の多かれ少なかれ一致した緊張である。それはまた，こうした一致した心理学的基礎から成長する客観化された生の秩序以上のものであり，ギリシア人が慣習と法に結晶化された倫理的・精神共同意識に対して名づけた共同のエートスであり，これが人間のすべての行為に，したがって経済的行為にも影響するのである。(Schmoller 1881, 44-5)

「倫理的」な力とはこの「共同の観念」，「共同のエートス」を意味する心的力であり，シュモラーによれば，これが「求心力として」作用するから国民経済はひとつのまとまった共同体として現われることができるのである。

3　配分的正義

以上のような観点からシュモラーは，経済社会を個人の利己的経済行為に還元できると考え，そこに必要とされる「共同の観念」は等価交換を実現しようとする「交換的正義」だけでよいとする立場を退け，社会政策的介入を正当化する正義の観念として「配分的正義」を主張した。現実の経済社会が等質の個人から形成されているのではなく，とりわけ競争にさいしていわば「機会均等」の原則が実現されていない場合には，もうひとつの「共同の観念」として

「配分的正義」が働く。シュモラーは，避難用ボートに乗った水夫と乗客の例（乗客はオールをこぐ水夫に，限られた食料の中からより多くの食糧の提供を是認するだろう），好戦的な遊牧部族の例（より多くの財産所有が勇敢な戦士に承認されるだろう）を挙げて説明しているが，「配分的正義」とは，行為・業績と報酬のあいだには社会の他の人々によって正当化される「比例性」が支配すべきである，という理念である。したがってある企業者がばく大な利潤を得る場合，前述のような「有能」で「合理的」な経営者ならば，人々から是認されるが，児童を酷使する企業者の場合には非難されるであろう。この場合，技術革新に対応して労働時間を規制し，児童労働を禁止するほうが公共的利益となるから，こうした「工場法」は「配分的正義」の産物なのである。シュモラーからみると，経済的合理主義や「適度な利己心」を特定の企業者が有し，「工場法」が制定されたということは，なんらかのかたちで「配分的正義」が人々の「心理」をとらえた結果である，ということになる。シュモラーは，スミスが自明としていた問題を心理的観点から取り上げたといってよいだろう。

> 前提となっている仮定がつねに経済的自由の正しさを証明している，と考えることは誤りである……。そういえるのは，ただ特定の慣習・風習や特定の教養をもつ特定の人間を考えるかぎりにおいてのみである。スミスの経済学はまさにこうしたものである。それは彼の同時代の，イングランドとスコットランドの教養ある商工業中産階級を議論の出発点とした。つまり彼の経済学は，中世以来の時代遅れの経済法が廃止され，生き生きした諸力が躍進するのをまの目のあたりにしたのである。そういうわけでまったく一般的に，強制が国民経済を麻痺させ，自由が……すべての諸力を促進し，解放するのだ，と述べたのである。それは，疑いもなく正しい認識ではあったが，いきすぎた一般化であった。(Schmoller [1874-75], 63)

ここでは「倫理的」力の結果が「特定の慣習・風習や特定の教養をもつ」と表現されており，シュモラーはそうした力の展開に教育が重要な役割を果たすと考えていた。イギリスの場合，「特定の人間」のあいだで誠実な交換取引を行おうとする道徳的力が働き，さらにそれが習慣となって不誠実な取引を抑止

する社会的制裁力が作用しているから，最小限の法的規制だけが必要になり，自由が大きくなった，とシュモラーは考えたのである。したがって道徳と風習・慣習の力が強く働いていない場合には，スムースな経済取引の実現のために，法的強制力が大きくならざるをえず，自由はほとんどなくなるであろう。つまり近代社会において自由が大きな役割を果たすようになったのは，逆に倫理的な力が大きくなり，しかもそれが「道徳」として個人の内面を規制し，「風習・慣習」として社会集団の規律となり，「法」として必要最低限の強制力となったからなのである。

> 高度な文化民族は，倫理的な生の秩序の三領域へのこうした分離を遂行することによって――それらは互いに密接に関係しているが，独立して併存し，相互に作用しあい，自らを訂正し，社会的生のさまざまな部分をさまざまに結合し整序する――歴史における最大の進歩のひとつを実現した。倫理的規制の道徳，風習・慣習，法への分離のみが，一方では個人の近代的自由を，他方ではわれわれの文化国家の堅固さを説明する。(Schmoller 1900-04, I , 57)

ここでの「高度な文化民族」は西ヨーロッパの近代国民のことであり，シュモラーは，スミスだけでなく，――方法論争で対決した――メンガー（C. Menger, 1840-1921）に対しても，メンガーの理論が「西ヨーロッパの現代とだけ関係して」いることを強調している。つまりスミスもメンガーも，彼らが理論経済学の本質として把握している「経済人」が，西ヨーロッパにおける独自な倫理的発展の産物であることを，すなわち個人の自由を最大限に許容しうる精神的・制度的発展があったことを無視していることになる。スミスが当時の商工業中産階級に最大限の経済的自由を認めることができたのは，彼らが自分たちのエゴイズムに身を委ねたからではなく，それを個人的・社会的にコントロールすることができたために，自由の拡大が社会的・公共的利益と結びつくことができたのである。スミスの場合，「神の見えない手」は，人々が考えてもいなかった公共的利益をいわば意図せざる帰結として人知を超えて導くものであり，したがって「見えな」くとも「神」の配慮を想定するものであった。しかし経済現象を，前述のように，「自然的・技術的原因」と「心理学的・倫

理的原因」との複合的現象と考えたシュモラーの場合には,公共的利益の実現は,前者の原因系列によって創り出された富を,「倫理的」な力の人為的操作をつうじて,つまり「道徳」,「慣習・風習」,「法」への「配分的正義」の浸透をつうじて,「配分」することによって行われるのである。その結果として経済圏が拡大し,社会の富が増大していくことになるのだが,シュモラーは,こうした「倫理的」な力の中心に指導的政治家とその経済政策をおいた。こうしてスミスが批判した重商主義は,中世的な経済を近代的国民経済へと転換させる重要な経済政策として再評価されたのである。

4　重商主義の再評価

　前述のように重商主義の再評価を求めたのはリストであったが,国民経済の形成という観点から重商主義の歴史研究をはじめて遂行したのがシュモラーであった。1884年に書かれた彼の論文「重商主義の歴史的意義」のなかで,研究史上もっとも有名な個所は,つぎのような重商主義の定義である。

> 重商主義はその真髄において国家形成──しかし単なる国家形成ではなく,同時に国家=国民経済形成,すなわち,国家的共同体を同時に国民経済的共同体たらしめ,そこに高い意義を与えるところの,近代的意味における国家形成──にほかならない。この制度の本質は,およそ単に貨幣増殖ないし,貿易差額に関する学説のなかにのみ,関税国境線,保護関税,航海条例のなかにのみあるのではなく,はるかにそれ以上のもののなかにある。すなわち社会とその組織との,ならびに国家とその制度とのトータルな変革のなかに,局地的・地域的経済政策を国家的・国民的経済政策にとってかえることのなかにあるのである。(Schmoller［1884］,訳56)

　この定義からあきらかなように,シュモラーにとって重商主義は,貿易黒字を獲得しようとする経済政策の体系ではなく,国民国家成立以前の経済単位を,国民的単位にまで拡大する政治的変革の手段にほかならない。この論文で彼は,村落経済→都市経済→領邦経済→国民経済という経済発展の段階理論を提出し

ているが，この段階理論は，どの地域でも検証できるいわゆる発展法則という意味での段階理論ではない。そこでは段階の節目節目で政治的変革が生じて，それが新しい経済段階に導くと考えられており，そうした変革が起こらなければ次の段階へ移行することができないのである。極端にいえば，経済発展はそれをもたらそうとする政治の産物なのである。

　この段階理論においてシュモラーは，国民経済の原型として中世の都市経済を重視しているが，「商業の復活」の成果を都市経済という新しい組織的枠組みに取り込み，都市を「経済的進歩」の担い手たらしめたのは，都市の行政官であった。シュモラーは，もともと封建的所領管理の「役人」であり，所領としての都市の行政を委ねられた，司教座都市シュトラスブルクの「ミニステリアーレス」の意義について，次のように述べている。

> 司教からみれば，都市は彼の領地の一つにすぎません。彼は，農村と同じように都市においても，古い行政組織，実物貢租，賦役奉仕を放棄しようとは考えませんでした。だから，これに反対する住民のたたかいは，良き法に対する，また彼の財政収入源に対する反逆とみなされたわけです。都市のミニステリアーレスは，これとちがっていました。というのも，彼らは都市の利害関係といっしょに成長し，ここに定住し，裕福な市民と婚姻関係を結び，都市行政の問題についても，司教とはまったくちがって，精通していたからです。彼らは新しい時代とその要求するところとを理解するようになっていました。古い行政組織はもはや維持できないこと，荘園法にもとづく諸負担，実物奉仕体系は全部廃止され，それにかわって，基本的には金納租税体系が採用されねばならない，ということを彼らは知っていました。(Schmoller [1874], 訳 47-8)

シュモラーはこのように，「土地の事情に精通し，しかも上昇しつつある都市共同体を模範的に指導できる広い視野と政治的軍事的教養とを身につけた人々」(Schmoller [1874], 訳 52) の存在こそが，中世の「国民経済革命」を繁栄に導いたのだ，と力説する。このミニステリアーレスに相当するのが，領邦経済の場合には領邦君主であり，国民経済の場合には啓蒙専制君主に代表され

る開明的な君主とその官僚層であった。つまり経済の段階的発展を実現するのは，物質的条件だけでなく，英知にあふれた政治指導者の存在なのである。

> ［重商主義的］政策が個々に正しかったかどうかは，国家を指導する人物の知識と才知とにかかっていた。この政策が全体として正当化できるのかどうか，また成功の見込みがあるのかどうかは，当時も今も，それが国民的・経済的活動の偉大な向上しつつある潮流の同伴者であるかどうかにかかっていたのである。(Schmoller [1884]，訳83)

シュモラーは，国民国家の形成が遅れたドイツのなかで，プロイセンのみが重商主義的政策を遂行したことを強調している。それが可能だったのは，フリードリヒ・ヴィルヘルム一世が，ホーエンツォレルン家の利己的な利害関心からではなく，国家的＝国民的利害関心から官僚制を整備し，土着の貴族ではなく，外国人や市民出身の法律家を登用して「市民的・農民的」な利害を促進する重商主義政策を推進したからであった。つまり，政治指導者の英知とは，経済的進歩の趨勢を見抜く洞察力と，自分の属する身分・階級の利己的利益を超越した公共性への献身であった。そしてシュモラーは，巨大企業の企業者の場合にも政治指導者と同じく，たんなる利潤追求欲をこえた組織的管理能力や他人資本にたいする忠実な職務遂行能力といった資質が求められることを強調している。彼の理解では，企業者が獲得する利得の本質的部分は，企業組織を巧みに運営するという「労働」に対する対価にほかならなかった。

5　シュモラーとその後の歴史学派

以上のようにシュモラーは，その歴史的・倫理的方法をつうじて，経済発展が経済に対する人々の利己的関心から生ずるだけでなく，むしろそれ以上に「配分的正義」に代表されるような，倫理的力に依存していることを強調した。それは一国の経済発展が，たんなる権力欲をこえた賢明な政治指導者に，たんなる利潤欲をこえた有能な企業者に依存していることを示すものであった。シュモラーが設立した社会政策学会は，学者以外にも有力な政治家，官僚，実

業家，労組指導者を積極的にメンバーに加え，社会政策に関する学問的調査と討議を通じて，上記の意味での社会的・倫理的使命を実践的に覚醒しようとしたのである。シュモラーの背後には，労使協調主義的な企業者と労働者，リベラルな政治家と改革派官僚が控えており，古い封建的体質を引きずったドイツの土着貴族（ユンカー）の政治を批判し，イギリスやフランスに対抗できる近代的国民経済を建設しようとするナショナリズムが脈打っていた。シュモラーの訴えに感動した多くの有能な若者は社会政策学会に加入し，調査研究を柱とする「現実科学」としての経済学がドイツのアカデミズムを支配するようになった。

　シュンペーターは，シュモラーの方法が「超個人的な社会的構成要素」を問題にしたと指摘したが，シュモラーは「倫理的」という言葉によって，理論経済学の隠れた前提となっていた——個人の行動を規定し，それを包み込んでいる——西ヨーロッパ人の経済倫理とその制度を明示的に問題にしたといえよう。そしてシュモラーは晩年にいたって，この倫理的力の展開を，当時流行していた哲学的な「心理学」や「ソーシャル・ダーウィニズム」の枠組みを借りて，人類史的観点から体系的に説明しようとした。すなわち彼は大著『一般国民経済学要綱』において，太古の母系的集団を出発点としたヨーロッパ民族が，現代の複雑な政治的・経済的・法的制度を有する国民国家・国民経済へと進化・発展していく過程を歴史的に描いたのであるが，そうした過程は「自然」の産物ではなく，文化的・倫理的な意味での進歩をもたらす一種の心理学的な発達過程の産物と理解された。すなわち彼の理解によれば，歴史における文化的・倫理的進歩とは，生物が単純な細胞組織から複雑な器官を具えた生物に進化していくように，単純な組織原理の原始社会から，政治的・法的・経済的に多様な——所有，婚姻，市場，貨幣，営業などの——制度が複雑な形態に分化・進化し，この「共同生活の部分的秩序」としての制度が全体として有機的に統合されるようになることを意味する。つまりこうした制度を動かしていく——氏族，家族，協同組合，ゲマインデ，国家などの——機関の内部において，利己心ではなく，倫理的な「共同のエートス」が支配し，さまざまな軋轢や闘争を「平和化」・「倫理化」することによって，制度的進化が文化的・

倫理的進歩として現われてくるのである。

　これを前述の発展段階論のほうから見ると，出発点としての村落経済は，精神的労働と機械的（肉体的）労働の分化と，そこにもとづく支配者と被支配者の分化を内包する家父長的な家経済の成立を意味し，これが支配圏を拡大して国民国家・国民経済へと展開することになる。家長の家政能力は，倫理的な「共同のエートス」が浸透した結果，家族成員の技術的進歩を促進し，経済的成果を家族成員に適切に分配する指導者としての能力として現われ，人々をそうした進歩の軌道に導き入れる「教化」の力にたいして，支配と財産が正当化されることになる。その後のあらゆる支配関係——祭司と民衆，封建領主と農民，工場経営者と労働者など——は，この家長の家政能力の分化・発展過程として把握され，こうした指導＝教化力として現われる倫理的な力こそが，人類を原始社会から高度な産業社会へと発展させたと説明されるのである。こうした説明によってシュモラーは，現代の国民国家あるいは企業の指導者に，経済的進歩を指向する家長としての自覚を呼びかけたのであり，社会政策学会は，このような意味で，政治家や企業者を教化する機関にほかならなかった。

　しかしながら，シュモラーの——現代の産業社会システムの本質的要素はこうした意味での「倫理的進歩」の産物であり，賢明な指導的政治家や有能な企業者の存在が不可欠である，という——説明は，シュモラーの意図とは別に，しばしばドイツの経済政策が陥った過剰な経済への政治的介入を擁護するように見えたために，また伝統的な家父長的支配と経済的進歩が共存する彼の家長の概念が，概念構成としては無理があったために，歴史学派内部からも厳しく批判された。さらにそうした説明は，彼自身がスミスやメンガーにたいする批判のなかで示した論点，すなわちイギリスあるいは西ヨーロッパでそうした「特定のタイプの」企業者がどうして出現したのか，という問題に答えていないことになる——というのも，シュモラーの説明の仕方では，産業社会が発展しなかった西ヨーロッパ以外の地では，人間の倫理的進歩も賢明な指導的政治家や有能な企業者も存在しなかったことになるから——ために，若い世代から厳しく批判されることになった。つまりシュモラーの方法は，歴史に作用する多様な精神的力をすべて「倫理的」力に還元してしまったために，歴史

的事象の具体的な因果関連をたどろうとする歴史学からみて大きな問題をはらむことになってしまったのである。

　こうして残された課題の探究を遂行しようとしたのが，シュモラーの後継者であるゾンバルトとヴェーバーであった。ゾンバルトは，マルクスを批判的に摂取しつつ，現代の産業社会システムを「資本主義」と呼び，スミスの利己心とシュモラーが問題にした経済的合理主義を結びつけて「資本主義的精神」と名づけ，中世後期の貨幣経済の復活とルネサンスという具体的な歴史的状況のなかで，資本主義の出発点となる「資本主義的精神」の出現と貨幣資本の蓄積が生じたと主張した（Sombart [1902]）。この見解を批判したヴェーバーは，初期資本主義において，企業者にも労働者にも共通してみられる倫理的・合理的な生活態度という意味で「資本主義の精神」という概念を提起し，これがルネサンスではなく，宗教改革によって成立したピューリタニズムの禁欲的な生活実践の意図せざる帰結に由来すると論じた（Weber 1904）。こうしてシュモラーの歴史的・倫理的方法は，後継者による批判的摂取をつうじて，理論経済学とは異なる領域——現代の経済システムの歴史的由来を探究する経済史と，経済と宗教その他の社会領域との相互作用を問題にする経済社会学——を切り開くことになったのである。こうした研究は，マルクスとは別の——社会主義に批判的な——観点から「資本主義は将来どうなるのか」という問題意識に貫かれており，その一端はシュンペーターにも伺われるが（Schumpeter 1950），社会主義体制が崩壊した今日，われわれはあらためて歴史学派の遺産を真剣に検討することを求められている。

読書案内
　歴史学派の研究はもともと数が少ないうえに，翻訳や個々の人物について言及したものも古い出版物が多い。ここでは入手しやすい新しいものを中心に紹介しよう。なおヴェーバーに関してはおびただしい数になるので，触れないことにする。歴史学派の全体像について，トマス・リハ著／原田哲史・田村信一・内田博訳『ドイツ政治経済学』（ミネルヴァ書房，1992年）は平易に叙述されており，入門的な解説として推奨できる。またイギリスと日本の新しい研究成果として，キース・トライブ著／小林純・手塚真・枡田大知彦訳『経済秩序のストラテジー』（ミネルヴァ書房，1998年），住谷一彦・八木紀一郎編『歴史学派の世界』

(日本経済評論社，1998 年）を挙げることができる。個々の人物では，それらで論じられているもの以外に，『小林昇経済学史著作集』（全 11 巻，未来社，1976-89 年）のⅥ・Ⅶ・Ⅷ巻に，リストの伝記や入門的解説を含む多数の研究論文が収められており，ヒルデブラント著／橋本昭一訳『実物経済，貨幣経済および信用経済』（未来社，1972 年）には，丁寧な伝記と訳者解説がついている。またシュモラーの研究書として田村信一『グスタフ・シュモラー研究』（御茶の水書房，1993 年）があり，本章の記述はそこに依拠したものなので，個々の論点をもう少し掘り下げてみようとする読者は，同書を参照していただきたい。なおシュモラーの歴史的方法については，シュモラー著／田村信一訳『国民経済，国民経済学および方法』（日本経済評論社，2002 年刊行予定）がある。ゾンバルトの翻訳は近年盛んになり，金森誠也訳による『恋愛と贅沢と資本主義』（論創社，1987 年），『ブルジョワ』（中央公論社，1990 年），『戦争と資本主義』（論創社，1996 年），金森誠也・安藤勉訳『ユダヤ人と経済生活』（荒地出版社，1994 年）などが出版されている。

理解を深めるために
1．今日の経済学は発展途上国の人々からはどのように見えるのか，論じてみよう。
2．シュモラーが主張したように，個人の自由を発揮するために社会的・国家的助成が必要だとする発想は現在のドイツにも強い。第二次大戦後に導入された「勤労者財産形成制度」について調べ，ドイツ的な「自由」の功罪を考えてみよう。
3．シュモラーは手工業者が多数存在するというドイツ特有の事情を考えながら，教育をつうじて手工業の近代化を構想したが，今日の世界では，広い意味での（手仕事としての）手工業をどのように考えたらよいのだろうか。
4．リストやシュモラーのように，重商主義を評価する観点からイギリスやフランスの重商主義の歴史を調べてみよう。
5．歴史学派は市場経済システムの歴史的相対性をわれわれに教えたが，資本主義は将来どうなるのか，特定の思想にとらわれることなく自由に，冷静に考えてみよう。

（田村信一）

第9章

絶対的自由競争と国家
L. ワルラス

　レオン・ワルラス（Léon Walras, 1834-1910）は，一般均衡理論を創設し，現代経済学の基礎を築いたフランスの経済学者である。

　「均衡」とは，相反する力がつりあって動かない状態のことである。ワルラスは，このような力学の概念を，市場社会の表現に応用した。一般均衡とは，すべての経済主体が与えられた制約条件のもとで満足を最大化し，すべての市場において需要と供給が等しい状態を意味している。ワルラスは，このような状態を，主著『純粋経済学要論』（1874-77年）において，経済学史上初めて連立方程式の形で表現した。市場社会に存在する無数の経済主体の行動は，すべて相互依存関係にあり，それを表現した連立方程式の解が，市場社会に存在する無数の財やサービスの価格である。ここでは，誰も価格の決定に恣意的な影響力を及ぼすことができず，すべての者は，価格を与えられたものとして行動する。無数の平等な個人の集まりがワルラスの一般均衡の世界である。

　ワルラスの『純粋経済学要論』に描かれているのは，このように国家権力などが排除された個人主義的な世界であり，そこに国家や社会を考察する余地は，残されていないかのように見える。しかしワルラスの経済学体系は，純粋経済学（一般均衡理論）だけでなく，社会経済学，応用経済学という三つの部分から構成されており，純粋経済学と他の二つの分野がどのように関連しているかを知ることによって初めて，ワルラスの経済学者としての意図を十分に知ることができるのである。

1　純粋経済学の課題

　ワルラスの父親のオーギュスト（A. Walras, 1801-66）は，稀少性価値理論の本を出版したこともあったが，同時代人から注目されることはなく，また大学で経済学を講義するという夢も一生かなうことなく，経済学者として無名のまま生涯を終えた。レオン・ワルラスは，父親から基本的な経済学の手ほどきを受けただけでなく，その独特の社会主義思想とくに土地国有化論から大きな影響を受けた。ワルラスの純粋経済学は父親の稀少性価値理論に負うところが少なくなく，社会経済学も，土地国有化論が中心にある。

　理科系のエリートが入学するエコール・ポリテクニーク（理工科学校）の入学に失敗し，しぶしぶ入学したエコール・デ・ミーヌ（鉱山学校）も中退したワルラスは，結局，大学で正式な経済学教育を受けることはなかった。小説家を志したこともあったが，1859年父親の強い説得で経済学者になろうと決意し，1860年父親の助言のもと，処女作『経済学と正義——プルードン氏の経済学説に関する批判的検討と反論』を出版した。この中でワルラスは，自らの経済学体系を「交換の理論」（稀少性価値理論，後の純粋経済学）と「所有の理論」（土地国有化論，後の社会経済学）とにはっきりと分割し，「交換の理論」は自然科学であり，「所有の理論」は道徳科学であること，自然科学は道徳科学の基礎理論となるべきことを主張した。

　ワルラスの意図は，父親がかねてから主張している土地国有化の主張に，科学的根拠を与えることであった。しかしながら資本所有ではなく土地所有の廃止だけを主張することは，労働者と資本家の対立が激化する当時の状況においては，異端であるとともに説得力にも欠けていた。ワルラスは，各人の労働と節約にもとづく資本所有は，社会進歩のために否定するべきではなく，搾取の根源は土地所有にあることを，父親の稀少性価値理論を根拠に示そうとした。すなわち，すべての価値の原因を稀少性に求めれば，資本蓄積と人口増加にともなって上昇するのは地代と地価だけで，その結果，社会の進歩にともなって有利となるのは地主階級だけである。したがって，進歩と平等を同時に達成するためには，土地国有化こそが有効だということになる。

このようなワルラス父子の主張は，「条件の平等，結果としての地位の不平等」というスローガンで表現されている。土地国有化によってスタートラインの平等を整えれば，あとは自由競争が，人間の意思を超えたところで等価交換を実現してくれる。ワルラスは，このような主張によって，同時代の社会主義者たちが主張する，結果の平等や資本所有の廃止に反対した。ワルラスは，自らの主張に科学的根拠を与えるため，数学的形式での純粋経済学を創設する決心をした。また同時に，自由競争が最も効率的な価格決定の制度であるということを証明する必要性をも認識した。

　これは，ワルラスの純粋経済学が他の二つの分野とどのように関連しているのかを理解する上で重要である。「社会の進歩にともなって地代と地価が上昇すること」を証明することは，社会経済学における「正義」の議論に基礎を与える。すなわち社会経済学は，土地国有化と税制撤廃の問題を論じ，スタートラインの平等を実現することを目的としている。一方「自由競争の効率性」は，応用経済学における「利益」の議論に基礎を与える。応用経済学は，実際の社会において自由競争制度をいかに組織するかという問題を扱い，公正な競争のための制度作りを考察することを目的としている。

　雑誌記者や鉄道会社の書記としての経験，アソシアシオン（協同組合）運動への献身とその失敗など，激動の青年期を過ごした後，ワルラスは，1870年36歳のときに，スイスのローザンヌ大学で教職を得た。ワルラスが純粋経済学に本格的にとりくむのはここからである。

　『純粋経済学要論』は初版の第1分冊が1874年，第2分冊が1877年に出版され，ワルラスの存命中は，第四版（1900年）まで版を重ねることになった。ワルラスはこの中で，交換の理論から出発し，生産，資本形成，流通および貨幣の理論へと，単純な世界から複雑な世界へと議論を進める。ワルラスの議論を貫くのは，交換を基本としたすべての経済主体の相互依存関係であり，彼はそれを連立方程式の形で史上初めて表現した。そしてワルラスの純粋経済学が一般均衡理論と呼ばれるゆえんは，すべての経済主体と市場において，つりあいの状態がもたらされることを，議論の出発点にしているからである。すなわち市場における交換当事者は，与えられた条件のもとで，効用を最大化し（主

体的均衡 subjective equilibrium），すべての交換当事者による各商品の需要量と供給量とは均衡する（市場均衡 market equilibrium）。

　ワルラスがこのような概念をもとに純粋経済学を設立しようとした背景には，自然科学と同じ方法で社会科学の基礎理論を打ち立てたいという青年時代からの夢があった。それによって，同時代の社会主義者たちや自由放任主義の経済学者たちに対抗して，真の社会改革を実現することができると信じていたのである。

　ワルラスが，すべての交換当事者の効用最大化によって示したかったメッセージは，自由競争が最も効率的な価格決定制度になりうるということである。これは，自由競争制度を悪の根源として否定する同時代の社会主義者たちへの反論でもあり，また同時に，自由放任を最良の制度として，体制の弁護に終始する自由放任主義者へのアンチ・テーゼでもあった。ワルラスの純粋経済学における自由競争の概念は，「仮説的自由競争」あるいは「絶対的自由競争」と呼ばれ，現実に存在するものではないからである。

> 不幸にして次のことを述べなければならない。今日までの経済学者は，自由放任がどのようなものであるか示すことなく，ただこれを主張するだけであった。それは，国家介入がどのようなものであるかを，これまた示すことなく主張した新旧の社会主義者に対抗するためである。このように言えば，ある人たちの自尊心を傷つけることになると思われるが，こう問うことは許されるだろう。経済学者が自由競争の結果がどのようなものであるかということを知らないとしたら，自由競争の結果が有益で有利であることをどうして証明することができようか，と。そしてまた，定義も与えず，このことを証明するのに関係のある法則を定式化することもしないで，どうして上のことを証明することができようか，と。(Walras [1874-77], 335)

　純粋経済学の結論をもとにした，ワルラスの現実経済への提言は，応用経済学と社会経済学の分野で展開されるはずであった。しかし残念ながらワルラスはこれら二つの分野については，論文集『社会経済学研究』（1896年）と『応用経済学研究』（1898年）を出版しただけで，体系として完成することはな

かった。また，同時代に彼が行った政策提言はほとんど無視され，純粋経済学への貢献のみが高く評価されることになったのである。

2　純粋経済学の世界

それではまず，ワルラスが『純粋経済学要論』において示した経済社会のイメージをみてみよう。ワルラスは序文において，純粋経済学を次のように定義する。

> 純粋経済学は本質的には絶対的な自由競争という仮説的な制度のもとにおける価格決定の理論である。稀少であるために，言い換えれば効用をもつとともに量が限られているために価格をもつことができる物質的，非物質的なすべての物の総体は，社会的富を形成する。純粋経済学が同時に社会的富の理論でもあるのはこのためである。(Walras [1874-77], 11)

このように純粋経済学とは，「稀少性」をもつ財と用役（サービス）の価格理論である。第四版の構成をみてみよう。

- 第1編　政治社会経済学の目的および区分
- 第2編　二商品の間の交換の理論
- 第3編　多数の商品の間の交換の理論
- 第4編　生産の理論
- 第5編　資本形成および信用の理論
- 第6編　流通および貨幣の理論
- 第7編　経済的進歩の条件と結果。純粋経済学の諸体系の批判
- 第8編　公定価格，独占および租税について

このうち第2編から第6編は，価格決定の四つの段階を示しており，『純粋経済学要論』の中心部分にあたる。ワルラスは，まず交換の理論において消費財と消費用役の価格決定を示す。この段階においては，生産は行われず，各経済主体は，自らのもつ財と用役を消費のために交換し合っている。消費用役を

提供するとは，土地や建物を住居用に貸したり，召使として働くことを想像すれば，わかりやすいであろう。第二段階の生産の理論においては，原料と生産用役の価格が決定される。同じ土地でも農地としてあるいは工場用地として貸す場合が含まれ，同じ労働でも工場で働くといったような生産活動にかかわる場合が含まれてくるのである。第三段階の資本形成および信用の理論においては，貯蓄が行われ，それにより新資本財が生産される。第四段階においては，貨幣が導入される。前段階までワルラスは現実的な意味での貨幣は導入せず，ニューメレール（価値尺度財）という概念を用いて議論を進めていた。これは，ある商品の価格を1とし，それによって他の価格を表現するというものである。

　では，この中の生産の理論に注目してみよう。ここでは，四つの階級が登場する。地主，労働者，資本家，そして企業者である。ここで注意しなければならないのは，前者三階級は，「（広義の）資本家たち」と呼ばれ，四番目の階級である企業者とは，本質的に異なるということである。

　ワルラスは，資本財だけでなく，土地そして「人的能力」をも「資本」と呼び，それぞれの所有者である地主，労働者，資本家をすべて「（広義の）資本家」とみなした。現実社会の不平等とは裏腹に，ワルラスはあえて，すべての人間を「資本家」と呼び，三つの階級が市場において対等であることを強調した。このようなワルラスの主張に，フランス革命の平等思想の影響を見ることも可能である。また三つの階級は，社会において別々に存在するのではなく，「人的能力」を所有する人間は，結局のところすべて労働者であり，もし彼が資本財を所有するのであれば，同時に狭義の資本家ともみなされ，土地を所有していれば地主ともみなされることに注意しなければならない。

　さてそれぞれの階級の行動についてみてみよう。広義の資本家たちは，それぞれが所有する資本（土地，人的能力，資本財）が生み出すサービス（土地用役，労働，資本用役）を売って，その対価である，地代，賃金，利子を受け取っている。また第四の階級である企業者は，生産活動のために提供されたサービス（生産用役）を組み合わせて，生産物を作っている。

　生産の理論においては二つの市場が登場する。生産用役市場と生産物市場である。生産用役市場において，いま土地用役（T），（T′），（T″）…，労働用役

(P)，(P′)，(P″)…，資本用役（K），(K′)，(K″)…が取引されている。用役は全部で n 種類あるとしよう。ここで生産用役を供給するのは広義の資本家たち，それらを需要するのは企業者である。生産物市場においては，生産物（A），(B)，(C)，(D)…が取引されている。生産物は全部で m 種類あるとしよう。ここでは逆に，企業者が供給者であり，広義の資本家たちが需要者である。

稀少性は，限界効用と同義語であり，$\gamma = \varphi(q)$ と表現される。いまある人が，(T)の q_t，(P)の q_p，(K)の q_k を処分可能だとする。

そして生産物（A）をニューメレール（価値尺度財）に選び，その価格を1と考え，それで表した生産物と用役のそれぞれの市場価格を p_b，p_c，$p_d \cdots p_t$，p_p，$p_k \cdots$ とする。

これらの価格における用役の供給量を，o_t，o_p，$o_k \cdots$，生産物の需要量を d_a，d_a，d_c，$d_d \cdots$ であらわすと，IからⅧまでの方程式が得られる。

I　収支均等式1個。これは，収入（生産用役の供給額）と支出（生産物の需要額）が等しいことを表す。

$$o_t p_t + o_p p_p + o_k p_k + \cdots = d_a + d_b p_b + d_c p_c + d_d p_d + \cdots$$

II　極大満足式 $n+m-1$ 個。これは，価格と限界効用の比がすべての財とサービスについて等しいとき，その人の満足が最大化されていること，すなわち限界効用均等の法則を表す。

$$\varphi_t(q_t - o_t) = p_t \varphi_a(d_a)$$
$$\varphi_p(q_p - o_p) = p_p \varphi_a(d_a)$$
$$\varphi_k(q_k - o_k) = p_k \varphi_a(d_a) \cdots$$
$$\varphi_b(d_b) = p_b \varphi_a(d_a)$$
$$\varphi_c(d_c) = p_c \varphi_a(d_a)$$
$$\varphi_d(d_d) = p_d \varphi_a(d_a) \cdots$$

このように広義の資本家たちの行動原理は，自らが所有する資本（土地・人的能力・狭義の資本財）が生み出す用役（土地用役・労働・資本用役）を，与えられた価格水準のもとで自らの満足が最大になるように，自分のために消費す

るか他人に売り渡すかを決定する。彼らは，価格に対して恣意的な影響力を及ぼすことができない価格受容者（price taker）である。売り渡した用役に対してはその対価（地代・賃金・利子）を受け取り，それによって企業者から生産物を購入する。均衡状態において彼らの効用は最大化されている。

さて，I，IIの方程式から未知数 o_t, o_p, o_k…および d_a, d_b, d_c, d_d を価格の関数として与える方程式IIIとIVがえられる。

III 各人の生産用役の供給量がすべての価格に依存することを表す，個人による生産用役の供給方程式が n 個。

$o_t = f_t (p_t, p_p, p_k, \cdots, p_b, p_c, p_d \cdots)$

$o_p = f_p (p_t, p_p, p_k, \cdots, p_b, p_c, p_d \cdots)$

$o_k = f_k (p_t, p_p, p_k, \cdots, p_b, p_c, p_d \cdots) \cdots$

IV 各人の生産物への需要量がすべての価格に依存することを表す，個人による生産物の需要方程式が m 個。

(B) (C) (D) …に関しては［II］より

$d_b = f_b (p_t, p_p, p_k, \cdots, p_b, p_c, p_d \cdots)$

$d_c = f_c (p_t, p_p, p_k, \cdots, p_b, p_c, p_d \cdots)$

$d_d = f_d (p_t, p_p, p_k, \cdots, p_b, p_c, p_d \cdots) \cdots$

(A) に関しては［I］より

$d_a = o_t p_t + o_p p_p + o_k p_k + \cdots - (d_b p_b + d_c p_c + d_d p_d + \cdots)$

このようにワルラスは，ある財やサービスの需要量および供給量が，それ自身の価格だけでなく，すべての財やサービスの価格の関数に依存することを主張した。これによってすべての経済諸要素の相互依存関係を表現したのである。

次に，生産用役の総供給を O_t, O_p, O_k…，生産物の総需要を D_a, D_b, D_c …，関数 f_t, f_p, f_k…f_b, f_c, f_d…のそれぞれの合計を，F_t, F_p, F_k…F_b, F_c, F_d…とすると，

V 各用役の総供給量がすべての価格に依存することを示す用役の供給方程式 n 個。

$$O_t = F_t(p_t, p_p, p_k, \cdots, p_b, p_c, p_d \cdots)$$
$$O_p = F_p(p_t, p_p, p_k, \cdots, p_b, p_c, p_d \cdots)$$
$$O_k = F_k(p_t, p_p, p_k, \cdots, p_b, p_c, p_d \cdots) \cdots$$

Ⅵ 各生産物の需要量がすべての価格に依存することを示す生産物の需要方程式 m 個。

$$D_b = F_b(p_t, p_p, p_k, \cdots, p_b, p_c, p_d \cdots)$$
$$D_c = F_c(p_t, p_p, p_k, \cdots, p_b, p_c, p_d \cdots)$$
$$D_d = F_d(p_t, p_p, p_k, \cdots, p_b, p_c, p_d \cdots) \cdots$$
$$D_a = O_t p_t + O_p p_p + O_k p_k + \cdots - (D_b p_b + D_c p_c + D_d p_d + \cdots)$$

Ⅶ 各生産用役の需給均等式 n 個。

生産係数（生産物 A，B，C，…の 1 単位を生産するのに必要な生産用役 T，P，K，…の量）を $a_t, a_p, a_k, \cdots, b_t, b_p, b_k, \cdots c_t, c_p, c_k, \cdots$ とし，それらが今，一定であると仮定すると

$$a_t D_a + b_t D_b + c_t D_c + d_t D_d + \cdots = O_t$$
$$a_p D_a + b_p D_b + c_p D_c + d_p D_d + \cdots = O_p$$
$$a_k D_a + b_k D_b + c_k D_c + d_k D_d + \cdots = O_k \cdots$$

Ⅷ 生産費と生産物価格の均等式 m 個。

$$a_t p_t + a_p p_p + a_k p_k + \cdots = 1$$
$$b_t p_t + b_p p_p + b_k p_k + \cdots = p_b$$
$$c_t p_t + c_p p_p + c_k p_k + \cdots = p_c$$
$$d_t p_t + d_p p_p + d_k p_k + \cdots = p_d \cdots$$

このような生産費と販売価格の均等をもたらすのは，企業者の行動である。広義の資本家たちから生産用役を購入し，それらを組み合わせて生産物を生産し，広義の資本家たちに売り渡す。企業者はより大きな利潤（販売価格－生産費）の獲得を目指す。もし生産費＞販売価格ならば，生産量を減少させるか，その部門から撤退し，生産費＜販売価格ならば，生産量を増加させるか，その部門にあらたに参入する。その結果もたらされる均衡状態においては，生産費＝販売価格が実現する。このとき注目すべきことは，企業者の受け取る利潤は

ゼロになるということである。

　よって[Ⅴ]〜[Ⅷ]の方程式の数は $2m+2n$ だが，このうちのひとつは独立ではないので，独立な式は $2m+2n-1$ である。他方，未知数は用役の総供給量 n 個，用役の価格 n 個，生産物の総需要量 m 個，生産物の価格 $m-1$ 個であり，方程式の数と未知数の数は一致する。

3　純粋経済学の非現実性

　以上のような連立方程式による価格決定理論を，ワルラスは「理論的解決」と呼んだ。それは，市場機構がいかに均衡解を見いだすかという議論であり，ワルラスは，方程式と未知数の数の一致によりそれを示すことができると単純に考えていた。

　他方ワルラスは，「実際的解決」の議論も展開している。これは任意の不均衡の状態から出発してどのように均衡解に到達するかという議論である。

　「実際的解決」の議論において，ワルラスはパリの証券取引所のイメージを借り，オークションの形式によって自由競争において実際に均衡価格が達成される過程を描写しようとした。これは「模索過程」と呼ばれる。そこでは，まず最初に，競売人がある価格を叫ぶ。その価格水準のもとで，もし需要量が供給量よりも多ければ，競売人は価格を上げ，もし供給量が需要量よりも多ければ，価格を下げる。そのような試行錯誤によって，やがて需要量と供給量が等しくなるような価格が発見でき，その時点で現実の取引を行うというものである。

　しかしこのような説明は，生産が行われる場合には不都合が生じる。均衡が達成される以前につけられた価格で，均衡量でない数量が生産された場合である。ある生産用役の価格がある競売人によって叫ばれ，その価格で生産用役が需要され，そして生産物が生産されたあとで，それらの価格や数量が均衡価格や均衡数量でないことが判明した場合，その生産用役について別な価格が叫ばれなければならないだけでなく，生産物の生産量も変更されなければならないからである。このような問題を解決するために，ワルラスは「条件つき取引証

書」という概念を導入した。これは，ある価格である量の財や用役を購入・販売するための暫定的契約書であり，その価格が経済全体にとっての均衡価格になる場合にのみ有効だというものである。これによって，均衡価格の発見まで現実の生産や取引はおこなわれないとしたのである。

このようなワルラスの考え方は，時間というものをまったく無視しているため，無時間的調整と呼ばれる。時間の不在は，それ以降ワルラス・モデルの欠陥とみなされ，それを乗り越えることが，シュンペーター（第12章参照）やヒックス（J. R. Hicks, 1904-89）をはじめとする20世紀の経済学者たちの課題となった。

ワルラス・モデルには，時間の不在という特徴だけでなく，非現実的な要素が多く含まれており，ワルラスは同時代の経済学者たちからも様々な批判を受けた。たとえば企業者は，均衡状態においてまったく利潤を受け取ることがなければ，技術革新どころか生存さえも不可能である。この点についてワルラスは，企業者はそれ以外の階級の役割も果たすことによって収入を得ることが可能だという説明をしている。同時に，企業者は単なる媒介者であり，市場社会は本質的に，広義の資本家たちの交換活動として理解できるとも言っている。ワルラスにとって企業者とは，その現実的な意味よりも，シンボルとしての役割が重要なのである。また労働者が，市場の賃金水準に反応して自由に労働時間を決定するという考え方も，資本主義制度のもとでは非現実的である。他方，ワルラスの土地国有化の主張は，モデルには一切登場しない。このようにワルラス・モデルは，現実の資本主義経済を描写したものでもなく，またワルラスの考える理想社会を表現したものでもないのである。

4　国家の役割

では純粋経済学はどのようにして現実社会との接点をもつのであろうか。この問題を考えるにあたっては，ワルラスにおける純粋経済学と応用経済学の関係を考えることが有益である。

……このように科学的に仕上げられた純粋経済学の重要性について述べよう。われわれは，純粋経済学の観点に立って，これまで自由競争を一つの事実として，あるいはむしろ仮説として認めることが必要であったし，またそうしてきたのである。なぜならこれを現実に見いだすかどうかは，それほど重要ではないからである。厳密に言えば，これを概念的に構成すればそれで十分である。われわれは，これを与件としてその性質，原因，結果を研究した。いまその結果を要約すれば，一定の制約の下で効用の最大化が達成されることが明らかになったことである。これによってこの事実は，有益な原理または準則となるのであって，これを農業，工業，商業に具体的に適用することを求めることが，残された仕事である。このようにして純粋経済学の結論は，われわれを応用経済学の入り口に立たせる。(Walras［1874-77］, 334)

ワルラスにとって応用経済学は，純粋経済学によって示された自由競争の効率性という結論に基づいて，自由競争制度を実際の社会において組織してゆく方法を探究する分野である。具体的には，貨幣制度，労働市場，独占など，自由競争制度が組織されていない分野についての研究ということになる。このように純粋経済学において示された「組織された自由競争」は，現実にすでに存在しているものでは決してなく，人間が意識的にその応用を試みることによって，はじめて現実との接点をもつ仮説だと考えられている。この「組織された自由競争」が自由放任とは本質的に異なるものであることに，ワルラスはたびたび注意を促していた。

新しい応用経済学は，新しい純粋経済学に教えられて，自由競争が用役を生産物に変える自動推進的かつ自己調整的なメカニズムであることをよく知っているが，そこから出てくる結論は，自らの役割がまったく何もしないでいることでは決してなく，自由競争と同じくらい巨大で複雑なメカニズムを念入りにかつ緻密に組織することを追求することにあるということである。(Walras［1898］, 254)

このワルラスの応用経済学と純粋経済学との関係を示す良い例が，労働市場

である。『応用経済学研究』の中で，ワルラスは，労働者のストライキの原因を，労働市場の組織化が不十分であることに求めている。ワルラスによれば，証券市場は，比較的組織された市場なので，企業者と資本家の間には紛争が起こらない。企業者と労働者の間に紛争が生じるのは，労働市場の組織化が進んでいないことが原因であると言うのである。ワルラスは，このように企業者という階級を介在させることによって，労働者と企業者の関係，資本家と企業者の関係を対比させ，資本家と労働者を，市場における対等な存在としてとらえようとする。

しかし誤解してならないのは，ワルラスはこれによって現実の資本主義経済を階級対立のない自然調和的なものとして捉えていたのではない，ということである。生産用役市場における資本家と労働者の平等は，市場が組織されて初めて可能だとされているからである。そしてそれは，労働市場で自由競争が機能するための多くの制度的枠組みを，国家が整える必要があることを意味している。残念ながらワルラスは，労働市場の組織化について具体的な方法を十分に示すことはできなかったが，たとえば，自由放任制度のもとでは限りなく延長される傾向のある労働時間の制限や，労働市場の流動性を保つための様々な政策を行うことが，国家の役割であることを示唆している。

純粋経済学の「組織された自由競争」の世界においては，すべての市場参加者が価格受容者であり，生産用役市場で賃金や利子の決定に恣意的な影響力を及ぼすものは誰もいない。そういう意味で，地主・労働者・資本家たちは市場において対等なのである。このようにワルラスの純粋経済学において描かれた均衡は，現実の体制を肯定するためのものではなく，そこに至る改革への議論の基礎を提供しているのである。

ところでワルラスは，自由競争制度の現実社会における組織化を主張しつつも，その一方で，自由競争原理をただ闇雲にすべての経済領域に適用することに関して慎重な態度も見せている。彼は『純粋経済学要論』においても，次のように言っている。

　一つの原理が科学的に確立されたとき，その結果としてなしうる最初のこと

は，この原理が適用される場合と，適用されない場合とを見分けることである。そして逆に言えば，経済学者がしばしば自由競争をその正しい領域を超えて拡張しているのは，疑いなく，この自由競争の原理が証明されていないことの良い証明である。すなわち，たとえば自由競争の原理についてのわれわれの証明は，第一の基礎として消費者による用役および生産物の効用の評価に依存している。ゆえにそれは，消費者が評価しうる個人的欲望すなわち私的効用と，これとは全く異なる方法で評価される社会的欲望，すなわち公的効用との間の基本的な区別を仮定している。にもかかわらず，公的用役を私的企業にゆだねることによって自由競争に従わせようとする過ちに陥った経済学者がいるではないか。（Walras［1874-77］，335-6）

ここで述べられている問題は，「道徳的独占」として『応用経済学研究』の中でも考察されている。「道徳的独占」とは，鉄道など「公的利害」に基づく生産物や用役の生産を国家が一手に引き受ける（ただ一人の企業者になる）場合を指している。

ワルラスによれば，これらの生産物や用役は，個人の私的利害によってでなく，国家あるいは共同体の公的利害によってのみ認識され需要される。つまり消費者は個人ではなく，国家あるいは共同体そのものであり，個人の私的利害に委ねても生産は行われない。自由競争の前提に反するこのような産業に自由競争原理を当てはめることはできないというのがワルラスの主張である。

さらにワルラスは，私的利害に基づく財や生産物でも，必要に応じて国家が生産をになうことが必要であることを主張した。これは「経済的独占」と呼ばれる。純粋経済学において自由競争の効率性が証明されたが，実際には流通や生産技術などの進歩によって，効率性の面からも独占が増えることを，ワルラスは予測していた。そして応用経済学の使命が効率性の追求である以上，このような独占組織の研究もまた，その研究対象のひとつであるとワルラスは考えた。そしてそのような場合，国家が唯一の企業者となり利潤ゼロとなるような生産量を守れば，独占利潤を獲得する者はいなくなり独占の弊害は阻止されるというのがワルラスの主張である。

結局，ワルラスの自由競争制度を「効率性」を基準に，どの場面で適用すべきかあるいは適用すべきでないかということは，経済学者が選び取るべきものであるということができる。ワルラスは，次のようにいうからである。

経済的・社会的秩序，いいかえれば産業と所有の組織体制は，それを変えることはわれわれ次第だという意味において，まったく人為的なものです。われわれが応用経済学や社会経済学において，社会的富に固有の自然的傾向を自由に操縦する diriger のは，応用力学において，物質に固有な自然的特性を自由に操縦するのと同じです。しかし同様に良い機械をつくるためには，物質の自然的特性を知らなければならないのは，経済社会をうまく組織するために，社会的富の傾向を知らなければならないのと同様です。われわれは，重力に対してと同じように交換価値に対しても，それらに従うことによってのみ支配を及ぼすことができるのです。そこから純粋力学と同じように，純粋経済学の必要性が生じるのです。(Jaffé 1965, 1, 443)

また同時に，社会経済学においては，ワルラスは土地国有化と税制の撤廃を主張した。青年時代からの意志を貫き，『純粋経済学要論』の第7編で，進歩する社会における地代と地価の上昇を示したワルラスは，国家の地代収入の増大にともなって税制の撤廃が可能となり，それがまた自由貿易の促進につながると信じた。自由貿易はまた平和の絶対的条件であるという彼の信念は，同時代人から受け入れられることなく，彼の社会経済学の体系も完成をみなかったが，ワルラスの純粋経済学が現代の社会や国家の役割を理解してゆく上で実に多くのメッセージを持っていることはたしかである。

読書案内
　ワルラスの著作の邦訳には，久武雅夫訳『純粋経済学要論』（岩波書店，1983年），柏崎利之輔訳『社会的富の数学的理論』（日本評論社，1984年）などがあるが，これらを直接読むことによって，ワルラスの純粋経済学を理解することは難しい。優れた手引書である根岸隆『ワルラス経済学入門——《純粋経済学要論》を読む』（岩波書店，1985年）などをまず読むことが望ましい。

第9章　絶対的自由競争と国家：L. ワルラス　191

　またワルラス経済学の全体像を知るためのわかりやすい入門書は，柏崎利之輔『ワルラス（経済学者と現代⑤）』（日本経済新聞社，1977年）である。また純粋経済学と，社会経済学・応用経済学との関係やワルラスの思想をより深く知るためには，A・ジョリンク著／石橋春男訳『レオン・ワルラス――段階的発展論者の経済学』（多賀出版，1998年），御崎加代子『ワルラスの経済思想――一般均衡理論の社会ヴィジョン』（名古屋大学出版会，1998年）を参照されたい。なお後者の付録には，ワルラスの「自伝ノート」ならびに「経済学者生活50周年講演録――リュショネと科学的社会主義」の全訳が収められており，ワルラスの生涯について理解を深めることができよう。また森嶋通夫『思想としての近代経済学』（岩波新書，1994年）は，ワルラス経済学に関する著者のユニークな視点を展開しており，興味深く読める。

理解を深めるために
1. ワルラスの一般均衡モデルは，現代のミクロ経済学（価格理論）の基礎となっている。ワルラス自身の構築したモデルと，大学の教科書で学ぶモデルはどこが違うだろうか。
2. ワルラスが純粋経済学の中で描いた自由競争のイメージと，現代の市場経済との違いについて考えてみよう。
3. 社会が進歩するに従って，地主だけが豊かになるというワルラスの考え方は，正しかっただろうか。
4. 土地国有化が，もし現在日本で実現すれば，どのような効果が期待できるだろうか。
5. 現代の経済政策のうち，ワルラスのいう「自由競争の組織化」に分類されうるものとして，どのようなものがあるだろうか。あなたの考えを述べなさい。

（御崎加代子）

Column 3

新古典派経済学

「新古典派 neoclassical」という用語は，最初ヴェブレン（第11章参照）がマーシャル（第10章参照）の経済学を形容するために考案し，その後ミッチェル（W. C. Mitchell, 1874-1948）やドッブ（M. H. Dobb, 1900-76）などがこの用語を流通させ，最終的にヒックス（J. R. Hicks, 1904-89）やスティグラー（G. J. Stigler, 1911-91）が，その意味を理論的に確定した言葉である。しかし，ヴェブレンが考案したこの「新古典派」という用語自体は，この経済学が，表面的には古典派経済学と異質の思考に，しかし本質的には古典派経済学と共通の思考に規定された経済理論にほかならないということを意味しているように見える。これはいったいどういうことなのだろうか。

新古典派経済学という言葉が意味する経済理論の特徴は，以下の三つの方法に代表させることができる。第一に，方法論的個人主義＝原子論的世界観，第二に経済主体に関する最適化仮説＝限界主義，そして第三に経済に関する均衡の理論＝自然法思想，である。まず最初に，これらの方法を順次簡単に説明しよう。

第一の方法論的個人主義＝原子論的世界観とは，われわれがその中に生きる経済全体の振る舞い，経済のマクロの運動を分析するさいには，必ず一旦，消費者や生産者といった経済を構成する個々の経済主体の振る舞い，経済のミクロの行動に完全に分解し，その後このミクロの経済主体の振る舞いから元の経済全体の振る舞いを構成的に復元するという手続きを採用するような分析方法のことである。この方法論的個人主義が同時に原子論的世界観と呼ばれる理由，ならびに，このような分析方法の概念上の起源が，共にニュートン力学にあることは明らかであろう。

第二の経済主体に関する最適化仮説＝限界主義とは，それが消費者であれ生産者であれ，経済内に生きるありとあらゆる経済主体は，必ず自己の経済的利益を最大にするようにあらゆる経済的決定をおこなうにちがいないと考える仮説のことである。より具体的に言えば，消費者は自己の消費が所得を超えないという予算制約の下に，商品を消費することから得られる効用を最大にするように，商品の需要や労働の供給に関する経済的決定をおこなうし，また，同様に，生産者は，商品を生産することから得られる利潤を最大にするように，生産要素の需要や商品の供給に関する経済的決定をおこなう。この経済主体に関する最適化仮説が，同時に限界主義と呼ばれる理由は，経済主体の行動を規定する原理が通常の微分法を用いた極大・極小問題に還元されることから，必然的に経済主体の行動に関する均衡条件が，微分量＝限界量を用いた条件に還元されるということにある。たとえば，消費者の均衡条件は，商品の価格比と限界代替率（ある商品の需要量を1単位だけ減少させたとき，消費者の効用を変化させないためには別の商品の需要量をどれだけ増加させなければならないか，を表わす）が等しいと

いうことになるし，あるいは，生産者の均衡条件は，限界収入（ある商品の供給量を1単位だけ増加させたとき，新たに得られる収入の増加分を表わす）が限界費用（同様にある商品の供給量を1単位だけ増加させたとき，新たにかかる費用の増加分を表わす）が等しいということになる，というように。じっさい，経済思想史上「限界革命」と呼ばれてきた出来事とは，このように価格の理論が新たに個々の経済主体の最適化仮説＝限界主義に厳密に基礎付けられるようになったということを意味するのである。

第三の経済に関する均衡の理論＝自然法思想とは，ちょうど自然の中の質点には万有引力に引き付けられる傾向があるように，経済の中の商品の数量や価格には，需要と供給がちょうど等しくなる均衡点に引き付けられる傾向がある，と考える仮説のことである。この経済に関する均衡の理論が，同時に自然法思想と呼ばれる理由は，古典力学が自然界の本質を，不均衡や無秩序の状態が永続的に続くことのない，自律性・調和性を兼ね備えた合理的秩序と考えたのと同様に，この均衡の理論が経済の本質を，不均衡や無秩序の状態が永続的に続くことのない，自律性・調和性を兼ね備えた合理的秩序と考えたことにある。このような理論の概念上の起源もまた，ニュートン力学にあることは，多くの読者には明らかであろう。

しかし以上の特徴を兼ね備えた経済学は，なぜ古典派経済学との連続性を強調され「新古典派」経済学と呼ばれなければならなかったのだろうか。

たしかに，古典派経済学と新古典派経済学の間には，価値の本質に対する考え方や，経済を分析する際の方法，経済主体に対する考え方に関し，重大な差異が存在する。たとえば一方の古典派経済学は，商品の価値の源泉＝本質を（その商品に投下された）「労働」にあるとみなすのに対し，他方の新古典派経済学は，商品の価値の源泉＝本質を（その商品の相対的な）「稀少性」にあるとみなす。この差異には，一見するよりはるかに重要な意味があることに注意しよう。古典派経済学のように，価値の源泉を「労働」にあるとみなすということは，実は，価値の本質を「外的 external」な「実体性 substance」にあると考えることに等しい。なぜなら，（その商品に投下された）「労働」量とは，まさしく個人の主観＝選好に由来しないという意味では「外的」であり，また他の商品との相対的な量の多さに依存しないという意味では「実体」的であるからである。これに対し，新古典派経済学のように，価値の源泉を「稀少性」にあるとみなすということは，実は，価値の本質を「内的 internal」な「関係性 difference」にあると考えることに等しい。なぜなら，（その商品の相対的な）「稀少性」とは，まさしく個人の主観＝選好に由来するという意味では「内的」であり，また他の商品との相対的な量の多さに依存するという意味では「関係」的であるからである。また，古典派経済学が経済を分析する際に用いる単位は，主に階級（労働者，地主，資本家）であるのに対し，新古典派経済学が経済を分析する際に用いる単位は，主に個人である。さらに，古典派経済学は，経済主体をある程度は功利的主体と考えるが，新古典

派経済学のように厳密な最適化主体とは考えない，それゆえ限界主義を採用しないのに対し，新古典派経済学は，経済主体を徹底した功利的主体，厳密な最適化主体と考え，それゆえ限界主義を採用する。

　しかしその一方，古典派経済学と新古典派経済学の間には，大きな共通性が存在する。たとえば，古典派経済学の自然価格と市場価格の対立は，新古典派経済学の均衡価格と不均衡価格の対立とちょうどパラレルである。言い換えれば，古典派経済学と新古典派経済学は，共に経済に関する均衡の理論＝自然法思想を前提するという意味では，完全に同じ思考を共有した経済理論にほかならないのである。また，古典派経済学と新古典派経済学は，共にセーの法則（経済内に全般的過剰生産は存在しえないことを主張する命題）の成立を可能にする経済理論である。もちろん，セー（J. B. Say, 1767-1832）の法則を成立させるメカニズム自体には，古典派経済学と新古典派経済学の間に大きな差異が存在する。事実，たとえばリカードウの古典派経済学の世界でセーの法則が成立するのは，個々の商品が最終的には（価値通りの交換が行われ）その商品に投下された労働量の価値のままに売れるから，言い換えれば，労働価値説そのものがセーの法則の成立を可能にするのに対し，通常の新古典派経済学の世界でセーの法則が成立するのは，（貨幣がないあるいは貨幣自体に効用がない場合には）個々の消費者の予算制約式を足し算したワルラス法則がそのままセーの法則に等しいから，言い換えれば，最適化仮説そのものがセーの法則の成立を可能にする。しかし，当然のことながら，古典派経済学と新古典派経済学は，共にセーの法則の成立を前提するという意味では，完全に同じ思考を共有した経済理論にほかならないのである。

　われわれが最初に提示した三つの特徴を兼ね備えた経済理論が，「新古典派」経済学と呼ばれなければならなかった理由は，実はこのような事情にあるのである。

（荒川章義）

第10章

市場と組織の経済学
A. マーシャル

　アルフレッド・マーシャル（Alfred Marshalll, 1842-1924）は経済学史上の一大転換期とされる「限界革命」期の経済学者であるが，「限界革命」とマーシャルの名前とが結びつけて論じられることはほとんどない。「限界革命」は，1870年代前半期にイギリスのジェヴォンズ（W. S. Jevons, 1835-82），フランスのワルラス（第9章参照），そしてオーストリアのメンガー（C. Menger, 1840-1921）の三人の経済学者によって同時並行的に遂行された，と解説されるのが一般的である。もっとも，「革命」という用語を含むとはいえ，「限界革命」の出現によってこの時期に経済学界に一大変革が起こったわけでも，彼らの理論が急速に広範な支持者を得たというわけでもない。経済学の母国イギリスでは，1870年代以降，経済学研究は革命者を自認したジェヴォンズではなく，マーシャルを中心に展開していくことになるからである。ジェヴォンズではなくマーシャルが新しい経済学の中心に位置するようになった事情を，J. M. ケインズは次のように解説している。

　まことに，ジェヴォンズの『経済学の理論』は，すばらしくはあるが急いで仕上げた不正確で不完全な小冊子であって，マーシャルの苦心を凝らした，完璧な，極度に良心的な，極度に目立たないやり方とは雲泥の違いがある。それは最終効用，ならびに労働の非効用と生産物の効用とのバランスの観念を印象深く表面に持ち出している。けれども，マーシャルの辛抱強く絶え間

のない骨折りと科学的天才とによって展開された一大作業機械に比較すると，それはただ希薄な，気の利いた思いつきの世界の中の存在にすぎない。ジェヴォンズは釜が沸くのをみて子供のような叫びを挙げた。マーシャルも釜が沸くのをみたが，黙って座り込んでエンジンを作ったのである。(Keynes [1933]，訳247)

　イギリス経済は，19世紀最後の四半世紀を通じて，対外的には「世界の工場」として工業社会のトップランナーをひた走ってきた力強さにかげりが見え始め，ドイツやアメリカといった新興工業国の激しい追い上げにさらされ始める。国内的にも，ロンドンのスラムに象徴される根深い貧困が社会問題化していた。国際競争力の回復と貧困問題の解決が時代の要請する経済問題であり，それが同時にマーシャルの問題でもあった。

　しかし，マーシャルははじめから経済学を志していたわけではない。ケンブリッジ大学セント・ジョーンズ・カレッジでの専攻は数学であった。卒業後，同カレッジのフェローとして大学に残り，1868年には道徳哲学担当の講師になった。経済学への関心を持ち始めるのは，この頃のことである。大学の非公式の知的サークル「グロート・クラブ」に入会し，そこでの様々な知的刺激を通して，哲学・倫理学そして心理学へと関心を移していく。決定的な契機は，友人の一人がある時マーシャルに対して漏らした，「もし君が経済学を知っていたらそんなことは言わないだろうに」との一言だった，と伝えられている。心理学と経済学のいずれを専門とするか大いに迷った末，マーシャルは経済学研究を生涯の仕事に選んだのである。

1　マーシャルの課題

　経済学の危機　マーシャルが経済学に目を向け始めた時代に，すでに経済学は「陰鬱な科学 dismal science」と呼ばれて久しかった。1825年以降，ほぼ10年周期で激しい経済不況＝恐慌が発生しており，スミスが提唱した理念的な「自然的自由」の思想が持つ豊かな未来展望など，じっくり吟味するゆとりは

なかった。労働貧民の増加を食料増加と人口増加の原理的な違いとして説明したマルサス，賃金─利潤相反論を立証して究極的な定常状態への到達以外に何の未来展望も打ち出しえなかったリカードウ（第4章参照），この二人の世界から誰も抜け出しえない状態が続いていた。J. S. ミル（第6章参照）が提唱した社会改良思想も，経済学の大転換をもたらすにはほど遠かったのである。

　このような危機的状況の中で，ジェヴォンズは声高らかに，厳しい口調で古典派経済学を非難した。彼によれば，古典派経済学は財の生産に投入された労働量によって価格が決定されると説明するが，この説明は一顧の価値さえもない全くの愚説でしかない。科学の名に相応しいのは，価格を限界効用によって説明する「快楽と苦痛の微積分学」として構築された自らの経済学だけである，と彼は主張した。自然科学の分析手法である数学と統計学を利用した功利主義の科学的定式化が，声高に提唱されたのである。

　だがマーシャルは，このようなジェヴォンズの容赦ない攻撃に対し，何事につけ穏やかな人物にしては珍しく，「私がジェヴォンズの『経済学の理論』を読んだとき，リカードウに対する青春の忠誠が燃え上がった」（Pigou〔ed.〕1925, 100）と，強く反発した。ジェヴォンズとは異なって，スミス，マルサス，リカードウに代表される古典派経済学の伝統を継承しつつ，さらに現代化を行い，経済学が有用な一個の独立した学問分野たりうることを示すことこそ，マーシャルの課題だったのである。テキストつまり『経済学原理』（1890年，以下『原理』と略記）の執筆と，その度重なる改訂作業に注がれた膨大なエネルギーと情熱は，この課題を彼がどれほど深刻に引き受けていたかを如実に示している。マーシャルが『原理』の前扉に記したモットーである「自然は飛躍しない」のなかに，このような彼独自の経済哲学や経済学方法論が見事に鋳込まれている，と言ってよかろう。

　経済進化は漸進的である。その進歩は政治的破局によって停止され，あるいは逆転されることもあるが，その前進の動きはけっして突発的なものではない。なぜならそれは，西欧世界においても，また日本においてさえも，幾分かは意識的な，また幾分かは無意識的な慣行に基づいているからである。ま

た天才的な一人の発明家，一人の組織者または一人の金融家によって，一民族の経済構造がほとんど一挙に改変されたように見えることがあるかも知れない。しかし彼らの与えた影響のうち単に表面的で一時的な影響にとどまらない部分は，よく研究してみると，長い間準備されていた広範な建設的運動をただ頂上に導いたに過ぎないことが明らかになる。非常に頻繁かつ規則的に起こるので詳細に観察し綿密に研究できるような自然の現象が，すべての科学的研究においてそうであるように，経済学にとっても研究の基礎である。他方，不連続で頻度も小さく観察困難なものは一般により専門的な段階における特殊研究の対象となる。「自然は飛躍せず」という標語は，経済学の基礎に関する書にはとくに適切な題名である。(Marshall 1920, 第八版序文)

変化は一気に生じることはない。激変に見える場合でも，水面下で微少な変化が蓄積され，ある時に表面化するに過ぎない。古典派経済学の労働価値説を限界効用理論で代置すればことが済むと考えたジェヴォンズと異なって，マーシャルは，経済の歴史も経済理論の歴史も，連続的・漸進的な発展として理解され，構想されなければならないというのである。

『原理』の成功は，次のステップを可能にした。アメリカではすでに1890年代から経済学部や大学院が大学に設置され始められていたが，イギリスではようやく1903年になって，マーシャルの念願だった経済学のトライポス（卒業優等試験）がケンブリッジ大学で新設されることになった。これによって，経済学教育は大学のなかで制度的に確立されることになる。トライポスは，経済学者をつくり出す機関として機能し，数多くのマーシャリアンがここから巣立っていった。まさに，「マーシャルの時代」と形容すべき時代が到来したのである。

経済学の修復　マーシャルによれば，リカードウ以降の経済学者がおかした誤りは，人間とは，緩慢ながらも着実に変化するという事実を失念したところにある。

リカードウと彼の追随者たちは，議論を単純化するために，しばしば人間を不変量と見なしているかのような扱い方をした。彼らは人間の多様性を研究

する努力を怠った。……しかし彼らが陥ったもっとも致命的な誤謬は，産業の習慣と制度がいかに可変性を持つものであるかを考えなかったことである。とくに彼らは，貧困者の貧困が，貧困の原因である虚弱と非能率の主な原因であることを見ていなかった。労働者階級の状態の改善の可能性に対して現代の経済学者が持っている確信を，彼らは持っていなかったのである。(Marshall [1890], 762-3)

人間は環境の産物であり，逆に環境は人間の産物でもある。この相互依存関係は，短期的には知覚できないほどに微小であっても，長期的には大きな変化を生み出す。「人間を不変量と見なす」仮定は，短期的には妥当であっても，長期的にはまったく不適切な仮定と言わざるを得ない。なぜなら，貧困者の貧困は，「虚弱と非能率」という環境のために潜在能力が未開発なままに置かれてしまうことが原因であり，この環境を改善できれば，労働者が長期的には自らの資質を向上させ，貧困から抜け出すことが可能となるはずだからである。

ところがリカードウ以降の経済学者は，人と環境との相互作用を見落としてしまったために，論理的時間を延長して到達される定常状態において成立する単純で明快な理論的命題を，現実世界においても成立する不可避の宿命のように勘違いしてしまった。

事実，理論的な意味で完全な長期とは，単に商品の生産要素をそれに対する需要に適合させるだけでなく，このような生産要素の生産に用いられる要素を，同様に次々と，それに対する需要に適合させる十分な時間を与えるものでなければならない。したがってこれは，論理的帰結まで突き詰めた場合には，産業の定常状態という仮説，すなわち，将来における必要物は前もって限りない未来まで予知できるという仮説を，必然的に含んでいることが分かるであろう。たとえリカードウ自身の理論展開の中ではないとしても，このような仮説が，彼の価値理論に関する多くの一般的な解釈の中に無意識のうちに含まれているのは確かである。したがって，他の何にもましてこれこそ，今世紀前半に流行した経済理論が，その魅力的な美しさとともに，実際的な結論としては誤ったものを導きかねない傾向のほとんどすべてを引き出した，

概論としての単純さと明快さをもたらした原因なのである。(Marshall [1890], 379)

もともと数学専攻であったマーシャルだから，演繹的推論の明晰さを知らぬはずはない。しかし，その威力ゆえに，演繹的推論は危険性を併せ持つ両刃の剣になる。「理論的に完全な長期」すなわち「定常状態という仮説」を置いたことにより，経済学は単純で明快な結論を得ることができたけれども，反面で「実際的な結論としては誤ったものを導きかねない傾向」を抱え込むようになった。不変の法則性の下で生起する自然現象の観察とは異なり，経済学における観察は，漸進的に変容し続ける人間と社会である。前者においては先験的推論つまり理論がその本体を形成するだろうが，経済学においては事情が異なるのである。

経済学上の分析と一般的推論は広範な適用の領域を持つとしても，すべての時代，すべての国はまたそれ自身の問題を持っている。また社会の状態におけるすべての変化は，経済学説の新しい展開を必要とするように思われる。(Marshall [1890], 37)

それゆえ，経済学においては，時空を越えて妥当性を持つ理論部分と，時空限定的な妥当性をもつ学説との区別が必須であり，重大事となる。マーシャルは，高度の先験的な普遍性を持つ分析道具を理論 theory と呼び，これを適用して得られた命題群を学説 doctrine と呼んで，両者を区別した。

経済学的推論の中心的構造は高度の先験的な普遍性を持つと考えているが，私は経済学説に対しては，なんら普遍性を認めるものではない。……それ［＝理論］は具体的な真理の集まりではなく，具体的真理を発見するためのエンジンである。(Pigou〔ed.〕1925, 159)

事実マーシャルは，数学を用いて導出された命題を日常言語に翻訳できなければ，その命題を棄却したという。

2　マーシャルの経済学

富の増大と人間資質の向上　マーシャルは、「経済学は一面において富の研究であると同時に、他面において、またより重要な側面として人間研究の一部である」という。しかも、その人間は「善悪いずれの方向にせよ、変化と進歩に駆り立てられる」存在である。『原理』冒頭で指摘されたこのような人間性の把握が、リカードウ以降の経済学の現状に対する批判（＝固定的人間観と過度の一般化）を反映していることは即座に了解されよう。まず、固定的人間観から脱し、可変的人間観を出発点にすること。これが、第一歩とされるのである。すでに第3章で確かめたように、スミスの「自然」認識は生物学的なものでもあり、人間行動を規制する制度や法は歴史的に変化し続ける、というものであった。しかしこのような人間観や社会観は、リカードウと彼の追随者たちによって、「しばしば人間性は不変」と見なされるようになり、「人間の多様性を研究する努力」がなされなかったため、「産業の習慣と制度がいかに可変性を持つものであるか」は、まったく考慮の外におかれるようになった、という事実に対する批判なのである。

> 生物学関係の諸科学の場合には、確実性の支配する領域は相対的にいって非常に狭い。社会科学の場合には、生命のより低級な状態を取り扱う諸科学に比べて、確実性はさらに小さい。(Marshall 1923, 673)

あらゆる経済行為は、選択肢の認知なくしては始まらない。さらに、認知したことがらをデータにもちいてどのように推論するか次第で、選択される行為も異なる。しかし、人は生まれながらにして十分な認識能力を備えてはいない。さらには、認識したものを判別し合理的に推論する能力、とりわけ遠い将来を視野に入れて推論する能力は容易に身に付くものではない。これらの能力は、しかるべき環境のもとで一定の時間が与えられてこそ、初めて身に付くものだからである。

いつの時代でもそうであったように、今日においても、社会の再組織につい

て高貴で熱心な提案者は，彼らの想像力がたやすく構想した制度の下で可能になりそうな生活の美しい絵画を描いてみせる。しかしそれは，人間が有利な条件の下でさえ一世紀をかけても実現させられそうもない変化が，新制度の下で急速に実現するかのような暗黙の仮定に立って組み立てられているという点で，無責任な空想に過ぎない。(Marshall [1890], 721)

　人間は変化する力をもっている。しかし，ゆっくりとしか変われない。とすれば，この疑いようのない事実は，経済社会の振る舞いにどのような意味をもつだろうか。認識能力，推論能力の限界というといささか仰々しいが，これらの能力は学習によって徐々に開発されうるとしても，ある一定時点においては与件であるから，各人はそれぞれの認識能力と推論能力に応じて目前の問題を単純化して解かざるを得ない。極端な言い方をすれば，認識されないものは存在しないのと同じであり，理解できないことは無視する以外にない。意識するしないにかかわらず，われわれは日々そのような単純化を縦横に駆使して目前の問題を処理している（ちなみに，近年の進化心理学や認知科学では，このような心の働きに「モジュール化＝システムの部分への分割」との用語が当てられ，広く認知されている）。いわば，われわれは多変数方程式を一気に解くのではなく，個別の意志決定ごとに「他の事情を一定として」，一変数について近似解を得る仕方で対応している。だとすると，原理的にはあらゆる価格は他のすべての価格に依存しているのだが，現実には，諸価格が相互に影響し合う大きさと速さは，意志決定主体の認識・推論能力によって制約されることになる。価格は，人間の認識・推論の時空と相対的な現象として理解されねばならない。これが『原理』全体を貫く主旋律である。

　　価値の主題についての現存のすべての知識を，時間要素の複合的な研究によって，一つの連続的で調和的な全体に仕上げる試みが，私の著書（『原理』）のすべての編，ほとんどのページに染み通っている。これこそが，科学的観点から，私が主張しようとするすべてのことがらのバックボーンである。(Whitaker〔ed.〕1975, 97-8)

マーシャルが，一般均衡論ではなく，時間区分をともなう部分均衡論を採用した理由はこのようなものである。

正常均衡の理論　「連続的で調和的な全体」をどう分析すべきか。すべての主体がすべての財について完全な知識を保有していれば，すべての価格は他のすべての価格に依存すると言えようが，完全知識などというあり得ない仮定を置くことは，「価格の時空限定性」という厳然たる事実を無視するまったく不適切な理論的手続きでしかない。人がすべての選択肢を認知・了解しえないとすれば，なし得るのは「時空限定的な意味での最大化」だけである。すなわち，認識の時空が限定的である場合には「時空限定的に正しい決定」があるのみで，「時空を超えて正しい決定」は存在しない。実際，各経済主体は自ら直面する経済問題を統合して一つの最大化問題として解いてはおらず，時間的視野に応じて断片化された部分問題を解いているにすぎない。ある一つの財の価格は，その市場で売買に関与する取引者が所有する正常な知識に依存しており，唯一の正しい客観的均衡状態が存在するわけではない。経済主体が「時空限定的に最適な」意志決定を行うのにあわせて，分析者もまた時空限定的に分析する以外にないのである。

> われわれは，時と所の一般的な状態を考慮して，任意の産業集団のメンバーについて，正常に考えるところを越えて，また，事情によく通じている人々が正常であるところを越えて，優れた才能や見通しを持っているとか，あるいは違った動機によって支配されていると仮定しないことを強調することは，特に重要である。(Marshall [1890], 540-1)

これが，マーシャルの静学的方法の背後にある基本的な考え方である。「正常均衡」は，特定の時空の広がりの中で，「任意の産業集団のメンバー」が正常と判断する与件状態を基礎としている（「世界が違えば常識が違う」ことは，自分が慣れ親しんだ世界とは違う世界をかいま見たときに誰しもが思い知ることである。マーシャルの「正常」均衡は，「時と所が変われば常識も変わる」という，「状況認識の知識依存性」を前提としている）。『原理』で提示されているのは，一時（生産量不変），短期（生産量可変），長期（資本設備可変），そして超長期の四

つの時間である (Marshall [1890], 378-9)。

「一時的価格」は，魚河岸での日々の競りのようにその時々で供給量が与えられた状況での価格を意味している。「短期正常価格」は，偶発的変化を除去した正常と見なされる需要に対して，設備の稼働率の変化によって供給を調節できる状況下で成立する価格のことである。「長期正常価格」は，正常と見なされる需要に対して，機械設備の増設や労働者への教育投資などを通じて供給能力を調節できる状況において成立する価格を指している。最後の「超長期」については，「知識，人口，資本の漸進的な発展，および需要と供給の世代から世代にかけての状態の変化」が生じるような時間だという定義が示されているだけで，詳しい分析は与えられていない。

静学的方法に基づく均衡分析は後に「部分均衡論」という呼称を与えられ，後の世代の入門テキストの基礎を提供した。需要の弾力性，消費者余剰，主要費用と補足費用（現在では，固定費用と可変費用）の区別等々が，欠くことのできない基礎概念として継承されている。しかし，『原理』が無批判に継承されたわけではない。否，むしろ本来の「正常均衡」の考え方からの重大な逸脱をともなっている。それぞれの分析期間を定めている条件を見れば容易にわかるように，マーシャルの関心事は，供給側が需要側の変化に適応するために要する時間にあった。普通これは，一時から短期への移行は労働投入量を適応させることに，また，短期から長期への移行は資本設備を適応させることに対応していると説明されることが多い。もちろん，大筋ではその通りなのだが，マーシャルがもっとも困難を感じつつ，なおこだわりを持って論じたテーマがここに含まれていることを忘れてはならない。それは，長期における収穫逓増という問題である。

　収穫逓増に関するクルノー [A. A. Cournot, 1801-77] の数学的定式化が，現実には存在せず，またそれほど現実と関係しないような結果を不可避的に導くということに気づいたとき，経済学者としてのクルノーに対する私の信頼は動揺しました。私が工場などを訪ね歩いた主な理由は，クルノーの前提がいかに誤りであるかを発見することでした。1870 年から 1890 年にかけて大

部分の時間を費やしたこの方向の私の研究の主な成果は，収穫逓増にとっての供給価格の分析に直接に関わる部分とともに，「代表的企業」の理論や補足的費用の分析だったわけです。(Pigou〔ed.〕1925, 406-7)

マーシャルのいう長期とは，資本設備が調整されるだけの時間ではなく，熟練という形態も含む知識の獲得と，これに対応する組織変化をもともなう時間を指している。長期正常均衡においてさえ，個別企業はどれ一つとして最適規模にはなく，しかも一つとして同じ企業はない。このような状況を個別企業の均衡として表現し得ないことは明らかである。このため，長期正常均衡は産業の平均的な諸条件を反映する仮想的な企業として考案された「代表的企業」の均衡状態として定義された。

> 我々が代表的企業と呼ぶものは，相当長期間存続し，かなりの成功を収め，平均的な能力で運営されており，生産物総量に属する外部経済と内部経済を正常に利用できるようなものでなければならないが，生産された財の種類，それを販売する際の条件や一般的な経済事情なども，もちろん考慮された上でのことである。(Marshall〔1890〕, 317)

「代表的企業」の定義には，驚くほど多くの条件が付随している。「長期間の存続」，「かなりの成功」，「平均的な才能」，「正常な外部経済と内部経済」，「財の種類」，「販売条件」。現実世界の中に，これらの条件を同時にすべて満たす企業はとうてい見いだせそうもない。また理論の明快さという点から見ても，これほど多くの制約条件を必要とする概念は失格と判定されてもおかしくない。一時均衡や短期正常均衡を見事に簡潔に定式化したマーシャルが，長期正常均衡を論じる段になると，突如として複雑きわまる概念を提案し始めるギャップには戸惑いさえ覚える。しかし，このギャップこそ，マーシャルいうところの力学的アナロジーが有効な世界と生物学的アナロジーが相応しい世界との距離の大きさを示している。

「代表的企業」の定義に含まれた上記の諸条件は，詳細に見れば，考えに考え抜いた末の結論であることが分かる。「長い生命」，「かなりの成功」という

条件には，企業があたかも生命体のように盛衰を経験する存在であるとの認識が込められている。また，「正常な才能」という条件には企業経営における企業者能力を重要な生産要素と見なす認識が，そして「財の種類」と「販売条件」には財固有の性質に由来する産業の特性が価格形成に影響を与えるとの認識が込められている。さらに，「内部経済」は企業内分業の改善から生み出される生産性向上を，そして「外部経済」は産業内分業の改善からも生まれる生産性向上を意味している（念のため書き添えておくが，現在の標準的なテキストに登場する外部経済概念はマーシャルのオリジナルとは別物である。マーシャルの外部経済は，一企業にとっては外部的であるが，産業にとっては内部的な経済である。これに対して，現在の標準的なテキストでは，外部経済は対価なしに利益または不利益が与えられることを意味している）。

　詳しい経過は省略するが，「代表的企業」概念はマーシャルの死を待つかのように開始された論争（通称「ケンブリッジ費用論争」）で俎上にあげられた。この論争の焦点は「マーシャル問題」（＝収穫逓増現象と競争的均衡との整合性問題）であり，収穫逓増と競争的均衡は両立し得ないとの主張が勝利を収めた。以後，「代表的企業」は標準的教科書から姿を消し，収穫逓増も変則事例つまり例外的ケースとのレッテルを貼られることになった。均衡論的枠組みのもとでは，収穫逓増は独占をもたらす。形式論理的には，まさにその通りである。

　しかし，この問題こそ，マーシャルが早くから気づき，取り組んだ問題そのものだったことに目を向けるべきである。先に紹介したように，「クルノーの数学的定式化が，現実には存在せず，また現実に近い関係を持たないような事態を不可避的に導くことに気づいた」ことが，「1870年から1890年の大部分の時間を費やし」て，「『代表的企業』の理論や補足的費用の分析」を生み出させたのである。均衡論的枠組みのもとでは収穫逓増と競争均衡が両立し得ないと結論されるにもかかわらず，現実経済の観察の多くは収穫逓増と競争との共存が可能であること（独占はほとんど存在しないか，たとえそれに近い状態があったとしても長続きしない）を示している。論理的にはパラドクスとも思えるこの問題に対してマーシャルが出した答えは，後のケンブリッジ費用論争の参者たちが出した収穫逓増を例外扱いするという解決とは逆であり，均衡論を克服

すべきだというものだった。

> 早い段階でなされる経済学的推論と静力学の方法の間には，かなり密接な類似性が存在する。しかし，経済学の推論の後の段階と動力学の間には，同様に有益な類似性が存在するであろうか。存在するとは思われない。経済学の後の段階においては，物理学よりは生物学から，より有益な類推が得られると思われる。したがって，経済学における推論は，静力学の方法と類似性をもつ方法で始め，徐々にその基調をより生物学的にすべきだと思われるのである。(Pigou〔ed.〕1925, 314)

均衡論は変化を論じる方法ではなく，変化の不在を論じる方法である。「正常」を仮定する世界において生じることが許されているのは，暫定的に所与と仮定されている諸条件に対する適応に限定されている。「短期正常均衡」は，与えられた時間的猶予のなかで企業がなし得る適応が生産量の次元にとどまることを意味するのみで，決してその生産量が最適であることを意味してはいない。「長期正常均衡」でさえ，その産業内が不変の状態にとどまり続けることを意味してはおらず，超長期において発現する発展の可能性を内包している。このように，「正常」概念は人と社会とが相互に影響しあいながら漸進的に進化していく現実の経済の一側面を了解可能な形で取り出したに過ぎないのであるから，「正常」均衡を語ることでもって経済学者の仕事が終わるはずもない。収穫逓増とは，人間と産業組織の累積的変化によって生み出されるものであるから，この難題に答えるためには「正常」概念を用いた均衡分析を超えて進まねばならない。

> その［正常均衡］分析をさらに遠い未来の複雑な論理的帰結にまで押し進めていくと，それは，現実の生活状態から乖離してしまう。われわれは，ここで，経済的進歩という重要な主題に近づきつつある。……経済的諸問題は，それらが有機的成長の問題としてではなく，静学的均衡に関する問題として論じられる場合には，不完全にしか述べることができないのである。(Marshall 1920, 461)

3 有機的成長の理論

分業と組織　マーシャルの構想した有機的成長の理論はどのようなものだっただろう。マーシャルの成長論は，明らかにスミスの分業論の延長線上にある。有名なピン工場の喩えは工程上の企業内分業を指示しているが，スミスは，この喩えをもって，一国内の産業間分業，職種間分業さえも含む分業一般がもたらす生産性向上効果を表そうとしていた。マーシャルの有機的成長論の特徴は，以下に示すように，収穫逓増の源泉を分業関係の進展に見いだすスミスの基本的着想を継承しつつ，収穫逓増を組織と結びつけたところにある。

> 生産において自然が果たす役割は，収穫逓減傾向を示しているのに，人間が果たす役割は，収穫逓増傾向を示している。収穫逓増法則は次のように表現しうる。――労働と資本の増大は，一般的に，労働と資本の効率を高める改善された組織に導かれる，と。(Marshall [1890], 318)

マーシャルは，土地，労働，資本に加えて，組織を第四の生産要素と位置づけた。組織がもつ経済的意義は，その一体性と継続性にある。組織の一体性は，生産に関する知識が個人レベルで分散所有されているだけでは生産力として機能せず，有機的に結合される必要があることを意味している。このことは，同時に，組織内の諸主体によって共有される「組織的知識」と呼ぶべき知識の役割をも示唆している。また，組織の継続性は，緩慢なペースでしか生産技能を獲得できない労働者に対して技能形成に必要な時間を確保する必要性を意味している。そうすることで初めて，労働生産性の向上およびそれにともなう高賃金実現の途がひらかれる。企業組織の一体性と継続性は資本と労働の補完性を強化することで，さもなければ優位化する代替関係を抑止する機能を果たす。むろん，労働生産性向上の余地が尽くされてしまう究極的な状況では資本と労働とは代替関係に復帰せざるを得ないのだが，組織を介して可能になる資本と労働との協同が，リカードウに代表される古典派が逃れようとしても逃れられなかった資本と労働の代替関係（その別表現が，賃金と利潤の相反関係である）からの脱出を可能にする。

組織がその一体性と継続性を維持するためには，組織に帰属する収入が実現されていることが必要である。マーシャルは，この収入を組織内のすべての生産要素に帰属する収入としてとらえ，「複合的準地代」と呼んだ。この複合的準地代は，当該組織に属す生産要素を結びつける求心力を提供している。労働や資本といった個別生産要素に分配し尽くされない複合的準地代の意味は，企業組織を市場という海に浮かぶ船に喩えればわかりやすいかも知れない。複合的準地代が生み出す求心力は，船の浮力に相当する。浮力が船を構成する労働や資本という個別要素に還元されえないことはいうまでもないだろう。企業組織という船は，市場（的交換）に優越する経済性を保持し，浮力を有する限りにおいて航行可能となる。複合的準地代がマイナスになるときには，結果的に個別生産要素も正常な報酬以下の収入しか得られないため，四散する。つまり，生産要素をとどめておく力を失い，組織という船は解体し，市場という海に没する。このように，経済の発展を組織と不可分の仕方で理解するのがマーシャルの有機的成長論の特徴である。

　騎士道精神，安楽基準と活動基準　それでは，浮力つまり「複合的準地代」を生み出す組織活力を維持するにはどうしたらよいのか。発展の鍵は，組織が可能にする資本と労働の協同にある。しかし，この可能性が実現されるかどうかは，組織に帰属する主体の資質次第である。組織の活力維持の鍵を握っているのは企業者であるが，しかし，組織活力維持は企業者単独ではなし得ない。企業者能力は組織運営を通して発揮される。まずは企業者が継続性を保障しうる組織環境を用意し，次に，この継続的組織環境のもとで労働者が生産性上昇のための学習を蓄積させる。つまり，活力維持問題は二つの部分からなる。人間資質の変化を論じる際に忘れてならないことは，その変化の仕方が環境と相関的だということである。

　企業者と労働者とでは置かれている環境が著しく異なるのであるから，両者に対して等しく有効な処方箋があるはずない。企業者には企業者向けの，労働者には労働者向けの処方箋が用意されねばならない。企業者向けの処方箋が騎士道精神であり，労働者向けの処方箋が生活基準論である。騎士道精神論にしても生活基準論にしても，時に見られる解釈のように，単なる説教じみた道

徳観の表明と理解されてはならない。そもそも，経済的環境と人間資質とは相関的関係にあり，倫理的自覚の向上だけを望むことはできないという認識こそ，マーシャルを，哲学や倫理学から経済学へと導いた原因であった。道徳だけで何とかなるというのなら，経済学など必要ない。以下に示すように，両論に共通するマーシャルの着目点は，日々反復される生産の場つまり企業組織を，人と社会の両方を変えていく教育の場として認識する点にある。

　まず経済騎士道であるが，これは決して企業者に経済的成果よりも倫理的配慮を優先させることを求めるわけではない。経済騎士道は，実業界における経済的成功が，多くの場合，一般に理解されているよりもさらに賞賛に値する動機・資質に由来しているという事実を周知させることを意図している。これは，企業家のための環境，すなわち企業者が自らの職務に対して自信と誇りを持ちうる社会環境が必要だ，という主張である。それゆえ，騎士道精神は企業者自身に向けられたものという以上に，企業者以外の人々に向けられたものなのである。企業者を育み活性化させるためには，企業者活動を十分に評価する社会的環境が必要だという主張である。

> 一つの点で，私たちは誤った方向に向かっているように思われる。人間にとっては，富を誇れるものにするために一所懸命に働くことよりも，富を見下す振りをすることの方が容易だからである。しかし実際には，物的な財産は必然的にほとんどすべての人の思考と配慮に大きく入り込むため，もし人類が富を誇りにすることができなければ，人間は自らを尊敬できなくなるだろう。そういうわけで，人類の真の繁栄に役立てる活動に富を参加させようと大いに努力することが，真に価値のあることになるのだ。(Pigou〔ed.〕1925, 329-30)

　富裕化によって動機が弱まっている企業者とは別に，貧困の悪循環から抜け出す力を持ち得ない状態に置かれている労働者階級の問題がある。彼らに対しては，マーシャルは享楽的・浪費的な消費態度（安楽基準）から，次のような生活基準に則った生活への移行を推奨する。

生活基準という言葉は，ここでは，欲望に対して調整される活動の水準を意味している。したがって，生活基準の上昇とは，知性と活力と自尊心の増加を意味する。それは支出を行う場合の注意力と判断力の上昇を導き，食欲を満たすだけで肉体的・精神的な能力の強化に役立たない食物や飲み物だけでなく，肉体的にも道徳的にも不健全な生活の様式を避けるように導く。(Marshall [1890], 689)

ここで求められている生活態度は，飛び抜けて倫理的なものではない。生活基準論は，労働者がその日暮らしの思考・生活習慣から脱皮して，明日を思い図る最低限の合理性を身につけることを期待しているものと理解すべきだろう。マーシャルに説教じみた倫理的な偏りがあることは否定できない事実だが，欲望の高次化がそれほど簡単には進行しないことは百も承知である。彼は，人間資質向上の可能性を決して楽観してはいなかった。

だが残念なことに，人間性というものはゆっくりとしか改善し得ないものであり，しかも，余暇を上手に使うことを学ぶという厄介な仕事におけるほど，この改善の速度が遅いものはない。(Marshall [1890], 720)

4　市場と組織の経済学

ここで改めて，マーシャル経済学における組織の意義を再述しておきたい。出発点となる根元的な認識は，人間は環境とともに変化するということ，そして一気に多くを学べないという常識的な人間観である。人と環境の相互依存関係は経済社会の諸層に見いだしうるのだが，資本主義社会では，企業組織こそがもっとも普遍的かつ継続的にこの相互作用を生み出す場である。組織の意義は，緩慢にしか学べない人間が生産に必要な知識・熟練を獲得するための時間を確保する，つまり継続的な環境を用意するところにある。そして，この継続性のもとで資本と労働の協同が可能になる。組織は時間をかけて形成された有形・無形の共有物によって連結され，全体として一つの生産力を具現している

のであるから，当然，資本と労働の結合比と製法を記した一片の工程表に還元することはできない。組織内には，学習された知識が有機的な結合を保って蓄積されていく。組織は，いわば知識の器なのである。そして，組織は知識の器であるがゆえに，発展の孵卵器（インキュベーター）となる可能性を内包している。

　ただし，実際に孵卵器としての機能を果たしうるかどうかは，各々の組織が生産要素をつなぎ止める求心力，具体的には「複合的準地代」を獲得できるかどうかにかかっている。そのためには，どうすればよいか。わずかにマーシャルが論じ得たことは，経済的騎士道論と生活基準論にとどまる。たしかに，これらは分析と呼べるレベルには達していない。しかし，それも無理もないことである。組織活力の生成と維持という問題は，均衡論という分析道具の射程を超える問題である。ここから先は限りなく有機的成長固有の問題領域に入っていく。だがマーシャルは，『産業と商業』(1919年)では『原理』を超えて進もうとしながらも，ケース・バイ・ケースというしかないほどに多様な各国の事例を列挙するにとどまっている。

　キャッチフレーズ風に表現するならば，マーシャルは「市場と組織の経済学」を志向していたと言えよう。一方の市場は均衡化傾向をもたらす機関であり，他方の組織は収穫逓増を生み出す機関だと見なされていた。つまり組織は，単に市場機能の不完全性を補完するというのではなく，発展の孵卵器として独自の機能をもつものとして位置づけられていた。ところが，マーシャル以後の経済学は，組織と組織がもたらす収穫逓増を例外的事象と見なし，すべての経済活動を需給均衡という市場交換の論理にしたがわせようとする「市場の経済学」の色を濃くしていった。市場交換に焦点を当てた均衡論は，やがては生物学的手法に取って代わられるべき暫定的な手法としてではなく，唯一の正しい分析手法として，一時期他のパラダイムを圧倒する権威を誇った。しかし，この企てが進行するにつれて，理論が描いてみせる完全知識と完全合理性の世界と，現実の不完全な知識と不完全な合理性の世界とのギャップの大きさが明白になっていった。このギャップを埋めるべく，知識や情報がコストなしには獲得され得ない状況や経済主体の合理性には限界がある状況を直視し，分析しようとする研究傾向が生まれてきた。この傾向のもとで，一度は例外扱いされた

問題群にも再び光が当てられ始めた。社風，のれん，顧客関係，現場の知，制度等々の，要素還元的にはとらえることのできない事象の意義が認識され，分析対象になり始めている。この流れと軌を一にして，一度は葬り去られた収穫逓増と組織というマーシャルのテーマが復活し，生産活動が市場交換の論理とは異なる，継続的環境下での協同という別個の原理にしたがうことが，今また徐々に再発見されつつある。

読書案内

　マーシャルの主要著作は，永澤越郎氏の苦心の訳業により，邦語で読むことができる。『経済学原理』(全4巻，1985年)，『産業と商業』(全3巻，1986年)，『貨幣・信用・貿易』(全2巻，1988年) が，何れも岩波ブックセンター信山社から出版されている。本章での引用文は，基本的に永澤訳を採用したが，訳書には原典の頁が付記されていることや訳文に手を加えたこともあり，訳書の頁は表示しなかった。

　平易でバランスのとれた入門書としては，馬場啓之助『マーシャル』(勁草書房，1961年)，井手口一夫『マーシャル（経済学者と現代⑥)』(日本経済新聞社，1978年) がある。いずれも，マーシャル経済学の基礎をなす，時代背景と思想的背景との関連に配慮が行き届いた優れた入門書である。

　研究書としては，西岡幹雄『マーシャル研究』(晃洋書房，1997年) がある。著者自身が一次資料に直接あたりながら，きわめて正確かつ詳細にマーシャルの研究活動の履歴が再現されている。日本のマーシャル研究の動向を概観するには，橋本昭一編著『マーシャル経済学』(ミネルヴァ書房，1990年)，井上琢智・坂口正志編著『マーシャルと同時代の経済学者』(ミネルヴァ書房，1993年) を読むとよいだろう。前書はテーマ別の，そして後の書は同時代の経済学者との比較研究である。特筆すべきは，ホイティカー編著／橋本昭一監訳『マーシャル経済学の体系』(ミネルヴァ書房，1997年) である。本書は，『原理』刊行100周年を記念して出版された論文集の邦訳である。マーシャルの貢献が後の経済学に与えた影響と現代的な意義とを探る意図のもとに寄せられた，第一線のマーシャル研究者による力作が収められている。

理解を深めるために
1．マーシャルの古典派経済学に対する評価を，ジェヴォンズのそれと比較しながら論じなさい。
2．「マーシャル問題」がケンブリッジ費用論争でどのように論じられたかについて調べてみなさい（上掲の『マーシャル経済学』第6章が参考になる）。
3．マーシャルの有機的成長論の基本的な枠組みはどのようなものであったか。
4．マーシャルと第12章で説明されるシュンペーターとの，発展に対する理解の異同について考えてみなさい。

5．マーシャルと第 14 章で説明されるハイエクとは，知識への着目という点では重なりをもっているが，その違いも見逃せない。両者の知識論の異同について考えてみなさい。

(藤井賢治)

第11章

制度進化の経済思想
T. B. ヴェブレン

　ソースティン・ヴェブレン（Thorstein B. Veblen, 1857-1929）が生きたアメリカは，歴史的に大きな分水嶺にあたる時期にあった。南北戦争（1860-65年）後のアメリカ経済は，西漸運動として知られる西部開拓が太平洋岸に達した90年代まで，急速な拡大を遂げる。ヴェブレンはノルウェー移民の農民の子で，ウィスコンシンやミネソタの田舎で育ち，ようやく開始されようとしていた大学院教育をイェール大学で受けた。カレッジでは後に限界生産力説の提唱者として知られるようになる J. B. クラーク（J. B. Clark, 1847-1938）に，大学院ではアメリカにおけるソーシャル・ダーウィニズムの代表者 W. G. サムナー（W. G. Sumner, 1840-1910）のもとで学んだが，多くの独創性に充ちた思想家と同様，彼もまた独立心が強く，取り立てて誰かの影響を強く受けたと特定できるわけではない。短期間在学したジョンズ・ホプキンズの大学院では，ドイツ歴史学派に刺激を受けたキリスト教社会主義者 R. T. イーリー（R. T. Ely, 1854-1932）から学んでいるが，「イェールの方が水準が高い」という彼自身の主張から分かるように，ヴェブレンの基本的な思想は，イーリーよりもサムナーに近いもの，つまり自由主義に近いものであった。とはいえ，大学時代から一貫して経済学に強い関心を持っていたにもかかわらず，結局ヴェブレンが選んだ博士論文のテーマは，ドイツの哲学者カント（I. Kant, 1724-1804）とイギリスの思想家 H. スペンサー（H. Spencer, 1820-1903）の哲学や思想の分析であった。大学に職を見つけられなかったヴェブレンの眼が再び経済学に向かうのは，

1890年代のことである。

　都市化の進展と農業不況に起因する農村社会の崩壊は，独立自助（セルフ・ヘルプ）と近隣社会＝教会を中心とする伝統的なアメリカの自由主義思想の経済的基盤を揺るがす。その渦中で新たな思想潮流として浮上してくるのが，① H. スペンサーの圧倒的な影響のもとに「優勝劣敗・適者生存」の原理を振りかざして，伝統的な自由主義の思想を磨き上げた W. G. サムナーに代表されるソーシャル・ダーウィニズムであり，②キリスト教的な「隣人愛」の精神に基づいて都市的社会における労働者と市民の連帯を試みたソーシャル・ゴスペラー（社会福音派）の運動である。

　前者は，徹底的な自由競争に基づく「富」の追求は，「適者」＝「産業の将帥」＝大富豪を産みだしつつ，産業効率の向上をもたらす結果，大衆も同時に豊かにすると主張する。これに対して，R. T. イーリーに代表される後者は，個人主義を徹底させるのではなく，産業労働者に対する「団結」＝労働組合結成を容認し，資本主義の枠組みのなかで新しい労使協調的な産業システムを作り上げようという主張であった。一見したところ，両者は基本的に異なっているように思われるが，必ずしもそうではない。両者の神は同一である。「富に至る道と神に至る道」の一致を説き続けたB. フランクリン（B. Franklin, 1706-90）の思想は共に受け継がれている。前者では個人主義的な自由競争として徹底化され，理想化されているのに対し，後者では，労働組合という新しい社会組織を制度化することが，社会全体への手厚い富の分配を実現し，労働者を含めた社会的な福祉の水準を高め，結果的に個人的な「自由」を社会的に保障することができるという側面が強調されているからである。目的の違いというよりも，手段の違いなのだ。

　興味深いことに，ヴェブレンが最初に批判対象として取り上げたのは，「その弟子である」とさえ公言したスペンサーであった。英米の伝統的な経済学の哲学的基礎である功利主義が厳しく批判され，功利主義的な進歩思想に代わって，ダーウィン的な進化思想に基づいた人間社会の進化論的解釈の重要性が力説されることになる。主著『有閑階級の理論』（1899年）は，人類史の進化論的再構成であると同時に，経済学史上初めて「消費」の持つ社会的な意味を分

析した「顕示的消費の経済学」であった。

1　制度の累積的発展と進化論的経済学

　当時すでに経済学の主流になりつつあった新古典派経済学に向けられた哲学的・方法論的批判が厳しく，しかも根源的であったため，以後ヴェブレンは「異端の経済学者」に祭り上げられる。しかし我が国では，たとえば都留重人，宇沢弘文といった新しい経済学を求めつづけた経済学者から高く評価され，その一部が紹介されてきた。よく知られた見事なパロディーではあるが，まずヴェブレンが放った批判の矢を紹介しておこう。

> 現在広まっているあらゆる経済理論の定式のなかでは，イギリスの経済学者も大陸の経済学者も，研究の対象である人間に関するデータを快楽主義的な(ヘドニスティック)観点から理解している。人間性は，受動的性格のもので，実質的に不活性であり，しかも不変のものだと前提されている。現代の経済学者が抱いている心理学的・文化人類学的偏見は，数世代前の心理学や社会科学で受け入れられていたような代物なのだ。快楽主義的な人間理解に従えば，人間は，快楽と苦痛をはかる電気式点滅計測器に過ぎない。つまり，人間というものは，刺激を受ければ動き回るが，それ自体は決して変化しない幸福願望の小球体であるかのように右に左に振動し続けるようなものだ，というのである。先祖がいるわけでも，子孫をもつわけでもない。この小球体を跳ね飛ばすような強い力におそわれでもしない限り，それは，安定的な均衡のなかに留まり続ける孤立的・究極的な人間に関するデータなのである。(Veblen 1919, 73)

　快楽主義的な功利主義の立場から，幸福を極大化し，犠牲を極小化する合理的な判断主体ととらえる経済学が説明・記述できる人間行動の世界は，所詮「均衡」に行き着くような力の存在証明に過ぎず，経済社会の局所的で微細な安定化や均衡化の説明はできても，人間性の変化や社会システム全体を包み込むような大変動を説明することは，そもそも不可能なのだという批判である。ヴェブレンは，「人間は，たんに環境によってもたらされる力に揉まれていつ

か飽和に達するはずの欲望の固まりというよりも，尽きることのない活動のなかに実現と自己表現を求める性向や習慣の首尾一貫した体系である」と能動的に捉えようとする。「人間に関するデータ」＝人間本性を，「性向や習慣の首尾一貫した体系」＝社会制度の発展と関連づけて理解すべきだ，という進化経済学の提唱である。

ヴェブレンがダーウィン（C. R. Darwin, 1809-82）の進化論から学んだ点は多岐にわたる。しかし重要なことは，人間の存在と行動を，植物や動物と共通性をもつ「種の一員」と捉えるという「生物学的」な人間把握である「性向」的要素と，「習慣」という人間独自の社会的・歴史的に形成されてきた社会・文化的要素とが織りなす「首尾一貫した体系」として，重層的・累積的な構造的因果連関のなかで理解しようとする点にある。

人間と他の動物，とくに群をつくって生活するほ乳類との共通性を意識した上で，ヴェブレンが「不変の人間性」として指摘するのは，動物としての種の存続を保障する役割を担う「モノ作り本能（ワークマンシップ）」と「競争心（エミュレーション）」である。従来「製作者本能」と訳されてきた前者は，人間生命の存続や増殖に役立つ活動を高く評価し，賞賛するような性向が人間に本能として鋳込まれており，自然を利用する技術・知識を蓄えてきた人類が種として独自に繁栄を続けてきたのだ，という根源的な人間把握である。もちろん，「親としての傾向（ペアレンシャル・ベント）」も欠かせない。これ無しには，種の存続そのものがあり得ない。他方，競争心は，ライオン，鹿，犬，猿などの生態を観察すれば分かるように，それぞれの集団における秩序形成の原動力である。集団内部における地位をめぐって競い合い，張り合うことによって，結果的に「力」の序列＝社会秩序が習慣的に定まる。個々の集団に特有な秩序つまり「文化」は，こうして形成されるのである。

だが，人間と動物の間には，程度において大きな違いがある。モノ作り本能と競争心の両面において，世代から世代を通じて「遺伝的」に受け継がれていく程度が，人間の場合途轍もなく大きいからである。モノ作り本能について言えば，生命活動に役立つ科学技術的な知識が，小麦や稲の作り方，毒キノコの見分け方や薬草の効用に関する伝承といった形で，共通の社会的知識として受け継がれる。ヴェブレンのいうモノ作り本能とは生産的・技術的知識の別表現

でもあって，その基本的な推進力が，後の著作の中で「知的好奇心〔アイドル・キュアリアシティー〕」と言い換えられることからも分かるように（Veblen 1914, 84-9），まさに能動的な人間理解なのである。

他方，競争心の作用もまた，動物と人間とではかなり違う。雌をめぐって雄同士が「張り合う」のも餌を食べる順番の決定も，ともに競争心に由来し，これは人間にも妥当する。だが人間の場合には，蓄積されて受け継がれていく産業技術的知識が「生存に必要な最低必要物」をつねに上回る余剰をもたらすように作用するという点で，決定的な違いがある。もっぱら雌となわばりをめぐって展開される動物の競争心に加えて，人間の競争心は，さらに集団内部や集団間で，「余剰」の獲得をめぐって多様な形態で展開されるからである。競争心とは，人間が他人＝仲間に向かって働きかける関係，つまり「対人効果〔インターパーソナル・イフェクト〕」そのもののことだから，「余剰」が増えれば増えるほど，それに応じてますます「対人効果」を強化・向上させるためにさまざまな分野と手段を通じて競争心が発揮され，多様な文化現象として展開されていくようになる。

このように，モノ作り本能と競争心の累積的な発展として人類史を再構成する方法は，「生産力と生産関係との間の弁証法的発展」というマルクス（第7章参照）とエンゲルス（F. Engels, 1820-95）の史的唯物論の方法と，一面では共通性をもっている。だが，知的好奇心に基づいて自律的に続く知識の累積を前提した上で，「余剰」の消費の仕方が，集団＝社会の秩序形成を支える社会的な名声の「規範」形成の核心に位置し，独自の思考習慣＝制度を累積的に発展させ続けると捉えたところに，ヴェブレンの独創がある。

未開の平和愛好的段階から野蛮な略奪段階へ　「不変の人間性」であるモノ作り本能を発揮する程度が，集団内部で行為規範として高く評価され，支配的な「習性や性向」であり得たのは，道具の発明と改良によって階級分化をもたらすほど余剰生産物が産出されるまでの時期，つまり人類史上最も長かった「圧倒的な貧困にもとづく平和という古代的状態」にかぎられる。

モノ作り本能は人間の生存に役立つモノを作り，無駄を省き，人類を存続させるように作用するから，産業技術＝生産力の発展が停止することはない。結

果的に，競争心を発揮する場＝制度の発展・進化の条件が満たされるようになる。「集団の産業効率が上昇するにつれ，そしてまた武器がますます優れたものとなってくるにつれ，侵略行為への誘因やこの方向にそった偉業を達成する機会が増大する。競争心にとって好ましい条件が十分整ってくる。高められた産業効率の結果生じる人口密度の上昇とともに，その集団は，環境の力によって，貧困に圧倒された平和という古代的状況から略奪的生活段階に移行する」(Veblen [1934], 92)。

余剰生産物の蓄積が可能になると，略奪によって生産物を手にいれるほうがずっと効率的になる。人知を越えた力，神憑り的な略奪能力＝「武勇」を保持していることが集団内部で尊敬のまとになり，最高の「名声の基準」を満たす行為規範に転成する。その反面で，従来からの行為規範であるモノ作り本能は誰もが持つありふれた能力になり，行為規範としては格下げされてしまう。「武勇の証拠」である「戦利品」（トロフィー）としての財産の量が，新しい名声の基準になる。封建時代の出来事である。

半平和愛好的な略奪段階から平和愛好的産業段階へ　だが，財産そのものは，そのほかの手段でも入手できる。安く買って高く売るという意味で「準略奪的」な商業取引とくに外国貿易は，莫大な譲渡利潤をもたらす。くわえて，労働に従事して財を生産し，それを「私有財産」として所有できるようになると，貧しい労働大衆まで「所有をめぐるゲーム」に参加しはじめる。モノ作り本能だけしか持たなくても，ひたすら労働にいそしむことによって，隣人と私有財産の量を競い合うという意味での「競争心」を自由に発揮できるから，社会で生産される富の量は飛躍的に増加しはじめる。B. フランクリンや A. スミス（第 3 章参照）の時代の出来事である。

結果的に，所有をめぐるゲームは新しい段階に突入する。「蓄積された富をもっぱらより多くの賞賛をえるために顕示しようという努力」が必要になり，「顕示的消費」が新しい最高の行為規範になる，とヴェブレンは主張する。

　　有閑階級は，名声という点では社会構造の頂点に立っており，したがって，
　　その生活作法と価値基準とが共同社会における名声の規範になる。これらの

基準を遵守することが，たとえある程度までの近似ではあっても，等級としては下位にあるすべての階級にとっての責務になる。現代の文明化した共同社会では，社会階級相互間の区別は不明瞭で，しかも一時的なものになっている。したがって，このようなことが生じるところはどこでも，上流階級によって課せられた名声の規範は，ほとんど妨げられることなくその強制的影響力を社会構造の最下層にまでおよぼすことになる。(Veblen 1899, 84)

　たがいに「見知らぬ隣人」からなりたつ新しい産業都市は，競争心を発揮する格好の場であった。どれほど貧しくても，人はつねに少しでも上の階層を羨望の眼で注視するから，結果的に上流階級＝有閑階級の生活様式が，精神態度とともに大衆の日常生活の中へ取り込まれてゆく。新聞や雑誌は広告を売る媒体になり，大衆の消費欲望そのものが尽きることなく社会的に創りだされる。それぞれの社会的地位にふさわしい「顕示的消費」の基準をみたすために，大衆が限りなく働きつづけるから，この体制は科学技術の発展が続く限り無限に発展しつづける。マルサスが心配したような人口の爆発的な増加は，決して生じない。高等教育進学率が上昇し，高等教育の費用が上がり続けて子供の標準的な＝世間並みの養育費が限りなく上昇し続けるため，子供の数が「顕示的消費」の基準それ自体の作用によって抑制されるからだ。

　このかぎりでは，「顕示的消費」という行為規範が支配する産業社会は，人間性という点で見ると，明らかに均衡・均一化の内的傾向をもっている。行為規範＝大衆の精神態度は「顕示的浪費」という一点に向けて収斂する。無限の消費欲に駆り立てられてダイナミックに発展し続けるように見える世界は，単調で安定的な世界である。しかし，競争心に駆りたてられた個々の「経済人」は，個人的には所得に応じた最適・最高の「効用」を得ているに違いないとはいえ，「対人効果」という点で見ると，大部分の人々は永遠に「満足」を得られないということも注意されてよい。あらゆる人が，他の人々に負けないような消費をできるはずがない。くわえてこの世界では，そもそも人間が他の動物以上に強く持っている「知的好奇心」を，自由に発揮して自己実現を図るという人間の本能的欲求が，「顕示的消費に役立つ」という「条件付き」でしか満

たされなくなる。「役に立つ」知識というものが，「金儲けに役に立つ」という意味である限り，すべて顕示的消費にからめ取られてしまうからである。

　要するに，古典派経済学や新古典派経済学という合理的な「経済人」モデルを基礎に組み立てられた世界は，顕示的消費の世界を一歩も越えられない，とヴェブレンは主張していることになる。もちろん，これはあくまでも「限界」の指摘であって，「否定」ではない。このような正統的な経済学が説明しない現実，つまり哲学的基礎を含めて大幅に組み替えないと説明できない現実社会の動向を，ヴェブレンは独自に解明しようとしたのである。

2　ビッグ・ビジネスと株式会社

　アメリカが現代的なビッグ・ビジネス，つまり巨大株式会社が国内総生産の大半を占めるような体制になったのは，1898年から1904年にかけて生じた第一次産業合併運動の結果である。ヴェブレンが『有閑階級の理論』でその顕示的浪費ぶりを皮肉たっぷりに描き出した「成金」，つまりジョンズ・ホプキンズ，ローレンス・スタンフォードなどの鉄道王，タバコ王のデューク，石油王のロックフェラーといったアメリカの大富豪の一覧表に，事業を売り渡して引退した鉄鋼王A.カーネギー，企業合同を主導したJ. P. モルガン商会に代表される多数の投資銀行業者などが，新たに追加された。このようなアメリカの大富豪の「財産」とは，巨大株式会社＝ビッグ・ビジネスの株式と社債および国債である。もちろん，この「アメリカ史上例を見ない莫大な富」＝株式と社債は，鉄道株やその社債をのぞいて，合同運動が始まるまでほとんど存在しなかった。くわえて，1893年から97年にかけて，鉄道の大部分は破産と再編，つまりリストラの真っ最中であったから，新しい富の相当部分が産業会社の企業合同によって新たに作り出された，と見てよい。ヴェブレンはこのプロセスの全体を「資本の昇華(サブリメイション)」と呼び，『営利企業の理論』(1904年)のなかで詳細に解明した。

　19世紀末まで，鉄道や銀行をのぞいて，株式会社制度は一般的ではなかった。有限責任制度と法人格付与における準則主義――資格要件を満たせばよ

いという考え方——とが，まだ一般法として確立していなかったからである。鉄道も銀行も，議会による特別な認可が必要であり，製造業は基本的に個人企業であって，重化学工業化に必要な資金は自己資本か銀行からの借り入れによってまかなわれた。しかし，急激な技術革新に基づく生産性の向上が激しい価格競争をもたらし，生産量が爆発的に増加する過程で製品価格は急落した。価格下落を防ぐためにさまざまなカルテル・トラストが結成されるが，結局カルテルによる価格維持は不可能と分かる。そこで登場した革新が，独占的な巨大株式会社＝ビッグ・ビジネスの結成に他ならず，製品価格の低落を防ぎ，利潤を確保し続けるために，その市場占有率が50パーセントを越えることも稀ではなかった。

　その意味で，現代的な株式会社の体制は，既存企業の合同や合併による「株式会社化」を通じて出現したところに，歴史的な特徴を持っている。実際に生じた変化とは，株式会社化されることによって登場した「株式」と「社債」，すなわち既存産業設備の「証券化（セキュリタイゼーション）」に他ならないのである。

　だが，「証券化」といっても，株式と社債では，たとえ手続きが似ているといっても，内容がことなる。第一に，株式は出資証券であり，経営参加権をもった所有証券である。第二に，既存企業の買収資金を調達するために発行された大部分の無担保社債は，利払いと償還を確実にするため，投資銀行によって厳しく経営が監視される必要がある。株式も社債も，大半は信託銀行，生命保険会社や損害保険会社という機関投資家によって所有されていた。株式会社の最高意志決定は，株数の単純過半数による株主総会で決まるから，比較的・相対的な大株主が実質的な支配権を握ることが可能になる。もちろん，機関投資家や大衆投資家は定期的な配当と利払いがなされさえすれば満足する。専門的な「雇われ経営者」が，伝統的な「所有経営者」に変わって新しい特別な階級として登場することになる。雇用者数が万を越えるようなビッグ・ビジネスの経営は，1880年代末から創設され始めた経営大学院＝ビジネス・スクール出身者や，大学の経済学部出身者の手に委ねられることになるのである。

　このような個人企業の株式会社化＝「証券化」を通じて，社会は豊かになったのだろうか。その通りである。それまで存在しなかった株式や社債が，新た

に「金融資産」として社会に付け加えられたからである。だが，実物的に考えると，株式会社化によって金融資産が増加しても，工場や機械設備の量はまったく増えておらず，むしろ，合併時に過剰設備が破棄されることが多いから，実物資産の量は減少しているはずである。それでも，社会は豊かになったと言えるのだろうか。ヴェブレンの問いは，実物的な富と名目的な富との関連性にある。

　重要なことは，株式会社の資本の価値は，工場や設備機械の「取得に要する費用」で決まるわけではなく，どれだけの利潤＝配当を実現するかによって決まる，ということである。ようやく登場し始めた「無額面株」にいち早くヴェブレンが注目し，「予想収益」に基づく株式価格決定を強調した理由は，そこにある。私有財産の社会つまり資本主義の社会では，資本＝株式の価値は，それがどれだけの実物資産を代表しているかではなく，貨幣で計っていかほどの収益力を代表しているかによって決まるのである。

　とすれば，こう言えるだろう。株式会社の価値は，会社の収益力によって決まる。会社の価値が評価されるのは証券市場であるが，そこでは，予想収益が市場利子率で資本還元されて株式価格が決定される。会社の予想収益が上昇すれば株価は上昇し，その分だけ社会つまり株式所有者の「金融資産」が増加するし，予想収益が低下すれば株価は下落し，その分だけ社会の「金融資産」が減少することになる。その意味では，19世紀末の第一次企業合同運動によって登場したビッグ・ビジネスは，全体としてみると，生産性の低い余剰生産設備の廃棄によって生産性を向上させただけでなく，高い市場占有率を武器に供給価格の引き上げを可能にすることによって，企業の「予想収益力」を大いに高めたわけである。その限りで，「証券化」された企業資本は，明らかに社会全体として「富」の増加分を表すと理解してよいことになる。

　だが，逆もまた真理である。何ら生産性の向上を計ることなく，ひたすら高い市場占有率に頼って供給価格を引き上げるために生産調整だけを遂行した場合には，「証券化」された企業資本は，社会全体の「富」の増加分を表すどころか，他の産業分野あるいは消費者から「富」を奪い取るための手段になってしまう。さらに，予想収益力の大幅な引き上げどころか，事業の継続を不可能

にするほどの赤字しかもたらさないような場合には，株式投資家の「富」を消滅させること以外，何の役にも立たない。株式会社が倒産したとき，出資証券である株式はたんなる紙切れになってしまうからである。

　このように株式という金融資産の価値は，必ずしも工場や機械設備といった物的な資産価値と対応しているわけではなく，直接的には予想収益力，つまり将来の収益と対応しているから，株式会社体制＝ビッグ・ビジネス体制のもつ意義は，次のように評価できるだろう。

　株式会社形式は出資者の責任を出資額に限定することによって社会全体から広く出資を募り，技術革新にもとづく巨額の固定資本投資資金の調達＝集中を可能にする新しい制度である。しかし，株式は会社経営が生み出す利潤に対する請求権の証書である。だから，株式所有者は「利潤をもたらすように，会社を経営すること」を望むだけでなく，より大きな配当をもたらす会社の株式に買い換える＝出資先を変更することによって，社会全体における富のより大きな所有と分配にあずかろうとするのである。分配される富が，生産性の向上などによって実際に「増加した物的な富」の一部であるか，たんに既存の富の再配分であるかは，問題にならない。たとえたんなる富の再配分であっても，社会に存在する富の量が圧倒的に大きければ，当分の間は十分な大きさを保てるからである。たとえて言えば，タコが己の足を食べるにしても，1kgある大ダコの足一本からの100gと，50gしかない足一本からの5gとでは，同じ10パーセントにしても，天と地の違いがあるように。要するに株式は，形式的には確かに所有権の証書であるが，伝統的・典型的な「所有権」概念を越えた新しい社会的存在＝制度であって，実際には会社や社会の富に対する請求権なのである。その売買を通じて株式の価値を評価する機構である証券取引所は，こうして社会の富に対する請求権を売り買いする場所であり，社会全体における資本の配分を金融資産という世界で先導する場所なのである。その限りで，株式市場は，社債市場や国債市場における投資「利回り」の一致，つまり等しい資本元本に等しい「利子」を補償するように作用する制度機構として，組み込まれているのである。

　だが，株式がなお「私有財産」であることは間違いない。所有権は，所有物

に対する支配権を伴う。経営における支配の問題，つまり「所有と経営の分離」をめぐる問題がある。

> 企業経営の最終決定権は，必然的に，一般的な所有者集団以外の人々に集中する。典型的な場合には，機械技術とそれに伴う企業経営上の随伴物が首尾一貫して遂行され続けるかぎり，一般的な所有者集団は，必然的に，非物質的な富の卓越した保有者の最終決定権に従属する事実上の年金取得者の地位に格下げされる。一般的な企業者集団も，典型的な場合には，同様に経営上の指導権を剥奪され，同じ支配に従う官僚的階層性に還元されてしまう。さらに残りの者，つまり大衆がこの目録に登場するとすれば，それはたんなる産業の原材料としてのことにすぎない。何がこの傾向を強めたり弱めたりするように作用するかは，所有権・企業債務・経済政策といった事柄に関する感情のゆっくりした変化に依存して決まる問題である。(Veblen 1904, 266-7)

このようにヴェブレンは「所有無き支配」ではなく，相対的な大株主による経営の支配とビッグ・ビジネス体制の官僚制化の傾向を「必然的な傾向」と見るのだが，このような経済体制をもたらすきっかけになったと彼が指摘するのは，科学技術の急速な進歩とそれがもたらす慢性的不況であった。

3 技術進歩と慢性的不況

1898年以降の数年間でビッグ・ビジネス体制を確立させるに至った根本的な原因は，1870年代以降のアメリカ経済を特徴づけた「慢性的不況(クロニクル・デプレッション)」である，とヴェブレンは捉えていた。しかも，この20～30年間は重化学工業の発展に主導された第2次産業革命の時期であり，「実質」で見ると，この慢性的不況は「高度成長」の時期であった。高率の保護関税に守られてはいたが，工業生産性も生産高も飛躍的に増加した反面で，競争が激しいために製品価格の下落が続いた。穀物価格も半落したが，生産量は約10倍に増加した。物価水準が下落し続け，利潤を挙げられない企業が多数存在し，大部分の農民は債務

超過に悩まされ続けたなかで，この間「実質所得」は極めて高い伸び率を示したのである。ヴェブレンによれば，技術進歩が急激で，しかも自由競争がなされている場合，このような「慢性的不況」こそ当然の事態なのである。

既存企業よりも高い生産性をもつ機械に投資した後発企業の新規参入があった，と仮定しよう。自由競争下であれば，後発企業は必ず生産量を増やして先発企業の市場を奪うだろう。先発企業では，市場価格の下落とともに利潤が減少し，生産費を回収できないほど低下すれば，「赤字」に転落するという事態になる。いっときは高利潤を確保できた後発企業も，さらに高い生産性をもつ機械に投資した新企業が参入してくると，同じ事態を迎えることになる。もちろん，赤字転落を余儀なくされた企業がより高い生産性の機械設備投資をすると考えても，まったく事態は変わらない。これは，ここ20～30年間における日本企業の「半導体」投資，さらに，パーソナル・コンピュータ産業を考えてみれば，容易に理解できることである。技術進歩の速度が急速であればあるほど，企業は休むことなく新規投資を継続しなければ，必ず敗退・撤退を余儀なくされる。もちろん，投資した資本を回収できるかどうか，これさえ確定的とは言えない。回収できなければ，時代遅れの陳腐化した機械設備の価値はゼロになり，破棄処分費さえ発生させ，負の実物資産になるであろう。

原理的に考えれば，この技術進歩主導型の慢性的不況に対する対策は，①技術進歩の速度を下げる，②自由競争を止めて管理価格体制を作りだす，③生産性上昇を上回る消費水準の向上，この3つである。

技術進歩＝高い生産性をもつ機械技術の開発は，生産費用を引き下げ，利潤を増加させていくためのもっとも主要な内部的な手段であるから，永続企業＝ゴーイング・コンサーンを目指す以上，決して手放せない。すでにビッグ・ビジネスには大量の技術者集団が組み込まれていたし，大学や研究機関を中心に，科学技術研究を社会的に組織化しつつ膨大な物理化学知識を加速度的に集積・前進させ始めていた。くわえて，機械技術＝近代科学はいったん自立すると，モノ作り本能を全面開花させる契機になるから，それは留まることのない自律的な運動になる。ヴェブレンは，ビッグ・ビジネスの基礎は技術者＝テクノクラートが支えていると指摘し，産業社会全体は，まるで一つの「機械プロセ

ス」であると理解していた。企業者にできることは，モノ作り本能の発揮を，「利潤」増加に役立つような科学技術の開発だけに制限することなのである。

　供給制限を行って管理価格体制を作りだすこと，これが一夜にしてビッグ・ビジネス体制の確立によって実現されたという事実は，すでに指摘したところである。だが管理価格体制は安定的な高価格をもたらすことはできても，社会の総需要そのものを増加させることはできない。消費量そのものを増加させなければならない。需要を増大させるために個別企業が取りうる唯一の手段は，宣伝広告を駆使し，販　売　力（セールスマンシップ）を高めることである。宣伝広告費が世紀末から1920年代に著しく増加したことから分かるように，生産性が上昇すればするほど製品原価に占める「販売費用」の比率が著しく高まって行き，結果的に技術進歩がもたらす生産費の低下分を十分に埋め合わせるほどになる可能性がある，とヴェブレンは見ていた。

　1913年末に連邦準備銀行が創設され，信用制度全体としての信用創造力は一段と高まっていたから，技術進歩の速度と信用創造に基づくインフレーションの速度が「釣り合う」かぎり，ビッグ・ビジネスの体制は持続しうる（Veblen 1923, 13-14章）という彼の分析は，まさにポイントをついていたと言えよう。技術進歩が激しい経済社会ほど，逆に「セールスマンシップ」の世界になってしまい，モノ作り本能の働きを押さえ込んでしまう危険性を秘めている，という分析だからである。生産物価格のなかで占める販売費用の割合が圧倒的に高くなれば，技術進歩＝科学技術の発展がさらに急速に進む保障がない限り，実物的な生産量の比例的な増加は望めない。企業収入の減少は，販売費用の引き下げつまり販売にかかわる労働者＝セールスマンの失業をもたらす。ビッグ・ビジネスの体制は，生産も販売も組織化が進む分だけ安定的になるが，究極的にはなお不安定な体制なのである。

4　国家と国際秩序：民族自決とモノ作り本能

　見てきたように，ビッグ・ビジネスの体制とは，科学技術の自律的発展を基礎に，企業経営者——大株主，投資銀行者および機関投資家の連合体が掌握

する経営上の最高意志決定権に服属する官僚機構――と，たんなる費用がかかる原材料として体制のなかに組み込まれる一般労働者とから成り立つ体制になる，というのが1904年時点におけるヴェブレンの分析的結論であった。これは，1923年の『不在所有』になると，連邦準備制度の設立，生保・損保や信託銀行といった機関投資家による株式保有の一段の進展，宣伝広告費用の非課税控除化＝完全費用化などの進展によって，さらに強固なものになりつつある，と再確認される。第一次世界大戦後の大衆消費社会では，消費まで組織化・社会化されてしまい，結果的に労働大衆は，ビッグ・ビジネスの派手な宣伝広告によって誘導される最終消費者として，ビッグ・ビジネスの利潤＝配当確保のために利用されるだけの存在になるからである。

このような体制認識を持っていたから，立憲政治に基づく現実の国家＝政府が，何よりも私有財産所有者の利益を代表し，既得権としての私有財産の価値を維持するように機能する「ビジネスの政府」と断定されるのは，当然のことである。だからこそヴェブレンは，第一次世界大戦後の「平和の条件」をめぐる国際交渉に言及して，利害が対立しているように見える列強の代表団は，「ロシアのヴォルシェヴィズムを覆し，ドイツにおける私有財産制度の存続を保障すること」の2点で一致していたと，J. M. ケインズ（第13章参照）の『平和の経済学的帰結』(1919年) が見逃していた論点に鋭い批判の矢を放つことができたわけである (Veblen [1934], 469)。

さらにヴェブレンの場合は，制度＝思考習慣の累積的発展過程として人類の進化過程を捉えていたから，現実の制度的・法的機構としての「国家」の捉え方も，当然それに応じて複眼的・複合的な特徴をおびる。

ビジネスの政府を支えるふたつの制度的支柱は，愛国心＝民族主義と金銭的連帯感である。愛国心や民族主義という習慣的な精神態度の起源は封建的な忠誠心にまで遡り，部族・氏族的敵愾心という野蛮時代の規律として，大衆の心のなかに埋め込まれ，根強く存続してきたものである。もちろん，その起源は所有権という制度よりもはるか昔に遡る。他方，金銭的連帯感つまり経済的な利害の連帯性・共同性という感情は，荘園制のもとでの共同労働や手工業制のもとでのギルド的共同規約に起源を持ち，労働に基づく所有権という手工業段

階特有の理解が，後の時代に財の獲得が財の生産を意味するかのように解釈され始めた結果，登場したものなのである。

そうであるかぎり，第一次世界大戦前後の時期から国際的なスローガンとなった「民族自決」という潮流は，たとえそれが形式的に植民地宗主国の支配からの解放であるにしても，現代的な私有財産＝金融資産価値を維持するシステムからの解放を意味しない以上，所詮古くからある「愛国心と金銭的連帯感」の世界への先祖返り・退行でしかあり得ない。貧しい大衆の経済状態は，決してそのことによって改善されるわけではないのである。産業技術の改善や進歩，つまり現代の科学技術が発展するために必要なことは，愛国心と金銭的連帯感に基づく民族自決＝国家の独立ではない。産業技術の発展が要請することは逆であり，むしろ，国境の消滅であり統合であるというのが，第一次大戦後のヨーロッパにおける秩序回復方針を政府筋から諮問されたヴェブレンの強調した点であった。「経済政策にかかわる多くの問題，とくに市場の獲得や貿易をめぐる問題は，国境を廃止することによってほとんど消滅したも同然のことになる」(Veblen [1934], 368) からである。

とすれば，次のように言えるだろう。人類史を制度＝思考習慣の累積的発展のプロセスと捉えるヴェブレンは，「競争心」の世界に由来する思考習慣である愛国心や金銭的連帯感，さらには私有財産制度が現実に担っている重要な役割を，十分に認識していた。だからこそ逆に，①「国境」が存在する限り，市場の獲得や貿易摩擦といった国際問題は永久に消滅し得ないし，②株式会社制度つまり将来所得が金融資産化され，主要な私有財産になってくると，大多数の国民，つまり一般の労働大衆はひたすらビッグ・ビジネス所有者の財産価値を維持するための体制に組み込まれ，価格維持のための生産制限＝雇用調整政策によって，つねに失業の危険にさらされ続けるというロジックが解明されることになった。

もちろんヴェブレン的な「進化論」の立場に立つ限り，たとえ国境が消え，たとえば株式という私有財産が消滅したとしても，「古くからの思考習慣」として組み込まれた国境や私有財産が，完全に消え去ることはありえない。それは，累積的な遺伝子構造のように，人類が受け継いでいく精神構造のなかに，

永遠に残り続ける。だからこそ，国境と私有財産の消滅が人類の新しい進化における「必然」だということは分かっても，具体的にどのような新しい思考習慣が形成され，それに取って代わる役割を担うかということまで，見通せるわけではない。ヴェブレンが主張したことは，新しい制度＝思考習慣は，人間だけが持つ科学技術＝モノ作り本能の「自由な発展」を伴っていなければならないということ，ただこれだけである。その意味で，ヴェブレンにおける自由は，無限に人間の知的好奇心を満たすこと，これであったと思われるのである。そこに国境や身分・地位の区別など，あろうはずはない。

　このように，ヴェブレンの思想は極めて複雑な体系ではあったが，彼に講師以上のポストを与えようとした大学がほとんど無かったほど，当時としてはラディカルなものであった。だから，彼の学説を直接受け継ぎ，発展させるような人がほとんど現れなかったのも，不思議ではなかろう。しかし彼の主張に触発されて，「制度」の人為的な改革の可能性に着目した若い経済学者が，やがてニューディールの社会改革の一翼を担う「制度学派」の運動を引き起こすことになったことも，事実である。このグループに属する著名な経済学者としては，景気循環を研究したW. C. ミッチェル（W. C. Mitchell, 1874-1948），労働経済学のウィスコンシン学派の創設者で社会保障制度の確立に際して重要な役割を果たしたJ. R. コモンズ（J. R. Commons, 1862-1945），社会経済学の提唱者J. M. クラーク（J. M. Clark, 1884-1963），さらに新しい世代として『豊かな社会』や『新しい産業国家』の著者J. K. ガルブレイス（コラム5参照）などを挙げることができる。もちろん，彼らが「制度学派」と一括できるほどの「論理体系」をもっていたわけではない。人間や経済社会を見る目や理解の仕方，つまり方法論次元における独自な意義に注目した特徴づけであって，彼らの存在が，しばしば原理的で単純素朴な自由放任主義と誤解されてきたアメリカの経済思想に奥行きと深さを与えてきたのである。

読書案内

　ヴェブレンの著作は10冊を越えるが，思想や理論の基本的な部分は，高哲男訳『有閑階

級の理論』（ちくま学芸文庫，1998年）と小原敬士訳『営利企業の理論』（訳書名は『企業の理論』，勁草書房，1965年）に盛り込まれている。前者は進化論的科学としての経済学の方法を人類史発展の理論として定式化したものであり，後者は，ビッグ・ビジネス体制の理論的分析であって，株式会社や独占資本主義分析の古典である。

　簡便な入門書はまだないのが実状だが，著者独自の見地からヴェブレンの思想の核心を「自由」に切り取って手短に紹介したものとして，宇佐弘文『ヴェブレン』（岩波書店，2000年）がある。また都留重人著／中村・永井・渡会訳『制度派経済学の再検討』（岩波書店，1999年）は，独自の観点から制度派経済学の特徴を描いている。現代経済学の主流である新古典派経済学がもつ方法論上の限界については，この2つの著作を読むことによってほぼ理解できるだろう。なお，基本的な関心は現代の消費理論に置かれているが，R. メイソン著／鈴木信雄・高哲男・橋本努訳『顕示的消費の経済学』（名古屋大学出版会，2000年）はヴェブレンの「顕示的消費の理論」を中軸に据えた切れ味鋭い「消費の学説史」である。

　伝記的な研究としては，J. ドーフマンの大著『ヴェブレン――その人と時代』（八木甫訳，ホルト・サウンダース社，1985年）がある。カレッジ入学まで英語力が足りなかったとか，無類の女好きであったという類の「神話」の出所はすべて同書にあり，その判断についてはすでに実証的で有力な「反論」が提出されている。しかし，これだけ詳しい「伝記」は二度と書かれないだろう。専門的な研究書としては，中山大『ヴェブレンの思想体系』（ミネルヴァ書房，1974年）と高哲男『ヴェブレン研究――進化論的経済学の世界』（ミネルヴァ書房，1991年）とを挙げておく。前者の特徴は，アメリカの伝統的哲学であったコモンセンス・フィロソフィーとの対比のなかでヴェブレンの哲学・思想の特徴を明らかにしようとしたこと，および，「本能論」を彼の思想の中核に据えて理解しようとしたことにある。後者は，「進化論者ヴェブレン」の特徴を解明するために『有閑階級の理論』と『営利企業の理論』に内在し，一つの論理一貫した思想体系として再構成しようと試みたものである。

理解を深めるために
1．ヴェブレンは，「進化」をどのように捉えているだろうか。それは，「進歩」とどのように違うのであろうか。
2．顕示的消費はどのようにして支配的な行為規範になったのだろうか。また，それは「大衆消費社会」の成立にとって，どのような意義をもっていたか，考えてみよう。
3．ヴェブレンの言う「慢性的不況」の原因，そのメカニズムを説明してみよう。さらに，技術進歩と経済発展，さらに経済構造の変化との関係について，整理してみよう。
4．1980年代の日本や1990年代末のアメリカにおける「土地や株式のバブル」発生および消滅のプロセスについて，統計資料などを使って主要なメカニズムを実証的に確かめてみよう。その結果を，ヴェブレンの説明と比較してみよう。
5．ヴェブレンに即して考えると，「モノ作り本能」あるいは「製作者本能」の基礎にある「知的好奇心」が満たされる社会こそ，「人間的自由」を実現した社会であることになる。「競争心」とは無縁の社会であるはずだが，具体的にこれはどのような社会でありうるか，考えてみよう。

（高　哲男）

― Column 4 ―

経済学と経済社会学：M. ヴェーバー

　20世紀前半を代表する社会科学者マックス・ヴェーバー（Max Weber, 1864-1920）は，自らを「歴史学派の門弟」と呼んでいるように，ドイツ歴史派経済学の内部で成長した研究者である。しかし彼は，ちょうどサナギが蝶に変身して飛翔するように，狭い学派の枠を超えて，人類が直面する普遍史的な社会学的問題を考察することになった。彼は，マルクス（第7章参照）の物象化論，メンガー（C. Menger, 1840-1921）の限界効用理論，ニーチェ（F. W. Nietzsche, 1844-1900）の文明批判，リッカート（H. Rickert, 1863-1936）の歴史哲学などを批判的に駆使することによって，シュモラー（第8章参照）の経済社会学を脱出し，結果的にドイツ歴史学派の潜在的射程を極限まで押し広げたと言うことができるだろう。

　ヴェーバーの思想は重層的であるが，その基底をなすのは強烈な愛国主義的ナショナリズムと政治的リアリズムであり，彼の学問的キャリアの出発点となった東部ドイツの農業労働者調査を踏まえ，ドイツが歩むべき経済政策の方向を提示しようとしたフライブルク大学教授就任講演『国民国家と経済政策』（1895年）は，そうした思考方法の頂点をなす著作である。東部ドイツは没落しつつある貴族「ユンカー」の大農場経営が支配的であったが，1870年代以降の農業不況に対応する過程において，ドイツ人の農業労働者が西部の工業地帯へ流出し，彼らにかわってスラブ系のポーランド人農民や季節労働者が進出するようになる。ヴェーバーによれば，こうした事態は，ポーランド人の経済的能力の優越の結果ではなく，逆に，経済的・文化的にドイツ人より劣ったポーランド人が，より低い賃金と市場に依存しない自給的農業生産で生活できるから競争に勝つのであり，他方ドイツ人農業労働者は封建的主従関係が残存するユンカー経営を嫌って，「自由への衝動」から西部に移住するのである。このような事態に直面して，ヴェーバーは，東部国境の閉鎖と国家による――ユンカーの土地を買い上げ，ドイツ人を入植させる――組織的国内植民を提案する。経済政策は，財の生産と分配を探求して「世界を幸福にするための処方箋」を提示するものではなく，諸国民の経済的生存闘争のなかで――人間としての偉大さや誇りの源泉である民族性を維持・発展させるために――どれだけの支配権を勝ち取れるか，という「国民の権力的価値関心」に奉仕する「政治の侍女」なのである。したがって「ドイツ人の国家の経済政策は，……ドイツ的でしかありえない」。こうしたナショナリズムは，ポーランド人への人種差別的ともいえる排外主義は反省されるものの，その後も彼の思想と行動を規定しつづけた。たしかに経済にたいする政治の優位はドイツ歴史学派の伝統に沿うものであったが，彼にとって経済学の理論や法則は，経済学者が到達すべき目的ではなく，あくまでも人間をとりまく問題の所在を発見し，その解決

方法を示唆する手段の体系にすぎなかった。この点で歴史学派とヴェーバーは鋭く対立したのである。

　ヴェーバーの代表作となった「プロテスタンティズムの倫理と資本主義の精神」（1904年）は，第8章の末尾で指摘したように，ゾンバルトを批判するものであった。ヴェーバーは，合理的な利潤追求を行う精神が企業者・資本家だけでなく，貨幣賃金の上昇を指向する労働者の上層にも広がっていること，それが宗教的にはカトリックよりもプロテスタントに顕著にみられ，彼らのあいだでは合理的な貨幣利得の追求が，むしろ信仰と道徳的義務の実践として意識されていることを指摘した。彼は，産業的中産層を中心に企業者・資本家と労働者に共通してみられる，倫理と営利が独自に結合した合理的生活態度を「資本主義の精神」と名づけ，この起源を宗教改革期の禁欲的プロテスタンティズムに求める。ヴェーバーの説明によれば，世俗における個人の宗教的実践を重視し，職業を神から与えられた「使命」として位置づけたのはルター（M. Luther, 1483-1546）であったが，この立場は，人間の原罪を強調し，——救われるか救われないかは信仰の結果ではなく，神によってあらかじめ決められている，との——予定説を説いたカルヴァン（J. Calvin, 1509-64）に継承される。カルヴィニズムにおいて，信徒たちが使命としての職業に勤勉に取り組み，たんなる営利衝動を抑制して計画的・合理的な利潤追求を遂行できること，そして獲得された財産を浪費せずに生産的に利用できること（世俗内禁欲）は，神に「救われている」証拠とされたのである。「資本主義の精神」とは，勤勉と禁欲から宗教意義が希薄となった段階を指しているが，それは初期資本主義が伝統的な経済組織から離陸するためのエンジンの役割を果たした。そこでは人々は救済や道徳的完成をめざして，禁欲と勤勉を実践したのである。しかし産業革命によって資本主義が完成すると，「資本主義の精神」はもはや不必要となり，われわれは永遠に利潤を追求する巨大な企業のなかで勤勉に働かなければ生き残ることができなくなる。ヴェーバーの診断によれば，経済発展が至上課題となった近代工業社会は，逃れることができない「鋼鉄の檻」と化し，資本主義の精神にかわって巨大組織を動かす「官僚制」は，人間の自由を抑圧する装置となる。こうした悲観的展望がヴェーバーの結論であり，彼は，「人間の自由」を確保するための政治システムの探求を続けたのである。

　以上の研究を出発点として，ヴェーバーは西洋における資本主義的合理化の由来と帰結を，壮大な比較宗教社会学の研究（古代ユダヤ教，ヒンズー教と仏教，儒教と道教）および経済を含んだ人間の社会的行為の類型論（理解社会学）をつうじて分析したが，最後まで人間の究極的価値の実現を政治に求めた彼は，やはり「ドイツ歴史学派の門弟」であったといえないだろうか。

（田村信一）

第12章

動態的市場経済の思想
J.A.シュンペーター

　1980年前後から，先進資本主義諸国はこぞって「市場の復権」を唱え始めた。もちろんそれは，当時よく言われたような，いわゆる「自助努力」で賄いうる範囲内に物質的欲望を抑えよう，という倫理的発想に由来したものではない。「市場の復権」は，もっと実利的な主張であり，それを支えたのは，経済を自由市場に委ねることで，かえって富を増すことができるとするひとつの直感だった。すなわち，ケインズ主義的なマクロ経済政策や，福祉国家的な所得再分配政策は，資本主義としての活力を弱めてしまうからこれを廃し，代わって市場の競争圧力の下に，各個人，各企業をさらさなくてはならない……そうすれば，その圧力が強いるであろう多種多様な発想が，必ずや旧来の技術，旧来の組織，旧来の制度を打ちこわし，それが経済発展の原動力となって，社会全員の物質的満足を一層高める結果をもたらすだろう……。おおよそこのような直感的経済像が，政治的キャンペーンによって流布し始める前から多くの人々に共有されていたことによって，80年代以降の市場主義は支えられたのである。

　しかし，この直感的市場経済像は，主流に位置する新古典派の市場経済像とも，似て非なるものであった。80年代以降，経済学における動向としてこれもよく言われたのは，ケインズ経済学の衰退と新古典派の復権，という図式であった。これは，市場主義の台頭という現実に対して，ケインズ経済学と新古典派経済学のそれまでの争点から，ある意味で自然に連想されたものであろう。

しかし，もし新古典派の市場経済像が復活したのならば，それはパレート最適論に象徴されるような，いわゆる「静態的市場経済像」でなくてはならない。すなわち，あくまで現在の与件条件に適応してゆく資源配分機構として市場原理が見直されるようになった，というものでなければならない。市場は既存の技術体系を維持しつつ，その中から，各時点の需要構造に対応して，もっとも効率的な生産方法へと各企業を導く。これが新古典派の市場経済像である。

　しかしながら，先に記した直感的市場経済像では，明らかに技術革新，あるいはイノベーションの活性化要因としての「市場」が期待されている。技術水準の変革は，与件条件の変革を意味するが，そうした機能が市場経済の働きそのものに含まれるとする理解は，本来，新古典派のものではない。なぜなら，与件条件が変われば，それに応じて均衡状態の内容も変わることになるが，そこへ向かう均衡化の過程がさらに与件を動かすとすれば，新古典派経済学の眼目たる均衡状態の出現が，永久に延期されてしまう可能性が出てくるからである。したがって，このような「動態的市場経済像」は，経済学に即して考える限り，新古典派の市場経済像とは，厳密には区別しなくてはならないのである。言い換えれば，市場主義の時代に，世界の資本主義諸国を闊歩してきたのは，主流的市場経済像ではなかったわけである。では，それはいかなる学説に源泉を持つものなのか。われわれは知らぬ間に，一体いかなる経済思想を迎え入れていたのだろうか。

　動態的市場経済像を，システムの自生的変化論として広く捉えれば，それはおそらくライプニッツにまで遡りうる広範な歴史を持つだろう。また，そこまでいかなくても，「変化は内生的に生じる」と捉える社会像は，19世紀以降，ロマン主義に何らかの共感を寄せる思想家においては，むしろありふれた発想であり，その源泉を1人に特定化することは困難である。しかし，こと市場経済の本来的性質として，この内生的動態の原理を追究した論者といえば，やはりわれわれは，ヨーゼフ・アロイス・シュンペーター（Joseph Alois Schumpeter, 1883-1950）を想起しないわけにはいかない。そこで本章では，近年有力になりつつある市場経済像のひとつの源泉としてシュンペーターを取り上げ，彼の学説を振り返りながら，動態的市場経済なるものの本性について考えてみよ

う。

1　動態的市場経済の原理（1）：均衡から新結合へ

　シュンペーターにおける動態的市場経済の原理について考えるためには，まず，動態化の起点とも言うべき，「一般均衡状態」の意味を考えなくてはならない。そしてそれは，本書の主題である「自由と秩序」の関係にも深く関わる問題である。

　近代経済学の歴史において，個人の自由と社会的秩序の関係に，まず端的な形式を与えたのはレオン・ワルラス（第9章参照）であったと言ってよい。ワルラスの一般均衡理論は，一見，需給均衡の形式的表現に過ぎなく思えるけれども，そこには，19世紀末のヨーロッパ社会における，複雑な社会事情が投影されていた。

　一般均衡とは，言うまでもなく，すべての市場における需要と供給が，同時に均衡している状態を意味する。この状態の下で，地主は地代を，資本家は資本収益を，労働者は賃金をそれぞれ稼得するが，それは各生産要素の貢献分（限界生産力）にちょうど見合う額，見方を変えれば，生産過程で生じた損耗をちょうど補うだけの額に限定されていて，それを上回る余剰部分は一切含まない額になっている。なぜなら，一般均衡論が前提する市場経済では，市場間の資源移動（土地，資本の転用，もしくは労働者の転職・移動など）が何の障害もなく瞬時に可能とされているから，わずかなりとも余剰収入をもたらす市場が発生したならば，たちどころに参入が生じて供給量が増加し，ゆえに価格が低下して，余剰収入は早晩消滅するに至るからである。したがって，一般均衡状態では，各生産要素とも，当初の生産能力を維持する，ぎりぎりの所得のみを獲得することになる。

　こうした理論が生まれた当時，イギリスと違って，ドイツ，フランスといった大陸の諸国では，ナポレオン戦争後の政治的保守化が依然尾を引いていて，社会秩序を維持してゆくためには，なお封建社会的な，身分による秩序が必要であるという認識が残されていた。それは，近代的な個人主義を蔓延させた場

合，社会は文字通りバラバラになってしまって，国家的な秩序が崩壊してしまうのではないかという危惧感に根ざすものであった。このような懐疑論は封建的保守勢力の常套文句であったと同時に，近代化を求める一般民衆もまた，そこに一抹の不安を捨てきれずにいた。

しかし，他方では資本主義的な個人主義も着実に高まっていて，言わば，その最後の選択を迫られていたのがこの19世紀末という時期だった。封建的な身分秩序を維持するか，あるいは近代的な個人主義に基づく新しい社会を求めるか。世界列強が，自国も含めますます帝国主義の色合いを強めてゆく中で，経済・軍事両面にわたる外圧に抗しうるのはどちらの選択枝か。ワルラスの理論は，こうした政治的争点に，直接投じられたものでは無論なかったけれども，それが結果的に表している内容には，この点と深く切り結ぶ内容が見て取れる。

すなわち，一般均衡理論は，あくまで個人の自由意思に基づく経済行動のみを前提にした場合でも，そこには一般均衡状態という利害の調整された状態，したがってひとつの安定した社会秩序と見なしうる状態が，少なくとも出現可能であることを示している。もちろん，それはあくまでも理論の上で示された，論理的可能性以上のものではない。しかし，論理的に可能なものなら，それを求めることも不合理ではないだろう。むしろ，直感的な危惧感だけに依拠して，近代化を抑制しようとする姿勢こそ，批判されて然るべきということになるだろう。このように一般均衡理論には，近代化を急ぐ必要のある国にあって，なおそれを阻もうとする保守勢力への，理論的な批判視座になりうる性質があるわけである。その意味では，一般均衡理論は，市場経済の運動法則を示す実証理論である以上に，むしろ自らの社会がこれから目指すべき方向性を示す，規範理論の性格を強く感じさせる理論と言える。これは，大陸の新古典派経済学が，歴史的に負わざるを得なかった個性であり，一般均衡理論を吟味する際には，現在においてもなお留意されてよい事柄である。

さてしかし，シュンペーターは，同じく近代化を焦眉の課題としたオーストリア（生地はモラヴィア〔現チェコ〕）の出身ではあったが，まずは，一般均衡理論を実証理論の側面で継承した。シュンペーターによるワルラス一般均衡理論の検討は，彼の第一作『理論経済学の本質と主要内容』（1908年）に詳細に

述べられている。これから見てゆくように，シュンペーターは一見，一般均衡理論を否定する存在のようにも思えるが，市場経済への第一次接近論として捉える限りは，終生，これを高く評価していた。しかし，実証理論として一般均衡理論を継承するためには，どうしても克服しなければならない問題があった。すなわち，一般均衡理論の本質的な静態性と，シュンペーターにとってはいかにしても否定しようのない，市場経済の動態性との相克関係を，どのように解消するかという問題がそれであった。

　ただし，シュンペーターにおける「静態」の捉え方には，若干注意しておく必要がある。今日一般に，一般均衡理論あるいは均衡理論の静態性と言ったならば，それは文字通り，時間的要素の完全な不在を意味するだろう。つまり「静態」と言う場合には，時の経過を含まない概念として理解するのが一般的であり，ワルラスの一般均衡理論をより厳密化したパレート（V. F. D. Pareto, 1848-1923）以降の，後期ローザンヌ学派における均衡概念はこれに近い。しかし，ヴィクセル（J. G. K. Wicksell, 1851-1926）や，あるいは日本の安井琢磨（1909-95）などにも見られたように，オーストリア学派の影響を先に受けている論者の場合は，「静態」という言葉を，単調な循環経済の意味で用いることがしばしばある。つまり，この場合の静態とは，コピーされたように同じ内容で，同じ規模の，まったく変化のない経済が，繰り返し繰り返し現れるような状態を意味しているのである。シュンペーターの言う「静態」もこれである。したがって，そこには「変化」こそないけれども，経済の循環過程は存在するわけだから，それは必ずしも無時間的状態を意味するものではない。時の流れに沿って，まったく同じ内容の経済が繰り返されてゆく。そういう単純再生産的な経済の姿が，シュンペーターにおける一般均衡状態なのである。ゆえにその静態性とは，あくまで「変化の不在」を意味する概念である点に注意する必要がある。

　したがって，シュンペーターの言う動態化とは，単に時間的要素を導入することではなく，経済に何らかの「変化」を導入することでなければならない。すなわち，経済循環に変化をもたらす要因が経済の内部から出現し，かつその芽が摘まれてしまうことなく，経済の循環軌道を実際に変化させる過程を示し

うる理論が，彼の言う動態論である。ここで大事な点は，その動態化要因が，あくまで経済の内部から出現しなくてはならないという点である。たとえば，与件条件の外生的変化，すなわち，人口や天候の変化，あるいは政変に伴う政策変更といった，経済にとって外生的な要因が変化した場合も，経済はその新しい与件条件下での新しい均衡に到達するまで，一時的な動態過程を見せる。しかし，そうした過程の分析なら，静態論の枠内でも十分行うことができ，それは当然にも，市場経済自身の動態的性質を解明したものではない。経済は，外的条件が仮に不変のままであったとしても，なお自らの原理にしたがって変化を開始し，変化を続けるものとシュンペーターは考える。そうした経済に内的な原理によって展開される動態過程を分析したのが，彼の第二作であり，主著でもある『経済発展の理論』（1912 年）である。そして，そこで中核的な位置を占めるのが，「企 業 者(アントルプルヌール)による新結合」の議論に他ならない。

　ここで「企業者」とは，特定の職種を意味するものではなく，あくまで革新の担い手となる経済主体一般を総称する概念である。それはしたがって，生産者の場合もあれば，商人の場合もある。普段は日常業務をこなすだけであっても，一旦革新を担う覚悟を持てば，その瞬間，誰であっても企業者になりうる。

　次に，シュンペーターは革新を「新結合」と表現する。これは一見奇妙な語法だが，ここはシュンペーターの文言を直接見てみよう。すなわち，「生産をするということは，われわれの利用しうるいろいろな物や力を結合することである。生産物および生産方法の変更とは，これらの物や力の結合を変更することである」(Schumpeter [1912]，以下『発展』と略，訳上，182)。後半の部分が新結合を意味することは言うまでもないが，それが微小な変化に過ぎないうちは均衡論の枠内でも処理しうるから，ここでシュンペーターが念頭に置いているのは，経済発展の名に値する，不連続的な変化をもたらす，大きな革新としての新結合である。

　シュンペーターは，新結合の主たる事例として，次の5点をあげている。すなわち，

　　1．新しい財貨，すなわち消費者の間でまだ知られていない財貨，あるいは

新しい品質の財貨の生産。
2．新しい生産方法，すなわち当該産業部門において実際上未知な生産方法の導入。これは決して科学的に新しい発見に基づく必要はなく，また商品の商業的取扱いに関する新しい方法を含んでいる。
3．新しい販路の開拓，すなわち当該国の当該産業部門が従来参加していなかった市場の開拓。ただし，この市場が既存のものであるかどうかは問わない。
4．原料あるいは半製品の新しい供給源の獲得。この場合においても，この供給源が既存のものであるか——単に見過ごされていたのか，その獲得が不可能とみなされていたのかを問わず——あるいははじめて作り出されねばならないかは問わない。
5．新しい組織の実現，すなわち独占的地位（たとえばトラスト化による）の形成あるいは独占の打破。（『発展』，訳上，183）

むろん，これらはいずれも代表的事例にすぎないわけだが，このような新結合が現れ，既存の形態と競争し，これを淘汰してゆく過程は，新結合の担い手の社会的地位を上昇させ，古い形態に固執する者の社会的地位を下落させることもあるだろう。これは，封建的身分社会においては，事前に封じられかねない事態であって，シュンペーターの新結合論には，こうした新しい社会的秩序の青写真，もしくはその予感のような要素が，一般均衡理論とはまた別の形で，背面に隠されている点に注意しておく必要がある。

2　動態的市場経済の原理（2）：新結合から景気循環へ

それでは，新結合の実行による，経済の内生的動態化の過程を，直接検討してみることにしよう。例示的に考えるために，いま上記の1と2，すなわち，技術革新に基づく新製品の導入という，もっとも一般的な事例で考えてみよう。今日的な図表に敢えて翻訳すれば，その過程はおおよそ図12-1のような形で示すことができよう。

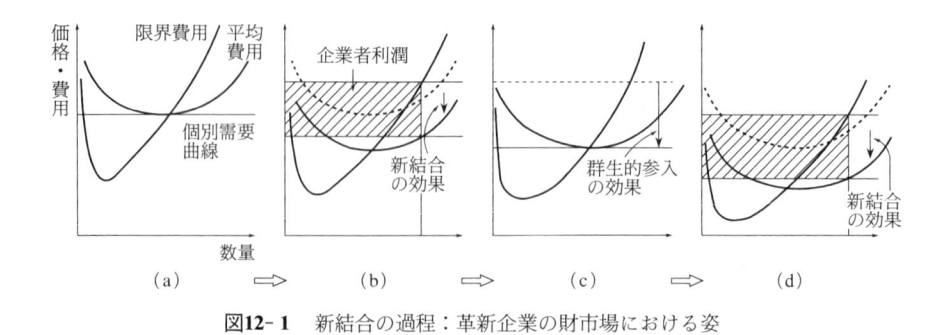

図12-1 新結合の過程：革新企業の財市場における姿

　この図は，新製品を導入しようとしている革新企業を表している。左端の(a)は，当初の均衡状態を表しており，財の価格は平均費用の最低点と一致していて超過利潤の発生する余地はない。この企業の売上げ額は，正確に総費用と一致しており，そこから各種原材料費，人件費，固定的な地代，利子を支払った後には，経営に伴う機会費用としての，正常な経営報酬が残されるだけである。しかもこの企業はいま，均衡状態すなわち，単調循環の中にあるのだから，その報酬額は，今期とまったく同じ経営内容を，来期維持するだけでちょうど使い果たされる額になっていなければならない。したがって，誰か第三者から資金を借り受けない限り，新たな事業拡張資金，すなわち，新結合を行うための資金を，この企業が手にすることはない。これは，当初の状態を一般均衡として定義したことから出てくる必然的な事態であって，この点はすぐあとで再び議論するが，シュンペーターの論理を理解するうえでは，すこぶる重要な前提条件である。

　そこで，今そうした資金を借り受けられたものとしよう。成功するかどうかはともかく，新たな革新の意欲に駆られたこの企業者は新結合を断行し，その結果，新製品をこれまでよりも低いコストで実現できたと仮定しよう。しかもこの新製品は，市場でも成功をおさめ，コストをかなり上回る価格で販売できたものとしよう。その状態を表しているのが，図中の(b)であり，かくしてこの企業は斜線で示される超過利潤を獲得する。これがシュンペーターの言う「企業者利潤」である。

　この状態は，経済全体にとっては不均衡の状態である。企業者利潤は，金銭

的成功を望む者たちの羨望の的となり，われもわれもと，第二，第三の模倣者を作り出すだろう。あるいは，この新製品は，代替可能な旧製品とのあいだで熾烈な競争を展開するだろうが，劣勢に回った旧結合の維持者たちは，新結合への切り替えを行わない限り，早晩市場から淘汰される運命を覚るだろう。あるいは，当該企業の成功が評判になる度合いに応じて，事業開始の機会を狙っていた，新手の企業者たちを多数招きこむことにもなるだろう。

　したがって，この新結合に追いつこうとする後発の企業者たちは，先を争って，一時に集中的に出現する可能性が高い。言い換えれば，後発の企業者は群生的に出現するのであり，その集中的な新技術の導入，すなわち集中的な投資の発生は，当該産業にブームを引き起こす可能性があるだろう。特に，それが基幹産業的な部分に現れた場合には，経済全体に渡るブーム，すなわち，息の長い好況の引き金になるだろう。コンドラチェフ循環（約50年周期の景気循環），ジュグラー循環（約10年周期）の初期段階は，おおよそこうした傾向を共有するものと，シュンペーターは考える。

　しかしながら，そうした状態は永久には続かない。集中的な投資が，やがて集中的な生産力を発揮するに及んで，市場は早晩，供給過剰状態に入るだろう。価格の維持は困難となり，企業者利潤も漸次，減少してゆかざるをえない。そして遂に，企業者利潤が消滅し，価格と費用の一致が回復したら，経済は再び静態を取り戻したことになる。この状態を表しているのが図中の(c)である。企業間の技術格差はなくなり，再び正常報酬のみによって，今期と同じ事業を繰り返すだけの経済が現れる。

　しかし，この局面(c)への過程に対する評価にこそ，シュンペーターに独特の論理が表れる。すなわち，(c)の経済で繰り返し生産されることになるのは，新結合によって得られた新製品であり，その製品を生産するのは，(a)におけるよりも優れた新技術である。そして，その優れた技術と製品の普及を担ったのが，(b)から(c)へかけての，静態化の過程であった点に注意する必要がある。この静態化の過程は，供給過剰を原因とするところの，いわゆる不況の過程である。価格は下がり，利潤は下がり，企業の多くは淘汰され，職を失った労働者も多数現れたことだろう。しかし，シュンペーターは次のように言う。

不況過程は好況が約束したことを実行するのである。そして不快に感ぜられる現象が一時的であるのに反して，この作用は持続的である。すなわち，財の流れは潤沢にされ，生産は部分的に改組され，生産費は減少せしめられ，はじめは企業者利潤として現れたものがついには持続的な実質所得を増加させることになる。(『発展』，訳下，247)

投資が集中する好況は，革新技術の製造過程だから，これは新製品が市場に現れるための準備期間に過ぎない。われわれの物質的厚生は，この新製品の享受によって初めて向上するわけだが，新製品が大量に普及してゆく過程は，経済が再び静態性を取り戻してゆく「不況」過程に他ならない。しかし，それを経なければ，われわれは新結合の成果を享受できないのである。ゆえにシュンペーターは，好況だけをもっぱら良しとする通念を批判する。不況とは，新結合の伝播・普及の過程でもあり，その語感に反して，好況の成果の刈り入れ時としての豊かな一面を有するものなのである。

もちろん，賃金の下落率が物価の下落率よりも大きかったり，賃金の下落が物価の下落よりも先に来てしまったら，労働者は不況期の実りを享受できないだろう。また，有効需要不足を主因とする不況の場合にも，同様の評価は難しいだろう。ここで確認すべきは，シュンペーターは闇雲に不況を評価していたわけではなく，あくまで生産性の上昇がもたらす物価下落（(b)における費用曲線の下方シフトがそのことを示している）を評価していただけだという点である。この意味での不況評価は，A.マーシャル（第10章参照）が王立委員会等で，イギリスの世紀末不況に対して示した反応とも共通する性格を持つが，要するに，シュンペーターの不況支持は，不況も動態過程の一部である以上そこだけ切り離すことはできないというような，安易な有機体主義や生物体アナロジーの表れなどではなく，特定の条件が満たされた場合にのみ下される，ひとつの経済学的判断なのである。だから逆に，物価が下落すれば震え上がり，株価が下落すれば大変だと叫びまわり，経済は好況があたりまえだと言わんばかりに，即席の景気浮揚策を声高に求めるような姿勢は，おそらくシュンペーターの目には，露骨な商業主義に映ったことだろう。シュンペーターは，資本主義賛美

者でも運命論者でもない。彼はあくまで冷徹な思索者なのである。

　さてしかし，(c)の循環経済に挑む企業者も，また必ずや現れるとシュンペーターは言う。(c)は再び(d)のような撹乱を受け，上述した過程が再び展開されるだろう。動態的市場経済は，かくなる景気循環を不可避的に伴いながら，歴史的時間を前へ，前へと進んでゆく。このような，均衡→新結合→均衡→新結合と，断続的に前進してゆく過程が，シュンペーターにおける動態的市場経済の世界なのである。

3　動態的市場経済の原理（3）：信用機構の役割，そして再び企業者へ

　さて，ここで今一度，図12-1の(a)に立ち戻ろう。その折，新結合開始に必要な資金は，誰か第三者から借り受けなければならないと論じた。この点は，一見補足的な事柄に見えながら，シュンペーターの体系理解においては，すこぶる重要な側面につながるので，ここで再び取り上げることにしよう。

　結論から言えば，この第三者とは言うまでもなく，商業銀行をはじめとする金融機関である。こうした制度機構の存在を持ち込むのは，原理的な議論をしている目下の文脈にそぐわないと思われるかもしれないが，信用機構は，理論的に要請される存在なのであって，単に日ごろの習慣が投影されたものではない。その際，新結合の起点である局面(a)は，一般均衡状態にあることを改めて想起してほしい。すなわち，(a)においては，すでに存在する資源，土地，労働はみな，何らかの形で生産過程に投下されており，しかも，その同じ状態を維持するのにちょうど必要な額だけの報酬を，それぞれが受け取っている。つまりは，完全雇用の状態を繰り返しているのが局面(a)なのである。

　そこへ新結合が加わるということは，企業者はすでに別の用途に用いられている資源・労働を，そこから引き離して自己の用途に振り向けなければならない。再びシュンペーターの言葉を引けば，「新結合の遂行は労働用益および土地用益を慣行の用途から奪い取ることによって行われる」（『発展』，訳上，251，傍点引用者）。「……なぜなら，循環においては遊休ストックもなければ，また企業者の必要のために準備されているストックも存在しないからである」（『発

展』，訳上，251．傍点原文）。

　だとすれば，少なくとも現行のものよりは高い報酬額を提示しない限り，すでに投下されている土地，労働，資源を奪い取ることは，市場経済のルールを守る限り不可能であろう。ところが，その余分な支払いに充てるための資金を誰も手元に残せないから，単調循環経済が維持されているのである。したがって，そのための資金は，誰か自分以外の者から借りてくるしかない。だが，他の労働者も生産者も，置かれている条件は同じなわけだから，他人に長期で貸付けられるような資金的余裕を持っているはずがない。ゆえに，この資金は，銀行などの金融機関から借り受けるしかないわけである。しかも，銀行の原資そのものは，労働者なり生産者なりが，循環経済での活動を維持するために，早晩引き出しにくるであろう短期資金のはずだから（銀行とはそもそもそういうものだから），そうした貸付が行われるためには，「信用創造」がどうしても必要になるのである。

　信用創造を前提にするということは，貨幣量の内生的増加を前提することに等しい。シュンペーターの内生的動態論には，財市場での展開のみならず，金融市場での展開も含まれているのである。そして財市場と金融市場が連動して初めて，上述した財市場での動態過程が実現することに注意しておく必要がある。信用創造は，新結合の実現に不可欠な，必要条件になっている。また，同じことは局面(b)における後発者たちにも等しく当てはまる。彼らとて，余分な資金は一切持たないところから始めるわけだから，信用創造によって資金を得なければ，投資の群生的出現もありえないのである。したがって，信用創造がなければ好況も開始されず，それに続く不況もありえないから，経済は単調循環から脱け出すことができない。信用創造を担う信用機構は，経済発展にとって不可欠の存在なのである。このように，貨幣によって財市場の活動能力が制約を受けるとする着想は，形式こそ違うけれども，J. M. ケインズの貨幣認識を予感させるものがある（第13章参照）。シュンペーターにおける一般均衡理論の拡充は，静態から動態へという方向だけでなく，貨幣認識の拡充にも及ぼされていたのである。

　ただし，初期状態を一般均衡と前提しない場合には，信用機構の必要性も，

それに応じて相対化される。議論を先取りすることになるが，次節で取り上げる『資本主義・社会主義・民主主義』という後年の著作では，彼は独占的競争市場を前提にしていて，これは一般均衡理論の前提と異なるものである。その上で彼は，独占的企業の獲得する利潤を，新結合の自己資金源泉として評価している。つまり，『発展』では信用機構に依拠せざるを得なかった機能を，独占的市場では，企業自らが果たす形になる。そうした形で新結合が維持されるのなら，独占はむしろ望ましい形態ですらあるとシュンペーターは言う。

　これはやはり，新古典派とは対立せざるを得ない見解である。それは，新古典派の市場経済評価が静態的効率性の追求にあったのに対し，シュンペーターの評価基準があくまで動態的効率性の追求にあったこと，つまり，現行技術の活用効率を高めることにではなく，技術水準そのものを高めることに目標があったことから生じた対立と言える。シュンペーターの独占評価は，独占利潤の再投下を前提視しているところがあって（ケインズ風に言うと，高いレベルの資本の限界効率を前提視しているところがあって），必ずしも普遍的とは言い切れない面もあるが，いずれにしても信用機構の位置づけという問題に関しては，一般均衡論との整合性という側面に留意する必要がある。

　ところで，一見同じように一般均衡との整合性から導出されたかに見えながら，実はそれ以上の普遍性をひそかに託されていた概念がある。他ならぬ「企業者」がそれである。そもそも最初の企業者はなぜ現れるのか。シュンペーターは，その答えを「人間の本性」に求めている。人間は本性的に静よりも動を好み，「ますます多くを plus ultra」欲するものだと言う。彼の言葉によれば，新結合の動機は「第一に，私的帝国を，また必ずしも必然的ではないが，多くの場合に自己の王朝を建設しようとする夢想と意志」にあり，「次に，勝利者意志がある。一方において闘争意欲があり，他方において成功そのもののための成功獲得意欲がある」。そして「最後に，創造の喜び」がやはりあって，これが企業者の「行動の原理を定める」（『発展』，訳上，245-6）と言う。

　いささか唐突な見解にも見えるが，こうした議論の立て方になったひとつの理由は，やはり一般均衡にある。単調循環として捉えられているこの状態の下では，とりあえず各人の経済生活は維持される。つまり，新結合に踏み切らな

ければ存続が危ぶまれるような状態に各人を追い詰めるような事態は，静態循環の中からは生じないのである。にもかかわらず，さらなる冒険を求める者が現れるとしたら，それはますます多くを求める人間の本性に，ことの起こりを求めざるを得ないだろう。

　しかしながら，企業者を人間本性に結びつけ，したがって，新結合に人間本性の発露としての意味合いを施したのは，単に一般均衡との整合性を維持するためだけとは思われない。シュンペーターはここに，市場経済の本性を見据えようとしていたように思われる。確かに，人間の本性自体は，市場経済の内部に属するものではない。だから，ここに動態の起点を定めてしまったのでは，それは言葉の正しい意味において，市場経済を内生的に動態的な機構とは考えにくくする可能性があるだろう。しかし，動態的市場経済の基礎に，人間の本性を求めたということは，逆に言えば，その人間本性を抑制しない限りにおいて，シュンペーターは市場経済の動態性を評価していたということだろう。シュンペーターにとっての新結合とは，市場経済において人間がその本性を維持している，すなわち主体的自由を保持していることの証と言ってよいものなのである。ゆえに，シュンペーターの市場経済評価は，この主体性の確保如何にかかっていると言ってよい。

　ところが，以上述べてきた市場経済の動態的展開が，現実の世界の中で続けられるうち，もし何らかの性格変容を来たすとしたらどうだろうか。シュンペーターの問題意識は次第に，動態的市場経済の原理から，その歴史的帰結へと移行してゆく。

4　動態的市場経済の「末路」

　不況をも自らの糧にしてしまう強靭な市場経済（すなわち資本主義）は，永遠に変わらぬ生命を保証されたのだろうか。シュンペーターは意外にも，これをあっさりと否定する。彼は，『経済発展の理論』とそれほど違わない時期に「今日における社会主義の可能性」（1920年）という論文を書いていて，資本主義は，それ自らの原理の帰結として，やがて必然的に社会主義に転化する，と

述べている。この着想を後年詳細に展開したのが、『資本主義・社会主義・民主主義』(1942年) である。その場合、社会主義化するとはどういう意味か。それは市場経済への評価として、いかなる意味を持つものなのか。

周知のとおりマルクス (第7章参照) は、「資本主義は自らの失敗によって崩壊する」と予言した。それは、資本主義の進展に伴って、①労働者の生活状態が窮乏化する、②利潤率が傾向的に下落する、③かくして恐慌に代表される経済危機に陥る、からであるとされた。シュンペーターはこれに対して、①は事実そのものが否定していること、②の傾向を打破するものこそ新結合であること、③不況が恐慌化する必然性はなく、不況は次なる新結合の母体でもあること、等の理由からこれに反対する。そしてシュンペーターは、資本主義は、マルクスの言うような機能不全によって崩壊するのではなく、その正常な機能が十分に発揮された結果、歴史的長期の果てに、自ら別種の制度形態 (すなわち社会主義) に昇華するものと考えた。言わば「資本主義は自らの成功によって消滅する」というのが、シュンペーターの結論なのである。

ただし、彼が資本主義と言う場合、まずは、19世紀的な古典的資本主義が念頭におかれていた点に注意が必要である。そこを起点にして、資本主義の性質や構造が変容してゆく。その過程もまた、社会主義転化論に含まれているのである。だから、彼の言う企業とは、まずは個人企業であり、企業者機能もやはり個人によって担われるケースが想定されている。企業者とは、人間の惰性もさることながら、何より封建勢力に抗して革新を断行してきた勇気ある人々である。そうした意志と能力を持った人物は当然にも稀に違いないが、ブルジョアジーの少なからぬ部分は、そうした人々によって形成されてきた。ゆえに、彼らには「家門の栄光」を守護しようとする意識が強くあって、その意識が私有財産制度たる資本主義のひとつの精神的核心をなしてきた、とシュンペーターは考えている。

そして、そのようなタイプの資本主義は永久には続かない、という認識がこの議論の基礎にある。なぜかと言えば、第一に、資本主義の発展に伴って、企業組織の形態が決定的な変化を遂げる。それは何よりまず巨大化した。小企業が競い合う競争的資本主義は薄日の彼方へと消え去り、今やトラスト化した

独占的資本主義が時代の姿となった。それは, 新結合の産物たる技術水準に応じた形態でもあって, それ自体は望ましい一面も持っている。しかし, その中で新結合は, 開発事業部などが計画的に遂行する日常業務になった。もはや「変化」に抵抗する勢力はなく, むしろ「変化」自体がルーティンの産物になった。企業者精神は計画的に発揮されなくてはならず, その成果が一人に帰せられることは決してない。「かくて経済進歩は, 非人格化され自動化される傾きがある。官庁や委員会の仕事が個人の活動にとって代わらんとする傾向がある」(Schumpeter [1942], 以下『資・社・民』と略, 訳上, 240)。

第二に, 資本主義社会の経験が蓄積されるにつれ, 資本主義に固有の問題を, 内在的に指摘・批判する知識人が多数現れる。市場経済の原則たる自由主義は, そうした批判的言説の公表を促進する。その媒体は当然にも新聞, ラジオ, テレビということになるが, それらが安価になるにつれて顧客層に占める中産・労働者階級の割合が増え, その立場からする言説が増大することによって, ブルジョア的なものへの敵対的批判はもとより, 所得の不平等, 景気の不安定など資本主義的要素への批判が増大する。

第三に, 以上の総括的傾向として, 資本主義は次第に組織化・大衆化の度合いを強める。これはまず, ブルジョアジーの経済的基盤を掘り崩す。企業の重役も株主も, 代々の一族によって占められる部分は次第に縮小し, その大部分は一般大衆出身のもので占められるようになる。もはや社長といえども, 会社は自身の財産ではなく, 任期中の預かりものにすぎなくなる。会社への帰属意識はむろんあるけれども, それは, かつてのような創業者的企業者が示したような愛着とは種類が違う。給与生活者の占める割合が年々増加し, 彼らの経済的基盤はまさしく給与にあるから, それが滞りなく支払われる限り, その支払い主体が私的企業から公的企業体に移行するとしても, 命がけの抵抗に出る必然性はない。彼らの財産は, 資本主義でなければ維持できないタイプのものではないのである。

かくして資本主義は, それ自身の順調な発展の成果として, 社会主義を受け入れやすい体質を身に着けるに至るのである。「すなわち, 事物と精神とがますます社会主義的生活様式に従いやすいように変形されてゆくのである」

(『資・社・民』，訳上，296)。

　以上が，シュンペーターによる資本主義消滅論の骨子である。しかし，これを見る限り，彼が示したことはあくまで，社会主義を受け入れやすくする体質が生まれるということであって，言い換えれば，社会主義への第一歩が何らかの形で踏み出されたならば，もはやそれに頑強に抵抗する勢力は現れないだろうということであって，その第一歩——それは憲法改正かもしれないし，武力革命かもしれない——が，資本主義の中から自動的に，かつ確実に現れると予言していたわけではないことがわかる。「社会主義への傾向を認め，その目標を心に描くことと，この目標が現実に到達し，それによって生ずる事態が作用しうるものであると予言することとは，まったく別の事柄である」(『資・社・民』，訳上，296)。彼が行なったことは，社会主義のぎりぎり一歩手前までは確実に，資本主義が変質を遂げるであろうという，一つの理論的考察に他ならないのである。だから，社会主義への昇華など起こらなかったからというので，彼の考察がすぐさま無意味になるわけではない。

　しかし，重要な点はむしろ次のことがらにあると思う。彼が示したのは，企業形態，階級構成，財産心理といった，資本主義を特徴づけてきた（精神面も含めての）制度的側面，あるいは社会的側面の変容であって，それが仮に社会主義的な性質を帯びてゆくとしても，それはただちに，経済の外見的特徴の変容を意味するものではないのである。すなわち，「社会主義的」という言葉がおそらくイメージさせるのは，先の言葉で言えば単調循環的な経済であり，社会主義化の過程には，経済のそうした方向への変容が含まれると考えがちだが，それは違うのである。なぜなら「非人格化され自動化された」としても，革新業務そのものは残存しているわけだから，市場経済自体は社会の変容を尻目に，見た目には，これまでどおり「変化」を繰り返しているように見えるはずである。しかし，まさしくこの点に，われわれがシュンペーターから読み取るべき現代の問題があると思う。経済の動態性が，むしろ外見的には死滅しないからこそ，資本主義はある意味で，滅びるのかもしれないのである。

5　動態的市場経済の本性

「資本主義は生き延びることができるか。否，できるとは思わない」(『資・社・民』，訳上，113) とシュンペーターは言った。しかし，彼の言説に即する限り，社会主義への接近はありえても，社会主義の実現じたいは確実なものではない。そして，社会的な変容が進行する間も，市場経済の動態性は維持される。だとすると，結局，市場経済のダイナミズムは，シュンペーターに即して考えてみた場合も，現在の通念がそうであるように，やはり永続的なものということになるのだろうか。あるいは，シュンペーターの学説は結局，市場主義的傾向を奨励するものになるのだろうか。

確かに，今も確認したように，革新が事業化しルーティン化したとしても，それが革新であるかぎり市場経済は変化を続けるだろう。しかし，果たしてそこに，ひとつの「人間類型」と言いうる「企業者」は残されているだろうか。種々の抵抗に立ち向かい，英知を凝らし，誰も試みなかった「新結合」に自らを賭する，言わば剥きだしの主体性たる「企業者」は残されているだろうか。そこにあるのは，あくまで「機能」としての企業者であり，革新を義務づけられ，変化の自動機械と化した資本主義ではなかろうか。くどいようだが，この自動機械は決して単調循環を描くものではない。それはむしろ，作り上げたばかりの作品を味わう暇すら与えず，変化のために変化をくりかえす，言わば，変化の自己目的化した経済である。それは見た目には，ウルトラ・ダイナミックな経済に違いない。

しかし，そうしたものは，いくら見た目がダイナミックであろうとも，おそらくシュンペーターにとっては，本質を失った，形骸化した資本主義にすぎないだろう。なぜなら，そこには「変化」はあっても，「主体性」が存在しないからである。シュンペーターにとって動態とは，古い殻を創造的に破壊せんとする個人の意志の表れであり，その意志を忌憚なく発揮させうる主体的自由の表れでなければならない。ところが，資本主義は，その本当の存在理由を，自ら破壊してしまうかもしれない。それは，精神的・制度的基礎がどのように変容しようとも，「変化」だけは続けようとする，市場経済の原理がもたらす結

第12章　動態的市場経済の思想：J. A. シュンペーター　253

果なのである。

　したがって，シュンペーターの議論からは，市場を活性化させれば，新結合のさらなる活発化を通して，自由なる市場社会が永続的に発展するというシナリオは導き出せない。むしろ，形式的な動態性の維持のもとに，資本主義が開花させるはずであった自由なる経済秩序が，自由の抑制を意に介さない，変化のための自動機械に転化する可能性を，シュンペーターは示唆していたと思われる。シュンペーターの市場経済論は，単にその動態化の原理を問うただけのものではない。その動態がもたらす歴史的変容の中で，人間にとっての経済の意義を問おうとしたのが，シュンペーターの市場経済論なのである。

　自由を本性とするかに見えたシステムが，その内的原理の結果として，むしろ拘束的な機械性に転化してゆく。しかしシュンペーターは，敢えてそれを抑止せよとは言わない。彼はあくまでその中にあって，市場社会の様々なる自明性を懐疑し続けようとする。彼は言う。「ある医者が自分の患者はもうすぐ死ぬだろうと予言したとしても，それはなにも医者がそうなるのを願っていることを意味しない」（『資・社・民』，訳上，114）。現代がもし，変化のための変化に追われ始めているとしたら，われわれが今身につけるべきものこそ，冷徹な批評者の感性と，それを維持しようとする意志の力ではないだろうか。

読書案内
　シュンペーターに関しては，とにかくその原著を読むのが一番いい。幸いにも，主要著作のほとんどが翻訳されている。本章では，とくに①塩野谷祐一・中山伊知郎・東畑精一訳『経済発展の理論』（全2冊，岩波文庫，1977年）と②中山伊知郎・東畑精一訳『資本主義・社会主義・民主主義』（全3冊，東洋経済新報社，1962年）をもちいた。さらに本章でも触れた『理論経済学の本質と主要内容』のほか，『景気循環論』『経済学史』『経済分析の歴史』『帝国主義と社会階級』など，いずれも大著ではあるが，読む前と後とでは，経済学の「守備範囲」が必ず違って見えてくるから，時間をかけてでもぜひ挑戦してもらいたい。さらに，これまで邦訳のなかった初期の論稿を含む，八木紀一郎編訳『資本主義は生きのびるか――経済社会学論集』（名古屋大学出版会，2001年）が新たに刊行された。また，本章で触れたのは，シュンペーターの壮大なる思考の，ほんの一面にすぎない。シュンペーターの全体像を知るためには，伊東光晴・根井雅弘『シュンペーター――孤高の経済学者』（岩波新書，1993年），根井雅弘『シュンペーター』（講談社，2001年），金指基『シュンペーター研究』（日本評論社，1987年）などが，思想と理論の両面にわたってわかりやすい解説

をしている。塩野谷祐一『シュンペーターの経済観——レトリックの経済学』(岩波書店, 1998年) は，多少個性的な内容ながら，シュンペーターの思考様式を，文学理論を援用しながら解剖してゆく。また入手は難しいかもしれないが，『別冊「経済セミナー」・シュンペーター再発見』(日本評論社, 1983年) は，シュンペーター生誕100年 (それはケインズ生誕100年の年でもあり，マルクス没後100年の年でもあった) を記念して組まれた特集。彼の生涯から，思想・理論上の特質まで，短文ながら力作のそろった論文集になっている。資料編も充実しているので，シュンペーター入門書としても的確な内容である。

理解を深めるために
1．『理論経済学の本質と主要内容』では，供給曲線は必ず右上がりになると論じられている。交換経済の特性に即しながら，その理論的根拠を説明してみよう。
2．『帝国主義と社会階級』(都留重人訳, 岩波書店, 1956年) を読み，シュンペーターが帝国主義の基礎にあるとした要因と，本章で検討した「企業者」との関係について考えてみよう。
3．『経済学史』(中山伊知郎・東畑精一訳, 岩波文庫, 1980年) を読み，シュンペーターにおける「合理性」の意味内容について整理しよう。その上で，彼の同時代人でもあったマックス・ヴェーバー (コラム4参照) とカール・マンハイム (Karl Mannheim, 1893-1947) における「合理性」の意味内容との違いを比較検討してみよう。
4．シュンペーターの言う「動態」と，マーシャルの言う「動態」を多面的に比較してみよう。
5．シュンペーターの経済発展論と，進化論における断続平衡仮説とを比較検討してみよう。

(井上義朗)

第13章

確率革命の経済学
J.M.ケインズ

　ジョン・メイナード・ケインズ (John Maynard Keynes, 1883-1946) は，1883年6月5日ケンブリッジのハーヴェイ通り6番地に生まれた。父は『経済学の範囲と方法』という著作のあった経済学者ジョン・ネヴィル・ケインズ (J. N. Keynes, 1852-1949)，母は後にケンブリッジ市長を務めることになったフローレンス・エイダという，知的に恵まれた家庭の子供であった。

　1897年7月，ケインズはイートン校に入学，1902年10月にはケンブリッジ大学キングズカレッジに入学した。当初の彼の専攻は数学であったが，もちろん彼の学生時代の知的関心は数学という狭い範囲に止まることなく，マックタガート (J. M'Taggart, 1866-1925) の形而上学の講義に熱心に参加したり，ムーア (G. E. Moore, 1873-1958) の倫理学の書物に傾倒したり，政治問題を議論する団体「ユニオン」や文学団体「アベナイン会」の会員になったり，ケンブリッジの秘密学生団体「ザ・ソサイエティ」に入会したりしたのであった。

　1905年6月数学科を卒業したケインズは，1906年8月に文官試験に合格し，インド省に入省することになった。彼が経済学の研究をはじめたのはこのころからであったという。だが，このインド省での仕事はひどく退屈なものであったらしい。1908年6月に彼はせっかく入ったインド省を早々に退職し，今度は自分の出身校のフェローとなるべくケンブリッジ大学キングズカレッジに「確率論研究」という論文を提出した。この論文はいったん不合格となりはしたものの，翌1909年合格となり，彼は無事フェローとなった。この論文は後

に拡充され1921年に『確率論』という書物にまとめられたが，ケインズが当初確率論を研究していたということ，このことは彼の経済学を理解するためには非常に重要である。

その後のケインズの活動は，単なる学者というにはあまりに多彩である。第一次世界大戦勃発後今度は大蔵省に入省，終戦後は大蔵省首席代表となりパリ平和会議に出席したが，敗戦国ドイツに過大な賠償を課そうとする平和条約案に反対し，またもやその職を辞任した。その後彼はふたたびケンブリッジ大学キングズカレッジにもどり，ナショナル相互生命保険会社の会長をしたり，自由党の機関紙『ネーション』の会長をしたり，『エコノミック・ジャーナル』の編集をしたりしながら，経済学の研究と教育を精力的に進め，1923年には『貨幣論』を，1936年には『雇用・利子および貨幣の一般理論』というあまりに有名な書物を出版した。

第二次世界大戦勃発後も，ケインズは多彩な活動を続けた。1940年には大蔵大臣諮問会議に参加し，戦時対外金融問題に助言を与えたり，1945年にはIMFおよび世界銀行の創立総会に参加しその設立に大きな役割を果たした。だが，この多彩な活動は彼の心臓に大いなる負担を与えていたらしく，1946年4月21日，彼は最後の心臓発作を起こし亡くなった。62歳であった。

1　確率革命とは何か

経済学の歴史の世界では，「ケインズ革命」は，19世紀の終わりに起こった「限界革命」と並び称されるほど有名なものである。だが，ケインズ革命とはいったい何なのだろうか。実は，ケインズの仕事が真に「革命的」であるのは，彼が限界革命と同じ19世紀の終わりごろに科学の歴史の世界で起こった「確率革命」を経済学の世界に導入し，このことによってはじめて「非自発的失業」という概念を定式化することに成功した，ということにある。だが，そもそも確率革命とは一体何なのだろうか。ケインズの経済学を理論的にも思想的にも正確に理解するためには，先にこの確率革命の意義を正確に理解しておかなければならない。

確率革命の意義をおおまかに理解するために，まずは確率革命以前の科学の代表である古典力学と確率革命以降の科学の代表である統計力学を簡単に説明することにしよう。

古典力学の世界では，世界全体に存在する個々の質点の振る舞いは厳密に一つの秩序と法則性，具体的にはあのニュートンの運動の3法則という法則性と規則性にしたがうものと考えられている。それゆえ古典力学の世界では，世界全体に存在する個々の質点「ごと」に「一つ一つ」ニュートンの運動方程式$F=ma$（もちろん，Fは力，mは質量，aは加速度のことである）が立てられ，世界の秩序を説明する際の基礎となるのは，このように世界全体に存在する全ての質点「ごと」に「一つ一つ」立てられたニュートンの運動方程式の巨大な連立方程式体系である。そのためこの古典力学の世界では，もし個々の質点の位置と速度さえ正確に把握することができれば，個々の質点の将来の振る舞いも世界全体の将来の振る舞いもともに，すくなくとも理論的には，正確に予測することができる。もしわれわれ人間が世界全体の将来の振る舞いを正確に予測することができないのだとすれば，それは残念ながらわれわれ人間が「神」ではなく（あるいは「ラプラスの悪魔」ではなく），それゆえ世界全体の全ての質点の位置と速度を正確に把握することができないからにほかならない。要するにここでは，システム内に存在する個々の質点の振る舞いとシステム全体の振る舞いをともに支配する共通の法則性と規則性が存在する，と考えられている。言いかえれば，古典力学の世界では，世界を記述する際に依拠する方法は「原子論的」であり，世界を支配する法則は「因果的決定論」であると見なされているのである。

他方，統計力学の世界では，世界全体に存在する個々の質点の振る舞い自体は一つの秩序と法則性にしたがわないまったくランダムなものにすぎないが，個々の質点の属する世界全体の振る舞いは厳密に一つの法則性と規則性，具体的にはボイル・シャルルの法則$pV=RT$（pは気体の圧力，Vは体積，Tは温度，Rは気体定数）にしたがうものと考えられている。それゆえ統計力学の世界では，世界全体に存在する個々の質点「ごと」に「一つ一つ」運動方程式が立てられるのではなく，むしろ最初から世界「全体」に一つの方程式が立てられ，

世界の秩序を説明する際の基礎となるのは，このように最初から世界「全体」に立てられた一つの運動方程式である。そのためこの統計力学の世界では，世界全体の振る舞いはある程度予測することができるものの，個々の質点の振る舞いはまったく予測することができない。要するにここでは，システム内に存在する個々の質点の振る舞いからは完全に独立したシステム全体を支配する法則性と規則性が存在する，と考えられている。言いかえれば，統計力学の世界では，世界を記述する際に依拠する方法は「原子論的」ではなく「全体論的」であり，世界を支配する法則は「因果的決定論」ではなく，「統計的安定性」であると見なされているのである。

このように人間の生きる自然や社会には，個々の質点や個々の人間の振る舞いからは完全に独立したある一定の統計的な安定性・法則性が存在するということに人々が気づくきっかけを提供したのは，実は「自然」の領域ではなく「社会」の領域，より具体的に言えば，国家が行ったさまざまな国勢調査（センサス）——人間，土地，建物，家畜，商業取引などに関する——であった。もちろん，ヨーロッパの多くの国は17世紀の半ばころからこのような国勢調査を行って来たのだったが，特に18世紀の末頃からは，例えば人間に関していえば，出生，婚姻，死亡などにとどまらず，自殺，犯罪，浮浪，狂気，売春，疾病など，実にさまざまな項目にわたる調査を非常に詳細に行うようになった。人々はこのように国家の行ったさまざまな国勢調査から，人間の生きる社会には個々の人間の振る舞いからは完全に独立したある一定の統計的安定性・法則性が存在するということに，例えば，人間の身長は平均身長を中心とした正規分布にしたがうというあの事実に，次第に気づくようになったのである。

それと同時に，この人間社会に存在する統計的法則性の発見は，人々の「人間」に関する理論を決定的に変えることになった。この人間社会に存在する統計的法則性が発見される前，すなわち確率革命以前の時代，啓蒙の時代には，人々が「人間」を語るときに依拠する基本的なフレームワークは「人間本性 human nature」のそれであった。人々は「人間」を語るときには必ず，「人間本性」とは何か，と問うたのである。もちろんこの問いに対する啓蒙の時代の典型的解答は，人間とは自分の利益を最大にするように振る舞う存在である，

ということであった．だが，人間社会に存在する統計的法則性が発見された後，すなわち確率革命以降の時代には，人々が「人間」を語るときに依拠する基本的なフレームワークは「正常な人間 normal man」のそれになった．人々は「人間」を語るときに，今度は，「正常な人間」とは何か，この振る舞いは正常か，と問うようになったのである．例えば，この問いに対する社会学者デュルケム（E. Durkheim, 1858-1917）の解答は，規準（norm）からの全ての逸脱——正規分布に関していえば両端の方——は「病理」である，ということであったし，優生学者ゴルトン（F. Galton, 1822-1911）の解答は，規準からの一方の逸脱——正規分布に関していえば例えば右端の方——は「優秀」である，ということであった．

2 マクロ経済学の誕生

さて，端的にいえば，新古典派経済学とは確率革命以前の経済学であり，ケインズの経済学とは確率革命以降の経済学である．次にこの点を説明しよう．

もし新古典派経済学が確率革命以前の経済学であるとすれば，それは次のような性質を満たしていなければならないはずである．まず第一に，議論は，一人の消費者の消費や一人の生産者の投資といった個々の経済主体の意思決定を規定する法則を記述するところから出発するし，さらにこの法則は，「人間本性」の理論に基いたものである．第二に，個々の経済主体の振る舞いを支配する法則性は，そのまま経済全体の振る舞いを支配する法則性である．そして，新古典派経済学が実行することは，まさにこの通りのことである．じっさい第一に，新古典派経済学は，個々の経済主体は，啓蒙の時代の人間本性の理論そのままに，自分の利益が最大になるように自らの経済的な意思決定を行うものだと見なす．もう少し具体的にいえば，消費者は自分の効用が最大になるように生産要素（労働）を供給・生産物を需要し，生産者は自分の利潤が最大になるように生産要素を需要・生産物を供給するであろう．要するに，新古典派経済学の世界では，各経済主体は自分に不本意な取引を行うことは基本的にありえないのである．第二に，新古典派経済学は，全ての生産要素と生産物に対す

る需要と供給は，それぞれの生産要素と生産物の価格が上下することによって，必ず一致するものだと見なす。このときもし市場が十分に競争的であれば，このような市場均衡点は同時に経済厚生上最適な点であることを証明することができるであろう。要するに，新古典派経済学の世界では，各経済主体の最適な振る舞いは，そのまま経済全体の最適な振る舞いであることを意味するのである。

他方，ケインズの経済学が確率革命以降の経済学であるとすれば，それは次のような性質を満たしていなければならないはずである。まず第一に，議論は，一人の消費者の消費や一人の生産者の投資といった個々の経済主体の意思決定を規定する法則ではなく，むしろ経済全体の消費や投資といった経済全体の変数を規定する法則を記述するところから出発するものである。第二に，各経済主体の振る舞いを支配する法則性は，そのまま経済全体の振る舞いを支配する法則性ではない。まずはこの第一の点から説明することにしよう。

最初に，経済全体の変数とおのおのの変数の関係を定義することにしよう。いま国民総生産（Gross National Product）GNP を，ある一定の期間内（通常は一年）の間に新しく生産された生産物とサービスの市場価値の総計のことであると定義し，この GNP を Y と表すことにしよう。また，経済全体の消費を C，貯蓄を S，投資を $\hat{I}$ と表すことにしよう。ただし，経済全体の投資 $\hat{I}$ は，生産者が意図した設備投資 I と意図せざる在庫投資 inv の和である。このとき，この国民総生産 Y はさまざまな側面から測定することができる。

まず第一に，この新しく生産された生産物とサービスの市場価値の総計 Y は，賃金として労働者に支払われるか，利潤の分配として資本家に支払われるかのどちらかであるが，労働者や資本家は最終的にはこの所得を消費に回すか貯蓄に回すかのどちらかであろう。それゆえ，国民総生産 Y は，その定義から常に経済全体の消費 C と経済全体の貯蓄 S の和に等しくなることがわかる。

$$Y \equiv C + S$$

この式の右辺は，国民総生産が最終的にどのように各経済主体に支払われ使われたかということから GNP を測定しようとしたものであるため，これを国民総所得（Gross National Income）と呼ぶことにしよう。

第二に,この新しく生産された生産物とサービスの市場価値の総計 Y は,最終的には消費需要として消費者に販売されたか,投資需要として生産者に販売されたかのどちらかであろう。それゆえ,国民総生産 Y はその定義から常に経済全体の消費 C と経済全体の投資 $\hat{I}$ の和に等しくなることが分かる。

$$Y \equiv C + \hat{I}$$

この式の右辺は,国民総生産が最終的にどのように各経済主体に需要されたかということから GNP を測定しようとしたものであるため,これを国民総支出(Gross National Expenditure)と呼ぶことにしよう。

　これらのことから明らかなように,ある一定の期間内に新しく生産された生産物とサービスの市場価値の総計 Y は,その定義から「分配＝所得」の面から測定しようと「支出＝需要」の面から測定しようと,つねに等しいはずである。

$$Y（生産面）\equiv C+S（分配＝所得面）\equiv C+\hat{I}（支出・需要面）$$

この恒等式のことを GNP の三面等価の法則と呼ぶ。

　この三面等価の法則の 2 番目の式と 3 番目の式からそれぞれ経済全体の消費 C を差し引けば,経済全体の貯蓄 S と投資 $\hat{I}$ は,その定義からつねに等しくなることが分かる。

$$S \equiv \hat{I}$$

　次に,このように定義された経済全体の変数の水準を決定する均衡条件を説明することにしよう。いま経済全体の変数の水準を決定する均衡条件を,生産者が当初売りたいと思っていた量だけがじっさいにちょうど売れた状態,意図せざる在庫投資が増えもしなければ減りもしない状態のことであると定義しよう。このとき,inv＝0 であるから,結局経済全体の変数の水準を決定する均衡条件は結局次のようになることが分かる。

$$Y = C + I$$
$$S = I$$

　もちろん以上の法則や均衡条件は,新古典派経済学だろうとケインズ経済学だろうと成立する理論中立的な定義式である。じっさい,新古典派経済学とケインズ経済学を分ける分水嶺,それはやや意外なことに利子の理論にあるので

ある。

3 現在と将来を繋ぐ架け橋：利子の理論

　利子とは現在の経済と将来の経済の間を繋ぐ価格である．それゆえ，利子の理論は，将来のでき事に不確実性が存在すると考えるのか，あるいは存在しないと考えるのかによって大きく二つの理論に分かれることになる．将来のでき事に不確実性が存在しないと考える利子の理論，それが新古典派の実物利子説であり，存在すると考える利子の理論，それがケインズの流動性選好説である．

　議論を簡単にするために，経済の中には，利子を生まないがその価値に変化が生じえない安全資産である貨幣と，利子を生むがその価値に変化が生じうる危険資産である債券という2種類の資産のみが存在するものと仮定しよう．

　まずは新古典派の実物利子説を考えよう．いま，人間の合理性が完全だからなのか，あるいは世界そのものがそうだからなのか分からないが，将来のでき事には不確実性が存在しないものと，それゆえ各経済主体は将来の債券価格を正確に予測できるものとしよう．このとき家計は自分の貯蓄を利子の付かない貨幣で保有することはないはずである．なぜなら将来の債券価格を正確に予測できる場合には，そもそも家計は，その貯蓄を危険のない貨幣と危険のある債券に分けてリスクを分散させる必要がないからである．それゆえ将来のでき事に不確実性が存在しない新古典派の世界では，家計は自分の貯蓄を全て債券の形で保有し，債券利子率が上がれば債券購入すなわち貯蓄を増やし，下がれば減らすことになるだろう．言いかえれば，将来のでき事に不確実性が存在しない新古典派の世界では，貨幣は利子の決定にまったく関与しないのであり，利子の水準はひとえに債券需要をそれゆえ貯蓄の大小を決定するのである．他方，将来のでき事に不確実性があろうとなかろうと，企業は投資を行うために自分の発行する債券の利子率が上がれば，それだけ投資コストがかさむことになるため，投資すなわち債券発行を減らすことになるだろうし，下がれば増やすことになるだろう．言いかえれば，新古典派の世界では，利子の水準は他方では債券供給をそれゆえ投資の大小を決定するのである．以上のことから，新古典

派の世界では，利子率は貯蓄と投資をちょうど等しくするように決定されることになる，ということは最早あきらかだろう。じっさい不確実性の存在しない新古典派の世界では，利子率は貯蓄と投資をうまく均衡させることができるのである（図13-1）。

次にケインズの流動性選好説を考えよう。今度は，将来のでき事には不確実性が存在するものと，それゆえ各経済主体は将来の債券価格を正確に予測できないものとしよう。このとき家計はその貯蓄を利子の付かない貨幣で保有することがおおいにあるはずである。なぜなら将来の債券価格を正確に予測できない場合には，そもそも家計はその貯蓄を危険のない貨幣と危険のある債券に分けて，リスクを分散させる必要があるからである。それゆえ現在の債券価格が十分に高く（＝利子率が低く），それゆえ将来の債券価格の下落が期待される場合には，家計は自分の貯蓄の多くを貨幣の形で保有し，残りを債券の形で保有することになるだろう。言いかえれば，将来のでき事に不確実性が存在するケインズの世界では，貨幣は利子の決定に関与するのであり，利子の水準は債券需要の大小のみならず，貨幣需要の大小をも決定するのである。

ケインズは貨幣需要を主に取引需要と投機的需要からなると考えた。前者の取引需要とは，家計や企業が商品を取引する際に必要とする貨幣需要のことで

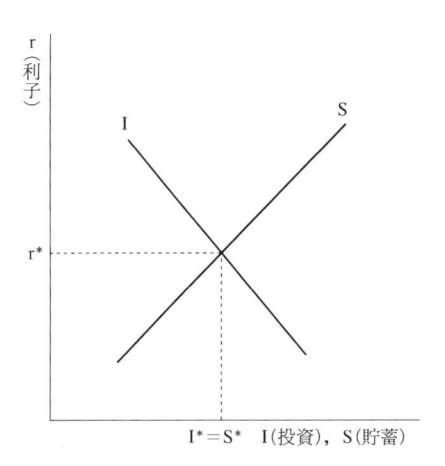

図13-1　新古典派の世界

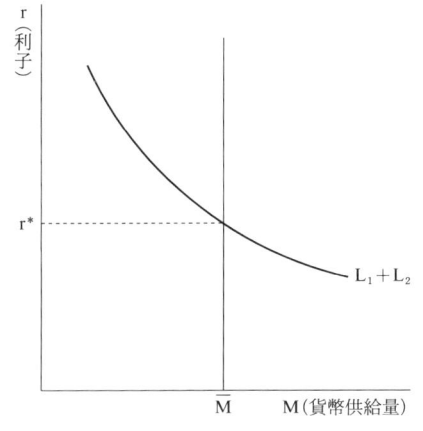

図13-2　ケインズの世界

あり，後者の投機的需要とは，いま説明したように，将来のでき事に不確実性が存在するため，貯蓄を貨幣と債券に分けてリスクを分散させる際に必要とする貨幣需要のことである。前者はおもに取引の頻度に依存し，それゆえ国民所得の増加関数であると考えられるから，これを $L_1(Y)$ と表し，後者はいま説明したように利子率の減少関数であると考えられるから，これを $L_2(r)$ と表すことにしよう。要するにケインズは貨幣需要を $L_1(Y)+L_2(r)$ であると考えたのである。他方，ケインズは貨幣供給を主に中央銀行の金融政策の結果であり利子率に依存しないと考えた。要するにケインズは貨幣供給を $M=\bar{M}$ と考えたのである。以上のことから，ケインズの世界では，利子率は貯蓄と投資をではなく，貨幣供給と貨幣需要を（その背後では債券需要と債券供給を）ちょうど等しくするように決定されることになるということは最早あきらかだろう。じっさい不確実性の存在するケインズの世界では，利子率は貯蓄と投資をうまく均衡させることができないのである（図13-2）。

　新古典派の利子の理論は，しばしば「時間選好説」であり「実物的」であると言われる。その理由は次のようなことである。将来に関する不確実性の存在しない新古典派の世界では，貯蓄を債券で保有することに何らリスクは存在しない。それゆえもし利子というものが存在するのだとすれば，それは「現在」の消費を「将来」のそれに先延ばしにすることに対する対価である，ということになる。本当は「いま」消費せず（時間選好）「さき」延ばしにしなければならないのだとしたら，利子をもらわなければ割りに合わない，というわけである。またこの将来に関する不確実性の存在しない世界では，利子の決定に貨幣は何ら関与しない。利子は，貯蓄と投資という純粋に「実物」的な要因が均等化されることから決まるのである。

　他方，ケインズの利子の理論は，しばしば「流動性選好説」（流動性とは貨幣のことである）であり「貨幣的」であると言われる。その理由は次のようなことである。将来に関する不確実性の存在するケインズの世界では，貯蓄を債券の形で保有することにおおいにリスクが存在する。それゆえ，もし利子というものが存在するとすれば，それは貯蓄の一部を「貨幣」というリスクのない形で保有するのではなく「債券」というリスクのある形で保有することに対する

対価であるということになる。本当は貯蓄をリスクのない「貨幣」で持ちたいのに（流動性選好），リスクのある「債券」で持たなければならないのだとしたら，利子をもらわなければ割りに合わない，というわけである。またこの将来に関する不確実性が存在する世界では，利子の決定に貨幣はおおいに関与する。利子は貨幣需要と貨幣供給という純粋に「貨幣」的な要因が均等化されることから決まるのである。

4　マクロ経済の理論

　以上の利子の理論の違いが，新古典派のマクロ経済の世界とケインズのマクロ経済の世界をそれぞれどのように規定するのだろうか。

　まず最初に，総供給Yは賃金あるいは利潤の形で労働者あるいは資本家に支払われ，さらにこの賃金あるいは利潤は，消費されるかあるいは貯蓄されるかのどちらかであったことを思い出そう。さらにいま，消費Cがいかなる理由かは分からないが非常に低い水準に止まった，あるいは貯蓄Sが非常に高い水準に上昇したとしよう。一見このように消費Cが下落し貯蓄Sが上昇した場合には，経済全体の総需要C＋Iは大きく落ち込み，総供給Yを大きく下回ってしまう，言いかえれば，経済は全面的な不況局面に突入していくように見える。だが実際にそうなるのかどうか，それを決定するのは，実は現在と将来を繋ぐ架け橋である利子の理論なのである。

　まずは新古典派のケースを考えよう。新古典派の実物利子説によれば，利子率は貯蓄と投資がちょうど等しくなるように決定されるのであった。いま消費Cが下落し貯蓄Sが上昇したと，言いかえれば図13-1の貯蓄Sが右にシフトしたとしよう。このとき，新古典派の実物利子説の場合には，利子率rはすみやかに下落し始め，最終的には上昇した貯蓄Sとちょうど同じだけの投資Iが産み出されることになる。そのため，いかに消費Cが大きく下落し貯蓄Sが上昇しようと，その消費Cの下落分＝貯蓄Sの上昇分とまったく同じだけの投資Iが必ず産み出されることになり，経済全体の総需要C＋Iの大きさはまったく変動することなく，つねに総供給Yの大きさに等しいことになる。

言いかえれば，新古典派の実物利子説によれば，消費Cがいかに大きく下落しようと，経済全体の総需要C＋Iの大きさはまったく変動することなく常に総供給Yの大きさに等しいのであり，経済が全面的な不況局面に突入していくということは起こりえないのである。われわれの経済に起こりうることは，せいぜい総需要の消費Cと投資Iの構成比率が変わったり，総所得の賃金と利潤の構成比率が変わったりする程度のことにすぎず，経済全体の活動水準が縮小するということはないのである。

　次にケインズのケースを考えよう。ケインズの流動性選好説によれば，利子率は貨幣需要と貨幣供給がちょうど等しくなるように決定されるのであった。いま新古典派のケースと同じように，消費Cが下落し貯蓄Sが上昇したとしよう。このとき，ケインズの流動性選好説の場合には，利子率rは変化せず，新古典派の実物利子説の場合のように，上昇した貯蓄Sとちょうど同じだけの投資Iが産み出されることにはならない。流動性選好説のいうような貨幣需要と貨幣供給を等しくする利子率（ケインズはこれを自然利子率と呼んだ）と，実物利子説のいうような貯蓄と投資を等しくする利子率（ケインズはこれを中立利子率と呼んだ）は，偶然一致しない限り，一般的には等しくないはずだからである。そのため消費Cが大きく下落し，貯蓄Sが上昇した場合には，経済全体の総需要C＋Iの大きさは小さくなり，総供給Yの大きさを下回ってしまうことになる。言いかえれば，ケインズの流動性選好説によれば，消費Cが大きく下落した場合には，経済全体の総需要C＋Iの大きさは総供給Yの大きさを下回ってしまうのであり，経済は全面的な不況局面に突入していくということは大いに起こりうることなのである。われわれの経済に起こりうることは，総需要や総所得の構成比率が変わるということばかりでなく，経済全体の活動水準が縮小するということなのである。

　じっさい，経済全体の均衡条件である総需要と総供給の均等化メカニズムあるいは（おなじことだが）貯蓄と投資の均等化メカニズムは，新古典派の場合とケインズの場合とではまったく逆である。新古典派の場合，実物利子説が成立することから，利子率が変動することによって，貯蓄と投資は常に等しくさせられ，それゆえ総需要C＋Iは総供給Yに常に等しく調整される。言いかえ

れば，新古典派の場合には，貯蓄と投資，総需要と総供給を均等化させ経済全体を均衡化させるのは，現在と将来の交換「価格」である「利子率」なのである。他方ケインズの場合，流動性選好説が成立することから，利子率が変動することによって，貯蓄と投資は等しくさせられず，それゆえ総需要C＋Iは総供給Yより小さくなったり大きくなったりする。言いかえれば，ケインズの場合には，貯蓄と投資，総需要と総供給を均等化させ経済全体を均衡化させるのは，「数量」である「総所得」なのである。総需要C＋Iが総供給Yより大きい時には，総供給Y自体，経済活動水準自体が大きくなることによって貯蓄と投資，総需要と総供給は等しくなり，逆に総需要C＋Iが総供給Yより小さい時には，総供給Y自体，経済活動水準自体が小さくなることによって貯蓄と投資，総需要と総供給は等しくなるのである。

5　セーの法則，経済成長と技術革新，貨幣数量説

　以上の議論から，経済全体の総需要と総供給の間の因果関係に関する重要な命題を導き出すことができる。まずはこのことから説明しよう。
　新古典派経済学の場合，実物利子説が成立することから，最終的に経済全体の総需要C＋Iの大きさはかならず総供給Yの大きさに等しくなるのであった。しかし逆にいえば，このことは，経済全体の総供給Yの大きさが大きくならない限り総需要C＋Iの大きさは大きくならないということを，経済全体の総供給Yの大きさこそが総需要C＋Iの大きさを決定するのだということを意味しているのにほかならない。言いかえれば，新古典派経済学の世界では，「供給はみずから需要を作り出す」というあの有名な「セーの法則」が成立しているのである。
　他方ケインズ経済学の場合，流動性選好説が成立することから，経済全体の総需要C＋Iの大きさは，最終的にはかならずしも総供給Yの大きさと等しくならず，それより小さくなったり大きくなったりするのであった。しかし逆にいえば，このことは，経済全体の総需要C＋Iの大きさが大きくなれば総供給Yの大きさは大きくなるということを，経済全体の総需要C＋Iの大きさこそ

が総供給Yの大きさを決定する，ということを意味している。言いかえれば，ケインズ経済学の世界では，「セーの法則」は成立しないのである。

またこのセー（J. B. Say, 1767–1832）の法則の成立・非成立の議論から，経済成長と技術革新に関する新古典派的な見方とケインズ的な見方の違いを導き出すことができる。次にこのことを説明しよう。

新古典派経済学の世界では，セーの法則が成立し，総供給の大きさが総需要の大きさを決定するのであった。だとすれば，経済全体の規模自体が拡大し経済が成長するためには，総供給の大きさが大きくならなければならないことが分かる。総供給の大きさが大きくなるためには，労働投入が増えるか，資本投入が増えるか，技術革新が起こるか，このいずれか（あるいは全部）が起こらなければならない。このとき技術革新が重要であるのは，それが労働投入や資本投入の大きさを変えることなく，総供給の大きさを大きくすることができるからである。言いかえれば，新古典派の世界では，経済成長を可能にするのは供給側の要因なのであり，技術革新が重要であるのだとすれば，それは供給側の大きさを高めるからにほかならないのである。

他方，ケインズ経済学の世界では，セーの法則が成立せず，総需要の大きさが総供給の大きさを決定するのであった。だとすれば，経済全体の規模自体が拡大し経済が成長するためには，総需要の大きさが大きくならなければならないことが分かる。総需要の大きさが大きくなるためには，消費需要が増えるか，投資需要が増えるか，このいずれか（あるいは両方）が起こらなければならない。このとき技術革新が重要であるのは，それが新しい商品に対する需要を喚起したり新しい生産設備に対する需要を喚起したりすることが，言いかえれば，総需要の大きさを大きくすることができるからである。ケインズの世界では，経済成長を可能にするのは需要側の要因なのであり，技術革新が重要であるのだとすれば，それは需要側の大きさを高めるからにほかならないのである。

最後に貨幣が実体経済に与える影響に関する新古典派的な見方とケインズ的な見方の違いを導き出すことにしよう。

いま一般物価水準をP，ある一定期間内に行われる財の取引量をT，貨幣供給量をM，貨幣の流通速度をVとしよう。このとき，経済全体から見れば，

［貨幣の供給量］×［貨幣の流通速度］は，つねに［一般物価水準］×［財の取引量］に等しいはずである。この関係，MV＝PT，のことをフィッシャー（I. Fisher, 1867-1947）の交換方程式という。もし貨幣供給量 M の増減が貨幣の流通速度 V や財の取引量 T に影響を与えることがないとすれば，このフィッシャーの交換方程式は，貨幣供給量 M の変化は一般物価水準 P を変化させるだけであるということを意味するはずである。このように貨幣は実体経済に何ら影響を与えることなくただ一般物価水準を変化させるだけであるという考え方のことを，一般に「貨幣数量説」「貨幣ヴェール観」「貨幣と実物の二分法」という。

いま新古典派経済学における実体経済の変数の決まり方を，もう一度思い出そう。すると，そこには貨幣数量の変化が実体経済に影響を与えるルートが，そもそもまったく存在しないことがわかる。もちろんこのことは，新古典派の場合には，消費や投資といった経済の実体変数は実体的にのみ決まり，貨幣は実体経済に何ら影響を与えないということを意味するのにほかならない。言いかえれば，新古典派の場合には，貨幣数量説，貨幣ヴェール観，貨幣と実物の二分法が必ず成立することになるのである。他方，今度はケインズ経済学における実体経済の変数の決まり方をもう一度思い出そう。するとそこには，貨幣数量の変化が利子率の変化をもたらし，この利子率の変化が投資の変化をもたらし……ということがわかる。もちろんこのことは，ケインズの場合には，消費や投資といった経済の実体変数は実体的にのみ決まらず，貨幣は実体経済に大いに影響を与えるということを意味するのにほかならない。言いかえれば，ケインズの場合には，貨幣数量説，貨幣ヴェール観，貨幣と実物の二分法が必ず成立しないことになるのである。

6　貨幣経済とマクロ経済の平行性

そもそも物々交換経済と貨幣経済の違いとは何だろうか。物々交換経済の世界では，必ず財は財と直接交換されなければならない。ある財を交換相手に販売するためには，同じ相手から別の財を購入しなければならない。財を販売す

ることは同時に財を購入することに等しい。言いかえれば，物々交換経済の世界では，財の販売は必ずその背後に財の購入を伴うのであり，財の売りは財の買いと一体なのである。他方，貨幣経済の世界では，財は貨幣と交換されればよいのであり，財と直接交換される必要はない。ある財を交換相手に販売するためには，同じ相手から貨幣を受け取ればよいのであり，別の財を購入する必要はない。財を販売することは単に貨幣を受け取ることに等しい。言いかえれば，貨幣経済の世界では，剤の販売はその背後に財の購入を伴わないのであり，財の売りは財の買いと一体ではないのである。

いま，新古典派の世界のことを思い出そう。実物利子説の成立する新古典派の世界では，消費が小さくなり貯蓄が大きくなると，自動的に利子率が下落し，消費の下落分＝貯蓄の上昇分と等しいだけの投資が新たに発生する，要するに総需要に変化はないのであった。言いかえれば，新古典派の世界では，個人の行動はどうあれ，経済全体では，貯蓄することは投資することに等しいのである。しかしそもそも投資とは，将来の生産を増やすことであり，将来の消費に対応することであった。要するに新古典派の世界では，物々交換経済で財の売りがその背後に必ず財の買いを伴うのと同様に，貯蓄することは同時に将来の消費に等しいのである。新古典派の世界とは，基本的に物々交換経済と同じ性質を備えた世界のことなのだ。だからこそ，貨幣と実物を互いに無関係であり独立したものを見なす貨幣ヴェール観，貨幣と実物の二分法が成立することになるのである。

次にケインズの世界のことを思い出そう。実物利子説の成立しないケインズの世界では，消費が小さくなり貯蓄が大きくなると，自動的に利子率が下落し，消費の下落分＝貯蓄の上昇分と等しいだけの投資が新たに発生することはない，要するにそのまま総需要は下落するのであった。言いかえれば，ケインズの世界では，経済全体では，貯蓄することは投資することに等しくないのであり，貨幣経済で財の売りがその背後に財の買いを伴わないのと同様に，貯蓄することは同時に将来の消費に等しくないのである。ケインズの世界とは，基本的に貨幣経済と同じ性質を備えた世界のことなのだ。だからこそ，貨幣と実物を互いに無関係であり独立したものを見なす貨幣ヴェール観，貨幣と実物の二分法

が成立しないことになるのである。

　経済の総需要に変化が起こりうるか否か，あるいは貯蓄は投資に等しく，それゆえ将来の消費に等しくなるか否か，このことを決定する分岐線は，最終的には実物利子説が成立するか否かである。このときに注意しなければならないことは，個人のレベルと経済全体のレベルを明確に区別することである。よく知られているように，ナイト（F. H. Knight, 1885-1972）は，個人の直面する広義の不確実性を，「リスク」と真の「不確実性」に区別した。前者の「リスク」とは，各個人のレベルでは確かに不確実だが，社会全体のレベルでは一定の法則性が存在するために，保険会社が保険を提供できるような種類の不確実性のことである。確かにわれわれ一人一人は何時交通事故に遭遇するかはわからないが，社会全体では交通事故の起こる割合はほぼ一定であるため，保険会社は交通事故に対する保険を提供することができる。要するにナイトが「リスク」と名づけた不確実性は，個人のレベルでは不確実だが，社会全体のレベルでは不確実ではないのである。他方，後者の真の「不確実性」とは，各個人のレベルでも社会全体のレベルでも不確実であるために，保険会社が保険を提供できないような種類の不確実性のことである。確かにわれわれ一人一人にもまた社会全体にも，ある事業が成功するかどうかはわからないため，保険会社は事業経営に対する保険を提供することができない。このことと同じように，新古典派の実物利子説は，個人のレベルで貯蓄が個人の将来の消費に等しくなるということを意味するのではない。新古典派の実物利子説は，個人の行動がどうあれ，経済全体のレベルで貯蓄が将来の消費に等しくなるということを，経済全体の現在の貯蓄と経済全体の将来の消費を仲介するような市場（貸付資本市場）が存在するということを意味するのである。ケインズが否定したのはまさしくこのことにほかならない。ケインズは，個人の行動がどうあれ，経済全体の現在の貯蓄と経済全体の将来の消費を仲介するような市場（貸付資本市場）は，貨幣経済では存在しないと述べたのである。いずれにせよ，ケインズの議論もナイトの議論も，確率革命なしにはあり得なかった議論であることがわかるだろう。じっさい，ケインズのマクロ経済学もナイトの資本主義論もまさしく確率革命の所産にほかならないのである。

7　非自発的失業と総需要管理の誕生

　すでに指摘したように，新古典派経済学によれば，経済全体が総需要不足に陥るということは原理的にありえないことなのであった。それゆえ，もし経済内に失業している人がいるとすれば，それは基本的には労働市場内部の問題にすぎない。より具体的にいえば，経済内に失業者が存在する理由は，労働組合などが存在するために賃金が労働市場を均衡させる水準以上に高く維持されているからなのか，あるいは，さまざまな摩擦的要因が存在するために求人の乏しい産業・企業から求人の盛んな産業・企業へと労働力がスムースに移行できていないからなのか，このいずれかである。それゆえ失業を解消するために必要な政策とは，必然的に，このような要因を緩和する政策，例えば貨幣賃金の切り下げや職業紹介所の充実など，ということになるだろう。

　他方，ケインズ経済学によれば，経済全体が総需要不足に陥るということは原理的にありうることである。それゆえ，もし経済内に失業している人がいるとすれば，それは基本的には労働市場内部の問題にとどまらない。より具体的にいえば，経済内に失業者が存在する理由は，消費や投資などの総需要が不足しているために，企業がこれ以上労働者を雇用することができないからである。それゆえ失業を解消するために必要な政策とは，必然的に，総需要を増やす政策（総需要管理），例えば政府による公共投資や減税の実行などということになるだろう。

　ケインズは，労働組合などが存在するために賃金が労働市場を均衡させる以上に高く維持されていることにその原因のある失業を，「自発的失業」と呼んだ。その理由は，この失業の場合には，いわば労働者が自ら高い賃金を設定することによって自ら失業しているようなものだからである。またケインズは，さまざまな摩擦的要因が存在するために求人の乏しい産業・企業から求人の盛んな産業・企業へと労働力がスムースに移行できていないことにその原因のある失業を，「摩擦的失業」と呼んだ。その理由は，あきらかであろう。これに対し，経済内の総需要が不足しているために企業がこれ以上労働者を雇用することができないことにその原因のある失業を新たに「非自発的失業」と呼び，

これを「マクロ」的に定義した。

　だが，何故ケインズはこの「非自発的失業」という概念を「マクロ」的に定義する必要があったのだろうか。以下このことを説明しよう。

　いまもし経済内に真に「非自発的」に失業している人がいるとすれば，それは必然的に新古典派の言う「自発的失業」の場合は除かれることになり，新古典派の言う「摩擦的失業」の場合か，あるいはケインズの言う「非自発的失業」の場合かのどちらかである，ということになるだろう。だが，この失業が，ある産業・企業から別の産業・企業へと労働力がスムースに移行できていないことから来る失業なのか，あるいは総需要不足から来る失業なのかを判断するためにはどうする必要があるだろうか。いま，縦軸に経済全体＝マクロの失業率，横軸に同じく経済全体＝マクロの求人率をとったグラフを考えよう（図13-3）。このとき，もしマクロの求人率が上昇しているにもかかわらずマクロの失業率も上昇しているならば，このような失業は確かに新古典派の言う「摩擦的失業」と言えるだろう。経済全体では求人が増えているにもかかわらず失業も増えているのだとすれば，その原因は確かに求人の乏しい産業・企業から求人の盛んな産業・企業へと労働力がスムースに移行できていないことにある，と思われるからである。だが，もしマクロの求人率が下落していると同時にマク

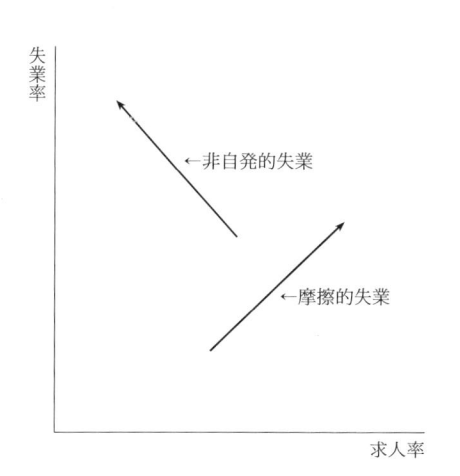

図13-3　摩擦的失業と非自発的失業

ロの失業率が上昇しているならば，このような失業こそケインズの言う「非自発的失業」と言えるだろう。経済全体で求人がないために失業が増えているのだとすれば，その原因は確かに根本的な総需要不足にあると思われるからである。このように経済内に「非自発的」に失業している人がいるとき，その失業が新古典派の言う「摩擦的失業」なのか，あるいはケインズの言う「非自発的失業」なのかを判断するためには，個々の労働者や個々の産業・企業という「ミクロ」のレベルではなく，むしろ経済全体という「マクロ」のレベルで考えなければならない。広義の非自発的失業のうち，自らの「非自発的失業」の概念を新古典派の「摩擦的失業」の概念から明確に区別するためには，ケインズはそれを「マクロ」的に定義する必要があった。逆にいえば，「確率革命」を経済学の世界に導入し，経済を「マクロ」的に把握するという態度変更こそが，ケインズに総需要不足にその原因のある「非自発的失業」という概念を定式化することを可能にしたのである。

　最初に説明したように，われわれ人間の生きる社会には，個々の人間の振る舞いからは完全に独立した一定の統計的な安定性・法則性が存在する，ということに人々が気づくきっかけを提供したのは，18世紀の末頃から行われたさまざまな国勢調査，特に自殺，犯罪，浮浪，狂気，売春，疾病などの逸脱行為に対する国勢調査であった。実はこのような国勢調査は，さまざまな逸脱行為を支配する法則性を理解することは，逸脱行為を行う社会集団を改良し統制する手段や方策を発見することに繋がるはずだ，という発想から行われたものであった。

　一方で，「マクロ経済学」が成立することを可能にし，さらには「非自発的失業」という経済における「逸脱状態」を克服する「総需要管理」という手法を生み出すことを可能にしたのは，確率革命であった。だが，他方で，確率革命を可能にしたのは，社会における「逸脱行為」を改良し統制しようという思想であった。言いかえれば，社会における「逸脱」を管理し統制しようという発想と確率革命の科学とは，当初からいわば表裏一体のものであったのである。ハイエク（第14章参照）をはじめとするいわゆる原理的な自由主義者が，ケインズの経済学に激しく抵抗した理由は，この辺りにあったのだと言えるだろう。

もちろんケインズ経済学に対するこのような抵抗が本質的なものなのかどうか，それは後の章を読んだ読者の判断に任せることにしよう。

読書案内
　ケインズ自身の著作は，東洋経済新報社から全集が発行されており，容易に入手することができる。このうち『確率論』『貨幣論』『雇用・利子および貨幣の一般理論』はあまりに有名である。どれもこれもひどく難解な書物であるが，とりあえずケインズの経済学を理解するためには『雇用・利子および貨幣の一般理論』を読めば十分である。
　ケインズ経済学の入門には，伊東光晴『ケインズ』（岩波新書，1962年）や根井雅弘『ケインズを学ぶ』（講談社現代新書，1996年），吉川洋『ケインズ』（筑摩書房，1995年）を，ケインズの評伝には，R. F. ハロッド著／塩野谷九十九訳『ケインズ伝』（東洋経済新報社，1967年）を薦める。より本格的に『雇用・利子および貨幣の一般理論』に取り組もうという読者には，伊東光晴・宮崎義一『ケインズ／一般理論コンメンタール』（日本評論社，1964年）を薦めたい。またケインズが『一般理論』を構想する至った背景を知るには，浅野栄一『ケインズ「一般理論」形成史』（日本評論社，1987年）がよいだろう。
　だが，実際のところ，ケインズ経済学を正確に理解するための最短の近道は，実は新古典派の経済学を正確に理解することである。ケインズの経済学とは，徹頭徹尾新古典派経済学批判だからである。ケインズ経済学を理解するためには，新古典派の経済学を正確に理解するという回り道をすることこそが，実は最短の近道なのである。
　ケインズの確率論は，通常の確率論とは異なり，あるでき事が起こる客観的確率に対する主観的確信の度合い（確率）をモデル化しようとしたものである。通常の確率論は，頻度説あるいは客観的確率論と呼ばれるのに対し，このような確率論は信念説あるいは主観的確率論と呼ばれる。ケインズ自身の『確率論』は絶望的に読みにくい書物だが，実はこのような確率論はケインズだけが構想したわけではなく，古くはポワソン（S.-D. Poisson, 1781-1840），新しくはパース（C. S. Pearce, 1839-1914）も同様の確率論を構想していた。じっさい，ポワソンが客観的確率を"chance"，主観的確率を"probabilité"と命名し互いに区別していたのは有名である。ケインズの確率論とは，簡単に言えば，"chance"に関する"probabilité"を主題としたものなのである。このような事情についての入門書としては，I. ハッキング著／石原・重田訳『偶然を飼いならす』（木鐸社，1999年）がある。

理解を深めるために
1．確率革命以前の科学思想と以降の科学思想を比較検討してみよう。
2．GNPの三面等価の法則を説明してみよう。
3．貸付資金説と流動性選好説の違いを説明してみよう。
4．失業に対する新古典派とケインズの考え方の違いを説明してみよう。
5．マクロ経済における貨幣の役割を説明してみよう。

（荒川章義）

第14章

経済的自由と自生的秩序
F.A. ハイエク

　フリードリッヒ・アウグスト・フォン・ハイエク（Friedrich August von Hayek, 1899-1992）は，間違いなく20世紀最大級の自由主義者である。それは単に学問の世界にとどまらず，実際の政治経済の局面に大きな影響力を持ったという点で，彼は他の同時代の自由主義者と比べて傑出している。

　世紀末ウィーンに生まれ，敗戦後のオーストリアで最初の教育を受けたハイエクの出発点はかなり紆余曲折している。ハイエクは，社会科学にかんするものだけでも，メンガー（C. Menger, 1840-1921）やベーム=バヴェルク（E. Bohm-Bawerk, 1851-1914），ヴィーザー（F. Wieser, 1851-1926）等の伝統的オーストリア学派，その発展型としてのミーゼス（L. Mises, 1881-1973）やヴィクセル（J. G. K. Wicksell, 1851-1926）の景気変動論，シュパン（O. Spann, 1878-1950）の普遍主義論というように，必ずしも両立しない考え方を学んでいる。さらに心理学を経済学と平行して学んだ。これらの様々な考え方がやがてハイエクの中で消化され，彼独自の理論を構成していくのである。

　1927年にオーストリア景気経済研究所の所長に就任してすぐに経済学者としての頭角を現したハイエクは，1931年ロンドン・スクール・オブ・エコノミクス（LSE）の教授として招聘される。この年に出版された『価格と生産』は話題を呼び，当時の経済学の一つの標準を確立するかに見えた。しかし1936年，ケインズ『雇用・利子および貨幣の一般理論』の出版によってハイエク理論は過去のものとされてしまう。

彼が再び世界の表舞台に現れたのは経済学者としてではなく，自由主義の騎手としてであった。社会主義や福祉国家思想が根本的にはファシズムを生みだした考え方と同じであり，それは破局へと続く道であるという『隷従への道』(1944年)の中の主張は，当時の知的風潮の中では特異な議論であった。この書はその対象とされたヨーロッパでは否定的に捉えられ，むしろアメリカで強い関心を集めた。彼は1947年，ポパー (K. R. Popper, 1902-94) などの他の自由主義者とともにモンペルラン協会を設立，初代会長に就任する。ハイエクはモンペルラン協会を，後にこの協会が実際に向かった方向とは異なり，政治団体とする気はなかったという。これは彼が，社会科学者は常に現実の政治の世界とは一線を画すべきであると考えていたからである。

ハイエクは1950年にアメリカに渡り，シカゴ大学社会思想委員会で研究を続けた。そこで書き上げられたのが『自由の条件』(1960年) であった。『隷従への道』が基本的には一般読者向けに書かれたものであったのに対して，『自由の条件』は自由論を社会・文化進化論の観点から理論的に基礎づけようとした本格的研究書である。だが，福祉国家全盛の時代に出版された同書に対する当初の評価はさんざんなものであり，多くの経済学者がハイエクに対して過去の遺物というレッテルを貼ろうとした。

1967年にヨーロッパに戻ったハイエクはフライブルク大学教授に着任した。その後，故国ザルツブルグ大学での客員教授などを経ながら，『法・立法・自由』(1973, 76, 79年) を出版する。流れとしては『自由の条件』では尽くされなかった議論を発展させるという形をとるが，実際には二つの本の中で展開された概念の間にはいくつかの変化が見られた。この変化は彼の最後の著書『致命的な思い上がり』(1988年) の中で一層顕著になる。ハイエクが以前に議論の中心に据えていた個人主義は，その重要性を大きく後退させ，社会・文化進化論が前面にでてくるのである。ハイエク理論は，この転換を経て完成されたものとなる。

だが，ハイエクの転換以上に，世界の変化は大きかった。1970年代のスタグフレーション期，アメリカの相対的な地位の低下などを背景としながら，ケインズ経済学は経済政策の現場での説明力を減少させていた。それと入れ替わ

りに，ハイエクやフリードマンのような自由主義に基づいた社会科学者たちがにわかに脚光を浴びるようになったのである。レーガンやサッチャーといった政治家たちは，自分たちがハイエクの思想を実践しようとしていると，こぞって主張した。

そして1989年，ベルリンの壁が崩壊する。この事件は中央集権的な経済計画が，少なくとも現時点では技術的に不可能であることを示した。実際，現時点で社会主義を採用している国はわずかである。それらの国々ですら，市場システムの導入を何らかの形で行っており，100年前の社会主義者たちが目指したものとは全く異なったものになっている。この意味でハイエクの予言は正しかったと言えるだろう。だが，自由主義対社会主義という対立の構図があまり重要ではなくなった世界を生きるわれわれにとって，ハイエクはどのような意味を持つのだろうか。ハイエクが問題としていたものが，冷戦の終結とともにすべてなくなってしまったのだろうか。その点を念頭に置きながらハイエクの経済的自由と自生的秩序をめぐる思想を見ていくことにしよう。

1　貨幣経済理論と自由主義

上述したようにハイエクは現在では自由主義の思想家として知られているが，実は彼がもっとも長期にわたって関心を向けていたのは貨幣経済論であった。オーストリア景気研究所時代の現実経済の分析に始まり，貨幣的景気変動理論，そして『貨幣発行自由化論』(1976年) に至るまで貨幣経済研究は常に彼の関心の中核にあった。

その間，ハイエクの基本的な理論は変わっていない。それは，景気変動は，貨幣が必要とされているところに適切な量の貨幣が回らず，貨幣の不必要なところに不必要な量の貨幣が供給されてしまうために引き起こされる，という観察に立脚している。この観察は，ハイエクの初期の現実経済分析の中にすでに見ることができる。「1914年の改革以来のアメリカの銀行制度」(1925年) で，ハイエクは，1914年の連邦準備制度創設にもかかわらず，アメリカの伝統的な単一銀行制度が抱え込まざるをえなかった構造的な欠陥を指摘している。こ

の制度の下では，穀物の収穫期になると広大な西部農村の隅々まで集中的に穀物代金を送金する必要が生じるため，大都市では，毎年定期的に深刻な金融危機にさらされやすくなる，というのがハイエクの指摘であった。

　貨幣的景気変動理論　この議論は，ミーゼスやヴィクセルの景気変動理論を引き継いだハイエクの景気循環理論の中にも見ることができる。『価格と生産』の中で，まずハイエクは，目の前の変化に対して敏感に反応する，言い換えれば将来的な帰結を予見できないような個人を仮定する。そして，ハイエクは，最終消費財市場，生産財市場，貨幣市場での需給均衡を初期状態とし，そこに銀行の信用創造によって，貨幣市場に追加的貨幣が投入された場合を考える。

　貨幣供給の増加は，貨幣の市場価格すなわち貸出利子率を引き下げ，投資してから利益を挙げるまで比較的時間のかかる生産財の生産者にとって，利子費用の面で有利に働く。結果として生産財生産が増加し，労働力やその他の生産資源が消費財生産から引き上げられ生産財生産に投入されることになる。ところが貨幣供給の増加は，消費性向とは無関係に行われているわけだから，消費財の需要は変化せずにその供給だけが減ったことになり，消費財価格が上昇する。このとき追加的に投入された貨幣が，ストレートに人々の所得になって消費財の購入に向けられれば，単なるインフレーションですむであろう。

　しかし，追加的貨幣が所得になるまでには時間がかかり，人々はしばらくの間，以前と等しい量の消費ができなくなる。人々は徐々に増えていく所得を使って少しずつ消費を回復させようとするだろう。だが，増加した生産財生産が消費財生産の増加を十分に誘発しえない場合には，供給が追いつかないために消費財価格はさらに高騰することなる。最終消費財市場で財価格が上昇しているとすれば，投資家にとって，今度は利益の面で消費財市場が比較的魅力的なものとなる。その結果，消費財市場は一時的にブームとなり，資本家は資金を投資財生産から引き上げ，消費財生産へと投入する。これは生産財生産分野での金融逼迫の原因となり，同時に建設されたあるいは建設途中の生産財生産設備の一部が放棄されるであろう。そこでは大量の過剰設備，失業が発生する。それは，この分野における過剰と失業が完全に消費財生産分野に吸収されて新たな均衡が生じるまで続く。これがハイエクのいう恐慌である。

このとき，もし貨幣が経済全体に同時に均一に投入されていたとすれば，結局，財の価格が均一に上昇して終わりであろう。しかし現実には，最初に消費財市場で貨幣不足が生じ，その次には生産財市場でも貨幣が足りなくなる。この経済システムでは，生産される財の性質や投資家の行動のために，貨幣が必要なところに必要なタイミングで貨幣を投入することができない。要するに銀行の信用創造によって資金が供給されることが日常化しているわれわれの社会では，景気変動は不可避のものなのである。

政府の裁量的金融政策の拒否と貨幣制度改革案 さて，ハイエクはここから二つの方向へと向かう。一つは，政府による貨幣市場への干渉の禁止であり，もう一つは，必要とされているところに必要なだけの貨幣を速やかに供給するような貨幣制度の構築である。

まず，なぜ政府による貨幣市場への干渉が禁じられるのだろうか。たとえば，政府が部分的に起こっている信用逼迫あるいは失業を見かねて，公定歩合の引き下げなどを通じて貨幣供給を増加させたとしよう。しかし，どこでどれだけの貨幣が必要とされているかということを，政府が通常の銀行や投資家以上に正確に知ることができるという保証はどこにもない。むしろ，政府が追加的に資金を投入することは，最終消費財需要とは無関係な生産財生産への投資を促進してしまうという点で，銀行の信用創造と同じあるいはそれ以上の問題を引き起こすことになるであろう。

これに基づいてハイエクは，たとえ不景気のときですら，景気を刺激するために政府が積極的に働くことを否定する。実際，ハイエク理論を信じた LSE の経済学部長ライオネル・ロビンズ（L. Robins, 1898-1984）は，英国大蔵省の委員会席上で財政の出動を主張するケインズと衝突した。ロビンズは後に，当時財政出動に反対したことは誤りであったと認めているが，少なくともハイエク理論が当時すでに 10 年にわたって続いていたイギリスの不況対策に用いられようとしていたことは事実である。さらにハイエクは，1970 年代に入って，フリードマン（Milton Friedman, 1912-）の主張する金融政策を批判している。それは，金融当局によるマネーサプライの最適化という考え方が結局のところ問題の本質的解決にならないこと，そして政府が貨幣量を最適なタイミングで，

必要なところに行き渡るように供給できるという保証がないこと，という二つの理由による。

ここで興味深いのは，ハイエク理論を正確に理解すると，金融政策や公共投資だけでなく，減税のような通常は自由主義的と考えられている政策まで否定されることになる，という点である。不景気の時期に一時的に所得を増加させることは，一層の消費財価格の上昇と生産財生産からの資金の引き上げを促すことになるからである。つまり，ハイエク理論に従えば，不景気の時に国家が採用しうる政策は，一時的な失業者対策を除いてはほとんどないことになる。景気変動が不可避のものであるとすれば，われわれのなし得ることは，不用意に市場に干渉してますます不況を深刻化させないようにすることだけである。

ハイエクが探った二つ目の方向は，必要とされているところに適切な量の貨幣を供給するための貨幣制度の構築である。現在の政府による管理通貨制度の下での市場は，恐慌の深刻化を回避できない。この問題を解決するためには，ハイエクは当初，金本位制の完全復活，あるいはそれに代わる商品群を準備とする通貨制度の構築を提唱していた。つまり，貨幣発行の量を特定の財（あるいはそのバスケット）と結びつけることによって，銀行の自由な信用創造をこの特定財の一定量に比例するある限度内に制限してしまおうというわけである。だが，この方法は，実質的に無準備の信用創造制度に基づいて成長してきた現在の市場にとって非現実的であるし，実際に貨幣価値が安定するかどうかさえ疑わしい。さらにこの制度でも，準備率の操作がなお可能であるという点で，政策的裁量の余地が残っている。

そこでハイエクは，一見すると大胆に思われる提案を行った（Hayek 1976）。通貨の発行権を民間銀行に委譲し，発行元が異なる複数の通貨を市場で競争させようという考えである。価値が安定しない通貨は，たとえば社会主義体制崩壊直後のロシアのルーブルのように，人々の信頼を得ることができず市場から駆逐されてしまう。したがって，各発券銀行は貨幣価値の安定に努めるはずであり，過剰な通貨の供給がさけられるだけでなく，貨幣を本当に必要としているところに貨幣が供給されるようになるはずである，というのがハイエクの目論見であった。

ハイエクのこのアイディアは、実は口座間振替取引が主流である現代社会では、原理レベルでは特に珍しいものではない。預金をするということは、各銀行の発行する通貨を購入したのと同じことだからである。将来、各預金者が期待しているだけの貨幣を受け取れるかどうかは、市場で競争する各銀行の努力と能力にかかっている。各預金者は預金を行う時点で、各銀行の信用度を測らなければならない。つまり、ハイエクのいう民間通貨の競争は、各銀行間の競争と同じものである。したがって、銀行預金に完全な法的保証をつけることを撤廃すれば、特に新しい制度を導入することなく、ハイエクの計画は実行できることになる。

　もちろん、この制度が期待されるようにうまく働く保証はない。現在の金融システムの中でも、人々の裁定が適切かつ迅速に働けば変動は起こらないはずなのだが、実際には価値変動が起こっている。そのことを考えれば、貨幣発行の自由化を行っても、ハイエクの期待する方向へとは向かわない可能性の方が大きいであろう。

　それでは、なぜハイエクは貨幣の問題にこれほどまでにこだわったのであろうか。貨幣は、基本的には交換の媒体である。そして交換はわれわれの社会の基礎を構成している。だが、物々交換の社会では、自分が手に入れたいものがすぐに手に入るとは限らない。そこで人々は自分の持っている財を一時的に、他の商品と交換しやすい媒体と交換しておく。それが貨幣である。この貨幣の基本的な機能から、投資、貯蓄といった貨幣の役割が説明される。ハイエクは、人々の期待形成能力に限界があるために、貨幣が実物経済にとって中立的には振る舞わないと考えていた。貨幣が人々の期待形成に影響するという考え方の基礎はケインズに近い。しかし、そこから導き出される両者の態度はまったく異なっている。ケインズは、その性質を貨幣経済の本質と捉え、そこから生じる様々な問題（例えば、流動性の罠）は財政政策を通じて解決しなければならないと考えた。これに対して、ハイエクは、政府の介入は事態をより深刻化するだけであり、やるべきことは中立的でない貨幣をできる限り中立的になるような制度を構築することである、と主張したのである。

　だが、「制度を創る」という行為は、一見すると経済過程に対する人為的な

干渉のように思われるだろう。競争的貨幣制度の構築は，なぜハイエクが批判する人為的干渉政策と矛盾しないのだろうか。これを理解するために，ハイエクの自由論で中心的役割を果たす自生的秩序論を見ておこう。

2　自生的秩序と自由

　ハイエクの自由論を他の経済的自由主義者の議論から区別する最大の要素は，それが市場の自生的秩序という概念に依拠しているところにある。自生的秩序とは，人々が社会で行為するときに，ある特定の目的の達成を意図することなく，生み出されるパターンあるいはルールのことである。ハイエクは，特に市場に生じる自生的秩序のことを，カタラクシーと呼んだ。カタラクシーは，「財産と不法行為と契約に関する法のルールの範囲内での人々の活動を通じて市場に生みだされ」(Hayek 1976，訳 152) た特別な自生的秩序である。

　例えば，貨幣は，交換の便宜を図るという具体的な必要性に基づいて生まれたものであり，貨幣の様々な機能は全体としてあらかじめ設計されたものではない。そして，貨幣を国家が政策的に発行，管理しているということは，貨幣の発生と存在にとって重要なものではなく，むしろその自生的な本質とは矛盾する。つまり，ハイエクに従えば，貨幣発行権を民間銀行に委譲し，市場の競争の中に任せるということは，貨幣を本来の姿に戻してやることに他ならないのである。

　アダム・スミス以来の経済学者は，肯定派，否定派にかかわらず，スミスによって「見えざる手」と比喩的に表現された資源配分メカニズムの解明に専心してきたといってよい。特に自由主義を標榜する人々は，スミスの自然的自由の秩序論を一面的に解釈し，超越的な調整者が存在しなくても，われわれの社会は常に何らかの調和に導かれるということを示そうとした。例えば，現代の経済学の中核にある一般均衡理論はその象徴であるし（ただし，一般均衡理論自体は，計画経済の基礎理論としても利用可能である），フリードマンのような功利主義的な自由主義者たちは，自由な経済活動の現場における人々の満足の最大化こそが，社会的調和と繁栄を達成する唯一の手段であると考えている。

だが，ハイエクは彼らとは少しばかり異なった考え方を持っていた。議論の正確さを期すために，ハイエクの自由論の発達を1976年以前と以後にわけて考えてみよう。

古典的自由主義：調和の思想　1976年は『法・立法・自由』の第二部が出版された年である。これ以前のハイエクの議論は，古典的な自由主義の議論に近い調和的社会観に基づいたものであった。これに対して，それ以降は「進化する社会」という考え方が支配的になる。

まず，ハイエクは「自由とは強制がないこと」（Hayek 1960, 訳21）と定義する。つまり，ハイエクにとって自由な状態とは，人を人が束縛することのない自然状態なのである。ハイエクは，このような個人的自由が確保されることによって作り上げられている社会を自由社会と呼ぶ。自生的秩序は，個人的自由を確保しながら，安定と発展を両立させる社会システムなのである。

ハイエクは，自生的秩序を，人間の理性によって作り出される秩序，ある目的の達成のために作り出される秩序（タクシス）と対置させる（Hayek 1973, 訳48）。われわれは，社会の安定的発展のためには，常に個々の利害を超越したところにいて秩序を維持するもの，すなわち国家の存在を必要としていると考えがちである。だが，ハイエクは，この「常識」に反対し，国家の存在なしには解決できないと考えられている問題の多くは，人々が自生的秩序に従って生きることで解消可能であると主張した。先述した貨幣の例はその典型である。

また，自生的秩序によって解決できないような問題も，長期的に考えると社会の進歩にとっては，必要不可欠なものであると主張する。例えば，ハイエクによると，所得の不平等の是正は，福祉国家の目標の一つとして考えられているが，問題は最低所得者の生活水準であって，不平等自体ではない。例えば，ある成功した革新者が比較的短期間に高所得を得ることがある。これは，彼が有能な投資家（企業者）であることを示した結果である。したがって，彼の所得に没収的な税金をかけることは，社会の成長の原動力の一部をなす資本の回転を阻害することになる。見かけの所得の不平等を，累進課税などによって是正することは財政上の必要がないだけでなく，社会進歩を阻害する一因となるのである（Hayek 1960, 訳93）。

この考え方は，スミスの『国富論』の中の一節に現れるイギリスの富裕階級，ロンドンの労働者，アフリカの王の格差の比喩を想起させる。イギリスの富裕階級とロンドンの労働者の経済的格差は，ロンドンの労働者とアフリカの王の経済格差よりも遙かに小さい。社会の進歩という長期的な視点で考えた場合，通常問題視されている所得の格差は本質的な問題ではないというのがハイエクの主張であった。

1976年以前，特に『自由の条件』の中でのハイエクの議論は，自生的秩序，とりわけカタラクシーの下で，人々が自由に活動することによって，社会的な調整が自発的に進み，多くの問題が解決されるという考え方に基づいていた。この背後に，われわれの社会は何らかの調和に向かう傾向があるという思想があることは明らかであろう。この意味でこの当時のハイエクを，古典的自由主義者と呼ぶことは間違いではない。

だが，調和とは基本的に静的な概念である。環境が絶えず変化していくような状況を考えた場合，「調和」という言葉が意味するもの自体が変化してしまう。社会科学の考え方の中に時間の流れを取り込もうとする限り，構造やメカニズム，人々を突き動かしている動機といったものが変化していくということを認めないわけにはいかないだろう。ハイエクは，1960年頃から社会・文化進化論を本格的に議論の中に導入するのだが，実は進化の議論は，調和の思想とは折り合いが悪い。ハイエクは徐々にこの問題を認識し始め，『法・立法・自由』の第二部の出版頃から，調和的社会という考え方を放棄し，進化論の本格的導入を試み始める。だが，このハイエクの転換は，単なる部品の交換というだけでなく，彼の自由主義思想そのものを大きく変容させることになった。

社会・文化の進化論的解釈と自由主義の変容　ハイエクが社会科学に対して行った最大の貢献は，社会における実践的知識の役割の重要性を指摘したことであろう。ハイエクは，「社会における知識の利用」の中で次のように述べる。

科学的知識が知識のすべてではないと言いだすことは，今日ではほとんど異端である。しかしながら，一般法則についての知識という意味で科学的なものとは呼び得ないところの，非常に重要ではあるが系統立っていない一群の

知識，すなわちある時と場所における特定の状況についての知識というものが疑問の余地なく存在することは，少し考えてみれば直ちにわかることである。(Hayek 1945, 訳111)

ハイエクは，これらの知識の一つ一つは曖昧で見方によってはとるに足らないように見えるものであり，しかも社会の中に分散しているために，それを国家が中央集権的に利用することができないと言う。そして，このような知識を意識することなく間接的に利用できるのは市場だけであり，したがって市場のない社会では経済計画を適切に立案することができないとし，集産主義的計画経済の可能性を否定した。

さて，このような知識は，われわれの社会の中でどのように働くのか。実は，この実践的知識こそが，自生的秩序の基礎であり，また自生的秩序に従って活動しているということが，このような知識を利用するということに他ならない。

……われわれがどう実践するかを熟知しているものを言葉で伝えあうことができないことが多いという事実は，多くの分野ではっきりと立証されている。それは行為を支配するルールが，しばしば言語が表現しうるものよりもはるかに一般的で抽象的であるという事実と深く結びついている。(Hayek 1976, 訳101)

人々は自分の持っている知識に基づきながら行動する。そして，各人の行動がさまざまな形で関わり合っていくうちに，規則的に繰り返される行動のパターンが形成される。(暗黙的，明示的にかかわらず)このパターンを知っていれば，人々は他人の行動を予測することが可能になり，行動に際する不確実性を大幅に縮小することができる。このようなパターンにかんする知識は，常識，習慣，慣習，制度と呼ばれることもあり，意識されているか否かにかかわらず人々の行為を制限するルールとなる。

ハイエクは，このようにして生まれる自生的秩序は，人為的に設計したルールと比べて，非常に詳細でしかも安定性と発展性に富むと考えた。したがって，われわれの社会の中で，理性的に設計されるルールに頼らなければならない部

分はそれほど大きくなく，自生的秩序が発達できるような環境を整えておく（すなわち，自由を守る）ことが重要であるとしたのである。

ハイエクは，この自生的秩序の発達について議論するために，進化論を採用した。ハイエクによると，進化論という考え方はもともと人文社会科学の中で使われていたものであり，それをダーウィンが生物学に応用した。したがって，ハイエクは，社会科学者が生物学的進化論の模倣をする必要はないとする。だが，ハイエクの社会・文化進化論は，当時の生物学での研究成果を反映したものであったことは疑いがない。

簡単に言って進化は，遺伝と淘汰によって特徴づけられる。個体あるいは世代を越えてある情報が受け継がれるということ，そしてある情報を共有した集団が環境による淘汰を受けること，この二つの要素が進化を単純な変化から区別する。

> ……社会進化における決定的な要素は個人の物理的でしかも遺伝的な属性の淘汰ではなく，成功している制度や習慣の模倣による淘汰である。これも個人や集団の成功を通して作用するけれども，あらわれてくるものは個人の遺伝的な属性ではなく，考え方と技術——要するに，学習と模倣によって伝えられる文化遺産全体なのである。(Hayek 1960, 訳 88)

ハイエクの議論では，自生的なルールが，個々人の知識に基づいた行為の結果として生じるにもかかわらず，いったん生じたルールは個々人の外部にあるものとして働く。ある一群の自生的ルールを共有する集団を，ここで「共同体」と呼ぼう。この共同体の構成員者が徐々に入れ替わったとしても，ルール自体は，共同体の多くの人々が従っている限り存在し続ける。逆に言うと，人々が利用しなくなった知識やそれに基づいたルールは消えていく。この意味で，自生的なルールは個人と社会の接点である。このようにしてハイエクは，彼の自生的秩序論を進化論の視点から説明した。

だが，ここで一つ問題が生じる。ハイエクは，自生的秩序の基礎を個人的知識に求め，それに基づいた個人の行為の結果，ルールが生じるとした。しかし他方で，ハイエクは，自生的ルールの下での恩恵の程度は，その自生的ルール

にしたがって構成される共同体の人口の増加によってしか分からない，と主張したのである。

　自由な社会は，個々人に対しては必ずしも直接的な利益を保証しない。同じことをやっていてもある人は成功し，ある人は失敗するかもしれない。だが，長期的に見て，ある自生的秩序を持った共同体が存続し続けているということは，その自生的秩序が，少なくとも共同体の存続には好都合であったということを意味している。

　そして，『致命的な思い上がり』の中では，ハイエクは，市場という制度が，あらゆるルールの中でも，もっとも「大きな社会」を形成し得たと主張した (Hayek 1988)。市場というルールは，実際に，文化的，宗教的，人種的背景を越えてより多くの参加者を容認し得たのである。したがって，ハイエクは，進化論的な視点から考えれば，何よりも人類の発展のために自由市場を守らなければならないと考えたのである。

　だが，個人の利益が保証されるかどうか定かではないが，共同体全体の発展のために自生的秩序とその下での自由を守らなければならない，という論法は明らかに個人主義的ではない。例えば，国民所得の増大・平等・安定を指標にするようなピグー的な厚生経済学の場合，理想的な条件が揃いさえすれば，社会全体の繁栄と個人の利益の最大化が完全に一致する。したがって，これは個人主義的な自由の正当化であると言えるだろう。しかし，ハイエクの場合，個人と全体の両立は必ずしも自明なことではない。晩年になってハイエクが到達した自由主義論は，皮肉にも全体論的な色彩を帯びることになったのである。

3　社会化された個人

　このように，ハイエクの自由論は，現代の自由主義経済学の基礎にある進歩主義的な功利主義とは，かなり異なった様相を見せている。これはハイエクと現代の新古典派経済学の中で仮定されている個人概念の違いによるところが大きい。近代経済学では，基本的に個人の意志決定は他者の意志決定からは独立していると仮定されている（ゲーム論の中ですら，他者の行動は，自分の意志決

定にとっての「データ」として取り扱われているに過ぎない）。

　これに対して，ハイエクは個人が世界を認識する場合の枠組みとなる知識が，他者との関係の中で獲得されていくと考えていた。彼は「ルール・認知・理解可能性」（Hayek［1962］）の中で，実践的な個人的知識が，他者の行為の模倣を通じて獲得されていくことを強調した。その典型が言語である。幼児は文法書や辞書などを使った学習を通じて会話の能力を身につけるわけではない。両親や周囲の大人たちの出す音を模倣し，その音に付随する意味を反復される経験に従いながら理解し，徐々に高度な言語能力を獲得していく。これと同様に，人間が社会で生きていくための基礎的な知識の多くは，理性を通じた学習では無意識的な模倣によって獲得され，それが個人が世界を認識するための枠組みを形成するのである。したがって，ハイエクの考える個人は，その自我の形成の段階で他者の存在を必要としており，初めから社会化されていると考えてよい。

　だが，この議論は，ハイエクが1940年代から50年代にかけて展開した科学方法論における個人主義とは矛盾する。そこでハイエクは，社会科学において個人の主観的行動の意味を重視しながらも，その主観の形成自体は経済学の研究対象ではなく心理学の対象であるとして切り離してしまう。その結果，1960年代のハイエクの自由論では，個人の独立性が前面に出て，社会的な存在としての個人の側面は表に出ないことになる。

　しかし，『致命的な思い上がり』では，「理性と本能の間」と題する章を設け，社会，自生的秩序，個人の三者の関係を不可分のものとして取り扱った（Hayek 1988, 11-29）。そこには，唯一の意志決定主体としての自立した個人像はない。むしろ，そこでの主役は，個人ではなく進化していく秩序という考え方である。1976年以前と以後では，ともに自由市場の重要性を強調しながらも，そこに描かれた社会と個人の関係は大きく異なったものになったのだ。

4　社会科学者ハイエクと自由主義者ハイエク

　このようなハイエクの個人概念は，社会科学の分析方法としては，新たな地

平を開くものであった。もちろん，ハイエクは，生涯，個人的自由を守ることの重要性を疑うことはなかった。だが，ハイエク的世界では，個人と社会の境界はきわめて曖昧なものとなる。特に，個人の価値観，世界の捉え方，思考の方法といった自我を形成している要素が，他者との関係の中でのみ作り上げられているとすれば，他者から明確に区別される自律性を持った近代的自我という考え方が幻想に過ぎなくなる。これは，個人の欲求と社会的価値が対立した場合に，どちらを絶対的に優先すべきかという問題を考える場合，議論を複雑なものにする。ハイエクは，「共同体の価値」などというように，あたかも社会を擬人化して考えることの危険性を指摘したから，こうした問題が生じたときには個人的自由を優先するような立場に立つことは確かである。

しかし，1980年代後半に自由主義批判として台頭してきたサンデル（M. Sandel, 1929-）やマッキンタイヤー（A. MacIntyre, 1953-）といった共同体主義者たちは，ハイエクとほとんど同じ基礎を持ちながら，個人と共同体が対立する場合には，共同体の価値観を優先する。そのような価値観が個人のアイデンティティの基礎であり，個人の行為の善悪は，共同体的な視点からしか判断できないと考えるからである。彼らは共同体内部の民主的な意志決定を重視する。一方，ハイエクは民主主義も含めて政治が経済に対して優位に立つことを警戒した。だが，歴史的に成長してきた伝統や慣習を重視するという点で議論の基礎を共有しているがゆえに，ハイエクの議論を用いては，このような共同体主義的主張に対して，はっきりとした反論ができにくいのである。

さらに，進化論的議論を正しく解釈すると，共同体がある時点で存続しているかあるいは以前と比べて成長しているということは，単にその時点においてその共同体を支配するルールが，淘汰的環境に対して中立的であるということ以上のものを意味しない。したがって，異なる共同体間の優劣を先験的あるいは事前的に語ることはできないし，事後的にも多くのことは語れないのである。

例えば，1989年から1991年にかけて多くの社会主義国家が崩壊したが，この事実から言いうるのは，1980年代中盤から1990年代の初頭にかけての環境に対して社会主義という制度が不適応であり，資本主義という制度は中立的であったということに過ぎない。ハイエク的な進化理論を正しく解釈すれば，資

本主義と社会主義の普遍的, 一般的な優劣はつけようがないのである。

　ハイエクは, 晩年になってなお, 社会・文化の進化メカニズムに関する理論の完成に向けて前進した。彼の議論が社会科学のさらなる発展の鍵となったことは, 批判的であれ継承的であれ, 彼以降の社会科学者の多くが議論の出発点に彼の議論を置いたことから明らかであろう。

　だが, 社会科学としてのハイエク理論が完成に近づけば近づくほど, 自由主義者ハイエクの主張の基礎が曖昧になってしまったことも間違いない。ハイエクが説得力のある形で示し得たのは, 中央集権的な計画経済が多くの問題を孕んでいるということと, 自由主義社会の問題として考えられているものの多くは, 必ずしも自由な社会の中で解決不可能なものではないということだけであった。つまりハイエクは, 自由な社会がわれわれにとって良いものであるか否かということを証明し得ているわけではないのである。ハイエクは集産主義的社会が, その支持者の目標とは裏腹に幸福なものではないということを指摘したが, 自由社会で生きるわれわれが幸せであるかどうかということは, 語り得ないものとしてしまった。ハイエクを理解し, ハイエクの理想とした社会を考えるとき, ハイエク理論が, 徹底した自由主義という外貌とは異なって消極的な自由主義論であるということの意味を理解しておくことは重要な鍵となる。

　それでは, 冷戦が終わり, 自由主義陣営対社会主義陣営という20世紀的二項対立の構図が意味をなくしてしまった現代社会にとってハイエクの議論はどのような意味をもつのだろうか。世界の多様性を覆い隠していた近代というヴェールが取り除かれて, 世界は民族, 宗教, 地理, 言語などによる地域性, 細分性が露わになった。さらにこれらに基づいた地域主義とアメリカ型の経済自由主義に基づいたグローバリゼーションとの対立は, 改めて経済と文化, 市場と市場外の問題を再考するようにわれわれを促している。

　だが, この問題は実はハイエクの中にあった矛盾と同じである。普遍的な価値観としての個人的自由を絶対視する原理的自由主義者ハイエクと, 人々の具体的な行為の歴史の中から生まれてきた自生的秩序の理論を構築した社会科学者ハイエクの矛盾は, ハイエクの能力の限界ではなく, ハイエクが取り上げた問題そのものの複雑性によるものである。

社会主義国家崩壊以前において，ハイエクの自由主義は，二つの視点から——一つは，「小さな政府」の下で市場にもとづいた経済発展を達成しようとする政治的主張の基礎として，もう一つは社会主義の反理論あるいは一種のユートピア論として——捉えられてきた。

しかし，上で見てきたように，ハイエク理論を理解することは，個人と共同体，共同体と国家，国家と国際社会という冷戦後に顕在化した多元的，多層的な構造の抱える問題や矛盾を考える上でこそ役に立つ。いまや，ハイエクの著作は，国家社会主義と戦うための批判理論としてではなく，社会の一般理論として読まれるべきなのである。

読書案内
　ハイエクの著作は，西山千明監修『ハイエク全集』として第一期分が春秋社から刊行されている。特に①嘉治元朗・嘉治佐代訳『個人主義と経済秩序』（1990年），②気賀健三・古賀勝次郎訳『自由の条件』（1986，87年），③矢島鈞次他訳『法と立法と自由』（1987，88年）は特に重要である。また，この全集には含まれていないが，一谷藤一郎訳『隷従への道』（東京創元社，1949年）はハイエクの自由論の出発点を知る上で必読である。
　ハイエクに関しては，日本語で手軽に読める目配りのきいた入門書はほとんどない。強いて挙げれば，エイモン・バトラー著／鹿島信吾・清水元訳『ハイエク　自由のラディカリズム』（筑摩書房，1991年）であろう。また，他のオーストリア学派との関連で書かれたものとして，中村秀一・江頭進「ハイエク」（尾近裕幸・橋本努編著『オーストリア経済学入門』日本経済評論社，2002年）が便利であろう。また，間宮陽介著『ケインズとハイエク』（中公新書，1989年）は，これらの入門書を一通り読んだ後さらに理解を深めるために役に立つ。
　これに比べて，研究書はかなり充実している。渡辺幹雄『ハイエクと現代自由主義』（春秋社，1996年）は，ハイエクと，ロールズやオークショット，ノージックなど現代自由主義，保守主義の議論との比較を考える上で示唆に富んでいる。さらにハイエクの包括的な理解のためには江頭進『F. A. ハイエクの研究』（日本経済評論社，1999年）を参考にしていただきたい。邦訳書としては，ジョン・グレイ著／照屋佳男・古賀勝次郎訳『ハイエクの自由論』（行人社，1985年）をお薦めする。

理解を深めるために
1．市場で競争する貨幣という考え方は，ユーロに代表されるような統一通貨管理構想への批判として提出された。この背景をふまえて，インフレーションや不況の解消にはどちらが有効か議論してみよう。
2．ハイエクの自由主義論が，フリードマンや新古典派の経済学と異なり，景気浮揚策とし

ての規制緩和の議論とは結びつかない理由を考えてみよう。
3．1980年代のイギリス・サッチャー政権の政策は，ハイエクの思想の影響を強く受けたと言われるが，実際の政策のどの側面にその影響が見られるか，調べてみよう。
4．ハイエクが晩年に到達した自由社会論は，本当に全体主義を回避できるかどうか，考えてみよう。
5．自由主義対社会主義という構図がなくなってしまった現在，ハイエクの思想はわれわれにとってどんな意味を持つだろうか。

(江頭　進)

― Column 5 ―

慣習的な英知とリベラル：J. K. ガルブレイス

　ガルブレイス（John K. Galbraith, 1908-）は，20世紀後半のアメリカを代表する経済思想家である。ハーヴァード大学で教えながら，『アメリカ資本主義』（1952年），『ゆたかな社会』（1958年），『新しい産業国家』（1967年），『経済学と公共目的』（1973年），『不確実性の時代』（1977年），『経済学の歴史』（1987年），『満足の文化』（1992年）といったベストセラーを次々に生み出した。さらに彼は「リベラル」――自由を守るためになされる国家の介入を推進しようとする思想のことで，とくにニューディール政策を遂行・支持するような人々をさす。結果的に，ハイエク流の「自由主義 liberalism」は，「保守主義 conservatism」と呼ばれる――の一員として政治にかかわり続け，ケネディー政権ではインド大使として活躍した。邦訳だけでも40万部以上売れたという『不確実性の時代』も味わい深い分析にあふれているが，ここでは，経済分析の核心部分に絞って紹介しておこう。

　ヴェヴレン（第11章参照）とケインズ（第13章参照）に大きな影響を受けたガルブレイスが，彼の名前を世界にとどろかせたのは『ゆたかな社会』である。すでに『アメリカ資本主義』で，労働組合が「拮抗力 countervailing power」として大企業の市場支配力に対抗しはじめると，自由競争とは違った形の自動調整機能が登場すると指摘したガルブレイスは，本書では，経済学者の思考習慣としての「通念」つまり「慣習的な英知 conventional wisdom」である新古典派経済学の基本的な考え方――消費者主権と社会的バランス――を批判することになった。

　消費者主権，つまり企業は最終的に消費者の好みや自主選択に従って生産せざるを得ないという考え方は，消費者の欲望が，大企業が行う宣伝や知恵を絞った販売方法によって作り出される大衆消費社会の現実を無視している。現実には，消費者主権に代わって生産者主権が登場する傾向がある。必需品の確保にあくせくする貧しい社会と違って，ゆたかな社会では，消費欲望を満たすプロセスそのものによってさらに消費欲望が作り出されるという「依存効果」が強く作用する。このような依存効果はもっぱら顕示的消費を刺激するだけだから，ケインズ的な有効需要政策がいくら国民総生産高を増加させても，人間福祉の水準がどれだけ上昇するかはきわめて不確かなものになってしまう。

　さらに顕示的消費が行き渡ったゆたかな社会では，依存効果が強く働くのは，民間部門であって公共部門ではない。したがって，自由に放任された市場に資源配分機能を委ねてしまうと，公共部門とくに教育，社会保障，医療といった分野は相対的につねに資源不足状態にとどまる，つまり社会的アンバランスが発生するはずである。これは，売上税（消費税）導入によって依存効果の作用を緩和し，高度に組織化された

部門である大企業や労働組合を対象にする価格・賃金の公的審査が導入されないかぎり解消しない社会的アンバランスなのだ，と新古典派総合の立場——政府による有効需要創出政策は失業解消までの一時的なもので，それ以後は市場にゆだねるという考え方——を批判したのである。

『新しい産業国家』は『ゆたかな社会』で提示されたアイデアが具体化されたもので，当時のアメリカの経済構造を大胆かつ簡潔に描き出し，「出版界の常識からすれば例外的といっていいほどの売れ行きを示した」傑作である。内容をごく大雑把に要約するなら，①アメリカ経済は 1000 か 2000 の大企業が国民総生産の半分近くを占めるという寡占経済体制であり，ここでは，新古典派経済学が前提する競争的な市場はごく一部を除いて存在しない。②大企業体制を作り出したのは飛躍的な発展を続ける科学技術進歩であるが，大企業は必要資本額の巨大化や生産要素の非流動化などに伴う市場リスク＝不確実性を回避しようとして，管理価格・消費者需要の管理や操作・内部金融などの「計画化」を進めようとする。③この計画化を推進する主体つまり大企業を支配する主体は，所有者としての資本家ではなく，大企業内部の技術者・科学者・販売専門家・弁護士・会計士などの専門家集団，すなわち「テクノストラクチャー」である。④テクノストラクチャーは，自らの活動の独立性を確保するため，国家・株主・金融機関からの干渉をできるだけ排除しようと努力する。つまり，最低限の利益を確保した上で，売上高を基礎とした会社の最大限の成長率の確保を目標とすることにより，企業組織を維持・拡大し，テクノストラクチャーによる支配力の永続化が企業経営の目標になるのである。⑤社会保障や医療といった公共分野の軽視，工場立地やショッピングセンター建設，環境汚染，さらには芸術といった「審美的目的」は，テクノストラクチャーの視野には含まれないから，とうぜん国家・政府による政策的介入が必要になる。

こういったからといって，ガルブレイスが手放しの「国家介入主義者」であると捉えるのは間違いである。デモクラシーという装いのもとに政治を動かしているのは「有権者全体の中の多数派」ではなく，「満ち足りた選挙多数派」にすぎない。くわえて議会や大統領府の目指すものも，このような満ち足りた選挙多数派の既得権にすぎない，と『満足の文化』で詳しく批判的に分析したからである。要するにガルブレイスの貢献は，「経済の諸制度は変化するというのが真実であって，経済社会およびその諸問題をもっとも有効適切に認識するための第一歩は，経済の基本的な諸制度に起こっている非常に急激な動きを正しく認識すること」(Galbreith 1979, 訳 4) と，「このような出来事を読み解き解釈する思考」を，支配的な制度的知識，つまり慣習的な英知にとどまり続ける新古典派経済学から解放することであった。その意味で，彼はまさにヴェブレン流の「制度学派」なのである。

(高　哲男)

第15章

現代経済学の潮流
マーシャルからサムエルソン,そしてスティグリッツへ

　20世紀の経済ないし経済学とは何であったのか。21世紀になったばかりの現在,あえてこの問いに答えるとすれば,次のようになるだろう。20世紀とは,市場経済をその外部から変革・統制するという着想が生まれ,それを実行するという壮大な実験を試みては失敗するということを何度か繰り返した世紀であった,と。

　もちろんここには,旧ソ連型の計画経済とその破綻という暴力的な——革命を伴ったという意味で——事例や,ケインズ型の総需要管理政策とその有効性の後退という非暴力的な事例といった国家規模の問題が含まれており,固定相場制から変動為替相場制への移行に象徴される,IMF（国際通貨基金）を核とするブレトンウッズ体制の崩壊という世界規模の問題も含まれている。

　だが,このような「市場原理」の制覇＝「市場経済化」の進展は,あくまでも100年間を意味のあるひとつの期間としてみなすときに長期的なトレンドとして観察されるものにすぎない。短・中期的なサイクルに注目するならば,20世紀における市場経済化の進展をめぐる問題は,次のように要約することができるだろう。

　1930年代の世界的な不況以降,市場経済がもたらす危機を国家の市場への介入——農産物価格の調整に代表される直接的なものから,失業対策としての公共事業の実施に代表される間接的なものまで——によって回避するという方策が一般的に定着した。さらに1960年代になると,先進諸国では公害・

環境問題がクローズ・アップされ，1970年代には，原油価格の高騰にもとづく激しいインフレーションに見舞われた。その結果，上で述べたような市場介入策の根底にあった市場への「不信感」は，いっそう強まることになった。それは，たとえば，為替相場の乱高下に対して，「市場には『暴走』がつきものだ」と認識するようなことである。

ところが，1980年代以降，市場経済化を積極的に支持する経済思想が復権することになる。反労働組合を掲げて1979年に登場した英国のサッチャー政権下では，多くの国営企業が民間に売却された。1981年に成立した米国のレーガン政権下では，大胆な減税政策と規制撤廃政策が実行された。日本でも，1982年に成立した自民党・中曽根政権において，電電公社・専売公社・国鉄の3公社の民営化に代表される「民活・民営化路線」の経済政策が実行された。このような政策が実行されたのは，1970年代を通じて各国で国家財政が急速に悪化したことに原因があるが，このとき，国家の市場経済に対する介入範囲を狭める論拠として，資源配分に関する市場の相対的な優位性・効率性が指摘された。つまり，「市場の失敗」よりも「政府の失敗」の方が深刻で救いがたいというのである。

このような認識の転換を決定的なものにしたのは，1989年11月のベルリンの壁崩壊から1991年12月のソ連邦崩壊に至る共産圏諸国における計画経済体制の消滅である。そして，1990年代以降，「経済のグローバル化」という言葉に集約されるような市場経済化が世界的規模で急速に進行することになる。

20世紀における市場経済化の進展は，国際的な貿易・投資の規模の拡大や金融市場・外国為替市場の自由化に典型的に見てとれるように，市場がその領域を「外部に」拡大する現象としてとらえることができるが，それは，たんに規制緩和や行財政改革のようなレベルでの「国家機能への市場原理の導入」というかたちにとどまるものではない。市場経済化の進展は，市場がその領域を「内部に」拡大する現象として実現されてもいるからである。

現在では，コンピュータ・ソフトウェア，遺伝子やタンパク質に関する情報，臓器，あるいは介護サービスなどが商品化されており，ほんの少し前までは「財」ではなかったものが「財」として新たに市場で売買される現象が出現し

ている。このことは，従来とは異なるかたちで，生産・消費の主体としての個人を市場に組み込む回路が実現されたという意味で，市場経済化がその領域を「内部に」拡大している現象としてとらえることができる。実際，個人が（潜在的に）自由に所有・処分することのできる財の種類は飛躍的に拡大している（このことを知るには，たとえば，「著作権」や「特許」など「知的所有権」が適用される財としてどのような種類のものが存在するのかを調べてみればよい）。

　加えて，「教育」とは，知識・技能を獲得することで労働の質・価値を高め，生涯所得を増やすことを目的とした「投資」であるという主張に，あるいは，「学校」とは，個人の自己責任においてリスクを特定し，管理することを訓練する場所であるという主張に，強い違和感を抱く人の数は現在では決して多くないであろう。だが，このような議論が，そう遠くない過去つまり1960年代に経済学者によって「人的資本 human capital」の名の下に新しい理論として提出されたときには，人間にとって本質的な知識や教育の問題を「モノ」と同一視しており，「人材」を「財」とみなすことによって人間の「自由」を奪ってしまう非人間的な理論である，とみなされることが多かった。要するに現在では，個人の人格形成の「内部」＝人間の「内面」という領域——「いかに生きるか」ということが問題として設定される場——にまで市場経済化が浸透するに至っているのである。

　さて，以上述べたような市場経済化の進展を理解する際のポイントとなる「市場」とは，現代の経済学においてどのように理論的に把握・分析されているのだろうか。本章では，「市場」に関する経済学的認識の展開に焦点を絞り，現代経済学の潮流をあとづけることにしよう。

1　「見えない手」の起源と変遷：「政治経済学」から「経済学」へ

　周知のように，「見えない手 an invisible hand」という表現は，アダム・スミス（第3章参照）の『国富論』（1776年）に端を発する。

　あらゆる個人ができるだけ国内産業を養うように資本を使用し，その産業生

産物の価値を最大にしようと努めて管理すれば，必然的に，社会の全員は可能な限り社会の年間収入を最大にするために働いたことになる。実際には，通常一人一人は公共の利益を促進しようなどとは考えておらず，どれだけそれを促進しているか，まったく知らない。外国産業より国内産業を養う方を選ぶことによって彼が意図しているのは，彼自身の安全だけである。生産物の価値が最大になるように産業を管理することによって彼が意図しているのは，彼自身の金儲けであり，結果的に，この場合も他の多くの場合と同様に，見えない手に導かれて，彼の意図にはまったく含まれていなかった目的を促進することになるのだ。そのような意図をまったく含まなかったということが，社会にとってつねに悪いわけではない。自分自身の利益を追求することが，意図したときよりずっと効果的に社会の利益を促進することがしばしばある。公益のためと称して交易に影響力を発揮した人物が達成した大きな成果など，聞いたことがない。(Smith [1776], 456)

上の引用から，またすでに第3章で考察したことから分かるように，「見えない手」に関するスミスの議論は，必ずしも「市場」の機能について限定的に述べたものではなく，むしろ経済全般に関する基礎的な認識，つまり「自然的自由の秩序」がどのようなものであるかを理念的に述べたものであった。18世紀後半に示されたこのような見識は，しかしなぜ，その後に数え切れないほど参照され，いつしか「自由放任」の根拠として強力に支持されることになったのだろうか。

ケインズ（第13章参照）は，「自由放任の終焉」(1926年) のなかで，スミスの「見えない手」の思想は政治的な理由から支持されたのだと述べて，「第一に挙げるべきは，18世紀の政府の腐敗と無能であろう」と指摘する。そして，ケインズは，「見えない手」の政治的・政策的解釈とみなされるべき「自由放任」に関して，次のように特徴づけている。

個人主義は，自由放任を標榜した。私的利益と公共の利益とのあいだに，（場合によれば）神の摂理による調和か，あるいは科学的論証による調和が存在するという主張も，自由放任を標榜した。しかし，とりわけ公共の為政者

たちの愚鈍さが，実務家たちに自由放任を好む偏見を強く植えつけた。しかも，その感情は，それ以降，けっして消えたことがなかった。国家が，18世紀において，その最低限の機能を越えて行ったことは，ほとんどすべて有害ないしは失敗であったか，あるいは，そのように見えたのである。(Keynes [1926]，訳 136)

つまり，スミスの「見えない手」に関する議論を政治的に支持するに足るだけの強力な状況証拠が現実の側に数多く存在した，というわけである。ケインズのこの議論が含意するのは，19 世紀の時点では，「見えない手」とは政治的なイデオロギーであり，あくまでも比喩であったということである。そしてさらに興味深いことは，「見えない手」が自由放任という政治的なイデオロギーの基底にすり込まれていたことを見抜いていたケインズが，「自由放任の終焉」を次のような文章で締めくくっていることである。

アルフレッド・マーシャルは，その最大の著作の一つのなかで，私的利害と社会の利益とが必ずしも調和しない事例の解明を意図した。それにもかかわらず，個人主義的自由放任主義こそが経済学者の教えるべきことであり，また，現に教えていることであるという一般的見解が支配的であったために，最良の経済学者の，慎重で教条的でない態度は，世の中に広まるには至らなかった。(Keynes [1926]，訳 144)

ここでケインズがマーシャル（第 10 章参照）の「最大の著作の一つ」と言っているのは，1890 年初版のマーシャルの主著『経済学原理 *Principles of Economics*』のことである。「最良の経済学者」の「見えない手」に対する「慎重で教条的でない態度」は，なぜ「世の中に広まるには至らなかった」のだろうか。マーシャルの『経済学原理』は，経済学の教科書として世界中で広く普及したものであり，20 世紀前半のイギリスで経済学の教育を受けた者すべてにとって，それは，経済に関する「すべてが書かれている」と評価されるほど影響力をもち，「経済学 economics」という呼称が「政治経済学 political economy」という呼称に取って代わる契機となった著作であった。『経済学原理』

の冒頭部分でマーシャルは,「経済学は,日常生活を営んでいる人間に関する研究である」という定義を与えていたが,その教科書としての特徴を,ケインズはむしろ次のように指摘している。

> マーシャルの経済理論における数学的,図解的説明は,その説明力や包括性や科学的正確さにおいて非常にすぐれており,彼以前の経済学者による「気の利いた思いつき」の域をはるかに越えるものであった。したがって,われわれは,マーシャルをいまの「図解的経済学」の創始者であると考えてよいだろう。「図解的経済学」というのは,一般に利発な初学者をおおきく魅了し,われわれが自分の直観を活かしたり確認したりする手段として,また自分の得た結果を速記的に記録する手段として使用するものであるが,しかし一般には,われわれがさらに問題を深く追求するにつれて表面からは遠のく,あのエレガントな道具のことである。(Keynes [1933], 訳 248-9)

つまり,経済問題を数式やグラフを用いて解明し,それらを使って経済的内容をもつ主張に関する論証を行うというスタイル——現在では経済学部の学生にも「おなじみ」となっているスタイル——の普及は,マーシャルにその多くを負うといってよい。だがより重要なことは,ここでケインズが,「われわれがさらに問題を深く追求するにつれて表面からは遠のく」とあえて指摘した意味である。数式やグラフを使用することは,経済問題を正確に把握・理解・提示するためにほかならず,それはあくまでも手段であって目的ではない,ということをケインズは言い含めているのである。実際,『経済学原理』をひもとけばわかるように,煩雑な数式やグラフは「附録」にまとめられており,マーシャルが数学科出身であることを考え合わせると,それは,過剰なほどの慎重さと謙遜をもって「押しやられている」と判断せざるをえないであろう。

だとすればなおさら,「すべてが書かれている」との評価を得て,それに伴う影響力をもったはずの『経済学原理』であったにもかかわらず,そこでマーシャルが示した「私的利害と社会の利益とが必ずしも調和しない事例」とそれに関する彼の見解が「世の中に広まるには至らなかった」ことが問題となる。その理由はいったいどこにあるのだろうか。

2 「経済学」から「経済分析」へ:「経済理論」の誕生

『経済学と現代』(1972年)のなかで,著者ポール・A・サムエルソン (P. A. Samuelson, 1915-) は「もし科学上の活動がゼロサム・ゲームをなしているとするなら,誰かが過小評価されている場合には,必ず他の誰かが過大評価されているのでなければならない。私が,経済学において最も過大評価されている通貨の候補にしたいのは,アルフレッド・マーシャルである」と述べ,自分自身については,次のような紹介を行っている。

> 現代の経済学を語れば,それは私自身を語ることになると言ってもよいだろう。私はかつて,自分が経済学の最後のゼネラリストであると公言した。国際貿易論,計量経済学,理論経済学,景気循環理論,人口論,労働経済学,金融論,独占的競争,そして学説史や経済立地論などの広範な主題について書いたし,講義した。(Samuelson 1986, 訳 102)

マーシャルの『経済学原理』が世に出てからサムエルソンがこのように述べる 1986 年まで,およそ 100 年の時の隔たりがあるわけだが,この間,世界経済の覇権は英国から米国に移り,経済学研究の中心もマーシャルが住む英国から,サムエルソンが住む米国に移った。

1970 年,サムエルソンは「静学的・動学的経済理論の展開ならびに経済分析の水準を向上させた」との理由によって第 2 回ノーベル経済学賞を受賞した。彼は,受賞対象となった主著『経済分析の基礎 Foundations of Economic Analysis』(1947年)の冒頭において,「さまざまな理論の中核をなしているものの間に類似点が認められるという事実は,そこに個々の理論の底を貫いて流れ,しかもそれぞれの中核を互いに結び付けている一般的な理論の存在を示唆している」と述べている。

サムエルソンがいう「一般的な理論の存在」とは,先の引用部から分かるように,国際貿易論・計量経済学・理論経済学などからなる経済学の「広範な主題」に関する主張の定式化とその妥当性の検証において,分析上有用な共通の数学的形式化——専門的には,「制約条件付最適化問題」と呼ばれるような

——が存在するということである。そして，『経済分析の基礎』とは，そのような意味での「経済分析 economic analysis」という「一般的な理論」に関する，経済学の歴史上初の著作である。

　サムエルソンがマーシャルを「最も過大評価されている」と判断した根拠は，マーシャルの主著には，貿易・景気・人口・労働・金融・競争・市場などの主題をはじめとして「すべてが書かれている」ものの，そのすべてに通底する「形式」と「方法」に関する議論がない，つまり，経済を形式的に分析する一般的方法に関する議論がない，という点にある。したがって，サムエルソンが自らを「ゼネラリスト」と称しているのは，たんにその研究において経済問題全般を扱ったということを意味するのではない。『経済分析の基礎』は，それ以前の経済学において「附録」程度の扱いを受けていた数学的議論を，「本編」の方で展開するというスタイルを確立した。それは，経済的な内容に関する「もし～ならば，～である」という命題——サムエルソンの表現を借りるなら，「理想的な観測条件の下で検証可能であり，有意味で，しかも反証可能な仮説」——の定式化とその論理的証明をその中心的課題として据える「経済理論 economic theory」の生誕にほかならなかったのである。

　逆説的に聞こえるかもしれないが，このような一般的な経済理論の確立は，経済学における専門分野の細分化を加速することになった。なぜならば，一般的な経済理論が存在することによって，ある意味で安心して各自の興味・関心にしたがって個別の主題を選び取り，それに対して一般的な経済理論を応用できるようになったからである。

　マーシャルは『経済学原理』の「初版への序文」において「新しい学説は古い学説を補足し，展開し，進展させ，場合によってはそれに修正を加えることもあるが，多くの場合にはただ力点の置き方を変え，新たな色合いを与えるだけであり，それをまったく覆してしまうといったことはほとんどない」(Marshall [1890]，訳 vii) と述べたが，サムエルソンによる，数学的議論の「附録」から「本編」への収録先の変更は，たんに「力点の置き方を変え，新たな色合いを与える」といって済ますことのできない大きな変化を経済学にもたらした。たとえば，彼自身サムエルソンの下で学んだジョセフ・E・スティグリッツは，

『経済分析の基礎』に関して,「20世紀半ばの経済学の特徴となった科学的方法に対する熱狂的な関心を呼び起こした」と評している。

サムエルソン以後,経済学の研究は,経済問題を解明するための基礎的な理論の開発,特定の経済問題に基礎的な理論を応用することによる経済学的な仮説の構築,データを利用することによる経済学的な仮説の検証,という三つの作業,一言でいうなら,理論・応用・実証の三つの作業に分割して研究が遂行されることになる。

ところで,上で述べたような問題に加えて,マーシャルからサムエルソンまでの間に経済学において生じた問題で無視することができないのは,経済学内部における「市場」の誕生である。

『科学革命の構造』(1962年) のなかで,トーマス・クーン (T. S. Kuhn, 1922-96) は「教科書やそれに類するものに次第に依存するようになるのは,いかなる科学の分野でも,最初のパラダイムが出現するや必ずそれに伴って起こることである」と述べている。クーンのいう教科書とは,一連の定説を説明し,その応用を示し,さらにその適用例と観測や実験によって得られるデータとを比較する――しかも,問題をその重要性よりもむしろ難易度にしたがって叙述するという教育的配慮にもとづいて――ものである。

サムエルソンは,経済学者をめざす大学院生向けの教科書になった『経済分析の基礎』を出版した翌年の1948年――マーシャルの『経済学原理』初版からおよそ半世紀後――『経済学 Economics』というタイトルの教科書を出版する。『経済学』が何よりも重要であるのは,その内容・形式もさることながら,それが,経済学において,クーンのいう意味での初めての「教科書」であるということによってである。『経済学』は,初版以降半世紀近く版を重ね,世界各国で翻訳され,10万単位の読者を得ることになる。その読者の大半は,経済に関する専門的な職業に就くことを目的にしていない人々である。サムエルソンは,大衆化した大学教育における経済学の教科書市場――しかも,当初から世界的な規模の――を開拓し,莫大な「創業者利益」を得たのである。

文字通り国境を越えて読まれたという意味で,サムエルソンの『経済学』の「グローバル化」を可能にしたのは,それが,『経済分析の基礎』と同様の方法

論にもとづいて著されており，したがって，ある程度以上の抽象性と一般性を有するという理由による。つまり，貿易・景気・人口・労働・金融・競争・市場などの主題を統一的・体系的に分析する理論的・形式的枠組があってこそ，異なる国・異なる時代の市場や産業をも統一的に扱うことができるということである。

　以上のように見てくると，マーシャルが『経済学原理』で提示しようとした「私的利害と社会の利益とが必ずしも調和しない事例」とそれに関する見解は，サムエルソンのいう意味での「分析」の対象とはされていなかったということになる。サムエルソンにしたがうならば，マーシャルが彼の著した「教科書」で採用した方法とそれにもとづく表現は，いわば中途半端であり，「世界標準」あるいは「範例 paradigm」となるための形式的な条件を決定的に欠いていたということになり，したがって，「最良の経済学者の，慎重で教条的でない態度」といった評価は「過大評価」であるということにならざるをえない。なぜなら，マーシャルは，その叙述の仕方において，経済問題を統一的・体系的に扱うための努力を意図的に放棄したということになるからである。

3　「見えない手」の形式化：新古典派総合と競争均衡の存在証明

　サムエルソンは，『経済学』において，経済学を「複数の代替的用途をもちうる稀少な生産資源をいかに使うか，時間を通じて種々の商品をいかに生産するか，そしてそれらを，現在および将来における消費のために，社会におけるさまざまの人のあいだ，グループのあいだにいかに分配するかなどについて，人々ないし社会が貨幣を使用しつつあるいはこれを使用せずに，いかなる選択を行うかの研究である」と定義し，稀少な資源に関して「何を what, どのようにして how, 誰のために for whom, 分配し利用するのか」ということを解明することこそが経済学における基礎的な課題であるとしている。

　以上のように経済問題が把握され，それにふさわしい水準の経済理論によって分析されるとき，「市場」の機能に関する議論はいかなるものになるのだろうか。

サムエルソンは，『経済学』第三版（1955年）において，「新古典派総合 Neo-classical synthesis」という政策上の立場を打ち出した。これは，おおざっぱにいえば，不況を克服して完全雇用を実現するまでは，財政政策・金融政策によって政府が市場経済に積極的に介入してそれを人為的にコントロールすることで市場経済を成長の軌道にのせ，ひとたび完全雇用が達成された後は，市場経済の自律的調整機能に資源配分を委ね，経済を人為的にコントロールすることはしないという考え方，要約すれば，「政府は不況のときには市場経済への介入を積極的に行うが，好況のときは消極的にしか介入しない」という政策上の立場である。

　現在では，「新古典派総合」とは，あくまでも政策に関する「総合」でしかなく，その理論的根拠がきわめて脆弱であることは周知の事実である。それは，「見えない手」の機能に関する基礎的な分析を行うことなしに，たんに政府の「見える手」を並置するにすぎないものであった。

　かりに政府が市場経済に介入することによって経済成長率を上昇させることが可能であるものとしよう。このとき，理論的に重要であるのは，たとえば，「市場によっては不可能であるようないかなる種類の資源配分を政府は実現することができるのか」という問いを立て，その解明を通じて，市場の機能に関する含意を導くことであろう。しかしながら，新古典派総合においては，このような種類の問いは立てられなかった。『経済分析の基礎』が採用している慎重さや厳密さと比較すると，『経済学』はあまりにも大胆であり粗雑であった。その後，サムエルソンは『経済学』第八版（1970年）において，「新古典派総合」という項目を削除することになる。

　ところで，サムエルソンが「新古典派総合」の立場を表明する前年の1954年，ケネス・アロー（K. J. Arrow, 1921-）とジェラール・ドブリュー（G. Debreu, 1921-）による「競争経済の均衡の存在」というタイトルの共同論文が，『エコノメトリカ』に掲載された。この論文で示されたことは，経済がある条件をみたすならば，すべての市場の需給を一致させるような——そして，効率的な資源の配分を実現するような——価格体系が確実に存在する，ということである。すなわち，スミスの洞察からおよそ200年を経た20世紀も半ば

になってはじめて,「見えない手」が論理的に存在しうることの証明が——ただし,「見えない手」を市場価格の問題に還元することが妥当であるか否かの判断は留保するという条件の下で——与えられたのである。

アローは「一般均衡理論と厚生理論に対する先駆的貢献」という理由によって,ドブリューは「経済理論に対する新たな分析手法の導入ならびに一般均衡理論の厳密な再定式化」という理由によって,それぞれ1972年と1983年にノーベル経済学賞を受賞したが,そのようなアロー=ドブリュー流の経済学は,経済学をかじったことがあるという程度の者の目には,それが経済について論じているとは判別できないくらいに,数学的なものである。このようなことは,同じく数学を使用しているサムエルソンのそれについてはないことである。実際,アロー=ドブリュー流の経済学が「数学」なのだとすれば,サムエルソンのそれはほとんど「工学」であるといってよい。アロー=ドブリュー流の経済学は,一瞥しただけではそれが何を対象にしているのか判別できないほど,抽象的で洗練されている。ここで注意したいことは,それ程の抽象度と洗練度をもってしてはじめて,「見えない手」の存在に論理的に言及することが可能となるという事実である。このような観点からすれば,サムエルソンの経済学は,その形式化の程度において「中途半端」であり,妥協的にすぎるということになる。

ところで,アロー=ドブリューによって証明されたことは,ある条件をみたす経済においては「見えない手」が存在可能であるということであるが,このこと自体は,「見えない手」の機能に関して何ら現実的な内容を含意するわけではない。たとえば,それは,「国家」による資源配分と「市場」による資源配分との優劣を比較するような理論的な枠組を直接的に提供するものではない。この意味で,アロー=ドブリューによって実際になされたのは,「見えない手」の存在証明ではなく,その形式化なのである。

4 情報の経済学:「見えない手」の再検討

1993年,ジョセフ・E・スティグリッツ (J. E. Stiglitz, 1943-) は,彼の大学

院時代の師であるサムエルソンと同じく,『経済学 Economics』というタイトルの教科書を出版した。その序文において,スティグリッツは「100年以上前に刊行されたアルフレッド・マーシャルの古典的な教科書,また,刊行されてほぼ50年を経たポール・サムエルソンの教科書で詳述されている経済学は,現代の経済学ではない」と断言し,続けて次のように述べている。

> 過去半世紀における経済学の変化は,世界の変化と同じくらい大きなものであった。経済の基本的競争モデルは,1950年代に完成されたものである。それ以来,経済学者は,その限界を知ったうえで,基本的競争モデルをさまざまな方向に拡張してきた。初期において経済学者は,インセンティブの重要性や限定された情報がもたらす問題については,簡単に言及するにすぎなかった。これらの問題を理解するための実質的な発展が起きたのは,わずかにこの20年間のことにすぎなかった。1996年には,経済における情報とインセンティブの役割に関して先駆的な研究を行った二人の経済学者(J・A・マーリーズ [J. A. Mirrlees, 1936-] とW・ヴィックリー [W. Vickrey, 1914-96] にノーベル経済学賞が与えられた。彼らの研究とこの分野での進歩は,即座に応用例を発見することになった。旧ソ連圏経済の崩壊とアメリカでの貯蓄貸付組合(S&L)の破綻は,適切なインセンティブをもたらすのに失敗した結果とみなすことができる。また,経済成長や生産性に関する議論の中心は,経済に革新をもたらそうとするインセンティブをいかにして与えられるかということである。公害や環境問題に関する論争では,汚染防止と資源保全を実現するようなインセンティブを与えるべきか,あるいはそうするように規制すべきか,という2つの方法のどちらがより適切であるかという相対的評価の問題が中心になっている。(Stiglitz 1997, 訳 xiv-xv)

「非対称情報 asymmetric information の分析」への貢献を理由に,ジョージ・A・アカロフ(G. A. Akerlof, 1940-),A・マイケル・スペンス(A. M. Spence, 1943-)とともに2001年にノーベル経済学賞を受賞したスティグリッツは,このような認識にもとづいて情報とインセンティブの問題を中心に据えて経済理論を統一的に再構築しようと現在も試み続けており,そうした彼の立場から

すれば，サムエルソンの教科書で詳述されている経済学は「現代の経済学ではない」ことになる。同じ序文の中でスティグリッツは，サムエルソンについて次のようにいう。

> サムエルソンは，新古典派総合の概念，すなわち，いったん経済が完全雇用状態に戻りさえすれば昔の古典派経済学の原理が適用される，という考え方を採用した。そこでは，基本的には，経済学における二つの別個の分析方法が当てはめられている。すなわち，経済の資源が不完全にしか利用されていないときには，マクロ経済学が適用される。逆に経済の資源が完全に利用されているときにはミクロ経済学が適用されるのである。……しかし，過去20年間で，経済学者は，ミクロ経済学とマクロ経済学のあいだに引かれた境界に疑問を感じるようになってきた。経済学においては，マクロの経済行動は，基礎となるミクロ経済の原理に基づいていなければならない。すなわち，一つの経済学の原理が存在するのであり，ミクロ経済学とマクロ経済学という二つの経済学の原理が存在するわけではない，と考えるようになってきた。(Stiglitz 1997, 訳 xvi)

マクロ経済学とは，形式的には，経済成長率・インフレ率・失業率などの一国レベルで観察される経済的な変量（＝集計量）に関して，それらの決定メカニズムやそれらの間に成立する関係に関して研究する学問である。同じく，形式的には，ミクロ経済学とは，個々の家計や企業の経済行動とその帰結に関して研究する学問である。

上でスティグリッツが述べている「マクロの経済行動は，基礎となるミクロ経済の原理に基づいていなければならない」という立場は，マクロ経済学が対象とする一国レベルでの経済現象を個々の家計・企業の経済行動の帰結として分析するということである。それは，専門的には「マクロ経済学のミクロ的基礎づけ」とよばれ，過去四半世紀にわたって，そのアプローチにもとづいた研究が活発になされている。

「合理的期待形成仮説」に基づいてフィリップス曲線（インフレ率と失業率とのトレードオフ関係）を個別経済主体の最適化行動から説明するモデルをロ

バート・E・ルーカス（R. E. Lucas Jr., 1937-）が提出し，ミルトン・フリードマン（M. Friedman, 1912-）に代表される「マネタリスト」の議論を精緻化することに成功した1970年代以降，「ミクロ的基礎づけ」のアプローチは本格的に普及することになった。1980年代に入ると，経済成長と景気循環を統一的に説明しようとする「リアル・ビジネス・サイクル理論」がエドワード・C・プレスコット（E. C. Prescott, 1940-）ら「新しい古典派」によって提出され，また，N・グレゴリー・マンキュー（N. G. Mankiw, 1958-）ら「ニュー・ケインジアン」の経済学者によって，「市場の失敗」という観点からケインズ経済学を理論的に再構築する試みが行われることとなった。

スティグリッツの論点は，以上のような「ミクロ的基礎づけ」の作業に際しては，インセンティブと情報が中心的な問題として据えられるべきだということである。そして，そのような立場から，「100年以上前に刊行されたアルフレッド・マーシャルの古典的な教科書」は現代の経済学ではないと判断される。なぜなら，マーシャルは情報の問題を分析の中心に据えてはいなかったからである。

スミス，マーシャル，ウェーバー，シスモンディ，そしてミルは，情報の問題をそれ自体としては理解していない場合であっても，その問題の存在には気がついていた。／たとえば，スミスは，企業が貸出金利を上昇させると最も良質の借り手が市場から排除されることについて述べており，後に「逆選択」として議論される問題を先取りしている。貸し手にとって各々の借り手のリスクが完全にわかる場合には，このことは問題にならない。なぜなら，各借り手は相応のリスク・プレミアムを徴収されることになるからである。逆選択の問題が重大な帰結をもたらすのは，貸し手が借り手のリスクを完全に知ることができないからである。／マーシャルもまた，労働者に高い賃金を支払うことによってその生産性が上昇することについて述べており，後に「効率賃金」として議論される問題を先取りしている。マーシャルは，明示的にではないが，労働者に対する支払がその作業に応じては行われないことが多いことに気がついていた。そのようなことが生じる理由のひとつは，投

入にせよ産出にせよ，作業を完全に監視することは不可能だからである。(Stiglitz 2001, 1442)

スミスやマーシャルにおいては経済における情報の問題がすでに認識されていたにもかかわらず，そのような認識は，その後，いったんは「なかったこと」にされてしまった。このことは，「私的利害と社会の利益とが必ずしも調和しない事例の解明」と指摘したマーシャルの意図が，理論的な形式化が伴っていないという理由によって，その後「なかったこと」にされてしまったのと同様の理由によるのだろうか。

アローやドブリューによって定式化された一般均衡理論に集約される主流の経済学では，情報の問題はたんに無視された。なぜなら，その問題は，マーシャルのモットーである「自然は飛躍せず Natura non facit saltum」によって表現されるという見込みがあったからである。すなわち，情報の不完全性がそれほど大きなものでないかぎり，理想化されたモデルで分析が事足りる程度に，「情報がほとんど完全な」経済は，情報が完全な経済に非常に近いという見込みがあったからである。(Stiglitz 2001, 1442-3)

「自然は飛躍せず」とは，『経済学原理』の序文において，マーシャルが経済問題に対する彼の基本的認識と研究対象の画定基準に関して述べるくだりで用いている言葉である。その含意は，生起する頻度が高くかつ規則性をもつ「正常な」経済現象こそが原理的な考察の対象とされるべきだということであり，このような立場に立つことで，突発的・偶発的である，すなわち「飛躍」しているように見える経済現象が「正常な」経済現象と連続していることを明らかにするということである。したがって，「自然は飛躍せず」というモットーを掲げることは，マーシャルにとっては，経済現象を素朴に観察・記述するのではなく，それに関する原理的な考察を遂行するという宣言にほかならなかった。

しかしながら，スティグリッツによれば，「自然は飛躍せず」という思想それ自体こそが，情報の経済学によって修正を迫られるはずのものである。なぜなら，先に引用した文章においてスティグリッツが「逆選択」や「効率賃金」

といった問題に関連して述べているように，情報の非対称性や不完全性が存在する経済の振る舞いは，それらが存在しない経済の振る舞いとかけ離れたものになるからである。すなわち，情報の問題が顕在化しているとき，経済は「飛躍する」のである。

たとえば，貸し手と借り手との間で情報の非対称性が存在するとき，貸し手にとっては，金利を上げるのではなく，貸出量を制限するのが合理的な行動である。なぜなら，貸出金利を上げると，貸し出された資金がリスクの大きいプロジェクトに投資される可能性が大きくなり，「貸し倒れ」が生じる危険性も大きくなるからである。このとき，金利は，資金市場の需給に応じて即座には反応しないという意味で，「硬直的」になる。つまり，「見えない手」による調和は実現されないのである。

あるいは，労働者に関する情報の不完全性が存在するとき，たとえ失業者が存在して，より低い賃金で労働者を雇用する機会に直面したとしても，企業にとっては，賃金を高止まりさせておくことが合理的な行動である。なぜなら，賃金を下げるとすでに雇用されている労働者が解雇された場合に被る「ペナルティ」が小さくなって，労働者がサボる可能性が大きくなり，したがって生産性が低下する可能性が大きくなるからでる。それゆえ労働市場においては，賃金が高止まりして失業が発生する（安い賃金でもかまわず働きたいという人が市場から排除される）ことになる。この場合にも，「見えない手」による調和は実現されないのである。

このように，情報の問題が存在するときには，「価格」が経済主体の行動を左右するインセンティブに直接的に関係してくるため，そのような「市場」＝「価格」の機能を単純に「見えない手」と断定することはできないのである。

さて，以上の議論を念頭におくとき，経済学は，「見えない手」をたんなる比喩から論理的に証明が与えられるべき命題へと転換してそれに「科学的論証」を与えるということを成し遂げたのだろうか，という問いに対する回答は，いささか皮肉めいたものとならざるをえない。なぜなら，その回答は，次のようなものだからである。すなわち経済学は，20世紀において，「見えない手」の存在を科学的に論証するために開発された経済理論を，その方法論のレベル

においては根本的な修正を加えることなく用いることで，「見えない手」が存在するのと少なくとも同程度には「見えない手」は存在しない可能性があることを示した，と。つまり，「見えない手」をあまりにも精力的に見つけようとしたがゆえに，「見える手」——「市場」＝「価格」とは別種の資源配分メカニズム——まで見つけてしまったということである。

このことは，端的には，スティグリッツが経済学の基本問題を，「何を，どのようにして，誰のために，稀少な資源を分配し利用するのか」というサムエルソンの定式化にしたがい，「何を，どのようにして，誰のために，誰のいかなる過程を経た経済的決定によって，稀少な資源を分配し使用するのか」というように，インセンティブと情報の問題に密接に関連する事項を追加することによって修正していることに表現されている。「誰のいかなる過程を経た経済的決定」であるのか——それは，見える場合もあるということである。

5 「市場」と「国家」：21世紀の経済と経済学への展望

「見えない手」が存在するのと少なくとも同程度に，「見えない手」は存在しない可能性がある。したがって，市場が効率的な資源の利用を実現するとはかぎらない。とはいえ，市場に国家が介入すれば自動的に事態が改善されるというわけでもない。このことを議論の出発点とするとき，市場と国家の関係に関する議論は，ふつう考えられている以上に複雑な様相を呈することになる。スティグリッツは，この問題に関して次のように述べている。

> 政府の役割に関する議論の初期の段階では，われわれは単純なルールを導き出したいと思っていた。……しかしながら，議論が進むにつれて，ルールがあてはまらない難しい問題が浮上してきた。「市場の失敗が存在する，あるいは少なくとも潜在的に市場の失敗が存在する可能性があるが，政府が介入しても事態が改善されるかどうかわからない場合にはどうすべきか」という質問を受けたとき，「もし社会厚生が改善されるか，その見込みがあるなら公的措置をとりなさい」とアドバイスしてもほとんど役に立たない。理性あ

る人々が異なる判断により意見を異にする可能性があり，また，特別の利害関係を持つ人たちは，自分たちを救済することを意図した措置こそ実際に公共の利益にかなうと主張する。政策論争が集中するのは，まさにこのような問題である。／したがって，われわれの問うべき問題は，「公益の私的利用ではなく，真の公益にかなう決定ができる可能性がより大きい意思決定のプロセスないしルールは存在するか」というものである。(Stiglitz 1998, 訳33)

このような立場から，スティグリッツは，国家と市場との関係性を「代替」ではなく「補完」とみなす理論的枠組を提供する。そして，その関係において適用されるべき望ましい意思決定ルールとして，①特殊利益団体が組織的影響をもっている分野での政府介入の抑制，②政府による競争促進政策，③情報公開，④民間による公共財の供給の奨励，⑤政府の「専門家」としての側面と「民主的代表者」としての側面とのバランスの維持，を提案する。これらの提案はすべて，国家の経済活動に関する評価を「何を，どのようにして決定し，どのように実行すべき」かという観点から行うことにほかならない。

このような問題意識は，ある意味では，きわめて常識的なものである。というのも，それは，「よき診断とよき治療とは別物である」という認識と同種のものだからである。したがって，そこには，「よき診断とよき治療とは別物である」ということと同種の困難も存在する。よき診断とよき治療とを同時に行える医師は「名医」に違いない。だが，実際に「名医」を探すのは簡単ではないだろう。

現代の経済学における「市場」に関する議論がわれわれに示唆することは，市場経済化に伴う現象は，「見えない手」の機能に還元されるほど単純な問題ではないということである。したがって，「見えない手」による調和を無条件に期待し，市場経済化を「競争原理」の導入と無批判に同一視してそれを推し進めることは，悲惨な結果をもたらす野蛮な試みとなる可能性がある。なぜなら，眼前の経済現象は，競争が足りないことに起因するのではなく，情報が不完全であったり非対称であるという環境下で，競争が激しく行われていることに起因するかもしれないからである。

市場は，当事者が意識するか否かにかかわらず，人々を結びつける力をもつ。その意味で，市場は，人々の意志を超越した力をもっている。したがって，それが「神話」となり，市場に関する議論が「神」に関する議論と同様にしばしば論争を伴うことになるのも，まったく理由のないことではない。だが，経済学が科学であるのならば，市場に関して，それを脱神話化することが最大の課題のひとつとして掲げられなければならないはずである。そして，そのときには同時に，市場を神話化することを必要とする現実の側に対する批判を行うことも忘れてはならないだろう。スティグリッツは，21世紀の経済と経済学への展望について，次のように語っている。

> 私自身は，第三世界を始めとして絶望的な貧困の中で暮らしている人類の4分の3に相当する人々の苦境を改善するために何かができるのではないかと期待して，経済学の研究を始めた。……その後四半世紀を経過して，たしかにいくつかの国は目覚しい成長を遂げ，発展途上国という分類から抜け出すことに成功した。これらの成功例に関して，われわれは後知恵として成功の原因について語ることができる。／しかしながら，われわれの経済学は，依然として貧しい状態にある人々に与えるべき処方箋を持ってはいない。また現在，発展途上国の状態にとどまっている国々のなかのどの国が経済発展に成功するか，反対に先進国のどの国が経済成長に失敗するかを完全に予測することは不可能に近い。……21世紀には，発展途上諸国のなかのいくつかの国は，間違いなく中進，あるいは先進国の仲間入りをしているであろう。運がよければ，発展途上国に関するわれわれの研究によって，さらに多くの国々が，何世紀もの間苦しんできた貧困のぬかるみからようやく抜け出すことができるようになるであろう。われわれにできることは，努力だけである。(Stiglitz 1991, 訳80)

「われわれにできることは，努力だけである」。この言葉で締めくくる文章をスティグリッツが書く100年前の1885年，マーシャルは，就任公開講義を次のような言葉で締めくくっていた。

たくましい人たちの偉大な母であるケンブリッジが世の中に送り出す，冷静な頭脳と温かい心情を持ち，彼らをとりまく社会的苦悩と取り組むためにその最善の能力の少なくとも一部を進んで捧げようと志し，上品で高尚な生活のための物質的手段を万人に開放することがどこまで可能であるかを明らかにするために，力の及ぶかぎり努力しないうちは決して満足に甘んじることのないようにと決心した，そういう人たちの数をいっそう多くしようと，乏しい才能と限られた力とをもって私にできるだけの事をするというのが，私の胸中固く期している念願であり，また最高の努力でもありましょう。(Keynes［1933］，訳297)

マーシャルからスティグリッツへと受け継がれた「見えない力」は，いまから100年後にも失われていないと判断してよいだろうか。

読書案内
　現代の経済学を知るためには，3分冊で邦訳されたスティグリッツの教科書①ジョセフ・E・スティグリッツ著／藪下・秋山・金子・木立・清野訳『スティグリッツ　入門経済学　第2版』(東洋経済新報社，1999年)，②ジョセフ・E・スティグリッツ著／藪下・秋山・金子・木立・清野訳『スティグリッツ　ミクロ経済学　第2版』(東洋経済新報社，2000年)，③ジョセフ・E・スティグリッツ著／藪下・秋山・金子・木立・清野訳『スティグリッツ　マクロ経済学　第2版』(東洋経済新報社，2001年)をお薦めする。
　市場経済に関する議論に焦点をおいて経済思想の変遷を追った著作としては，間宮陽介『経済思想』(中公新書，2000年)がある。同書では，本章で触れることのできなかった多くの重要な論点・経済学者について議論されている。
　経済理論は現実の「後追い」であるというのが一般的な理解であるが，それは，情報の経済学については当てはまらないかもしれない。情報の経済学の起源は1961年，ジョージ・スティグラー (G.J. Stigler, 1982年にノーベル経済学賞を受賞) とウィリアム・ヴィックリー (W. Vickrey, 1996年にノーベル経済学賞を受賞) が各々独立に論文を発表した時点まで遡るが，インターネットの原型であるARPAネットワーク (Advanced Research Project Network) 上で，歴史上初めて，テキスト・メッセージがUCLAからスタンフォード大学に送信されたのは1969年である。情報の経済学に関しては，ポール・ミルグロム／ジョン・ロバーツ　共著『組織の経済学』(NTT出版，1997年) がその応用範囲・射程の広さを知るという点でも有用である。また，カール・シャピロ／ハル・R・バリアン共著『ネットワーク経済の法則』(IDGジャパン，1999年)は，情報が中心的な問題である経済現象の事例を数多く挙げている。

第15章　現代経済学の潮流　317

理解を深めるために

1. (株)浜銀総合研究所 (http://www.yokohama-ri.co.jp/) が2001年5月に公表した，日本における「地下経済」に関する報告書 (http://www.yokohama-ri.co.jp/macro/pr200105.pdf) を読み，インセンティブと情報の問題が地下経済の問題との関連について説明してみよう。
2. 日本語では，「市場」を「いちば」と読む場合と「しじょう」と読む場合とがある。「インターネット上で品物の売買が行われるオークションは，『市場』である」というとき，この「市場」は何と読むべきだろうか。その理由とととともに説明してみよう。
3. ノーベル経済学賞の公式ホームページ (http://www.nobel.se/economics/index.html) に掲載されている情報をもとに，受賞理由・受賞分野に注目しながら，20世紀後半の経済学の展開について，その概要を説明してみよう。
4. 国連が1997年9月に発表した "Human Development Report" によれば，世界人口の6分の1にあたる10億人以上の人々が，絶対的な貧困水準以下の生活をしており，世界全体でのモノの消費量は全体として増加しているものの，人類のうち豊かな20％(12億人)が全世界の消費の86％を独占し，最も貧しい20％の人々は，全体のわずか1.3％しか消費していないという事実が報告されている。現代の経済学はこのような事実を解明することができるのか否かについて，「読書案内」で紹介したスティグリッツの教科書を手がかりに調べてみよう。

(寺尾　建)

あとがき

　本書は，人間の自由と社会秩序の関係を解明し続けることが経済学の課題であること，さらに，現代の経済思想を理解するためには何よりも経済思想の進化論的解釈が不可欠であること，この二点を強く意識しつつ「読みやすく，分かりやすいテキスト」を提供する，という目的で編まれた。つまり，次のようなアイデアを持っていたのである。

　第一に，「自由」という言葉は，束縛からの解放という意味を持っている。だが，科学技術の高度な発展の結果，我々はどの程度「自由」になったのだろうか。高度成長によって日本社会は貧困の苦しみから抜け出したが，塾通いといじめへの警戒心で疲れ果てているように見える子供たちは，空腹を忘れて日暮れまで野原を駆け巡った40年前の子供たちと比べ，どれほど「自由」になったといい得るのであろうか。しかも，国際的にみると，多くの社会が貧困に悩まされ続けているという現実がある。このような問題は，そもそも「人間とは自由を追求し続ける動物なのだ」という基本認識の上に考察される必要があろう。経済世界の出来事は，人間にとってはすべて「自由の代償」だからである。

　他方，人間は社会的な動物であるという言葉が示唆するように，人間は社会が受け継いできた思考習慣＝制度的知識を身につけることによって行動し，より大きな自由を求めて新しい秩序――ネットワーク――をまるでニューロンのように増殖させながら生活してきた。その意味で，過去の思考習慣＝制度，とりわけ偉大な思想や学説というものは，すべて人類の共同財産としての知識に他ならず，それゆえに現代の思想や学説の基本的骨格の一部に組み込まれ，今なお生きていると考えなければならない。進化論的にみると，知識とは累積的に蓄積していくものであり，自由の拡大とは，無知の拡大ではなく，知識の積み重ねなのだ。したがって，現代の経済思想や経済学が何であるかを知るためには，過去のそれが何であったかを知る必要性が生じる。これが第二の問題

意識であった。

　それゆえ，本書は極めてチャレンジングな試みになった。現代の知的関心に応えうる多くのテーマを採り上げ，最新の研究成果もふんだんに盛り込みながら，しかし，叙述は平明に，思想・学説の特徴をできるだけ明確に浮き彫りにするよう心がけた。「断層写真」として再構成する思想家の数を絞り込む一方で，なお残る重要なものについて，「コラム」を設けて要点を整理しておいた。さらに，それぞれの章の末尾に「読書案内」を入れてより深く学ぶ際の手がかりを提供したり，入手した知識を生きた構想力へと高めるための手引きになるいくつかのポイントを，「理解を深めるために」設問の形で示したりした。このような工夫の結果，本書は，大学のテキストであるにとどまらず，経済学や経済思想，さらには社会思想に関心を持つ幅広い読者のための読み物にもなっていればと思う。混迷を続ける日本経済，さらには国際経済の将来を構想していく際に，「発想の転換」を呼び覚ます一助になることを願ってのことである。

　なお，本書の叙述をつうじて偉大な思想家の原典に直接アプローチしてみようという気持ちを抱かれた読者には，特に注意していただきたいことがある。「原典」からの引用については，スペースの節約と読みやすさを重視し，たとえ実際の利用が二版や三版あるいはリプリント版であっても，原則として初版の刊行年を記載し，実際に利用した版の頁数を併記した。特記がない限り，実際に引用された版の同定は，つねに巻末の文献一覧を参照していただかなければならない。また，引用文献中の［　］による補いは引用者によるものである。

　最後に，名古屋大学出版会の橘宗吾さんには，本書の企画段階から刊行にいたるまで惜しみないご助力を賜った。厚くお礼申し上げるとともに，本書に対する読者からの忌憚のないご批判・ご意見を賜りたいと願っている。

2002年2月3日

　　　　　　　　　　　　　　　　　　　　　　　　　　　編　者

引用・参照文献一覧

各章の記述に際して引用ないし直接参照した文献を，欧文（著者名のアルファベット順）と和文（同50音順）に分けて掲げた。表示は，著者名，引用・参照した文献の刊行年（[ ]内は初版年をあらわす），書名，出版社の順であり，邦語訳がある場合には，代表的なものを一点だけ挙げた。

したがって，Smith, Adam ［1776］1976. *An Inquiry into the Nature and Causes of the Wealth of Nations*, ed. by R. H. Campbell, A. S. Skinner and W. B. Tood, Clarendon Press. という表記は，［1776］が初版の発行年を，次の1976が直接引用・参照された復刻本の発行年を表すことになるが，正確に言えば，この1976年版は第三版に依拠したものである。このような例は他にも多数あるが，書誌的「厳密さ」を追求するよりも，煩雑さを避けて読みやすくするための工夫の結果であることを，了解されたい。

また，各章末尾の「文献案内」で紹介した文献は，直接引用した場合を除いて，原則的に省略している。

Bentham, Jeremy ［1787］1952. Defence of Usury, reprinted in *Jeremy Bentham's Economic Writings : Critical Edition Based on his Printed Works and Unprinted Manuscripts*, Vol. 1, George Allen & Unwin.
―――― ［1789］1996. *An Introduction to the Principles of Morals and Legislation*, ed. by J. H. Burns and H. L. A. Hart, with a new introduction by F. Rosen, Clarendon Press. 山下重一訳「道徳および立法の諸原理序説」，『ベンサム・J. S. ミル』中央公論社，1967年。
―――― ［1801］1954. The True Alarm, in *Jeremy Bentham's Economic Writings : Critical Edition Based on his Printed Works and Unprinted Manuscripts*, Vol. 3, George Allen & Unwin.
―――― ［1801-1804］1954. Institute of Political Economy, in *Jeremy Bentham's Economic Writings : Critical Edition Based on his Printed Works and Unprinted Manuscripts*, Vol. 3, George Allen & Unwin.
Blaug, M. 1978. *Economic Theory in Retrospect*, Cambridge University Press. 久保・真実訳『新版・経済理論の歴史』I，東洋経済新報社，1982年。
Dinwiddy, John 1989. *Bentham*, Oxford University Press. 永井義雄・近藤加代子訳『ベンサム』日本経済評論社，1993年。
Dunn, John 1984. *Locke*, Oxford University Press. 加藤節訳『ジョン・ロック』岩波書店，1987年。
―――― 1983. From applied theology to social analysis : the break between John Locke and the Scottish Enlightenment, in *Wealth and Virtue : The Shaping of Political Economy in the Scottish Enlightenment*, ed. by Istvan Hont and Michael Ignatieff, Cambridge University Press. 水田洋・杉山忠平監訳『富と徳』未来社，1990年。
Foucault, Michel 1975. *Surveiller et punir : naissance de la prison*, Gallimard. 田村俶訳『監獄の誕生――監視と処罰』新潮社，1977年

Galbraith, John K. [1958] 1984. *The Affluent Society*, 4th edition, Houghton Mifflin Co. 鈴木哲太郎訳『ゆたかな社会　第四版』岩波書店，1985 年。
―――― [1967] 1978. *The New Industrial State*, 3rd edition, Houghton Mifflin Co. 都留重人監訳『新しい産業国家』T. B. S. ブリタニカ，1980 年。
Godwin, William [1793] 1976. *An Enquiry concerning Political Justice, and its Influence on General Virtue and Happiness*, 3rd edition, reprinted edition, ed. by I. Kramnick, Penguin Books.
Harris, S. E. (ed.) 1951. *Schumpeter, Social Scientist*, Harvard University Press. 坂本二郎訳『社会科学者シュンペーター』東洋経済新報社，1955 年。
Hayek, Friedrich [1944] 1976. *The Road to Serfdom*, Routledge. 一谷藤一郎訳／一谷映理子改訳『隷従への道』東京創元社，1949 年。
―――― [1945] 1949. The Use of Knowledge in Society, in *Individualism and Economic Order*, Routledge. 嘉治元朗・嘉治佐代訳『個人主義と経済秩序』1990 年。
―――― 1952. *The Counter-Revolution of Science : Studies on the Abuse of Reason*, Free Press. 佐藤茂行訳『科学による反革命――理性の濫用』木鐸社，1979 年。
―――― 1960. *The Constitution of Liberty*, Routledge. 気賀建三・古賀勝次郎訳『自由の条件』I・II・III，春秋社，1986-87 年。
―――― [1962] 1967. Roles, Perception and Intelligibility, in *Studies in Philosophy, Politics and Economics*, Chicago University Press.
―――― 1973-79. *Law, Legislation and Liberty*, 3vols., Routledge. 矢島鈞次他訳『法と立法と自由』I・II・III，春秋社，1987-88 年。
―――― 1988. *The Fatal Conceit*, Chicago University Press.
Heertje, A. (ed.) 1981. *Schumpeter's Vision : Capitalism, Socialism and Democracy after 40 years*. 西部邁・松原隆一郎・八木甫訳『シュンペーターのヴィジョン――『資本主義・社会主義・民主主義』の現代的評価』HBJ 出版局，1983 年。
Hegel, Georg Wilhelm Friedrich [1837] 1970. *Vorlesungen über die Philosophie der Geschichte*, in *Werke*, Frankfurt am Main. 長谷川宏訳『歴史哲学講義』上・下，岩波文庫，1994 年。
INED, 1958. *Francois Quesnay et la Physiocratie*, 2vols., Paris.
Hume, David [1739-40] 2000. *A Treatise of Human Nature*, ed. by D. F. Norton and M. J. Norton, Oxford University Press. 大槻春彦訳『人性論』全 4 冊，岩波文庫，1946-52 年。
―――― [1741-42] 1987. *Essays, Moral and Political*, reprinted in *Essays Moral, Political and Literary*, revised edition, ed. by Eugene F. Miller, Liberty Classics. 小松茂夫訳『市民の国について』上・下，岩波文庫，1952，82 年。
―――― [1748] 1987. Of Original Contract, in 3rd edition of *Essays, Moral and Political*, reprinted in *Essays Moral, Political and Literary*, revised edition, ed. by Eugene F. Miller, Liberty Classics. 小松茂夫訳『市民の国について』上，岩波文庫，1952 年。
―――― [1752] 1987. *Political Discourses*, reprinted in *Essays Moral, Political and Literary*, revised edition, ed. by Eugene F. Miller, Liberty Classics. 田中敏弘訳『ヒューム政治経済論集』御茶の水書房，1983 年。
Hutchison, Terence 1988. *Before Adam Smith : the Emergence of Political Economy 1662-1776*, Basil Blackwell.
Jaffé, W. 1965. *Correspondence of Léon Walras and Related Papers*, 3vols., Amsterdam, North-Holland Publishing Company.

James, Patricia 1979. *Population Malthus : His Life and Times*, Routledge & Kegan Paul.
Keynes, John Maynard [1921] 1973. *A Treatise on Probability*, reprinted in *The Collected Writings of John Maynard Keynes*, Vol. 8, Cambridge University Press.
——— [1926] 1972. *The End of Laissez-Faire*, reprinted in *Essays in Persuasion, The Collected Writings of John Maynard Keynes*, Vol. 9, Cambridge University Press. 宮崎義一訳「自由放任の終焉」，宮崎義一・伊東光晴責任編集『ケインズ・ハロッド』中央公論社，1980年。
——— [1930] 1971. *A Treatise on Money*, reprinted in *The Collected Writings of John Maynard Keynes*, Vols. 5-6, Cambridge University Press. 小泉明・長澤惟恭訳『貨幣論』1・2，東洋経済新報社，1979-80年。
——— [1933] 1972. *Essays in Biography*, reprinted in *The Collected Writings of John Maynard Keynes*, Vol. 10, Cambridge University Press. 大野忠男訳『人物評伝』東洋経済新報社，1980年。
——— [1936] 1973. *The General Theory of Employment, Interest and Money*, reprinted in *The Collected Writings of John Maynard Keynes*, Vol. 7, Cambridge University Press. 間宮陽介訳『雇用・利子および貨幣の一般理論』岩波文庫，2008年。
List, Friedrich [1827] 1930. *Outlines of American Political Economy*, in *Friedrich List. Schriften, Reden, Briefe*. 正木一夫訳『アメリカ経済学綱要』未来社，1966年。
——— [1841] 1971. *Das Nationale System der politishen Ökonomie*, hrsg. von Artur Sommer, Scientia Verlag Aalen. 小林昇訳『経済学の国民的体系』岩波書店，1970年。
Locke, John [1690] 1988. *Two Treatises of Government*, student edition, ed. by Peter Laslett, Cambridge University Press. 鵜飼信成訳『市民政府論』岩波文庫，1968年。
——— [1696] 1968. *Several Papers relating to Money, Interest and Trade ...*, Augustus M. Kelly. 田中正司・竹本洋訳『利子・貨幣論』東京大学出版会，1978年。
Malthus, Thomas Robert [1798] 1996. *An Essay on the Principle of Population, as it affects the future improvement of society, with remarks on the speculations of Mr. Godwin, M. Condorcet, and other writers*, reprinted by Routledge/Thoemmes Press. 永井義雄訳『人口論』中公文庫，1973年。
——— [1803, 06, 07, 17, 26] 1996. *An Essay on the Principle of Population or A View of its Past and Present Effects on Human Happiness, with an inquiry into our prospects representing the future removal or mitigation of the evils which it occasions*, 2nd, 3rd, 4th, 5th and 6th edition, reprinted by Routledge/Thoemmes Press. 大淵寛・森岡仁・吉田忠雄・水野朝夫訳『マルサス人口の原理[第6版]』，南亮三郎監修『人口論名著選集』1，中央大学出版部，1985年。
——— [1820, 36] 1989. *Principles of Political Economy considered with a view to their practical application*, variorum edition, ed. by John Pullen, Vols. I, II, Cambridge University Press. 小林時三郎訳『経済学原理』上・下，岩波文庫，1968年。
——— [1827] 1986. *Definitions in Political Economy*, reprinted by Augustus M. Kelly. 玉野井芳郎訳『経済学における諸定義』岩波書店，1950年。
——— 1963. *Occasional Papers of T. R. Malthus on Ireland, Population, and Political Economy from Contemporary Journals, written anonymously and hitherto uncollected*, edited with an introductory essay by Bernard Semmel, Burt Franklin.
——— 1986. *Essays on Political Economy*, in *The Works of Thomas Robert Malthus*, Vol. 7, ed. by E. A. Wrigley and D. Souden, William Pickering.

Marshall, Alfred [1890] 1920. *Principles of Economics*, 8th edition, Macmillan. 永澤越郎訳『経済学原理』岩波ブックセンター信山社，1985 年。
―――― [1919] 1923. *Industry and Trade*, 4th edition, Macmillan. 永澤越郎訳『産業と商業』岩波ブックセンター信山社，1986 年。
Marx, Karl [1844a] 1982. *Zur Judenfrage*, in Marx/Engels, *Gesamtausgabe* [MEGA], I/2. 城塚登訳『ユダヤ人問題によせて』岩波文庫，1974 年。
―――― [1844b] 1982. *Ökonomisch-philosophische Manuskripte*, in MEGA, I/2. 城塚登他訳『経済学・哲学草稿』岩波文庫，1964 年。
―――― [1845-46] 1974. *Die deutsche Ideologie*, Bd. 1, hrsg. von Wataru Hiromatsu, Kawade Shobo. 廣松渉編訳『ドイツ・イデオロギー』河出書房新社，1974 年。
―――― [1848] 1959. *Manifest der Kommunistischen Partei*, in Marx/Engels, *Werke*, Bd. 4. 金塚貞文訳『共産主義者宣言』太田出版，1993 年。
―――― [1857-58] 1976/81. *Grundrisse der Kritik der politischen Ökonomie*, in MEGA, II/1. 資本論草稿集翻訳委員会訳『マルクス資本論草稿集』1・2，大月書店，1978，93 年。
―――― [1863-65] 1988. *Das Kapital (Ökonomisches Manuskript 1863-1865)*, Buch 1, in MEGA, II/4.1.
―――― [1867] 1983. *Das Kapital*, Bd. 1, in MEGA, II/5. 岡崎次郎訳『資本論』，『マルクス・エンゲルス全集』第 23 巻，大月書店，1965 年。
―――― [1871] 1978. *The Civil War in France. Address of the General Council of the International Working Men's Association*, in MEGA, I/22. 村田陽一訳『フランスにおける内乱』，『マルクス・エンゲルス全集』第 17 巻，大月書店，1966 年。
―――― [1875] 1985. *Randglossen zum Programm der deutschen Arbeiterpartei*, in MEGA, I/25. 村田陽一訳「ゴータ綱領批判」，『マルクス・エンゲルス全集』第 19 巻，大月書店，1968 年。
Mill, John Stuart [1836] 1977. Civilization, reprinted in *Collected Works of John Stuart Mill*, Vol. 18, University of Toronto Press. 山下重一訳「文明論」，杉原四郎・山下重一編『J. S. ミル初期著作集』第 3 巻，御茶の水書房，1980 年。
―――― [1838] 1966. Bentham, reprinted in *Collected Works of John Stuart Mill*, Vol. 10, University of Toronto Press. 泉谷周三郎訳「ベンサム論」，杉原四郎・山下重一編『J. S. ミル初期著作集』第 3 巻，御茶の水書房，1980 年。
―――― [1843] 1973. *A System of Logic : Ratiocinative and Inductive*, reprinted in *Collected Works of John Stuart Mill*, Vol. 7-8, University of Toronto Press. 大関将一訳『論理学体系』全 6 巻，春秋社，1949-59 年。
―――― [1848] 1965. *Principles of Political Economy with Some of Their Applications to Social Philosophy*, reprinted in *Collected Works of John Stuart Mill*, Vol. 2-3, University of Toronto Press. 末永茂喜訳『経済学原理』全 5 巻，岩波文庫，1959-63 年。
―――― [1859] 1977. *On Liberty*, reprinted in *Collected Works of John Stuart Mill*, Vol. 18, University of Toronto Press. 早坂忠訳「自由論」，『ベンサム・J. S. ミル』中央公論社，1967 年。
―――― [1861] 1969. *Considerations on Representative Government*, reprinted in *Collected Works of John Stuart Mill*, Vol. 19, University of Toronto Press. 水田洋訳『代議制統治論』岩波文庫，1997 年
―――― [1861] 1952. Utilitarianism, reprinted in *Collected Works of John Stuart Mill*,

Vol. 10, University of Toronto Press. 伊原吉之助訳「功利主義論」,『ベンサム・J. S. ミル』中央公論社, 1967 年。

Pigou, A. C. (ed.) 1925. *Memorials of Alfred Marshall*, Macmillan.

Poynter, J. R. 1990. *Society and Pauperism : English Ideas on Poor Relief, 1795-1834*. Routledge & Kegan Paul.

Quesnay, François [1756] 1958. Évidence, in INED, *François Quesnay et la Physiocratie*, 2vols., Paris. 坂田太郎訳「明証論」,『ケネー「経済表」以前の諸論考』春秋社, 1950 年。

―――― [1757a] 1958. Grains, in INED. 坂田太郎訳「穀物論」,『ケネー「経済表」以前の諸論考』春秋社, 1950 年。

―――― [1757b] 1958. Hommes, in INED. 坂田太郎訳「人間論」,『ケネー「経済表」以前の諸論考』春秋社, 1950 年。

―――― [1763] 1958. Chapitre VII de Philosophie rurale, in INED. 坂田太郎訳「農業哲学」,『ケネー「経済表」』春秋社, 1956 年。

―――― [1765] 1888. Le droit Naturel, in *Œuvres Economique et Philosophiques de Quesnay*, éd. par A. Oncken. 島津亮二・菱山泉訳「自然権」,『ケネー全集』第 3 巻, 有斐閣, 1951 年。

―――― [1766a] 1958. Analyse de la formule arithmétique du Tableau économique, in INED. 坂田太郎訳「経済表の分析」,『ケネー「経済表」』春秋社, 1956 年。

―――― [1766b] 1958. Premier problème économique, in INED. 坂田太郎訳「(第一) 経済問題」,『ケネー「経済表」』春秋社, 1956 年。

―――― [1767] 1958. Despotisme de la Chine, in INED.

Ricardo, David [1817] 1950. *On the principles of Political Economy, and Taxation*, in the *Works and Correspondence of David Ricardo*, I, ed. by P. Sraffa, Cambridge University Press. 羽鳥卓也・吉澤芳樹訳『経済学および課税の原理』上・下, 岩波文庫, 1987 年。

―――― [1815] 1951. *An Essay on the Influence of a Price of Corn on the Profits of Stock*, in the *Works and Correspondence of David Ricardo*, IV, ed. by P. Sraffa, Cambridge University Press. 玉野井芳郎監訳『リカードウ全集』IV巻, 雄松堂, 1970 年。

―――― 1952. Speeches and Evidence, in the *Works and Correspondence of David Ricardo*, V, ed. by P. Sraffa, Cambridge University Press. 杉本俊朗監訳『リカードウ全集』V巻, 雄松堂, 1978 年。

―――― 1952. Letters 1819-21, in the *Works and Correspondence of David Ricardo*, VIII, ed. by P. Sraffa, Cambridge University Press. 中野正監訳『リカードウ全集』VIII巻, 雄松堂, 1974 年。

―――― 1952. Letters 1821-23, in the *Works and Correspondence of David Ricardo*, IX, ed. by P. Sraffa, Cambridge University Press. 中野正監訳『リカードウ全集』IX巻, 雄松堂, 1975 年。

Ross, Ian Simpson 1995. *The Life of Adam Smith*, Clarendon Press. 篠原久・只腰親和・松原慶子訳『アダム・スミス伝』シュプリンガー・フェアラーク東京, 2000 年。

Samuelson, Paul A. 1947. *Foundations of Economic Analysis*, Harvard University Press. 佐藤隆三訳『経済分析の基礎』勁草書房, 1986 年。

―――― 1986. Economics in My Time, in *Lives of the Laureates*, ed. by William Breit and Roger W. Spencer, The MIT Press. 佐藤隆三・小川春男・須賀晃一訳『経済学を変えた七人』勁草書房, 1988 年。

Schmoller, Gustav von [1870] 1975. *Zur Geschichte der deutschen Kleingewerbe im 19. Jahrhundert*, Georg Olms.
―――― [1872] 1890. Rede zur Eröffnung über die sociale Frage in Eisenach den 6. Oktober 1872, in *Zur Social= und Gewerbepolitik der Gegenwart*, Duncker & Humblot.
―――― [1874-75] 1904. Über einige Grundfragen des Recht und der Volkswirtschaft, in *Über einige Grundfragen der Sozialpolitik und der Volkswirtschaftslehre*, 2. Aufl., Duncker & Humblot. 戸田武雄訳『法及び国民経済の根本問題』有斐閣, 1939 年。
―――― 1881. Die Gerechtigkeit in der Volkswirtschaft, in *Schmollers Jahrbuch*. N. F., 5. Jg. 戸田武雄訳「国民経済における正義」,『社会政策の理想』有斐閣, 1939 年。
―――― 1900-04. *Grundriß der Allgemeinen Volkswirtschaftslehre*, 2vols., Duncker & Humblot.
―――― [1884] 1974. Das Merkantilsystem in seiner historischen Bedeutung: stadtische, territoriale und staatliche Wirtschaftspolitik, in *Umriss und Untersuchungen zur Verfassungs-, Verwaltungs- und Wirtschaftsgeschichte——besonders des Preussischen Staates im 17. und 18. Jahrhundert*, Georg Olms. 正木一夫訳『重商主義とその歴史的意義』未来社, 1971 年。
―――― [1874] 1964. Strassburgs Blute in der volkswirtschaftlichen Revolution, in *Deutsches Stadtewesen in alterer Zeit*, Scientia Verlag Aalen. 瀬原義生訳『ドイツ中世都市の成立とツンフト闘争』未来社, 1975 年。
Schumpeter, J. A. 1908. *Das Wesen und der Hauptinhalt der theoretischen Nationalökonomie*, Dunker & Humbolt. 大野忠男・木村健康・安井琢磨訳『理論経済学の本質と主要内容』岩波文庫, 1983 年。
―――― [1912] 1926. *Theorie der wirtschaftlichen Entwicklung*, 2. Aufl., Dunker & Humbolt. 塩野谷祐一・中山伊知郎・東畑精一訳『経済発展の理論』上・下, 岩波文庫, 1977 年。
―――― 1920. Sozialistische Möglichkeiten von heute, *Archiv für Sozialwissenschaft und Sozialpolitik*, Vol. 48. 大野忠男訳『今日における社会主義の可能性』創文社, 1977 年。
―――― [1942] 1950. *Capitalism, Socialism and Democracy*, Harpe & Brothers. 中山伊知郎・東畑精一訳『資本主義・社会主義・民主主義』東洋経済新報社, 1962 年。
Smith, Adam [1755-56] 1980. Letter to the *Edinburgh Review*, reprinted in *Essays on Philosophical Subjects*, ed. by W. P. D. Wightman and J. C. Bryce, Clarendon Press. 水田洋ほか訳『アダム・スミス哲学論文集』名古屋大学出版会, 1993 年。
―――― [1759] 1976. *The Theory of Moral Sentiments*, ed. by D. D. Raphael and A. L. Macfie, Clarendon Press. 水田洋訳『道徳感情論』筑摩書房, 1973 年。
―――― [1776] 1976. *An Inquiry into the Nature and Causes of the Wealth of Nations*, ed. by R. H. Campbell, A. S. Skinner and W. B. Tood, Clarendon Press. 大河内一男監訳『国富論』中公文庫, 1978 年。
Sombart, Werner [1902] 1916-27. *Der moderne Kapitalismus*, 1902, 2vols., 1916-27, 3vols., Dunker & Humbolt.
Steuart, James [1767] 1805. *An Inquiry into the Principles of Political Œconomy: Being an Essay on the Science of Domestic Policy in Free Nations*. 小林昇監訳『経済の原理』上・下, 名古屋大学出版会, 1993, 98 年。
Stiglitz, Joseph E. 1997. *Economics*, 2nd edition, W. W. Norton & Company. 藪下史郎・秋山太郎・金子能宏・木立力・清野一治訳『スティグリッツ 入門経済学 第 2 版』・『ス

ティグリッツ ミクロ経済学　第 2 版』・『スティグリッツ　マクロ経済学　第 2 版』東洋経済新報社, 1999-2001 年。
────── 1991. Another Century of Economic Science, in *The Future of Economics*, ed. by John D. Hay, Basil Blackwell. 鳥居泰彦監修『フューチャー・オブ・エコノミックス』同文書院インターナショナル, 1992 年。
────── 1998.「国家の役割の再定義」, 青木昌彦・奥野正寛・岡崎哲二編『市場の役割国家の役割』東洋経済新報社, 1999 年。
────── 2001. The Contributions of the Economics of Information to Twentieth Century Economics, *Quarterly Journal of Economics*, Vol. 118, 1441-78.
Veblen, Thorstein B. 1899. *The Theory of the Leisure Class*, Macmillan. 高哲男訳『有閑階級の理論』ちくま学芸文庫, 1998 年。
────── 1904. *The Theory of Business Enterprise*, C. Scribner's Sons. 小原敬士訳『企業の理論』勁草書房, 1965 年。
────── 1914. *The Instinct of Workmanship and the State of the Industrial Arts*, Macmillan. 松尾博訳『ヴェブレン　経済的文明論──職人技本能と産業技術の発展』ミネルヴァ書房, 1997 年。
────── 1919. *The Place of Science in Modern Civilisation and Other Essays*, B. W. Huebsch.
────── [1923] 1964. *Absentee Ownership and Business Enterprise in Recent America*, A. M. Kelley.
────── [1934] 1964. *Essays in our Changing Order*, ed. by Leon Ardzrooni, A. M. Kelley.
Walras, Léon [1860] 2001. *L'économie politique et la justice*, in *Auguste et Léon Walras, œuvres économiques complètes*, t. V, éd. par Pierre Dockès et al., Economica.
────── [1874-77] 1988. *Eléments d'économie politique pure, ou théorie de la richesse sociale*, in *Auguste et Léon Walras, œuvres économiques complètes*, t. Ⅷ, éd. par Pierre Dockès et al., Economica. 久武雅夫訳『ワルラス純粋経済学要論』岩波書店, 1984 年。
────── [1896] 1990. *Etudes d'économie sociale : theorie de la répartition de la richesse sociale*, in *Auguste et Léon Walras, œuvres économiques complètes*, t. IX, éd. par Pierre Dockès et al., Economica.
────── [1898] 1992. *Etudes d'économie politique appliqueé : theorie de la production de la richesse sociale*, in *Auguste et Léon Walras, œuvres économiques complètes*, t. X, éd. par Pierre Dockès et al., Economica.
Weber, Max. 1895. *Der Nationalstaat und die Volkswirtschartspolitik*, J. C. B. Mohr. 田中眞晴訳『国民国家と経済政策』未来社, 1959 年。
────── 1904. Die protestantische Ethik und der "Geist" des Kapitalismus, in *Archiv für Sozialwissenschaft und Sozialpolitik*, Vol. 20. 大塚久雄訳『プロテスタンティズムの倫理と資本主義の精神』岩波書店, 1989 年。
Whitaker, J. K. (ed.) 1975. *The Early Economic Writings of Alfred Marshall 1867-1890*, Vol. I, Macmillan.
Wood, J. C. (ed.) 1991. *J. A. Scumpeter : Critical Assessments*, 4vols., Routledge.

植村邦彦　2001『マルクスを読む』青土社。
江頭進　1999『F. A. ハイエクの研究』日本経済評論社。
大野忠男　1971『シュンペーター体系研究──資本主義の発展と崩壊』創文社。

坂本達哉 1995『ヒュームの文明社会——勤労・知識・自由』創文社。
塩野谷祐一 1995『シュンペーター的思考——総合的社会科学の構想』東洋経済新報社。
杉原四郎・山下重一・小泉仰編 1992『J. S. ミル研究』御茶の水書房。
高哲男 1991『ヴェブレン研究——進化論的経済学の世界』ミネルヴァ書房。
田村信一 1993『グスタフ・シュモラー研究』御茶の水書房。
永井義雄 1982『ベンサム』講談社。
中村廣治 1975『リカァドゥ体系』ミネルヴァ書房。
——— 1996『リカードウ経済学研究』九州大学出版会。
——— 2009『リカードウ評伝——生涯・学説・活動』昭和堂。
羽鳥卓也 1982『リカードウ研究——価値と分配の理論』未来社。
御崎加代子 1998『ワルラスの経済思想——一般均衡理論の社会ヴィジョン』名古屋大学出版会。
米田昇平 2005『欲求と秩序——一八世紀フランス経済学の展開』昭和堂。
渡会勝義 1997『マルサスの経済思想における貧困問題』一橋大学社会科学古典資料センター・スタディー・シリーズ No. 38。

人名索引

ア行

アカロフ, G. A.　308
アトウッド, T.　122
アロー, K. J.　306, 307, 311
イーリー, R. T.　215, 216
ヴィーザー, F.　276
ヴィクセル, J. G. K.　239, 276, 279
ヴィックリー, W.　308
ヴェーバー, M.　6, 157, 174, 233-4
ヴェブレン, T. B.　8, 9, 192, 215-31, 295
オウエン, R.　92, 136

カ行

カーライル, T.　135, 136
カルヴァン, J.　234
ガルブレイス, J. K.　11, 231, 294-5
カント, I.　132, 215
クーン, T. S.　304
クナップ, G. F.　157
クニース, K.　157
クラーク, J. B.　215
クラーク, J. M.　231
グラスラン, J. J. L.　49
クルノー, A. A.　204, 206
ケアリー, M.　115
ケインズ, J. M.　8-10, 63, 64, 110, 111, 113, 114, 195, 229, 246, 255-76, 280, 282, 294, 299-301
ケインズ, J. N.　255
ケネー, F.　3, 34-51, 55, 74
コウルリッジ, S. T.　136
ゴドウィン, W.　98-100, 104
コモンズ, J. R.　231
ゴルトン, F.　259
コント, T. A. M. F. X.　130, 136
コンドルセ, M. J. A. N. de C.　98, 130

サ行

サムエルソン, P. A.　296-316
サムナー, W. G.　215, 216
サン・シモン, C. H. de R., C. de　124
サンデル, M.　290
ジェヴォンズ, W. S.　195-8
シジウィック, H.　118
シュパン, O.　276
シュピートホフ, A.　157
シュモラー, G.　157-74, 233
シュンペーター, J. A.　8, 9, 157, 172, 174, 186, 235-53
スティグラー, G. J.　192
スティグリッツ, J. E.　296-316
ステュアート, J.　52-3, 64, 128
スペンサー, H.　8, 215, 216
スペンス, A. M.　308
スマイルズ, S.　135
スミス, A.　3-5, 13, 14, 17, 21, 29, 31, 38, 45, 47, 48, 52, 54-72, 74, 75, 77, 78, 90, 106, 108, 111-3, 115-8, 125, 133, 134, 138-40, 146, 158, 164, 165, 167-9, 173, 174, 196, 197, 201, 208, 220, 283, 285, 298-300, 306, 310, 311
スラッファ, P.　76
セー, J. B.　194, 267, 268
ゾンバルト, W.　157, 174, 234

タ・ナ行

ダーウィン, C. R.　8, 218, 287
ダランベール, J. L. R.　34
チュルゴ, A. R. J.　48, 55
ディドロ, D.　34
ディンウィディ, J. R.　124
デュルケム, E.　259
トクヴィル, A. C. H. M. C. de　128, 130, 131
ドッブ, M. H.　192
ドブリュー, G.　306, 307, 311
ナイト, F. H.　271
ニーチェ, F. W.　233

ハ行

ハイエク, F. A.　11, 30, 124, 125, 274, 276-92

パレート, V. F. D.　236, 239
ヒックス, J. R.　186, 192
ビューヒャー, K.　157
ヒューム, D.　3, 13-32, 52, 54, 67, 112
ヒルデブラント, B.　157
フィッシャー, I.　269
フーコー, M.　124, 125
ブラックストン, W.　121
フランクリン, B.　216, 220
フリードマン, M.　278, 280, 283, 310
プレスコット, E. C.　310
ブレンターノ, L.　157
ヘーゲル, G. W. F.　141, 142, 144
ベーム=バヴェルク, E.　276
ベンサム, J.　4, 6, 117-36, 146
ホッブズ, T.　119-21, 140
ポパー, K. R.　277
ボワギルベール, P. de　49

マ行

マーシャル, A.　7-9, 135, 192, 195-213, 244, 296-316
マーリーズ, J. A.　308
マッキンタイヤー, A.　290
マックタガート, J.　255
マルクス, K.　5, 10, 61, 138-55, 174, 219, 233, 249
マルサス, T. R.　4, 5, 64, 75, 80, 84, 91, 94- 114, 133, 197, 221
マンキュー, N. G.　310
マンデヴィル, B.　56, 57, 71
ミーゼス, L.　276, 279
ミッチェル, W. C.　192, 231
ミラボー, V. R. M. de　37
ミル, J.　122, 128
ミル, J. S.　5, 117-36, 197, 310
メンガー, C.　168, 173, 195, 233, 276
モンテスキュー, C. L. de S. de　122

ヤ・ラ・ワ行

安井琢磨　239
リカードウ, D.　4, 5, 61, 74-92, 94, 95, 108, 115, 117, 122, 132, 134, 157, 194, 197-9, 201, 208
リスト, F.　115-6, 158, 159, 169
リッカート, H.　233
ルーカス, R.　310
ルソー, J. J.　56, 57, 71, 94
ルター, M.　234
レイモンド, D.　115
ロック, J.　3, 13-32, 119-22, 140
ロッシャー, W.　157, 158
ロビンズ, L.　280
ワルラス, A.　177
ワルラス, L.　7, 176-90, 195, 237, 238, 239

執筆者および執筆分担 (執筆順)

高　哲男 (編者, 九州産業大学)　序章, 第 3 章, 第 11 章, コラム 1・2・5
坂本達哉 (慶応義塾大学)　第 1 章
米田昇平 (下関市立大学)　第 2 章
中村廣治 (広島大学名誉教授)　第 4 章
渡会勝義 (早稲田大学)　第 5 章
深貝保則 (横浜国立大学)　第 6 章
植村邦彦 (関西大学)　第 7 章
田村信一 (北星学園大学)　第 8 章, コラム 4
御崎加代子 (滋賀大学)　第 9 章
藤井賢治 (青山学院大学)　第 10 章
井上義朗 (中央大学)　第 12 章
荒川章義 (立教大学)　第 13 章, コラム 3
江頭　進 (小樽商科大学)　第 14 章
寺尾　建 (甲南大学)　第 15 章

自由と秩序の経済思想史

2002 年 4 月 10 日　初版第 1 刷発行
2015 年 4 月 10 日　初版第 4 刷発行

定価はカバーに表示しています

編　者　高　哲　男
発行者　石　井　三　記

発行所　一般財団法人　名古屋大学出版会
〒464-0814 名古屋市千種区不老町 1 名古屋大学構内
電話 (052) 781-5027 / FAX (052) 781-0697

Ⓒ Tetsuo TAKA et al. 2002　　Printed in Japan
印刷 ㈱太洋社　　ISBN978-4-8158-0431-2
乱丁・落丁はお取替えいたします。

Ⓡ〈日本複写権センター委託出版物〉
本書の全部または一部を無断で複写複製 (コピー) することは, 著作権法上での例外を除き, 禁じられています。本書からの複写を希望される場合は, 必ず事前に日本複写権センター (03-3401-2382) の許諾を受けてください。

高 哲男著
現代アメリカ経済思想の起源
―プラグマティズムと制度経済学―
A5・274頁
本体5,000円

坂本達哉著
社会思想の歴史
―マキアヴェリからロールズまで―
A5・388頁
本体2,700円

竹本 洋著
経済学体系の創成
―ジェイムズ・ステュアート研究―
A5・362頁
本体6,300円

竹本 洋著
『国富論』を読む
―ヴィジョンと現実―
A5・444頁
本体6,600円

御崎加代子著
ワルラスの経済思想
――般均衡理論の社会ヴィジョン―
A5・218頁
本体4,800円

J・A・シュンペーター著　八木紀一郎編訳
資本主義は生きのびるか
―経済社会学論集―
A5・404頁
本体4,800円

本郷 亮著
ピグーの思想と経済学
―ケンブリッジの知的展開のなかで―
A5・350頁
本体5,700円

A・C・ピグー著　八木紀一郎監訳
ピグー 富と厚生
菊・472頁
本体6,800円

鍋島直樹著
ケインズとカレツキ
―ポスト・ケインズ派経済学の源泉―
A5・320頁
本体5,500円

S・クレスゲ／L・ウェナー編　島津格訳
ハイエク，ハイエクを語る
四六・316頁
本体3,200円

田中敏弘著
アメリカの経済思想
―建国期から現代まで―
A5・272頁
本体3,500円